ARMEER

Spitzbergen
(NORWEGEN)

0°   30°O   60°   90°   120°   150°   180°

NORWEGEN
SCHWEDEN
FINNLAND
EST.
LETT.
DÄNEMARK
LIT.
NIED.
WEISS-
DEUTSCH-
POLEN
RUSSLAND
LAND
BELG.
TSCHECHIEN
UKRAINE
FRANKREICH
ÖST.
UNG.
MOLDAWIEN
SCHWEIZ
SLOW.
RUM.
BOSN. & HERZG.
SERB.
ITALIEN
BULG.
MONTENEGRO
MAZED.
GEORGIEN
KOSOVO
ARM.
ASERB.
ALBANIEN
GRIECHENLAND
TÜRKEI
TURKMENISTAN

MALTA
ZYPERN
LIB.
TUNESIEN
ISRAEL
SYRIEN
IRAK
IRAN
JORDANIEN
KUWAIT
GERIEN
LIBYEN
ÄGYPTEN
BAHRAIN
KATAR
V.A.E.
SAUDI-
ARABIEN
OMAN

ALI
NIGER
TSCHAD
SUDAN
ERITREA
JEMEN
NIGERIA
DSCHIBUTI
ZENTR.-AFRIKAN.
ÄTHIOPIEN
REPUBLIK
GO
BENIN
KAMERUN
SOMALIA
ÄQ.-GUINEA
UGANDA
SAO TOMÉ
GABUN
KENIA
& PRINCIPE
KONGO
DEMOKRATISCHE
REPUBLIK
RUANDA
KONGO
BURUNDI
TANSANIA

ANGOLA
SEYCHELLEN
KOMOREN
SAMBIA
SIMBABWE
MOSAMBIK
MADAGASKAR
NAMIBIA
MAURITIUS
BOTSWANA
SWASILAND
SÜDAFRIKA
LESOTHO

R U S S L A N D

KASACHSTAN
MONGOLEI
NORD-
KOREA
JAPAN
SÜD-
KOREA
USBEKISTAN
KIRGISTAN
TADSCHIKISTAN
C H I N A
AFGHANISTAN
PAKISTAN
BHUTAN
NEPAL
I N D I E N
BANGLADESCH
LAOS
MYANMAR
THAILAND
VIETNAM
KAMBODSCHA
PHILIPPINEN
SRI LANKA
PALAU
BRUNEI
MALEDIVEN
MALAYSIA
SINGAPUR
I N D O N E S I E N

P A Z I F I S C H E R   O Z E A N

Nördl.
Marianen
(USA)

MARSHALL-
INSELN

MIKRONESIEN

KIRIBATI
NAURU

PAPUA-
NEUGUINEA
SALOMONEN
TUVALU
TIMOR-LESTE
(OSTTIMOR)

I N D I S C H E R   O Z E A N

VANUATU
FIDSCHI

Neukaledonien
(Fr.)

A U S T R A L I E N

Kerguelen
(Fr.)

NEUSEELAND

0   2 000 Kilometer
MASSSTAB AM ÄQUATOR
Winkel III Projektion, Zentralmeridian 0°

400
kulinarische
REISEN
die Sie nie vergessen werden

VON DER AUVERGNE BIS ZUM ZUCKERHUT

400
kulinarische
REISEN
die Sie nie vergessen werden

VON DER AUVERGNE BIS ZUM ZUCKERHUT

MIT EINEM VORWORT VON TIM MÄLZER

NATIONAL
GEOGRAPHIC

INHALT

Vorangegangene Seiten: Frisches Brot wird in Mexiko-Stadt ausgeliefert.
Gegenüber: Ein Konditor im Hotel Sacher in Wien überzieht die
legendäre Sachertorte mit Schokolade.

DER GESCHMACK DES REISENS

Es ist vier Uhr morgens. Ich bin mit einem Freund auf dem Tsukiji in Tokio, dem größten Fischgroßmarkt der Welt. Wir zwängen uns in das Daiwa Sushi, die älteste Sushibar der Stadt. Mein Begleiter bestellt mit einem japanischen Wortschwall und schon wird uns eine Köstlichkeit nach der anderen serviert: Plötzlich hat jeder eine Garnele vor sich. Ich schrecke zurück: Sie zuckt. Sie lebt noch. Mein Freund verspeist sein Exemplar grinsend. Ich schaue meiner Garnele eine halbe Minute beim Zappeln zu, dann fasse ich mir ein Herz und schlucke sie hinunter.

So in etwa stelle ich mir das kulinarische Highlight meiner Japanreise vor, die ich demnächst antreten werde, um Land, Leute, Kultur und die Küche kennenzulernen. Es sind genau diese kleinen Abenteuer, die das Reisen so spannend machen. Dabei geht es mir nicht unbedingt um das Außergewöhnliche, sondern immer um solche kulinarischen Erfahrungen, die zur einfachen landestypischen Küche unbedingt dazu

gehören. Ob man im Beduinenzelt in Jordanien im Schneidersitz Lammbäckchen isst, sich in Thailand frische Meeresfrüchte direkt draußen auf dem azurblauen Ozean schmecken lässt oder sich – wie ich des öfteren – eine Paella mit Gambas vom Mercat d'Olivar und selbst geernteten Zutaten aus dem mallorquinischen Garten gönnt – beim Essen auf Reisen geht es nicht bloß ums Sattwerden. Es ist vor allem ein Eintauchen in die Kultur eines Landes oder einer Region. Was, wie und wann Menschen essen, wo und wie sie ihre Nahrung zubereiten, welchen kulinarischen Ritualen sie folgen – all das sagt viel über einen Ort und seine Bewohner.

Dieses Buch feiert die einzigartige Verbindung von Essen und Reisen. Es ist ein kulturelles und kulinarisches Buffet, das Ihren Urlaub bereichern, Ihren Gaumen überraschen, aber auch Ihrer Kreativität am heimischen Herd neue Impulse geben wird. So kommen Sie im wahrsten Sinne des Wortes auf den Geschmack des Reisens.

Tim Mälzer, Restaurantbesitzer und TV-Koch

Gegenüber: Das Hotel Cipriani in Venedig ist nicht nur ein Paradies für Schlemmer, sondern bietet auch Luxusunterkünfte: Der Blick aus der Dogaressa-Suite erscheint geradewegs wie ein Gemälde von Canaletto.

SPEZIALITÄTEN & ZUTATEN

Für alle, die gutes Essen lieben, gehört das Probieren lokaler Spezialitäten zu den größten Vergnügen einer Reise. Gibt es einen besseren Weg, die Seele eines Orts und seiner Bewohner kennenzulernen, als mit ihnen ihre Ernte zu teilen oder den Fang der Fischernetze, die Leckereien aus der Backstube oder die sorgfältig gehüteten Familienrezepte, die die Zutaten der Region zu köstlichen Kreationen vereinen?

Die folgenden Reisen führen zu den Quellen der Genüsse, von den uralten Olivenhainen Griechenlands über die raue Berg- und Moorlandschaft Schottlands mit ihren Wild- und Fischspezialitäten bis zu den Kaffeeplantagen in Äthiopien, die die Ursprünge dieses unvergleichlichen Getränks offenbaren. Wer es feurig mag, folgt dem Chilipfad in das Herz Mexikos, um die mild-süße bis rauchige Schärfe der Landesküche zu entdecken. Auch die Metropolen versprechen kulinarische Abenteuer: Im Trubel des Tsukiji-Fischmarkts von Tokio ersteigern Sushimeister den besten Thunfisch für ihre kunstvollen Kompositionen.

Ob pur oder mit weiteren Zutaten veredelt – die Meeresfrüchte schmecken am besten frisch an den Küsten der Welt.

Stapel von hölzernen Hummerfallen sind an den Kais der Küstenstädte von New Brunswick ein alltäglicher Anblick.

HUMMER UND AUSTERN

Die köstlichsten Delikatessen des Atlantiks warten an der Ostküste von New Brunswick darauf, probiert zu werden.

Frischer geht es nicht: In Shediac, nordöstlich von Moncton, genießt man Hummer direkt auf dem Boot und erfährt dabei einiges über den Hummerfang. In den Küstenorten nördlich von Shediac überbieten sich die Lokale gegenseitig mit entsprechenden Rezepten, ob Hummereintopf, Hummersuppe, Pasta mit Hummer oder Sandwiches mit saftigem Hummerfleisch und einem Hauch Mayonnaise. Vor der Küste werden Beausoleil-Austern gezüchtet, die dann in Bouctouche und Shippagan gedünstet, gebraten, überbacken oder in deftigen Eintöpfen auf den Tisch kommen. Nicht weit davon lockt die Gemeinde Caraquet mit ihren butterzarten Caraquet-Austern aus der Chaleur Bay. Dann geht es wieder zurück Richtung Süden und über die Confederation Bridge hinüber nach Prince Edward Island. Dort warten die Austern aus der Malpeque Bay auf der Nordwestseite der Insel: riesige Exemplare mit süßlichem Fleisch. Die St. Ann's Church von Hope River im Inselinneren veranstaltet oft Hummeressen.

Beste Reisezeit Frische Meeresfrüchte gibt es das ganze Jahr. In der Touristensaison im Sommer und Herbst sind Wetter und Freizeitangebot am besten.

Reiseplanung Mieten Sie am Greater Moncton International Airport ein Auto. Planen Sie mindestens eine Woche für weitere Attraktionen ein, wie die New Brunswick's Hopewell Rocks, den Fundy National Park oder Charlottetown auf Prince Edward Island.

Websites www.tourismnewbrunswick.ca, www.peiplay.com, www.lobstertales.ca, www.lobstersuppers.com

Meeresfrüchtefeste

■ Shediac, das sich selbst als die „Welthauptstadt des Hummers" bezeichnet, veranstaltet seit 1949 jedes Jahr im Juli ein **Hummerfest** mit Hummerwettessen und Hummermenüs.

■ Wer kann, reist im August, um das **Atlantic Seafood Festival** in Moncton mitzuerleben. Eingebettet in ein musikalisches Rahmenprogramm zeigen Starköche ihre Künste, werden Weine und Speisen verkostet, Kochwettbewerbe abgehalten und die Champions im Austernöffnen gekürt.

■ Das **Prince Edward Island International Shellfish Festival** in Charlottetown veranstaltet gleich drei Wettbewerbe, bei denen die flinksten Austernöffner der Welt gegeneinander antreten. Außerdem verleiht dieses Event im September Preise für die beste Meeresfrüchtesuppe, und das Culinary Institute of Canada demonstriert, was sich sonst noch aus Muscheln, Austern & Co. zaubern lässt.

Frischer Hummer steht auf vielen Speisekarten der Region.

VERMONT, USA

AHORNSIRUP

Gegen Ende des Winters verwandelt sich Vermont
in ein Paradies für Fans des süßen Goldsafts.

W er die Tür zu einem der „Sugarhouses" (Zuckersiedereien) in Vermont auf-
stößt, wird von einer Dampfwolke empfangen. In riesigen Metallpfannen sie-
det hier der aus den *sugar bushes* (Ahornplantagen) gewonnene Saft. Ab und an
schöpft ein Koch eine Kelle der bernsteinfarbenen Flüssigkeit, um zu prüfen, ob sie schon
„Schürzen" bildet (zäh am Kellenrand abreißt). Dann kann der Sirup abgefüllt werden.
Von Ende Februar bis Anfang April ist das in ganz Vermont ein vertrauter Anblick: Wenn
sonnige Tage auf frostige Nächte treffen, steigt der Saft in den Ahornbäumen und sie
können angezapft werden. Die Rinde wird schräg angebohrt, ein Röhrchen eingesetzt
und die Flüssigkeit in Eimern oder Plastikschläuchen aufgefangen. Wer nicht nur seinen
Vorrat mit einer Gallone des Sirups aufstocken oder ein paar der bonbonähnlichen *sugar
cakes* mitnehmen will, besucht eine der „Zuckerschneepartys", die allerorts gefeiert werden: Auf einen Teller mit frischem Schnee wird der heiße Goldsaft geträufelt, der beim
Abkühlen zu hübschen Mustern erstarrt und auf einen Stiel gespießt wird; fertig ist der
Siruplolli. Damit es nicht zu süß wird, werden Essigfrüchte mit Dill dazu gereicht.

Beste Reisezeit Je nach Wetter beginnt die Saison um den Town Meeting Day herum (erster Dienstag im
März) und dauert bis April. Das erste Frühlingswochenende ist der Termin für das jährliche Vermont Maple
Open House Weekend, an dem viele Siedereien ihre Tore für Besucher öffnen.

Reiseplanung Wer ein Sugarhouse besichtigen will, sollte sich vorher per Telefon vergewissern, dass am
Wunschtermin auch gekocht wird, und sich für einen Besuch warm anziehen. Die „Zuckerschneepartys"
werden in der Lokalpresse sowie auf der Website der Vermont Maple Sugar Makers' Association angekündigt.

Websites www.vermontmaple.org, www.travel-vermont.com

Produkte aus Ahornsirup

Ahornsirup ist nicht nur die
süße Krönung von Waffeln und
Pfannkuchen, sondern verleiht
fast allem, von Fleisch über
Desserts bis zum Wodka, ein
charakteristisches Aroma.
Wie schon die Ureinwohner
Nordamerikas verkochen die
Siedereien den Sirup auch zu
maple oder **indian sugar.** Wenn
fast der gesamte Wassergehalt
verdampft ist, bleibt ein
grobkörniger Zucker übrig.

Dicker, konzentrierter Sirup
wird außerdem in Formen
gepresst, erstarrt nach dem
Abkühlen und ergibt kleine,
bonbonähnliche Plätzchen, die
sugar cakes. Ebenfalls beliebt
ist in Vermont **maple cream** oder
maple butter als Aufstrich für
Toast und Muffins. Dafür wird
der eingekochte Sirup schnell
heruntergekühlt und dann
aufgeschlagen, wodurch er eine
cremige Konsistenz bekommt.

Bei idealen Wetterverhältnissen werden an den Zapfstellen Eimer befestigt, die den austretenden Saft auffangen.

FABRIKBESICHTIGUNGEN & MUSEEN

Bei manchen Menschen geht die Leidenschaft für Speis und Trank so weit, dass sie ihrem Lieblings-
lebensmittel sogar ein Museum widmen. Auch viele Hersteller öffnen ihre Tore für Besucher.

❶ Ben & Jerry's, Waterbury, USA

Riesige Maschinen mischen Grundzutaten mit Früchten, Karamell oder Nüssen und füllen die Masse in Behälter, in denen sie kühlgerührt und tiefgefroren wird. Heraus kommt traumhaftes Speiseeis. Auf dem Flavor Graveyard (Sortenfriedhof) erfahren Sie, welche Mischungen auf dem Markt floppten.

Reiseplanung Außer an gesetzlichen Feiertagen täglich geöffnet. Die Besichtigungstour mit Verkostung dauert 30 Minuten. Es gibt auch einen Laden und einen Picknickplatz. www.benjerry.com

❷ World of Coca-Cola, Atlanta, USA

Durch einen Glastunnel lässt sich der Abfüllprozess beobachten. Danach warten Kostproben der rund 60 weltweit bekannten Coca-Cola-Produkte sowie eine Galerie der Popkultur und eine Ausstellung mit Reklameplakaten ab 1905.

Reiseplanung Planen Sie für die Besichtigung 1,5 bis 2 Stunden ein. www.worldofcocacola.com

❸ Mount Horeb Mustard Museum, Wisconsin, USA

Das 1986 gegründete Senfmuseum versammelt rund 5000 Senfsorten aus aller Welt. Dazu gesellen sich alte Senftöpfe, Werbeplakate und andere Kuriositäten. Schaubilder erklären die Senfherstellung; Kostproben gibt's im Museumsladen.

Reiseplanung Das ursprünglich in Mount Horeb beheimatete Museum ist nun in Middleton und täglich geöffnet, außer an gesetzlichen Feiertagen. www.mustardweb.com

❹ Shin-Yokohama Raumen Museum, Japan

In diesem unterhaltsamen Museum mit Themenpark dreht sich alles um Ramen, die beliebte japanische Nudel und die dazugehörige Suppe. Schaubilder und Objekte erklären Herstellung und Zubereitung. Die untere Etage zeigt eine Straßenszene aus dem Tokio des Jahres 1958, als die Instantnudel auf den Markt kam. Hier finden sich Läden, Kneipen und Ramenrestaurants.

Reiseplanung Das Museum liegt in der Nähe des Bahnhofs JR Shin-Yokohama, je nach Verkehrsmittel 15 bis 45 Minuten vom Stadtzentrum Tokios entfernt. www.raumen.co.jp

❺ Museum der Brotkultur, Ulm, Deutschland

Hier spielen die 6000-jährige Geschichte des Brots und die Werkzeuge, die zu seiner Herstellung dienten, die Hauptrolle. Dazu kommen Werke von Picasso & Co. zum Thema Brot sowie Exponate zu seiner religiösen Bedeutung.

Reiseplanung Das Museum im Salzstadel, einem Gebäude aus dem 16. Jahrhundert in der Ulmer Altstadt, ist täglich geöffnet. Unbedingt probieren: das Ulmer Zuckerbrot. www.museum-brotkultur.de

❻ Pick Salami und Szegediner Paprika Museum, Szeged, Ungarn

Szeged im Südosten Ungarns gehört zu den Hauptproduzenten von Salami und Paprika. Das Museum der Firma Pick erklärt Geschichte und Herstellung der beiden ungarischen Exportschlager.

Reiseplanung Das Museum ist Dienstag bis Samstag jeweils nachmittags geöffnet (gesetzliche Feiertage ausgenommen). Buchen Sie Führungen eine Woche vorher. www.pickmuzeum.hu

❼ Museo del Peperoncino, Maierà, Italien

In Kalabrien ist die Pfefferschote (*peperoncino*) so wichtig, dass selbst Desserts wie *crostata del diavolo* (Teufelstorte) nicht ohne sie auskommen. Das Museum im Herzogspalast von Maierà zeigt rund 150 Peperoni-Varietäten.

Reiseplanung Das Museum ist nur in der Saison geöffnet. Anfahrt mit dem Zug ab Neapel bis Diamante (2,5 bis 3,5 Stunden), dann weiter mit Bus oder Taxi. Im September findet in Diamante das Peperoncinofest statt. www.peperoncino.org

❽ Alimentarium, Vevey, Schweiz

In Vevey hat Nestlé seinen Stammsitz. Das Alimentarium hoch über dem Genfer See beleuchtet die Firmenhistorie und Themen wie Kochen, Ernährung, Geschmackssinn oder die Geschichte der Nahrungsmittelproduktion.

Reiseplanung Das Museum ist von Dienstag bis Samstag geöffnet und hat eine Extra-Abteilung für Kinder. Von Genf aus fahren Züge nach Vevey (eine Stunde). www.alimentarium.ch

❾ Musée du cacao et du chocolat, Brüssel, Belgien

Hier erfahren Sie einfach alles über Schokolade: Duft, Geschmack, verschiedene Herstellungsstadien sowie ihre Geschichte von den Azteken bis zum 20. Jahrhundert und sogar die kosmetischen Wirkungen des Kakaos.

Reiseplanung Das Museum in einem Gebäude aus dem 17. Jahrhundert nicht weit von der Grand-Place in Brüssel ist von Dienstag bis Samstag geöffnet, im Juli und August täglich; gesetzliche Feiertage ausgenommen. www.mucc.be

❿ Bramah's Museum of Tea and Coffee, London, England

Lange war London das Zentrum des Teehandels und im 17. Jahrhundert machten Waren- und Versicherungsmakler ihre Geschäfte in den Kaffeehäusern. Die Teestube serviert *cream tea*: Tee, dazu *scones* mit dicker Sahne und Konfitüre.

Reiseplanung Außer am 25. und 26. Dezember täglich geöffnet. www.teaandcoffeemuseum.co.uk

Rechts: Auf ihrer Rundreise in der Abfüllanlage der World of Coca-Cola werden die Flaschen befüllt, kontrolliert und verschlossen.

KALIFORNIENS BAUERNKÄSE

Das saftig-grüne Weideland im Norden Kaliforniens macht Lust auf eine Entdeckungsreise zu den Kleinkäsereien der Gegend.

Kalifornien ist der US-Bundesstaat mit den meisten Kleinkäsereien, und die Region nördlich von San Francisco genießt einen Ruf für besondere Qualität. Im Nebel der Bergketten an der North Bay, vor allem in den Countys Marin und Sonoma, verwandeln einige Farmen ihre Milch seit Anfang der 1980er Jahre in echte Spezialitäten. Damals entdeckte die Starköchin Alice Waters den herrlich cremigen Ziegenkäse von Laura Chenel in Sonoma, und seither regnet es nationales und internationales Lob für die Käse von der North Bay. Die sahnigen Bries, kräftigen Crottins und luftig-leichten Chèvres gibt es mittlerweile nicht mehr nur auf Bauernmärkten, sondern auch in Spitzenrestaurants und Nobelläden. Aber Genießer wissen, dass sie ab Hof immer noch am besten schmecken, vor allem, wenn sie bei der Herstellung zusehen konnten: Viele Farmen bieten Verkostungen an. Der Picknickkorb füllt sich auf dieser Käsetour mit den köstlichsten Leckerbissen, die natürlich von entsprechend edlen Tropfen begleitet werden wollen. Schließlich ist Kalifornien auch das renommierteste Weingebiet der USA.

Beste Reisezeit Das California Artisan Cheese Festival findet im März in Petaluma statt, 51 Kilometer nördlich von San Francisco. Die Natur lockt im Februar mit Meeren gelber Senfblüten, von Mai bis August mit sattgrünen Rebhängen (allerdings bei Hitze und viel Wochenendtourismus), im September und Oktober mit Ernte und Weinlese und im November mit dem überwältigenden Farbspiel des Herbstes.

Reiseplanung Das historische Sonoma (32 Kilometer nördlich von San Francisco) mit seiner Plaza im spanischen Kolonialstil oder das schicke Healdsburg (80 Kilometer weiter) bieten sich als Basisquartier an. Eine gute Informationsquelle ist die Website von Sonoma County Farm Trails.

Websites www.marinfrenchcheese.com, www.redwoodhill.com, www.bodegaartisancheese.com, www.cowgirlcreamery.com, www.laurachenel.com, www.artisancheesefestival.com, www.farmtrails.org

Käsehersteller

■ Die Firma **Marin French Cheese** in Petaluma, Sonoma County, macht seit 1865 Weichkäse wie Brie, Camembert und Schlosskäse (mit Rotschmiere). Dazu kommen neue Kreationen wie Triple-cream und Brie aus Ziegenmilch.

■ Preisverdächtig sind die Ziegenkäse der kleinen **Redwood Hill Farm** in Sebastopol, Sonoma County, z. B. der Crottin mit feinem Moschusaroma (Frischkäse).

■ Die **Cowgirl Creamery** in Point Reyes Station, Marin County, und Petaluma stellt einen buttrigen Triple-cream Mount Tam und diverse Biokäse her.

■ Besonders köstliche Crème fraîche (himmlisch zu Erdbeeren!) gibt es bei der **Bodega Artisan Cheese** in Sonoma County, die auch Besichtigungen und Verkostungen anbietet.

Eine große Auswahl an Bauernkäse aus Kalifornien (und dem Rest der Welt) bietet der Ferry Building Marketplace in San Francisco.

Lange Bündel getrockneter Pfefferschoten leuchten auf den Märkten in den Kleinstädten und Dörfern Mexikos.

Chiles en nogada – eines der mexikanischen Nationalgerichte.

SPEZIALITÄTEN & ZUTATEN

BUNTE MÄRKTE   SAISONALE KÖSTLICHKEITEN   IN DER KÜCHE   DIE BESTEN STRASSENSNACKS   GOURMETSTÄDTE   LUXUS PUR   WEIN, BIER & CO   SÜSSE LECKERBISSEN

Chiles en nogada

Chilis in Walnusssauce gehört zu den **Nationalgerichten.** Es entstand Anfang des 19. Jahrhunderts, als Mexiko unabhängig wurde, und repräsentiert die Farben der mexikanischen Flagge: die **poblano-Schoten** sind grün, die cremige **nogada** (Walnusssauce) weiß und die **Granatapfelkerne** rot.

Die große, mittelscharfe Chilischote wird geröstet, geschält, entkernt und mit klein geschnittenem Fleisch und Früchten gefüllt, die im Herbst in Mexiko reifen (Äpfel, Birnen, Pfirsiche). Dazu kommen Rosinen, Mandeln, Zitrone und Gewürze. Zum Servieren wird die Schote mit *nogada* übergossen und mit Granatapfelkernen garniert.

Jede Familie hat ihr eigenes, über Generationen weitergegebenes Rezept für diese arbeitsaufwändige Spezialität, die meist in Gemeinschaftsarbeit hergestellt wird. In den Restaurants steht sie vor allem im August und September auf der Karte, wenn alle Zutaten erntefrisch zur Verfügung stehen.

MEXIKO

WO GIBT'S DEN SCHÄRFSTEN CHILI?

Die in Amerika heimische Chilischote ist eine wesentliche Zutat in vielen Regionalküchen Mexikos – mal mehr, mal weniger scharf.

Der ideale Ausgangspunkt für eine Chilitour ist Mexico City. Die ganze Vielfalt von *salsas* (Saucen) wird in den *taquerías* offensichtlich: Jede hat ihr eigenes Rezept, um die Tacos aufzupeppen. Danach geht es in Richtung Süden, und die Schärfe nimmt mit jeder Etappe zu. Auf den Märkten von Puebla werden eingelegte *chipotles* angeboten, ohne die kein *cemita* auskommt: Das knusprige Sesambrötchen mit einer Füllung aus Fleisch, Käse und Avocado wird an Straßenständen verkauft. In Oaxaca lockt das rauchige Aroma der *pasilla oaxaqueña*; die Schoten werden über Glut getrocknet und schmecken am besten in der *mole negro*, einer Sauce, die in den meisten Restaurants rund um den zentralen Platz der Stadt serviert wird. Aus Yucatán kommt die *habanero*. Diese Chilisorte besetzt Platz eins auf der Scoville-Skala, die den Capsaicin-Anteil und damit die Schärfe misst. Mit *habanero* gewürzte Saucen veredeln die regionale Spezialität *cochinita pibil* (mariniertes Schweinefleisch aus dem Ofen). Weitere beliebte Chilisorten sind *chilaca*, *jalapeño* und *serrano*. Getrocknet gibt es sie hauptsächlich in Puebla, Oaxaca, Veracruz und Chiapas. Mit Fleisch, Käse, Bohnen, Fisch, Meeresfrüchten oder anderen Zutaten gefüllte Schoten heißen *chiles rellenos*.

Beste Reisezeit Für die mit feurigen *habaneros* gewürzten Gerichte in Yucatán sind Herbst und Winter ideal, wenn es nicht so heiß ist. Die besten *chiles en nogada* gibt es in den zwei Wochen vor und nach dem Unabhängigkeitstag (16. September) in Puebla in Zentralmexiko.

Reiseplanung Die Märkte quellen über vor Chili-*salsas* und anderen Gewürzen. Eine Spezialität sind *chipotles en escabeche* (getrocknete, eingelegte *jalapeños*) zu geschmortem Fleisch und Geflügel.

Websites www.travelyucatan.com, www.visitmexico.com

BERÜHMTE NATIONALGERICHTE

Fast jedes Land schwört auf ein typisches Gericht.
Beim Probieren erfahren Sie viel über die nationale Identität.

❶ Hamburger, USA

Die Herkunft des Hamburgers ist zwar umstritten, aber auf der Beliebtheitsskala steht dieser Klassiker ganz oben. Neben vielen regionalen Varianten findet man die Urversion noch relativ unverfälscht im Louis' Lunch in New Haven. Das Lokal existiert schon seit 1900 und behauptet, das älteste Hamburgerrestaurant der USA zu sein.

Reiseplanung Louis' Lunch ist mittags fast immer geöffnet, an manchen Tagen auch bis spät in die Nacht. www.louislunch.com

❷ Akee mit Stockfisch, Jamaika

Obwohl Akee als Sklavennahrung galt, gehört sie zum jamaikanischen Nationalgericht. Gekocht ähnelt die nahrhafte Frucht mit dem buttrig-nussigen Geschmack in der Konsistenz einem Rührei; sie wird zusammen mit Tomaten, Zwiebeln und Stockfisch serviert. Manchmal gibt es als Beilagen *bammy* (frittierte Maniokküchlein) und gebratene Bananen.

Reiseplanung Das Jake's in Treasure Beach ist berühmt für sein Akee mit Stockfisch und bietet auch Kochkurse an. www.visitjamaica.com

❸ Cou-cou und Fliegende Fische, Barbados

Cou-cou aus Maismehl und Okraschoten ähnelt einer Polenta und schmeckt perfekt zu Fliegenden Fischen, die entweder mit Limettensaft, Gewürzen und Gemüse gedämpft oder gebraten mit einer scharfen Sauce serviert werden. Die früher sehr häufige Fischart ist mittlerweile wegen Überfischung rar geworden.

Reiseplanung Das Lokal The Flying Fish hoch über der St. Lawrence Bay will dieses Nationalgericht kreiert haben. www.barbados-karibik.de

❹ Bulgogi, Korea

Rinder-Bulgogi (Feuerfleisch) besteht aus Fleischstreifen, die in Sojasauce, Sesamöl, Knoblauch, Zwiebeln, Ingwer, Zucker und Wein mariniert und gegrillt werden. Meist werden sie in Salat- oder Spinatblätter gewickelt und mit *kimchi* (eingelegtem Kohl) serviert. In vielen Restaurants gibt es Tische mit integrierter Grillplatte, auf der die Gäste ihr Bulgogi selbst brutzeln.

Reiseplanung Sensationelles Bulgogi bieten die Lokale der schicken Byeokje-Galbi-Kette. www.visitkorea.or.kr

❺ Kibbeh, Libanon/Syrien

Zu einem Festmahl gehören im Nahen Osten köstliche *mezze* (Vorspeisen). Eine davon ist Kibbeh, eine Mischung aus Lammhack, Bulgur und Gewürzen. Die Röllchen oder Küchlein können gebacken, gekocht oder gefüllt werden, schmecken aber roh am besten.

Reiseplanung In Aleppo in Nordsyrien gibt es die größte Kibbeh-Vielfalt. Oft verleihen ihnen Zutaten wie Granatapfel- oder Kirschsaft den ultimativen Pfiff. www.destinationlebanon.gov.lb, www.syriatourism.org

❻ Gulasch, Ungarn

In Ungarn selbst unter dem Namen Pörkölt bekannt, wurde es Ende des 19. Jahrhunderts Nationalgericht. Das Ragout aus saftigen Stücken vom Rind, Gemüse, roten Zwiebeln und Gewürzen verdankt seinen unvergleichlichen Geschmack dem langsamen Schmoren und viel Paprikapulver.

Reiseplanung Wer es nicht ganz so üppig liebt, probiert *gulyásleves* (Gulaschsuppe). www.hungarytourism.hu

❼ Wiener Schnitzel, Österreich

Bestes Fleisch und richtiges Timing sind die Geheimnisse dieses österreichischen Klassikers, dessen Wurzeln in Italien liegen: Ein Kalbsschnitzel wird flach geklopft, paniert, goldbraun gebraten und am liebsten mit etwas Petersilie, einem Schnitz Zitrone und Kartoffelsalat verspeist.

Reiseplanung Mit die besten Wiener Schnitzel der Hauptstadt serviert Figlmüller in seinen zwei Filialen nicht weit vom Stephansplatz, und zwar in Riesenportionen. www.austria.info

❽ Pot-au-feu, Frankreich

Dieses bäuerliche Gericht war ursprünglich ein Winteressen, mit Wurzelgemüse, Fleisch und Gewürzen im *pot-au-feu* (Topf auf dem Feuer). Schon der Duft weckte die Lebensgeister. Die Brühe wird abgesiebt und vor dem Fleisch gereicht.

Reiseplanung Das Lokal Le Pot au Feu in der Pariser Innenstadt (59 Boulevard Pasteur, Metrostation: Pasteur) macht seinem Namen alle Ehre. www.franceguide.com

❾ Roastbeef mit Yorkshire Pudding, England

Ihre Küche gibt sich zwar zunehmend international, aber der Sonntagsbraten ist den Briten heilig! Die aus der gleichnamigen Grafschaft stammende Beilage, eine Art Eierkuchen, ist ein Sattmacher; wer sich nicht viel Fleisch leisten konnte, servierte sie vorweg. Heute gibt es Braten und Pudding gleichzeitig, begleitet von Röstkartoffeln, Gemüse und Meerrettichsauce.

Reiseplanung In der Hauptstadt bietet das Traditionslokal London's Rules seit 1798 exzellentes Roastbeef; ansonsten sind ländliche Pubs eine gute Adresse. www.enjoyengland.com

❿ Irish Stew, Irland

Ursprünglich bestand dieser Eintopf aus geschmortem Hammelfleisch, Zwiebeln, Kartoffeln und Petersilie. Heute wird er oft mit Karotten oder anderem Gemüse angereichert, und viele Köche braten das Fleisch erst an.

Reiseplanung Eine gute Adresse für Irish Stew und andere Traditionsgerichte ist das Shebeen Chic in der George's Street in Dublin. www.discoverireland.com

Rechts: Koreaner bereiten sich ihr Bulgogi gerne am Tischgrill zu.

JAPAN

Sushi vom Tsukiji-Markt

Nirgendwo sonst gibt es so frische Sushi
wie auf Tokios berühmtem Fischmarkt.

Um fünf Uhr morgens herrscht auf dem Tsukiji-Fischmarkt im Hafen von Tokio hektische Betriebsamkeit. Fangfrische Ware rollt auf Holzkarren oder elektrischen *ta-rays*, die wie futuristische Golftrolleys aussehen, zu den Ständen. Herzstück des Markts ist die Halle, wo täglich der weltbeste Thunfisch versteigert wird. Im Auftrag der Toprestaurants und -fischgeschäfte Tokios rufen Agenten dem Auktionator auf dem Holzpodest ihre Gebote zu. Die Spannung steigt, bis endlich der Hammer fällt. Ein Etikett verrät die Herkunft der Ware: Somalia, Tahiti, Irland ... Ein Großteil des Thunfischs landet an den rund 1500 Marktständen, die täglich über 450 verschiedene Fische und Meeresfrüchte feilbieten. Meist handelt es sich um Familienbetriebe, die hier schon seit der Eröffnung des Tsujiki in den 1920er Jahren tätig sind. Manche spezialisieren sich auf bestimmte Fischsorten wie *tako* (Krake), *ika* (Tintenfisch), *unagi* (Aal) oder *hamachi* (Gelbflossen-Thun), aus denen köstlichste Sushi entstehen. Die Zutaten Salz und Reis schützten den rohen Fisch vor dem Verderben in einer Zeit, als es noch keine Kühlschränke gab. Heute existieren Hunderte von Sushivarianten, vom traditionellen *narezushi* (gesalzener, fermentierter Fisch zwischen Reisschichten, der erst nach sechs Monaten Reifezeit verzehrt wird) bis zur modernen *California Roll* (mit Avocado und Surimi).

Beste Reisezeit Sowohl den Tsujiki-Fischmarkt wie auch die Sushi gibt es das ganze Jahr über. Von 5.30 bis 7 Uhr finden die Thunfischauktionen statt, die Stände haben bis in den frühen Nachmittag geöffnet.

Reiseplanung Die Imbisse rund um den Tsukiji-Markt servieren Sushi. Eines der charakteristischsten Lokale ist das Ryuzushi, wo der Koch die Sushi vor den Augen der Kunden zubereitet. Drei Stunden genügen, um die Auktion mitzuerleben, über den Markt zu bummeln und ein Häppchen zu essen. In Läden rund um den Markt locken Küchenaccessoires wie Sushi- und Sashimiteller, Gefäße für Sojasauce, Schneidbretter, Essstäbchen und handgeschmiedete Messer.

Websites www.jnto.go.jp, www.tsukiji-market.or.jp/tukiji_e.htm

Wasabi und andere Würzzutaten

Bei Sushi wie auch Sashimi spielen Fisch und Meeresfrüchte die Hauptrolle. Aber während man Sashimi meist pur genießt, werden Sushi durch etwas weißen Reis in ihre typische Häppchenform gebracht. Beliebte Würzzutaten für beide sind **Sojasauce,** *wasabi* (grüner Meerrettich) und *gari* (eingelegter Ingwer). Puristen behaupten zwar, *wasabi* und Sojasauce dürften sich erst im Mund vermischen. Aber selbst in Japan werden sie gerne zu einem feurigen Dip verrührt. *Wasabia japonica* gehört zur Familie der Kreuzblütler, ihre Wurzel wurde früher auf einem Stück Haifischleder geraspelt und die so entstandenen Flocken zu einer Paste verarbeitet.

Nicht nur als Würze ist *wasabi* die ideale Ergänzung für Sushi und Sashimi, die enthaltenen Senföle sollen auch Mikroben und Bakterien im rohen Fisch abtöten.

Die auf den japanischen Inseln heimische Pflanze wächst an Bergbächen, wird heute aber meist auf Plantagen angebaut. Aufgrund der hohen Nachfrage importiert Japan *wasabi* aus China, Taiwan und sogar Neuseeland.

Gegenüber: Ein Marktarbeiter sucht die besten Kraken aus. Oben: Sashimi, perfekt angerichtet.

SPEZIALITÄTEN & ZUTATEN

BUNTE MÄRKTE SAISONALE KÖSTLICHKEITEN IN DER KÜCHE DIE BESTEN STRASSENSNACKS GOURMETSTÄDTE LUXUS PUR WEIN, BIER & CO SÜSSE LECKERBISSEN

WEISSER TEE DE LUXE: SILBERNADEL

Diesen hellen, hocharomatischen Tee gibt es
nur in der chinesischen Provinz Fujian.

I n den Bergen von Fujian im Südosten Chinas wächst der Champagner unter den Weißen Tees. Überhaupt hat Tee mit Wein viel gemeinsam: Das *terroir* und die Sorte sind bei ihm ebenso wichtig wie bei den Trauben. Die besten Qualitäten wachsen in Bergregionen, wo die Teepflanze heimisch ist und beste Bedingungen vorfindet: saubere Luft und ein intaktes Ökosystem, was im modernen China fast schon eine Seltenheit ist. Am begehrtesten ist *bai hao yin zhen*, der Silbernadeltee von den Hochlandplantagen Fujians. Er wird im Frühling geerntet, wenn sich die neuen Blättchen schon entwickelt haben, aber noch als nadelkopfgroße Knospen auf den Zweigen sitzen. Ab den frühen Morgenstunden durchstreifen erfahrene Pflücker die Terrassen und ernten die hellgrünen, mit silbernem Flaum besetzten Köpfchen, kurz bevor sie sich öffnen. Um die Mittagszeit kehren sie auf die Farm zurück und stärken sich mit einer süßlichen Suppe, die gekochte Eier enthält. Die Knospen werden auf Bambusmatten ausgelegt. Dann wird die Ernte sorgfältig geprüft und von zu großen Blättern und Zweigen befreit. Anschließend werden die Matten auf Bambusgestellen im Hof, auf Dächern und Balkonen ausgebreitet, damit die Silbernadeln in der Nachmittagssonne trocknen können.

Beste Reisezeit Weißer Silbernadeltee wird von Ende März bis Anfang April geerntet und nur in den frühen Morgenstunden gepflückt.

Reiseplanung Der beste Silbernadeltee stammt von den Plantagen rund um Fuding, rund 300 Kilometer nördlich der Provinzhauptstadt Fuzhou (circa drei Autostunden). Neben vielen verlockenden Teeläden hat Fuding auch einen attraktiven Markt, wo die Teebauern der Umgebung ihre Ware körbeweise anbieten. Die Plantagen sind nicht auf Besichtigungen eingerichtet. Gute Reiseveranstalter haben entsprechende Angebote im Programm, außerdem vermitteln einige Hotels in Fuzhou Führer. Für alle, die ihre Reise individuell gestalten wollen, ist das die beste Lösung, weil in Fuding kaum jemand Englisch spricht. Von Vorteil ist es, wenn der Führer außer Mandarin auch die lokalen Dialekte beherrscht.

Websites www.gruener-tee-shop.com, www.fac.de

Weißer Tee

Alle Tees, egal ob schwarz, grün oder weiß, bestehen aus den Blättern und Knospen des Teebuschs *Camellia sinensis.* Je nach Züchtung, Boden, Wachstumsbedingungen und Verarbeitung entstehen daraus die verschiedenen Teesorten.

Der **weiße Silbernadeltee** wird besonders schonend verarbeitet, behält daher seinen unverfälschten Geschmack und hat einen größeren Anteil an Antioxidantien.

Weißer Tee wird immer **separat** getrunken. Sein zartes Aroma würde in Begleitung würziger Speisen untergehen. Wenn sie ihre Tasse ausgetrunken haben, füllen die Einheimischen oft heißes Wasser nach und machen mit denselben Teeblättern mehrere Aufgüsse.

Teepflückerinnen wählen die Knospen aus, die kurz vor dem Öffnen stehen.

SPEZIALITÄTEN & ZUTATEN

BUNTE MÄRKTE   SAISONALE KÖSTLICHKEITEN   IN DER KÜCHE   DIE BESTEN STRASSENSNACKS   GOURMETSTÄDTE   LUXUS PUR   WEIN, BIER & CO   SÜSSE LECKERBISSEN

Pralle, reife Feigen voller Süße gibt es überall im Land auf Märkten und an Straßenständen.

Feigen als Dessert

Getrocknete Feigen sind nicht nur ein beliebter Snack zwischendurch, sondern werden in der Türkei auch gerne zu Desserts verarbeitet, z. B. zu *incir tatlısı.* Dafür werden die Trockenfrüchte in Sirup blanchiert, mit Walnüssen gefüllt und mit Sahne und gehackten Walnüssen oder Pistazien serviert.

Außerdem sind sie eine beliebte Zutat für *baklava,* ein Gebäck aus Blätterteig mit Honig und gehackten Walnüssen oder Pistazien. Gekocht und mit Gewürzen veredelt werden sie zu köstlichem **Kompott.** zu dem *kajmak* schmeckt. Für diese dicke, der Crème Double ähnlichen Sahne wird Milch aufgekocht und ihre Rahmschicht abgeschöpft.

Aşure (Noahs Pudding) heißt eines der traditionsreichsten Desserts der Türkei, zu dem neben weiteren 15 Zutaten (darunter Weizen, Kichererbsen, Reis, weiße Bohnen, Aprikosen und Rosinen) auch getrocknete Feigen gehören. Diese Leckerei wird im Monat nach dem islamischen Opferfest Kurban Bayrami gegessen und symbolisiert die Speise, die Noah aus den Resten seiner Vorräte zubereitete, nachdem die Arche auf dem Berg Ararat gelandet war.

TÜRKEI

FEIGENERNTE

Klima und Bodenverhältnisse im Südwesten der Türkei sind ideal für die Frucht, die den Einheimischen heilig ist.

Beim ersten Sonnenstrahl treffen sich die Bauern zur Feigenernte in den fruchtbaren Ebenen der Provinz Aydin im Südwesten der Türkei, einem Hauptlieferanten für getrocknete Feigen. Dieses jährliche Ereignis heißt *incir harmanı* und erfordert viele fleißige Hände. Die ganze Familie ist frühmorgens auf den Beinen, um die reifen Früchte einzusammeln, die über Nacht auf den harten Boden gefallen sind. Die Frauen tragen *salvar* (Pumphosen) und ihre bunten Kopftücher bilden leuchtende Farbkontraste zu den glatten, grauen Stämmen der Feigenbäume, die fünf bis zehn Meter hoch werden. Ein Eimer nach dem anderen wird auf Matten und Roste entleert, auf denen die Feigen in der Mittelmeersonne trocknen. Zur Mittagspause werden im Schatten der Bäume provisorische Tische aufgestellt, die sich unter den Schüsseln und Platten fast biegen. Nach einer *mezze* (Vorspeise), zum Beispiel *cacık* (sämiger Jogurt mit Gurke, Dill und Knoblauch), werden *çöp sis* (Lammkebab), *baba gannus* (Auberginenmus) und *pide* (Fladenbrot) aufgetischt. Gläser mit kühlendem *ayran* (Joghurtgetränk) und *incir tatlısı* (mit Walnüssen gefüllte, getrocknete Feigen) beenden das Mahl.

Beste Reisezeit Die Feigenernte dauert von Ende August bis Ende September. Viele Gemeinden feiern im September ein Erntefest.

Reiseplanung Busse von der Aydin Turizm Bus Company fahren von Büyük Otogar (Zentralbusbahnhof) in Istanbul nach Aydin (Stadt), von wo es per Taxi oder Mietwagen weiter zu den Feigenplantagen geht. Es lohnt sich, mehrere Tage einzuplanen, um die Gegend zu erkunden.

Website www.reiseland-tuerkei-info.de

GRIECHENLAND

OLIVENERNTE

Kreta ist die Heimat der Olive und die Ernte ist die
beste Zeit, um erstklassige Produkte zu entdecken.

E in kalter Oktobermorgen auf der Insel Kreta: Sonnenstrahlen zerreißen die graue
Wolkendecke, Frauenstimmen durchbrechen die Stille im Dorf Kato Zakros,
während unter den Bäumen des Olivenhains Netze ausgelegt werden. Damit
beginnt die Olivenernte, die auf Kreta und im restlichen Griechenland bis Februar dauert. Manche Olivensorten werden grün geerntet, andere bleiben an den Bäumen hängen,
bis sie violett oder schwarz sind. Kreta gehört zu den größten Olivenanbaugebieten des
Landes und gilt sogar als die Wiege dieser Frucht, die hier schon vor über 4000 Jahren
gedieh. Einige Familien arbeiten noch traditionell und lassen die Netze wochenlang
liegen, bis alle Oliven von selbst heruntergefallen sind. Aber meist wird mechanisch
nachgeholfen; die Bäume werden geschüttelt oder mit langen Stöcken gestupst, um
die Oliven purzeln zu lassen. Danach beginnt die mühsame, aber wichtige Auslese: Die
silbrig grünen Blätter müssen entfernt werden, ohne die Früchte zu quetschen. Diese
werden dann behutsam in Kisten und Säcke geschüttet und in der örtlichen *eliotriveia*
(Presse) in flüssiges Gold verwandelt. Die beste Qualität, natives Olivenöl extra, stammt
aus erster Pressung, gefolgt von nativem Olivenöl; beide werden kaltgepresst und ohne
heißes Wasser oder Lösungsmittel gewonnen. Einfaches Olivenöl wird raffiniert und mit
qualitativ höherem verschnitten, um Aroma und Farbe zu verbessern.

Beste Reisezeit Von Oktober bis Februar.

Reiseplanung Die wunderschöne Insel mit ihren Zeugnissen der minoischen Hochkultur verdient eine
Woche. Kretas Küche mit ihrer Hauptzutat Olivenöl gilt als die gesündeste der Welt; Sie sollten sie
ausgiebig genießen. Manche Ölpressen öffnen ihre Tore auch für Besucher.

Websites www.explorecrete.com, www.creteonthe.net, www.cookingincrete.com

Griechische Oliven

In seiner ergiebigsten Zeit
liefert ein Olivenbaum
durchschnittlich 60 Kilogramm
Oliven pro Jahr. Auf Kreta
wachsen unter anderem die
Sorten **Koroneiki, Throumbolia**
und **Tsounati,** die hauptsächlich
zu Öl verarbeitet werden.

Olivensorten aus anderen
Regionen Griechenlands
werden in Salzlake eingelegt
und als Tafeloliven konsumiert.
Die **Kalamata** ist eine große,
mandelförmige, schwarze Olive
mit fruchtigem Geschmack und
fleischähnlicher Konsistenz.
Sie wächst in Messenien im
Westen des Peloponnes.

Die runde bis ovale
Konservolia ist die bekannteste
Tafelolive Griechenlands.

Die große, hellgrüne Sorte
Halkidiki (auch **Chalkidiki**)
hat einen leicht pfeffrigen
Geschmack und stammt aus
der gleichnamigen Region
im Norden Griechenlands.
Aufgrund ihrer Größe wird sie
gerne mit Käse, getrockneten
Tomaten oder anderen Köstlichkeiten gefüllt.

Die kleine **Megaritiki** wird in
der Region Attika im Südosten
angebaut, nach der Ernte
eingesalzen und getrocknet,
was ihr schrumpeliges
Aussehen erklärt.

Gegenüber: Olivenernte auf traditionelle Art. Oben: Die gepflückten Oliven warten auf ihre Weiterverarbeitung.

SPEZIALITÄTEN & ZUTATEN

BUNTE MÄRKTE SAISONALE KÖSTLICHKEITEN IN DER KÜCHE DIE BESTEN STRASSENSNACKS GOURMETSTÄDTE LUXUS PUR WEIN, BIER & CO SÜSSE LECKERBISSEN

SAN-DANIELE-SCHINKEN

Meersalz und die kühle Bergluft Nordostitaliens tragen zum köstlichen Geschmack des luftgetrockneten Schinkens bei.

Beim Stichwort „italienischer Schinken" oder „Prosciutto" denkt jeder sofort an Parma. Aber es gibt noch eine italienische Stadt, die einem Schinken ihren Namen gab. Kenner meinen, dieser sei dem Parmaschinken in Bezug auf Konsistenz und Geschmack weit überlegen. Aus San Daniele in Friaul-Julisch Venetien kommt der *prosciutto di San Daniele del Friuli*, eine zarte, rosafarbene Köstlichkeit, die auf der Zunge zergeht. Der San-Daniele-Schinken durchläuft die gleiche Prozedur von Würzen, Pressen und Reifen wie alle Schinken mit dem DOP-Siegel (geschützte Herkunftsbezeichnung) und wird ebenfalls nur mit natürlichem Meersalz behandelt. Meist wird die Keule mit Knochen und Huf gepresst, wodurch die typische Gitarrenform entsteht. Danach müssen die Schinken in Räumen mit natürlicher Luftzufuhr bis zu 18 Monate reifen und verlieren dabei ihren Salzgeschmack. Für das unvergleichliche Aroma sind die Schweine verantwortlich (sie müssen aus bestimmten Regionen stammen), für die ideale Reifung sorgt das Salz in Verbindung mit der Luftfeuchtigkeit und -temperatur in San Daniele. Die Stadt am Schnittpunkt von Alpen und Adria scheint für die Schinkenherstellung prädestiniert zu sein. Eine Probiertour durch die vielen *prosciuttifici* (Reifungsräume) vor Ort bestätigt das: hauchdünne Schinkenscheiben, pur oder um *grissini* gewickelt, und dazu ein Gläschen Wein aus dem Friaul – da ist jeder Widerstand zwecklos.

Beste Reisezeit Im Juni findet die jährliche Schinkenmesse statt, ansonsten sind Frühjahr und Herbst ideal.

Reiseplanung Sie sollten etwas Zeit einplanen für Udine, die historische Hauptstadt der Region, die mit der Wurstspezialität *musetto* und mit *frico* lockt (gebratener Käse mit Kräutern und Gewürzen). Auch das hübsche mittelalterliche Städtchen Cividale del Friuli liegt ganz in der Nähe. Wer länger Zeit hat, macht vielleicht noch Abstecher nach Treviso, Verona oder Venedig.

Websites www.discoverfriuli.com, www.deliciousitaly.com, www.tourism.friulicollinare.it

San-Daniele-Schinken

■ San Danieles viertägige **Aria di Festa** lädt jedes Jahr Ende Juni zu Schinkenverkostungen, Rundgängen in Reifungskellern und Konzerten ein.

■ Auch in den zahlreichen *salumerie* (Feinkostläden) am Hauptplatz der Stadt können Interessenten probieren und kaufen. Wer einen ganzen Schinken mitnehmen will, sollte auf das DOP-Siegel achten.

■ In dem kleinen Familienbetrieb **La Casa del Prosciutto** am Hauptplatz können die verschiedenen Stadien des Herstellungsprozesses nachvollzogen werden. Im angeschlossenen Café gibt es Kostproben, auch von lokalen Käsespezialitäten.

■ Ein weiterer Familienbetrieb, **Prosciutti Coradazzi,** liegt am Stadtrand und bietet kurze Besichtigungstouren sowie Kostproben an.

San-Daniele-Schinken sind luftgetrocknet, daher ist die Luft entscheidend für die Qualität. Zu warme oder zu trockene Luft würde dem Schinken schaden.

SPEZIALITÄTEN & ZUTATEN

BUNTE MÄRKTE   SAISONALE KÖSTLICHKEITEN   IN DER KÜCHE   DIE BESTEN STRASSENSNACKS   GOURMETSTÄDTE   LUXUS PUR   WEIN, BIER & CO   SÜSSE LECKERBISSEN

Aceto Balsamico aus Modena mit der Bezeichnung *extravecchio* ist mindestens 25 Jahre alt.

Balsamessig

Echter Balsamessig wird immer in die typische kugelförmige 100-ml-Glasflasche abgefüllt, die der berühmte Autodesigner Giorgetto Giugiaro entworfen hat. Es gibt ihn in zwei Altersstufen: zwölf bis 25 Jahre (mit rotem Verschluss) und *extravecchio* (über 25 Jahre, mit goldenem Verschluss).

Das Ausgangsprodukt, **pasteurisierter Traubenmost** meist aus den lokalen Rebsorten Trebbiano oder Lambrusco, durchläuft zur Reife eine Reihe von immer kleiner werdenden Fässern aus verschiedenen Hölzern, darunter Wacholder, Kirsche, Eiche und Kastanie. Dadurch wird er immer konzentrierter.

In den letzten Jahren ist die Herstellung von Balsamessig in Privathaushalten wieder sehr beliebt geworden; viele Brautpaare wünschen sich zur Hochzeit Essigfässchen – ein Geschenk fürs Leben.

ITALIEN

ACETO BALSAMICO AUS MODENA

Das volle, süß-saure Aroma des Balsamessigs verfeinert viele Traditionsgerichte der Emilia-Romagna.

Aus fast jedem Gebäude im *centro storico* (Altstadt) von Modena in Norditalien dringt der betäubende Duft von Balsamessig, der die Stadt berühmt gemacht hat. Im Dachgeschoss vieler Privathäuser stehen bis heute Fässer, in denen Familien ihren eigenen Essig reifen lassen und geduldig zwölf Jahre oder länger warten, bis aus dem Traubensaft die dunkle, süßlich-aromatische Essenz geworden ist, die sich *Aceto Balsamico Tradizionale di Modena* (traditioneller Balsamessig aus Modena) nennen darf. Ein Rundgang durch Modena muss einfach im kulinarischen Herzen der Stadt beginnen, im *mercato coperto* (Markthalle) mit seinem üppigen Angebot lokaler Produkte. Riesige Parmesanräder wetteifern mit handgemachten Tortellini, die hier in Hühnerbrühe gegessen werden. In einer Ecke der Markthalle lockt die winzige Bar Schiavone mit *panini* (leicht getoasteten Sandwiches), die mit geräucherter Gänsebrust und gehobeltem Parmesan belegt und mit etwas Balsamessig gewürzt sind. Dazu schmeckt der hiesige Lambrusco ausgezeichnet. Tafeln Sie gemütlich in der Trattoria Ermes. Der geniale Besitzer Ermes serviert, was seine Frau in der Küche zaubert: *scaloppine all'aceto balsamico* (Kalbsschnitzelchen in Balsamessig), Walderdbeeren mit ein paar Spritzern Balsamico und eine ausgefallene, köstliche Eiscreme, natürlich auch mit Aceto Balsamico.

Aus den Traubensorten der Region entsteht nicht nur Wein, sondern auch Balsamessig.

Beste Reisezeit Ganzjährig. Veranstaltungen zum Thema Balsamessig in und um Modena finden vor allem im Herbst statt, z. B. die Offenen Essigspeicher im September und ein Geschmacksfestival im Oktober.

Reiseplanung Modena ist ideal als Ausgangspunkt für Ausflüge in die Region Emilia-Romagna mit Parma, Bologna, Ferrara und Ravenna. Die Touristeninformation bietet Touren mit Essigverkostungen an.

Websites www.acetaiadigiorgio.it, turismo.comune.modena.it

Die Milch für den köstlichen Käse der Region stammt von Kühen, die auf den Almwiesen des Piemont grasen.

ITALIEN

Käse aus dem Piemont

Im Nordwesten Italiens liegt eine Region mit Bergen, Seen, saftigen Weiden und einer wunderbaren Küche.

Das zwischen Alpen und Apenninen gelegene Piemont ist ein Gemälde aus Almwiesen, lieblichen Tälern, Rebhängen, idyllischen Bergdörfern, Burgruinen und Kirchen. Daneben bietet die Hauptstadt Turin Modeboutiquen und Gourmettempel. Die lokale Küche wird in quirligen Trattorien ebenso zelebriert wie in opulent ausgestatteten Weinbars und minimalistischen Trendrestaurants. Jedes Lokal, das auf sich hält, fährt einen reich bestückten Käsewagen auf, der vom mild-säuerlichen Frischkäse und cremigen Weichkäse mit pikantem Schimmelflaum über herzhafte Hartkäse bis hin zum verführerischen Blauschimmelkäse alles bietet, was das Piemont mit Kuh-, Schaf- und Ziegenmilch anzufangen weiß. Sechs Käsesorten aus dem Piemont tragen das DOP-Siegel (geschützte Herkunftsbezeichnung). Viele weitere köstliche Kreationen werden nur in einem oder zwei bestimmten Tälern hergestellt, so dass sich ein Siegel nicht lohnt. Wer sie in Fachgeschäften oder auf Wochenmärkten nicht findet, fährt am besten direkt zu den Erzeugern. Alle zwei Jahre findet in Bra eine Käsemesse statt, die das Städtchen nicht weit von Turin in ein einziges Fest für Augen, Nase und Gaumen verwandelt.

Beste Reisezeit Die Käsemesse von Bra wird von Slow Food organisiert und findet alle zwei Jahre Ende September statt. Wer die berühmten weißen Trüffeln kosten will, reist Ende Oktober ins Piemont.

Reiseplanung Um auf den Spuren des Käses durch die Berge zu touren, braucht man schon ein paar Tage. Der Fremdenverkehrsverband der Region Piemont gibt Prospekte mit Stadtspaziergängen in Turin, einen Käseführer sowie eine Karte mit den wichtigsten Gourmetzielen heraus. Wer zur Käsemesse fahren will, sollte sich rechtzeitig um eine Unterkunft kümmern.

Website www.slowfood.com

Piemonter Käseplatte

Toma del Maccagno heißt der Bergkäse aus der Gegend um Biella und Vercelli. Es gibt ihn in verschiedenen Reifestufen, von mild bis pikant.

Robiola di Roccaverano DOP ist ein kleiner, elfenbeinfarbener Weichkäse, der nur aus unbehandelter Ziegenmilch bestehen darf.

Castelmagno DOP wird in nur drei Gemeinden der Provinz Cuneo hergestellt.

Murazzano DOP kommt aus der Alta Langa, besteht aus Schafsmilch. Er wird als sieben Tage alter, milder Weichkäse wie auch als zwei Monate alter, kräftiger Hartkäse verkauft.

ITALIEN

ORANGEN VOM ÄTNA

Im Osten Siziliens gedeiht ein ganz besonderes Juwel, die Blut-
oder Vulkanorange, die dort *arancia rossa di Sicilia* genannt wird.

Wer im Frühling nach Catania im Südosten Siziliens reist, erlebt den betörenden Duft der *zagara*, der Orangenblüte. Die Orangenplantagen liegen nicht zufällig an den Hängen des Ätna, denn die Asche von Europas höchstem aktiven Vulkan ist ein hervorragender Dünger. Er bekommt auch den Zitronen-, Pistazien- und Pfirsichbäumen, denen Weinreben Gesellschaft leisten. Doch die Orangenbäume mit ihren sattgrünen Blättern und leuchtenden Früchten profitieren ganz besonders von der fruchtbaren Erde, den großen Temperaturschwankungen zwischen heißen Tagen und kalten Nächten und den günstigen Lichtverhältnissen. So reift hier eines der schönsten Geschenke der Natur: die *arancia rossa* mit ihrem saftigen, roten Fruchtfleisch und einem unvergleichlichen Aroma. Sie hat einen überdurchschnittlich hohen Gehalt an Vitamin C und verdankt ihre Farbe den Anthocyanen, die freie Radikale binden und deshalb auch gesundheitlich wertvoll sind. Vor allem drei Blutorangensorten werden angebaut: die Sanguinello mit roter Schale, rotem Fleisch und mild-süßem Geschmack, die kleine, eher säuerliche Moro mit tiefrotem Fleisch und die kernlose Tarocco mit orangefarbener Schale und hellrotem Fruchtfleisch. Sie schmeckt am süßesten, hat den höchsten Vitamin-C-Gehalt aller Orangensorten weltweit und ist Siziliens Exportschlager. Dort werden Orangen übrigens gerne als Salat mit Fenchel und Oliven serviert.

Beste Reisezeit Ganzjährig. Wer den Ätna erklimmen will, sollte die heißen Sommermonate meiden. Im Dezember und Januar lockt die Orangenernte.

Reiseplanung Nehmen Sie sich für die Attraktionen der Region (Catania, der Ätna und das wunderschöne Siracusa) mindestens eine Woche Zeit. Packen Sie für die Besteigung des Ätna feste Wanderschuhe ein! Das Städtchen Lentini ist berühmt für seine Orangenplantagen.

Websites www.mountetna.net, www.kulturtouristik.de

'Nzalata d'Aranci

Der sizilianische Orangensalat wird manchmal ohne Oliven serviert oder mit Zwiebelringen anstelle von Fenchel. Und manche geben auf die Orangenscheiben einfach nur Pfeffer, Öl und Petersilie.

Für 4 Personen als Vorspeise
*4 sizilianische Blutorangen,
1 Fenchelknolle, 2 El Olivenöl,
schwarzer Pfeffer, Meersalz,
12 schwarze Oliven*

Orangen über einer breiten Schüssel schälen, dabei die weiße Haut sorgfältig entfernen und den austretenden Saft auffangen. Quer in Scheiben schneiden und kreisförmig in der Schüssel anordnen. Fenchel in hauchdünne Scheiben schneiden und auf den Orangen verteilen. Olivenöl darüber träufeln, mit Salz und Pfeffer würzen und mit den Oliven garnieren.

Äußerlich weist nichts auf das leuchtend bis tief dunkelrote Fruchtfleisch der Vulkanorangen hin.

DER GESCHMACK DES MEERES

Die Atlantikküste der Bretagne mit ihren Buchten, Lagunen und Inseln bildet das Königreich der Austern.

In den kalten Küstengewässern zwischen Brest und den Salzpfannen der Guérande bei La Baule-Escoublac herrscht eine bemerkenswerte Austernvielfalt. Besonders lecker sind sie rund um den Golf von Morbihan. Von Sarzeau, südlich von Vannes, schlängelt sich die *Route de l'Huître* (Austernroute) entlang der Halbinsel Rhuys bis nach Port-Navalo. In der von Inseln übersäten Bucht ragen die schrägen Pfosten der Austernbänke aus dem Wasser. Die einst natürlich vorkommenden Krustentiere werden in einem 485 Hektar großen Zuchtbecken kultiviert. Auf den Speisekarten erscheinen sie meist als *huîtres du golfe* oder *huîtres boudeuses* („schmollende" Austern). Nach drei bis fünf Jahren werden die kleinen, gedrungenen Austern geerntet. Auch die flacheren, rundlichen Belon-Austern mit ihrem festen, leicht nussigen Fleisch werden hier gezüchtet. Von ihren Unterwasserbänken sind sie auf Austerntische im Mündungsgebiet des Flusses Belon bei Port-Aven umgesiedelt worden. Die Mischung aus Meer- und Flusswasser verleiht ihnen den unnachahmlichen Geschmack. Etwas weiter südlich sind an heißen Sommertagen die *paludiers* (Salzkratzer) aktiv. In den Salzpfannen der Guérande ernten sie das kostbare *fleur de sel*, die feine Kruste, die sich oben auf der groben, grauen Meersalzschicht bildet. Bei Tisch über die Speisen gestreut sorgt es für den letzten Pfiff, während das Meersalz in der Küche verwendet wird.

Beste Reisezeit Von Oktober bis April ist die Austernauswahl am größten und an Weihnachten und Silvester feiert ganz Frankreich mit bretonischen Austern. Im Dezember und Januar werden in 50 Meter Tiefe auch zwei- bis dreijährige *huîtres sauvages* (wilde Austern) gesammelt und gelegentlich in Lokalen angeboten.

Reiseplanung Ein Wochenende reicht für den Golf von Morbihan. Wenn Sie auch noch Crêpes, Salz aus der Guérande und Muscadet von der Loire-Mündung probieren wollen, sollten Sie eine Woche einplanen.

Websites www.bretagne-reisen.de, www.golfedumorbihan.fr

Bretonische Genüsse

■ **Crêpes** und **Galettes** (aus Buchweizen) sind kunstvolle Verpackungen für leckeren bretonischen Schinken. Die Einheimischen trinken dazu ein Glas erfrischenden, nur leicht alkoholischen **Cidre**.

■ Plakate in den Läden und Bars am Hafen kündigen ein **Fest-Noz** an. Auf diesen Musikfesten werden oft Spezialitäten angeboten, etwa *chouchen* (bretonisches Met, aus Honig und Hefe gebraut).

■ In Theix, nicht weit von Vannes, braut die **Brasserie Mor Braz** ihr Bier mit Meerwasser, was ihm ein ganz spezielles Aroma verleiht.

■ Schleckermäuler sollten unbedingt die **Salzbutter-karamellen** oder eine *niniche* (länglicher, dünner Karamell-Lolli) aus Quiberon probieren.

Muscadet, ein fruchtiger, trockener Weißwein, ist der perfekte Begleiter für frische Austern von der bretonischen Küste.

In vielen Lokalen gehört fangfrischer Lachs aus Schottlands zahlreichen Flüssen zum Standard.

SCHOTTLAND

Wildes Schottland

Aus den verschwenderischen Gaben von Flüssen, Lochs, Mooren, Wäldern und dem Meer kreierte dieses Land seine Küche.

Zuweilen wirkt die wilde Berg- und Moorlandschaft Schottlands wie das Ende der Welt. Die Herbstnebel am Rannoch Moor scheinen alles zu verschlucken, der Regen peitscht gegen die braunroten Bergrücken, die am grauen Horizont verschwimmen. Doch genauso gut können an einem Frühsommertag sonnenbeschienene Lochs in sandigen Lagunen wie Juwelen glitzern und sattgrüne Grasteppiche das intensiv violette Heidekraut zum Leuchten bringen. Und so schmecken auch die Früchte, das Wild, die Fische aus dieser ursprünglichen Gegend: mal mild und süß, mal kräftig und herb. Schottland ist stolz auf sein Haar- und Federwild, auf seine Waldbeeren und Pilze, aber auch auf seine Forellen, Lachse und die Früchte des Meeres. Es ist ein Paradies für alle, die gerne campen, wandern und die Natur beobachten, für alle Angler, Jäger und Sammler. Wer es sich etwas bequemer machen will, findet wunderbare Landgasthäuser, Restaurants und Hotels mit traditioneller wie auch innovativer Küche. Dort findet ein Tag in der regennassen Wildnis seinen perfekten Abschluss: Beim Abendessen am knisternden Kaminfeuer hat man den Duft von Regen, Farn und Heidekraut noch in der Nase.

Beste Reisezeit Im September sind die Highlands am schönsten. Im Oktober locken Moor- und Rebhühner, Fasane, Rotwild, Pilze, Holunderbeeren und heimische Austern. Auch gastronomische Events finden vor allem im September und Oktober statt.

Reiseplanung Viele schottische Websites informieren unter anderem über Camping, Wandern, Jagen & Angeln, saisonale Naturerlebnisse und Gourmetrouten zu Drei-Sterne-Restaurants.

Websites www.snh.org.uk, www.foodtourismscotland.com, www.visitscotland.com/de

Schottlands Speisekammer

Die beliebtesten Pilze sind **Pfifferlinge** und **Steinpilze**, die im Herbst sprießen.

Von April bis November wird in den Lochs an der Westküste der **Kaisergranat** gefangen. Die Krebsart mit dem knackigen, saftigen Fleisch schmeckt leicht süßlich. Schottlands **Austern** sind fleischiger, aber auch teurer als ihre Vettern im Atlantik und kommen in den Monaten mit „r" auf den Tisch.

Je nach Jagdsaison gibt es **Wildbret** vom Rot-, Dam- und Sikahirsch und vom Reh. Das Fleisch sollte gut abgehangen sein; Geschmack und Konsistenz hängen von Herkunft, Alter und Geschlecht der Tiere ab.

Schottland ist reich an **Federwild**. Fasan und Rebhuhn schmecken eher mild, bei Moorhuhn ist der Wildgeschmack ausgeprägter, falls es sich nicht um Zuchtware handelt, die ein Kenner natürlich ablehnt!

SPEZIALITÄTEN & ZUTATEN

BUNTE MÄRKTE   SAISONALE KÖSTLICHKEITEN   IN DER KÜCHE   DIE BESTEN STRASSENSNACKS   GOURMETSTÄDTE   LUXUS PUR   WEIN, BIER & CO   SÜSSE LECKERBISSEN

KÄSE AUS FRANKREICH

Bergwiesen in luftiger Höhe, fette Weiden und feuchte Felsenkeller sind verantwortlich für die unglaubliche Käsevielfalt, für die Frankreich zu Recht weltberühmt ist.

❶ Camembert, Normandie

Nur wenige Betriebe stellen diesen edlen Weichkäse aus Kuhmilch noch handwerklich her. Im Dorf Camembert schöpft Familie Durand täglich 450 Camemberts. Samstags bieten sie eine breite Auswahl davon in der Backsteinmarkthalle von Le Sap.

Reiseplanung Die grünen Wiesen und mittelalterlichen Dörfer der Normandie sind ein Tagesausflug von Paris. www.normandie-tourisme.fr

❷ Brie, Seine-et-Marne

Die Milch für diese Weichkäse stammt aus der Region zwischen Meaux und Melun, östlich von Paris. Eine gute Gelegenheit, sie kennenzulernen, ist die Käsemesse von Coulommiers im Frühjahr. Dort schmeckt Brie pur oder in der Frühlingssuppe.

Reiseplanung Von Paris nach Coulommiers sind es 50 Kilometer. An der Prozession zur Eröffnung der Foire aux Fromages (Käsemesse) nehmen Brie-Bruderschaften teil, deren Hüte wie Briekäse aussehen. www.tourism77.co.uk

❸ Chaource und Époisses, Champagne/Burgund

Diese Brie-Verwandten mit rassigerem Aroma kommen aus dem Gebiet zwischen Champagne und Burgund. Der Chaource schmeckt in dem gleichnamigen Städtchen besonders gut. In den Weinbergen des Chablis liegt Époisse, wo die Familie Berthaut den köstlichen Weichkäse produziert und verkauft.

Reiseplanung Chaource ist nicht weit von Troyes, südöstlich von Paris. Als Standquartier für Ausflüge in die Region bietet sich Avallon an. www.burgund-tourismus.com

❹ Chèvre, Loire-Tal

Das Gebiet zwischen Chinon und Vierzon, südlich der Loire, gehört dem Ziegenkäse, vom Valençay (aus dem gleichnamigen Städtchen) über den Selles-sur-Cher bis hin zu diversen Varianten des Sainte-Maure de Touraine mit Strohhalm in der Mitte. Eine Ascheschicht schützt während der Reifung vor Insekten und fördert den Geschmack.

Reiseplanung Die beste Saison ist Frühjahr und Frühsommer. Für Ausflüge in die Umgebung ist das mittelalterliche Städtchen Loches ideal, 44 Kilometer östlich von Valençay. www.loches-tourainecotesud.com

❺ Comté, Jura

Die Kuhmilchkäse aus dem Jura waren schon zu vorrömischen Zeiten berühmt. Bauern, Molkereien, Käsereien und *affineurs* (Reifespezialisten) lassen sich bei der Produktion des würzig-nussigen Hartkäses in Pontarlier oder Arbois zuschauen.

Reiseplanung Comté gibt es das ganze Jahr über. www.lesroutesducomte.com

❻ Maroilles, Picardie

Unter den etwas streng riechenden Käsesorten aus Nordfrankreich ist dieser rostfarbene, rechteckige Kuhmilchkäse besonders lecker. Er schmeckt erstaunlich mild mit leichter Zitrusnote und ist sehr cremig. Alles Weitere erzählt Phillipe Olivier in seinem Käseladen in Lille (3 rue du Curé St-Etienne).

Reiseplanung Der TGV ab Paris Charles de Gaulle braucht rund eine Stunde bis Lille, an Sommerwochenenden ein beliebtes Ziel. Der Wazemmes-Markt am Sonntagvormittag gehört zu den größten Frankreichs. www.lilletourism.com

❼ Roquefort, Aveyron

Nur Roquefort, der aus französischer Schafsmilch gekäst und in den Felsenkellern rund um das Dorf Roquefort-sur-Soulzon gereift ist, bekommt das Siegel „Appellation d'Origine Contrôlée" (AOC). Je nach Hersteller ist der Teig cremeweiß bis elfenbeinfarben mit blauen, grünen oder grauen Adern.

Reiseplanung Im Herbst ist die Fahrt durch bunte Wälder von Montpellier nach Roquefort besonders schön. Millau eignet sich als Standquartier. www.ot-millau.fr

❽ Cantal, Zentralmassiv, Auvergne

Schon seit rund 2000 Jahren wird in der Auvergne Cantal hergestellt, und zwar das ganze Jahr über. Es gibt noch ein paar Hirten, die im Sommer mit ihren roten Salers-Kühen auf die Alm ziehen und in ihren *burons* (Steinhütten) käsen. Ihr Produkt aus frisch gemolkener Milch heißt Salers, und auf seiner Rinde prangt als Markenzeichen eine rote Metallplakette.

Reiseplanung Beste Reisezeit ist Juni oder September. www.fromages-aoc-auvergne.com

❾ Ossau-Iraty, französische Pyrenäen

Dieser aromatische Bergkäse aus den westlichen Pyrenäen ist aus Schafsmilch. Besonders gut schmeckt er in der Fromagerie Agerria in St.-Martin d'Arberoue und auf dem Kirschfest im Juni mit etwas Schwarzkirschkonfitüre aus Itxassou.

Reiseplanung Besonders schön ist es in St.-Étienne de Baïgorry im Sommer, zumal die Käsereien ab Ende Juli ihre Tore öffnen. www.terre-basque.com, www.bearn-basquecountry.com

❿ Vacherin Mont d'Or, Franche-Comté

Vacherin wird von einem Stück Rinde (*sangle*) zusammengehalten. Meist ist der Käseteig unter der samtigen, goldenen Rinde so flüssig, dass er einfach gelöffelt wird. Eine Käsefundgrube ist der Laden der Brüder Rochat in Charbonnières-les-Sapins.

Reiseplanung Schlemmen Sie in einem zünftigen Lokal von schmelzendem Vacherin überzogene La-Ratte-Kartoffeln. www.france-voyage.com

Rechts: Das Angebot dieser traditionellen *fromagerie* umfasst nur einen Bruchteil der Käsevielfalt Frankreichs.

SAFRANERNTE IN LA MANCHA

Schon seit Urzeiten wird in Spanien Safran geerntet. Das genaue Timing spielt dabei eine wichtige Rolle.

Ende Oktober morgens am Rande von Almagro in Kastilien-La Mancha im Herzen Spaniens: Erste Lichtstreifen erscheinen am Horizont und die Zeit für die Pflücker wird knapp in den Krokusfeldern, die nur knapp zwei Wochen blühen. Die sechsblättrigen Blüten müssen vor Sonnenaufgang gepflückt werden, bevor sie sich öffnen und ihr kostbares Inneres zu verdorren beginnt. Denn jede Blüte enthält drei zarte, blutrote Stempelfäden, die zu Safran verarbeitet werden, das Gewürz, das unter anderem auch dem Nationalgericht Paella seinen charakteristischen Geschmack verleiht. Zehn Tage lang sind die Dörfer der Umgebung, Barrax, San Pedro und Consuegra, im Erntefieber. Auch in der Provinz Aragon im Nordosten wird Safran angebaut. Aber die beste Qualität liefert die Region La Mancha, das Land Don Quijotes. Ihr *azafrán* trägt das DO-Siegel (geschützte Herkunftsbezeichnung). Wer zur richtigen Zeit unterwegs ist, kann in einigen Familienbetrieben die *monda* miterleben; diverse Reiseveranstalter vermitteln entsprechende Adressen. Dabei werden die Stempelfäden aus den Blüten herausgeholt und wandern dann in Trockenöfen. Dass sich die mühsame Arbeit lohnt, beweisen die köstlichen Spezialitäten der Region sowie zahlreiche weitere mit Fisch und Meeresfrüchten: Erst der Safran macht sie zu kulinarischen Offenbarungen.

Beste Reisezeit Die Safranernte beginnt in der dritten Oktoberwoche, manchmal auch etwas später. Ende Oktober findet in Consuegra ein Safranfest statt.

Reiseplanung Die Schäfer im Umkreis des Dorfs Tembleque liefern Milch an die örtliche Käserei, die daraus köstlichen Manchego macht und besichtigt werden kann. Valdepeñas, die „Stadt des Weines", liegt im Zentrum eines der wichtigsten spanischen Weinanbaugebiete und lockt mit ihren *bodegas* (Weinstuben), die Weinproben anbieten.

Websites www.atasteofspain.com, www.euroadventures.net, www.espavino.com

Safran: Wissenswertes

■ Bis zu 150 000 Blüten müssen gepflückt werden, um ein Kilogramm Safran zu gewinnen. Kein Wunder, dass Safran zu den teuersten Gewürzen der Welt gehört.

■ Safranpulver wird oft mit Kurkuma gestreckt, deshalb lieber Safranfäden kaufen (je dunkler, desto besser).

■ Safranfäden, die in luftdichten Behältern kühl gelagert werden, halten sich zwei bis drei Jahre.

■ Vor Gebrauch sollten Safranfäden mindestens 20 Minuten in warmem Wasser eingeweicht werden. Dann Fäden und Einweichwasser zu dem Gericht geben.

Der Zeitpunkt der Safranernte hängt der Witterung ab. Sie beginnt, sobald die ersten Krokusblüten erscheinen, und dauert rund zehn Tage.

In einer typischen spanischen *charcutería* hängen reihenweise Ibérico-Schinken, flankiert von anderen regionalen Spezialitäten.

SPANIEN

JAMÓN IBÉRICO

Viele renommierte Hersteller machen den Südwesten Spaniens zum Paradies für Schinkenfans.

In allen traditionellen spanischen Bars und Restaurants baumeln von der Decke saftige Schinkenkeulen, die zu jeder Tages- und Nachtzeit scheibchenweise als Tapas verputzt werden. *Jamón* gehört in Spanien einfach dazu und kaum ein Land bietet eine solche Schinkenvielfalt. Doch für Kenner gibt es nur den *jamón ibérico*, den edelsten aller Schinken. Sein sattrotes, von feinen Fettadern durchzogenes Fleisch schmeckt würzig-nussig, denn es stammt vom schwarzfüßigen Iberischen Schwein, das mit *bellotas* (Eicheln) gemästet wird. *Jamón ibérico* wird in ganz Spanien hergestellt, aber der beste kommt aus Andalusien und der Extremadura. Dort wurden zwischen Olivenhainen und Butterblumenwiesen eigens Stein- und Korkeichen für das Lieblingsfutter der Schweine angepflanzt. Die *montanera* (Mastperiode) dauert rund vier Monate. Nach der Schlachtung werden die Keulen nach traditionellen Rezepten gewürzt und gesalzen und reifen dann zwischen neun und 36 Monate, je nach Qualität. So bekommt das Fleisch seinen unverwechselbaren Geschmack. Wer *jamón ibérico* direkt vom Erzeuger kaufen will, fährt nach Montánchez in der Extremadura. In den engen Gässchen des Dorfs drängen sich die *charcuterías* (Feinkostläden); sie servieren Kostproben in hauchdünnen Scheiben von der *tabla* (Brett) und dazu ein Glas einheimischen Pitarra (Rotwein) oder Sherry.

Beste Reisezeit Im Frühjahr und Herbst ist das Klima in diesen Regionen am angenehmsten.

Reiseplanung In der Extremadura sind die Dörfer Montánchez, Monesterio, Calera de León, Cabeza la Vaca und Segura de León bekannt für ihre Schinken; in Jerez de los Caballeros findet im Mai eine Schinkenmesse statt. Beim Kauf auf die Herkunftsbezeichnung *Dehesa de Extremadura* (Eichenhain in der Extremadura) achten! Die andalusische Stadt Jabugo ist einen Tagesausflug wert, da ihr *jamón ibérico* als bester Spaniens gilt.

Websites www.atasteofspain.com, www.spain.info

Schinkensorten

Spaniens Vorzeigeschinken macht nur sechs Prozent der landesweiten Schinkenproduktion aus und wird nach den strengen Regeln hergestellt, die das DO-Siegel (geschützte Herkunftsbezeichnung) vorschreibt. Er stammt ausschließlich vom **Iberischen Schwein,** wird aber in verschiedenen Qualitäten produziert.

Je nach Futter entstehen drei Hauptsorten, die jedoch alle köstlich sind: *jamón ibérico de pienso* (Getreide), *jamón ibérico de recebo* (Getreide und Eicheln), *jamón ibérico de bellota* (nur Eicheln); letztere gilt als die feinste. Was unter der Bezeichnung *paletilla* verkauft wird, stammt aus dem Schulterstück und ist streng genommen kein Schinken, schmeckt aber trotzdem vorzüglich.

Wer einen ganzen Schinken gekauft hat, sollte davon hauchdünne Scheiben abschneiden und sofort servieren, da sie sonst schnell trocken werden.

Wenn die Beeren der Kaffeesträucher reifen, werden sie leuchtend rot. In jeder Beere steckt eine blaugrüne Doppelbohne.

ÄTHIOPIEN

DIE HEIMAT DES KAFFEES

In den Wäldern des Hochlands von Äthiopien wird
Kaffee schon seit mindestens 1000 Jahren angebaut.

Die antike Provinz Kaffa im Südwesten Äthiopiens gilt als Wiege und Namens-
geber des Kaffees. Es heißt, der kleine Hirtenjunge Kaldi hätte die aufputschende
Wirkung der Kaffeebohnen entdeckt, weil seine Ziegen nach deren Genuss
tollkühne Sprünge vollführt haben sollen. Der Besuch einer Kaffeeplantage ist eine
faszinierende Zeitreise zu den Ursprüngen der schwarzen Bohne, die die Welt eroberte.
In dieser Region wird der Kaffee überwiegend auf abgelegenen Waldplantagen angebaut. Hier gedeihen die Sträucher im Schatten hoher Bäume, die von Vögeln und
Stummelaffen bevölkert werden. Oft werden dort auch Papayas, Mangos, Ingwer und
Kardamom kultiviert. In ganz Äthiopien ist die tägliche Kaffeezeremonie ein wichtiges
Ritual. Meist sind es junge Frauen, die die grünen Bohnen über Holzkohle rösten und
mit Gewürzen im Mörser zermahlen. Dann brühen sie den Kaffee in der *jabana*, einer
bauchigen, langhalsigen Tonkanne, bestreuen den Fußboden mit duftenden Gräsern
und Blüten und servieren den belebenden Trank zusammen mit Popcorn und gerösteter
Gerste. Die Höflichkeit gebietet, mindestens drei Tässchen davon zu trinken.

Beste Reisezeit Meiden Sie Juni bis September, da starke Regenfälle die Straßen unsicher machen.

Reiseplanung Das saubere, freundliche Coffee Plantation Guesthouse der Plantage in der Stadt Tepi
im Süden Äthiopiens bietet sich als Ausgangspunkt für Fahrten zu den großen Kaffeepflanzungen an. In
Bebeka liegt die größte und älteste Plantage. Eine zehntägige Rundtour über Jimma (Hauptstadt der
früheren Provinz Kaffa), Tepi und Bedele ist Abenteuer pur unter einfachen Bedingungen. Planen Sie
deshalb zum Entspannen einige Tage in Addis Abeba mit seinen ausgezeichneten Restaurants ein.

Websites www.ethiopianquadrants.com, www.eza.cc

Äthiopischer Speisezettel

■ *Injera,* ein großer, weicher
Fladen aus fermentiertem Teig,
schmeckt säuerlich und dient als
Unterlage für weitere Speisen,
von denen sich alle bedienen.

■ *Doro Wat* ist ein gehaltvolles
Hühnerragout mit hart gekochten
Eiern und süßen Zwiebeln, die
vorher stundenlang in Butter
karamellisiert wurden. Beliebt bei
festlichen Anlässen.

■ *Shiro* ist eine dicke Sauce aus
Kichererbsenmehl mit Knoblauch,
Tomaten und Rosmarin, die im
Tontopf serviert wird und jeden
Tag bei Millionen Menschen auf
den Tisch kommt.

■ **Rindfleisch** ist beliebt als
feuriges oder mildes Ragout
(*kai* oder *alicha wat*), in Streifen
gebraten mit Chili und Zwiebeln
(*tibs*) oder als Hackfleisch (*kitfo*)
mit Gewürzbutter und pikantem
Frischkäse.

RÉUNION/MADAGASKAR

VANILLE

Die bahnbrechende Erfindung eines zwölfjährigen Sklaven-
jungen im Jahr 1841 ebnete der Vanille den Weg in die Welt.

Der Junge hieß Edmond Albius, lebte auf der Insel Réunion und hatte eine einfache Methode entwickelt, Vanilleblüten künstlich zu bestäuben. Nun konnte Vanille kommerziell angebaut werden und die Inseln im Indischen Ozean, nahe der afrikanischen Küste, erlebten einen wahren Vanilleboom. Bis heute ist die Vanille kulinarisches Aushängeschild und Exportartikel Nummer eins von Réunion, Madagaskar und den Komoren. Da viele Plantagen ihre Tore für Besucher öffnen, ist die Pflanze mit den schmalen, schwarzen Schoten auch eine Touristenattraktion. «Temperatur und Luftfeuchtigkeit sind auf diesen Inseln ideal für die Vanille», sagt François Mayer, Direktor der Coopérative de Vanille auf Réunion. «Verglichen mit Madagaskar und den Komoren produzieren wir nicht sehr viel Vanille, aber dafür unserer Meinung nach die beste! Das Know-how kommt aus Réunion und hat sich von hier aus in der Welt verbreitet.» Auf der Plantage der Kooperative bei Bras-Panon werden historische und moderne Methoden der Vanilleverarbeitung demonstriert. Der Hauptteil der Produktion geht nach Europa, aber etwas Vanille behalten sie für sich und würzen damit Gerichte, wie sie die kreolischen Restaurants von Réunion anbieten: Huhn und Ente *à la vanille*, sensationelles Vanilleeis, Crêpes und Rum Punch.

Beste Reisezeit Die Vanilleschoten wachsen zwischen Juni und Dezember, dann werden sie gepflückt und in Körben zu den plantageeigenen Trockenanlagen gebracht.

Reiseplanung Planen Sie zwei Wochen für eine Reise in die Vanille-Anbaugebiete von Réunion, Madagaskar und den Komoren; wer sich mit einer Insel begnügt, kommt mit zwei bis drei Tagen aus. Die besten Speiselokale finden sich in Antananarivo (Madagaskar) sowie in St.-Denis (Réunion), wo es auch die beste Auswahl an Vanilleprodukten für die Küche zu Hause und an Kochbüchern mit Vanillerezepten gibt.

Websites www.la-reunion-tourisme.com, www.madagaskar-travel.de

🧑‍🍳 Echter Vanillezucker

Dieser aromatische Zucker verleiht jedem Gericht einen Hauch von Vanille. Leckermäuler veredeln damit frische Erdbeeren oder streuen ihn morgens über ihre Cornflakes oder ihr Müsli.

500 g Zucker
2 Vanilleschoten

Zucker in einen luftdichten Behälter geben. Vanilleschoten mit einem scharfen Messer der Länge nach aufschlitzen. Das Innere herauskratzen und zum Zucker geben, Behälter schließen und gut schütteln. Dann die Schoten in den Zucker stecken (sie müssen ganz bedeckt sein), Behälter verschließen. Nach zwei Tagen hat der Zucker Duft und Aroma der Vanille aufgenommen und kann wie normaler Zucker verwendet werden.

Vanillezucker ist monatelang haltbar und kann immer wieder mit normalem Zucker aufgefüllt werden, bis die Schoten kein Aroma mehr abgeben.

Nach der Ernte trocknen die Vanilleschoten drei bis vier Wochen lang in der Sonne. Anschließend werden sie nach Größe und Qualität sortiert.

BUNTE MÄRKTE

D ie spannenden Streifzüge in diesem Kapitel führen zu Plätzen, an denen Spitzenköche ihre Zutaten auswählen, durch Luxuskaufhäuser mit Gourmetabteilungen, über Bauernmärkte mit erntefrischem Obst und Gemüse und durch verwinkelte Basare an den großen Kreuzungspunkten uralter Handelsrouten.

Auf allen Märkten der Welt gibt es Köstliches zu probieren. In New York verwöhnen traditionelle Pastrami-Sandwiches, gebeizter Lachs oder backfrische Bagels und Bialys den Gaumen. In Moskau lockt der Kaviar, der einst die Zarentafel veredelte, in die prächtigen Räumlichkeiten von Jelissejew. In Barcelona kann man in den Markthallen der heißgeliebten La Boqueria Fischsuppe oder Tortilla verspeisen. Auf Thailands Kanälen berauschen die Farben und Düfte der Tropenfrüchte auf den Händlerbooten die Sinne. Überallhin sollte man einen großen Einkaufskorb und Hunger mitbringen, damit es nicht bloß ein Augenschmaus bleibt.

Chilis, Avocados und Cherimoyas türmen sich neben anderen verlockenden Früchten und Gemüsesorten auf den Märkten Mexikos. Sie sind die Grundzutaten der raffinierten und mitunter höllisch scharfen Landesküche.

Ein Lieblingsziel der New Yorker Feinschmecker ist Zabar's mit seinem Riesenangebot an Räucherfisch, Kaffee, Käse, Feinkost und vielem mehr.

NEW YORK, USA

DELIS IN NEW YORK

Der Big Apple ist die Stadt der wunderbaren „Delis".
Einige der besten liegen in der Lower East Side.

New Yorks Lower East Side wirkt zuerst wie ein typisches Trendviertel. Doch seine schmalen, belebten Straßen und alten Mietskasernen erinnern an eine Zeit, als sich Millionen jüdischer Einwanderer aus Osteuropa hier niederließen und ihr Heimweh in kulinarischen Traditionen auslebten, die bis heute überdauern. Ein Bummel zu den vielfältigen Wurzeln des Stadtteils beginnt beim Delikatessengeschäft Katz's, gegründet 1888, einem Eldorado für Nostalgiker. Seine Sandwiches mit handgesäbelten Pastrami- oder Rinderbrustscheiben und seine knusprigen *latkes* (Kartoffelpuffer) sind unvergesslich. Einst waren sogenannte Appetizing Stores mit Milchprodukten und Fisch hier ebenso verbreitet wie Delis. Heute bleibt nur noch Russ & Daughters. Der winzige Laden verkauft ein Dutzend Sorten geräucherten und gebeizten Lachs, Frischkäsecremes und europäische Klassiker wie Heringsfilets und eingelegten Lachs mit Süßzwiebelringen. Ein paar Ecken weiter südlich drängen sich ziegelrote Fässer vor Guss' Pickles. Besonders lecker sind das knoblauchgesättigte Essiggemüse und die extrascharfen *spicy pickles*, bei deren Verkostung die Inhaber aus dem Nähkästchen plaudern. Wem der Magen immer noch knurrt, geht nach Norden zu Zabar's, dem berühmten Feinkostkaufhaus der Upper West Side mit seinem Riesenangebot an Traditions- und Gourmetkost.

Beste Reisezeit Katz's Delicatessen und Russ & Daughters Appetizers öffnen sieben Tage pro Woche zu normalen Geschäftszeiten; am Wochenende wird es sehr voll. Guss' Pickles hat samstags geschlossen. Hauptpreiszeiten mit Touristenandrang in New York sind rund um Feiertage, etwa Weihnachten.

Reiseplanung Im Tenement Museum zeigen mehrere restaurierte Wohnungen die Geschichte der Lower East Side und das Leben der Einwanderer Anfang des 20. Jahrhunderts.

Websites www.tenement.org, www.katzdeli.com, www.russanddaughters.com, www.zabars.com

Appetizing Stores

Frischkäse, geräucherter und eingelegter Fisch, Kaviar, Trockenobst und Nüsse gehören zum appetitanregenden Sortiment der Appetizing Stores, die sich im späten 19. Jahrhundert in New York etablierten. Nach den Regeln der koscheren Kost dürfen Fleisch- und Milchprodukte nicht zusammen verkauft oder verzehrt werden. Deshalb bieten Läden wie **Russ & Daughters** klassische Kombinationen von Fisch- und Milchprodukten, wie Frischkäse mit gebeiztem Lachs oder Sahnehering.

Außerdem gibt es hier **süße und salzige Beilagen** zu frischen Bagel- und Bialy-Brötchen. Die einstige Alltagskost der Einwanderer gilt heute als besondere Leckerei. Ganz wie früher ist aber noch die Bedienung: Manche der Angestellten schneiden schon über 20 Jahre den Lachs auf, während sie mit den Stammkunden plaudern.

KALIFORNIEN, USA

MARKT IM FERRY BUILDING

Die Markthalle und der Farmer-Wochenmarkt warten mit den besten Saisonprodukten und regionalen Spezialitäten auf.

San Franciscos Ferry Building an der Bucht ist heute ein Feinschmeckerparadies. Hinter seinen Toren öffnet sich ein glasüberdachter Gang, unter dessen Arkaden die besten Lebensmittelhändler Nordkaliforniens ihre Waren feilbieten. Kisten voller frischer Pilze, Sonnenblumensträuße, köstliches Gebäck und Kaffeetheken säumen den Durchgang. Einer der ersten Läden ist die Cowgirl Creamery mit traditionell hergestelltem Käse. Nebenan führt kein Weg vorbei am Duft von Steve Sullivans legendärem Acme Bread: Hier wird täglich Brot aus Biomehl und handverlesenen Zutaten im Steinofen gebacken. Ein Stück weiter verwöhnen Pioniere der kalifornischen Störzucht im Tsar Nicoulai Caviar mit extravaganten Kaviar- und Champagner-Snacks. Recchiuti Confections stellt vor die Qual der Wahl mit handgemachten süßen Schätzen wie Schokotrüffeln, Karamellbonbons mit *fleur de sel* und *pâtés de fruits*. Ganz in der Nähe schlürfen Besucher chinesischen Tee im exklusiven Imperial Tea Court. Außerdem finden sich hier einige der meistgepriesenen Lokale von San Francisco, wie The Slanted Door mit moderner vietnamesischer Küche aus Zutaten direkt aus der Bay Area und Mijita, eine *cocina mexicana* mit Hühnchen-*tamales* (Maistaschen) nach Oaxaca-Art und Fisch-Tacos à la Baja California.

Beste Reisezeit Die Markthalle ist täglich geöffnet, der Bauernmarkt dienstags und samstags (in der Saison auch donnerstags und sonntags). Höchster Genießertrubel herrscht am Samstagvormittag.

Reiseplanung Die Markthalle erstreckt sich am Embarcadero am unteren Ende der Market Street. Der Bauernmarkt schlägt seine Stände vor und hinter dem Gebäude auf. San Francisco City Guides bietet kostenlose Führungen durch das Ferry Building an. Außerdem veranstalten das Four Seasons Hotel San Francisco und das W Hotel San Francisco Touren mit abschließendem Gourmetschmaus.

Websites www.ferrybuildingmarketplace.com, www.sfcityguides.org

Ferry Plaza Farmers' Market

Dienstags und samstags bietet der weitläufige Bauernmarkt rund um die Markthalle alles, was es an **saisonalen Bioprodukten** gibt: alte Tomatensorten, duftende Kräuter, Blumen, Weine der Region, Honig, Olivenöl, minzgrüne oder zartblaue Freilandeier und ausgefallene Zutaten wie Brennnesseln. Nach all den Gratiskostproben kann das Mittagessen getrost ausfallen. Wer trotzdem noch Appetit aufbringt, kann sich mit etwas regionalem Käse, frischem Brot, kalifornischem Wein und spektakulärem Blick auf die Bucht an einem der Picknicktische hinter dem Ferry Building niederlassen. Da bleiben keine Wünsche offen! Oder doch: ein Ausflug in den siebten Feinschmecker-Himmel mit einem Austern-*po-boy* (Sandwich) vom **Hayes Street Grill** (nach der Baguetteversion fragen).

Körbe voll farbenprächtigem Frischobst der Region gehören zu den vielen Attraktionen, die Einheimische und Touristen zum Ferry Building Marketplace locken.

HISTORISCHE FEINKOSTLÄDEN

In einer Ära weltweiter Lebensmittelketten trotzen diese ehrwürdigen Institutionen dem sogenannten Fortschritt.

❶ Jelissejew, Moskau, Russland

Das Herrenhaus aus dem 18. Jahrhundert symbolisiert Moskaus Wandel zum Konsumparadies. Hier residiert seit 1907 Moskaus edelstes Lebensmittelgeschäft. Es wurde nach der kommunistischen Ära renoviert und bietet außer Wodka und Kaviar sündhaft teure Delikatessen aus aller Welt.

Reiseplanung Das Geschäft mit der Adresse 14 Ulitsa Tverskaya ist rund um die Uhr geöffnet. www.smartmoscow.com

❷ KaDeWe, Berlin, Deutschland

Das größte Kaufhaus des europäischen Kontinents entstand 1907 und entging im 20. Jahrhundert nur knapp der Zerstörung. Heute lockt seine Feinkostetage mit einer überwältigenden Auswahl erlesener Speisen und Getränke aus Deutschland und dem Rest der Welt, mit einem Amerikabereich, diversen Minirestaurants und einem Wintergarten.

Reiseplanung Das KaDeWe liegt zentral in Schöneberg, Tauentzienstraße 21-24. www.kadewe.de

❸ Dallmayr, München, Deutschland

In diesem 1700 gegründeten Geschäft gibt es Schweizer Obstbrände, kalt gerupfte Hähnchen aus Niederbayern, frisch hergestellte Nudeln, First-Flush-Darjeeling, Walnuss-Salami aus dem Beaujolais, über 100 Brotsorten, frisch gerösteter Kaffee in handbemalten Gefäßen und über 150 Käsesorten.

Reiseplanung Im Stadtzentrum in der Dienerstraße 14-15. www.dallmayr.de

❹ Antico Pizzicheria de Miccoli, Siena, Italien

In einer idealen Welt hätte jede Stadt einen Laden wie diesen: einen Miniaturtempel der toskanischen Küche aus dem Jahr 1889 mit Schinken, Salamis, Würsten, Käse, Steinpilzen, Trüffeln und Flaschen mit Olivenöl.

Reiseplanung Der Laden in 93-95 Via di Città bietet ein paar Sitzplätze zum Essen. Noch ein guter Delikatessenladen in derselben Straße ist die Antica Drogheria Manganelli, gegründet 1879. www.sienaonline.com

❺ Fauchon, Paris, Frankreich

Fauchon steht mit Champagner, Kaviar, Trüffeln, Hummer und anderer Luxuskost für höchste Qualität. Das 1886 gegründete Geschäft gilt als führender Feinkostladen von Paris. Von den Verpackungen bis zur Fensterdeko ist hier alles in den Firmenfarben Fuchsie und Schwarz gestaltet.

Reiseplanung Sonn- und feiertags geschlossen. Adresse: 24-30 Place de la Madeleine. In der Nähe befindet sich Hédiard, noch ein historisches Lebensmittelgeschäft. www.fauchon.com

❻ Maille, Paris, Frankreich

Die Franzosen nehmen ihren Senf ernst. Wer wüsste das besser als die Firma Maille, die 1747 ihr erstes Geschäft in Paris eröffnete? Der kleine Laden vertreibt Senf in Geschmacksvarianten wie Blauschimmelkäse, Cassis und Mango. Drei Haussorten nach überliefertem Rezept aus der Zeit des Gründers Antoine Maille werden aus dem Zapfhahn in Steinguttöpfe abgefüllt.

Reiseplanung Sonntags geschlossen. Adresse: 6 Place de la Madeleine, nur wenige Schritte von Fauchon. Die Haussorten kann man vor dem Kauf probieren. www.maille.com

❼ Voisin, Lyon, Frankreich

Lyons 1897 gegründete Voisin-Kette ist eine Schokoladenmärchenwelt, besonders zu Ostern, wenn Enten und Schwäne aus Schokoeiern hüpfen. Spezialität des Hauses sind *coussins de Lyon* (Schoko-Marzipan-Kissen mit Curaçao-Aroma).

Reiseplanung Voisin betreibt in Lyon mehrere Filialen. www.chocolat-voisin.com

❽ Paxton & Whitfield, London, England

Die besten britischen Käsesorten müssen keinen Vergleich scheuen. Im vornehmen Londoner Viertel St. James's versorgte Paxton seit 1797 die bessere Gesellschaft mit Käse und wurde sogar Hoflieferant. Churchill fand, ein Gentleman könne seinen Käse nur hier kaufen.

Reiseplanung Außer dem Geschäft in 93 Jermyn Street hat Paxton Filialen in Bath und Stratford-upon-Avon. www.paxtonandwhitfield.co.uk

❾ Brick Lane Beigel Bake, London, England

Brick Lane war einmal ein jüdisches Viertel, heute wohnen vorwiegend Bengalen in diesem Teil des Londoner East End. Ein Überbleibsel jener Ära ist dieser Imbiss: Er verkauft rund um die Uhr leckere Bagels mit Rindfleisch oder Räucherlachs; Promis und Nachtschwärmer stehen dafür Schlange.

Reiseplanung Beigel Bake findet sich in 159 Brick Lane. Der Imbiss ist nicht koscher. www.jewisheastend.com

❿ Ye Olde Pork Pie Shoppe, Melton Mowbray, England

Die Melton-Mowbray-Pasteten erkennt man an ihrer unregelmäßigen Form mit gewelltem Rand. Seit 2008 ist die Herkunftsbezeichnung geschützt, wie bei Champagner oder Stilton. Der 1851 gegründete Laden ist der letzte Produzent dieser Pasteten im Stadtzentrum.

Reiseplanung Hier gibt es auch Vorführungen und Kurse in der Pastetenherstellung. www.porkpie.co.uk

Rechts: In der restaurierten, vorrevolutionären Jugendstilpracht des Moskauer Feinkostgeschäfts Jelissejew gibt es Delikatessen aus aller Welt zu kaufen.

GRANVILLE ISLAND MARKET

Im Mittelpunkt des multikulturellen Markts im Zentrum von Vancouver stehen die Produkte der Region.

In den letzten 30 Jahren mauserte sich Granville Island von einer gefährlichen Sandbank im False Creek zu einer der größten Attraktionen Vancouvers. «Ein echter Schlemmertempel», sagt Jérôme Dudancourt von der Oyama Sausage Co., während er den Kundenstrom mit Würsten und duftenden Schinken versorgt. In der Vielfalt des Markts zeigt sich Vancouvers kosmopolitisches Flair und eine Vorliebe für regionale, biologische und traditionelle Produkte. «Wir arbeiten mit überlieferten Rezepten aus Frankreich, Italien, Spanien, Deutschland, Holland und England, die wir an unseren modernen Geschmack anpassen», erklärt er. Beim benachbarten Edible British Columbia gibt es Gelee aus regional angebautem Lavendel, Kaffee aus einer Rösterei vom nahen Salt Spring Island, hausgemachte Currys nach Thai-Art und vieles mehr. Dussa's präsentiert Derby-Käse mit Salbei aus der Region und cremigen Ziegenkäse von Salt Spring Island. An anderen Ständen türmen sich fangfrische Lachse, Jakobsmuscheln und Krabben. Die meisten Obst- und Gemüsestände gehören den chinesischen Einwohnern Vancouvers; sie verkaufen fast alles von indischem Curry und italienischem Eis bis zu Fish & Chips. Geschmaust wird an Tischen mit Blick aufs Wasser, auf Reiher und Seehunde.

Beste Reisezeit Der ganzjährig geöffnete Markt ist bei Einheimischen und Touristen beliebt und im Sommer besonders belebt. Die schönste Zeit in Vancouver ist der Herbst mit warmen, trockenen Tagen, kühlen Abenden und buntem Herbstlaub.

Reiseplanung Der Public Market öffnet von Februar bis Dezember sieben Tage die Woche; im Januar bleibt er montags geschlossen. Mehrere Stände mit Frühstück öffnen früh; dann gibt es auch noch genügend Sitzplätze mit Blick aufs Wasser und den allmählich zum Leben erwachenden Markt. Marktführungen dienstags, donnerstags und samstags um 8.30 Uhr müssen im Voraus gebucht werden. Sehr nett ist die Anfahrt zum Markt mit einer der zwölfsitzigen False-Creek-Fähren.

Websites www.granvilleisland.com, www.edible-britishcolumbia.com, www.granvilleislandferries.bc.ca

Marktspezialitäten

■ Ein ausgefallenes Produkt der Region ist der **Birkensirup aus British Columbia.** Die Birke liefert nur etwa ein Zehntel der Sirupausbeute eines Ahorns, aber das intensive, komplexe Aroma ist ideal als Marinade für heimischen Lachs.

■ Zu den ältesten Ständen gehört **Lee's Donuts,** der den ganzen Markt mit dem süßen Duft frischer Doughnuts (mit Zucker oder Glasur) erfüllt. Zu Halloween stehen die Kunden Schlange nach den speziellen Kürbis-Gewürz-Doughnuts.

■ Edible BC veranstaltet eine dreistündige, oft ausgebuchte **Marktführung mit einem Profikoch.** Unterwegs werden Zutaten probiert und ihre Verwendung diskutiert. Selbst Einheimische entdecken dabei noch Neues.

Nach alter Tradition arbeitende Bäcker gehören zu den vielen Spezialanbietern des Marktes, der die Sinne mit Bildern, Düften und Farben überflutet.

SPEZIALITÄTEN & ZUTATEN

BUNTE MÄRKTE

SAISONALE KÖSTLICHKEITEN IN DER KÜCHE DIE BESTEN STRASSENSNACKS GOURMETSTÄDTE LUXUS PUR WEIN, BIER & CO SÜSSE LECKERBISSEN

Kunstvoll arrangierte Berge von makellosem, frischem Obst und Gemüse sind typisch für die Märkte des Bundesstaats Puebla.

MEXIKO

DIE MÄRKTE VON PUEBLA

Eine Stadt, in der indianische Kochtraditionen und Zutaten aus der Alten Welt eine moderne mexikanische Gastronomie bilden.

Rund 110 Kilometer südöstlich von Mexiko-Stadt liegt am Fuß des mächtigen Vulkans Popocatépetl die Stadt Puebla. Das Schmuckstück spanischer Barockarchitektur ist umgeben von viel älteren indianische Siedlungen. Dass beide Kulturen zwangsläufig auch kulinarisch verschmolzen, wird nirgends deutlicher als auf den Märkten von Puebla. Das würzige Aroma der Eintöpfe, die in Tontöpfen über Holzfeuern köcheln, mischt sich mit dem Blumenduft der Felder vor der Stadt. Zum „Herzschlag Mexikos", dem Geräusch, wenn die Frauen die Maistortillas flach klopfen, gesellen sich die Rufe der Händler, die alles von Süßwaren bis zu handgeschnitzten Löffeln anpreisen. Berge von Obst und Gemüse, Körbe voll duftender Gewürze, Stapel grüner und roter Chilischoten säumen die Gänge des Marktes. Hier kann man *quesadillas* aus blauem Mais mit einer Füllung aus Zucchiniblüten, Wildpilzen und Käse kosten, dort *Agua de Jamaica* probieren, ein Erfrischungsgetränk aus Hibiskusblüten. Heilkräuter, Kerzen und Amulette gibt es beim *hierbero* (Kräuterhändler), Kochtipps von der *pollera*, deren frisch gerupfte Hühner auf einem kunstvoll bestickten Tuch aufgereiht sind.

Beste Reisezeit Ganzjährig. Zum Tag der Toten (*Día de los Muertos*) am 1. und 2. November gibt es auf den Märkten auch Totenschädel aus Zucker und Zierrat für die Familienaltäre.

Reiseplanung Einer der ältesten und schönsten *tianguis* (Indianermärkte) findet sonntags und mittwochs im vorspanischen Cholula statt, zwölf Kilometer westlich von Puebla. Die ausgezeichneten *mole*- und *pipián*-Saucen von Las Cazuelas eignen sich gut als Mitbringsel. Es gibt sie auch beim traditionsreichen Mercado del Carmen im Zentrum von Puebla, Oriente 21. Probieren Sie dort auch die *cemitas*, knusprige Sesambrötchen, gefüllt mit Fleisch, Oaxaca-Käse, Avocado und *chipotle*-Chili.

Websites www.visitmexico.com, www.mexiko-tipps.de, www.mexconnect.com

Keine Scheu vor *mole*

Mole ist eine dicke, dunkle, süß-pikante Sauce, eine Kombination spanischer und indianischer Kochtraditionen.

Mole poblano (Mole mit Truthahn oder Huhn) wurde vermutlich im 16. Jahrhundert im Kloster Santa Rosa in Puebla erfunden. Chilischoten und Kakao der Region ergaben mit Zimt, Gewürznelken und Piment eine raffinierte Würze.

Eine Art *mole* ohne Schokolade ist *pipián;* es gibt eine grüne Variante mit Kürbiskernen und frischem Chili und eine rote mit Sesam und getrocknetem Chili.

Zucchiniblüten verfeinern Tacos, Suppen und Pfannkuchen.

Die fröhlichen Farben des Weihnachtsmarkts auf Cuscos Plaza de Armas tragen zur festlichen Atmosphäre bei.

WEIHNACHTSMARKT IN CUSCO

Für die Andenbewohner bildet der große Markt im Zentrum von Cusco den Auftakt der Weihnachtsfeierlichkeiten.

Einer der größten Märkte in den Anden ist der Santuranticuy, der am Heiligabend auf Cuscos Hauptplatz und in dessen Seitenstraßen stattfindet. Tausende von Peruanern strömen hierher, um ihre Weihnachtseinkäufe zu erledigen und die festliche Atmosphäre zu genießen. Santuranticuy bedeutet „Verkauf der Heiligen", weil der Markt ursprünglich auf den Verkauf von Krippenfiguren spezialisiert war. Aber mit der Zeit fanden noch viele andere Waren ihren Weg dorthin, von einheimischem Kunsthandwerk bis zu traditionellen Speisen der Andenregion. Besonders häufig sieht man *cuy* (Meerschweinchen) am Grillspieß, das mit pikanter Chilisauce gereicht wird. Beliebt sind auch gegrillte Maiskolben, *tamales* (Maispasteten mit Fleischfüllung in Bananenblatthülle), *rocoto relleno* (gefüllte Paprika) und *anticuchos* (Rinderherzen). Das wichtigste Getränk des Santuranticuy ist *ponche de leche*, ein hochprozentiger Grog aus Milch und Pisco-Weinbrand. Da sich peruanische Familien am Heiligabend zum großen Weihnachtsessen versammeln, servieren viele Restaurants rund um die Plaza und im übrigen Stadtzentrum Festmahle mit gefülltem Truthahn, Schweinebraten und einem halben Dutzend Kartoffelsorten.

Beste Reisezeit Am besten kommen Sie schon kurz vor Weihnachten nach Cusco, um alle Sehenswürdigkeiten aus der Inkazeit und der spanischen Kolonialära zu besuchen. Obwohl an Weihnachten hier Sommer ist, herrschen im Gebirgsklima von Cusco Temperaturen zwischen -7 und 21 Grad.

Reiseplanung Wer bei exotischer Kost zu Magenproblemen neigt, sollte sich an die besseren Restaurants in Cuscos Zentrum halten. Für das Weihnachtsessen unbedingt reservieren. Bewundern Sie in der Kathedrale das „Abendmahl" von Marcos Zapata hoch über dem Hauptschiff, das neben anderen Gerichten auch *cuy* (Meerschweinchen) auf der Tafel vor Jesus und seinen Aposteln zeigt.

Websites www.cuscoperu.com, www.peru.info

Die Kartoffel

Leib- und Magenspeise der Peruaner ist die bescheidene Kartoffel, die vor Tausenden von Jahren erstmals im Hochland rund um den Titicacasee angebaut wurde. Anders als die Wissenschaft, welche die Kartoffel als Produkt der Evolution betrachtet, hielten die Inka sie für ein Geschenk des Schöpfergotts Viracocha, damit seine Gläubigen niemals Hunger leiden müssten. Heute verblüfft die Kartoffel durch ihre Vielfalt: In Peru gibt es rund 5000 kultivierte oder wild wachsende Kartoffelsorten in den verschiedensten Farben – braun, lila, rot, weiß und gelb. Sie werden fast immer gebraten oder gebacken und mit Käse, Knoblauch, Zwiebeln, gebratenem Ei, Limettensaft und Dutzenden weiterer Zutaten verfeinert.

PHILIPPINEN

DER SALCEDO-MARKT

Auf Manilas Wochenmarkt kann man die geballte Kochkunst der 81 philippinischen Provinzen kosten.

Die philippinische Küche vereint regionale Vielfalt mit Einflüssen aus Jahrhunderten chinesischer, malaiischer, spanischer und amerikanischer Handelsbeziehungen und Herrschaft. Am besten lässt sich diese Vielfalt auf dem Salcedo-Markt im Herzen Manilas erleben, auf dem samstags über 130 Stände frische Zutaten und Gerichte anbieten. Besucher sollten viel Hunger mitbringen und es den Einheimischen nachtun, die im Vorübergehen Kleinigkeiten knabbern und sich zwischendurch zum Schmausen an Gemeinschaftstischen niederlassen. Leckermäuler könnten mit *piaya* anfangen, mit Muscovado-Zucker getränkten Pfannkuchen von der zentralen Insel Negros. Dazu passt heiße Schokolade aus heimischem Kakao. Etwas für Chilifans sind Krabben in Chili-Kokosmilch, eine Bicolano-Spezialität. Aus der nördlichen Provinz Ilocos kommen frittierte Reismehl-Empanadas mit einer Füllung aus Knoblauch-Schweinswurst, grüner Papaya und Ei, aus der nahen Feinschmeckerprovinz Pampanga winzige, delikate Empanadas mit Krabbenfleisch. Lange Schlangen bilden sich vor Ständen, bei denen entgräteter Milchfisch mit einer Füllung aus Tomaten, roten Zwiebeln, Koriandergrün und Sojasauce auf dem Grill brutzelt oder *ukoy* (Garnelen und Süßkartoffeln in Backteig) in heißem Öl blubbert. Unbedingt probieren sollte man *lato*, salzige Algen, die an winzige Traubenbüschel erinnern, mit leckerem Dressing aus Kokosessig.

Beste Reisezeit Die Monate von Dezember bis März sind etwas kühler und trockener. Meiden Sie die hochwassergefährdete Monsunzeit (Juni bis Oktober). Marktzeit ist ganzjährig samstags von 7 bis 14 Uhr.
Reiseplanung Der Markt findet im Jaime Velasquez Park, Makati (Manilas Geschäftsviertel), statt.
Websites www.wowphilippines.de, kulinarya.net

Salcedos Alternativmarkt

Ein Gegenentwurf zum Salcedo-Markt ist der turbulente **Vormittagsmarkt** (6 bis 13 Uhr), der sonntags auf dem Gelände des Philippines Lung Center in Quezon City stattfindet, etwa 20 Minuten von Manilas Zentrum.

Hier gibt es doppelt so viele Stände, viermal so viele Kunden und eine erschöpfende Auswahl an frischem Obst und Gemüse, Fleisch, Fisch und philippinischem Kunsthandwerk zu günstigen Preisen. Spezialitäten aus den Provinzen sind etwa *lumpiang ubod* (Frühlingsrollen mit frischen Palmherzstiften) von der Insel Negros, *bibingka* (dicke Reismehl-Pfannkuchen mit Käsebelag, die in Tonpfannen auf Holzkohle gebacken werden) und koffeinstrotzender *barako*-Kaffee aus der Provinz Batangas im Süden der Insel Luzon.

Auf dem Samstagsmarkt, einem Treffpunkt der Einheimischen, können Besucher leckere Spezialitäten aus den vielen Regionen des Landes probieren.

Auf Thailands Marktbooten werden nicht nur frische Waren angeboten, sondern auch frisch gekochte Gerichte.

DAMNOEN SADUAK

Die Farben und Aromen des quirligsten schwimmenden Markts von Thailand entdecken.

Beladen mit grünen Papayas und Orchideengirlanden gleitet ein Sampan-Boot in der Morgendämmerung über den *klong* (Kanal), das Wasser kräuselt sich kaum. Ein Hund bellt, ein Vogel ruft, und nach und nach kommen die Hausfrauen ans Kanalufer, um mit den schwimmenden Händlerinnen zu feilschen. Minuten später paddelt schon eine ganze Flotte durch das Wasserlabyrinth zum Markt-*klong*. Damnoen Saduak, rund 100 Kilometer westlich von Bangkok, ist ein Treffpunkt für Einheimische und Besucher auf der Suche nach Gaumenfreuden und für die Landfrauen, die hier ihre Obst- und Gemüseernte feilbieten: Erbsenauberginen, Schlangenbohnen, Lotuswurzeln, Bambussprossen, Wasserspinat, Riesenrettiche, Maiskölbchen und vieles mehr. Kochboote erfüllen die Luft mit Düften und Rauch, während vielfältige Zutaten in den Woks brutzeln. Es gibt in Bananenblätter gewickelte Gerichte auf die Hand oder man tut es den Einheimischen gleich und genießt pikante Suppen und Nudelgerichte, Satay oder Reis mit Fischklößchen, Tofu oder Garnelen; alles mit dem Aroma von Zitronengras, Koriander, Limette, Ingwer oder Tamarinde und reichlich Kokosmilch.

Beste Reisezeit Von November bis März sind die Temperaturen angenehm, und es bleibt meist trocken.

Reiseplanung Marktzeit ist täglich von 8 bis 11 Uhr. Brechen Sie möglichst früh auf, um Damnoen Saduak von seiner schönsten Seite zu erleben, bevor die Touristen eintreffen und es von Souvenirverkäufern wimmelt. Nehmen Sie den ersten Bus von Bangkoks Southern Bus Terminal; die Fahrt dauert 2,5 Stunden. Mieten Sie gleich nach der Ankunft einen Sampan oder ein Longtail-Boot.

Websites www.amazing-thailand.com/FandD.html, www.bangkok.com, www.thailand-huahin.com

Gurkensalat nach Thai-Art

Eine erfrischende Beilage zu Satay oder pikanten Fleischgerichten.

Für 4 Personen
225 ml Essig
¼ TL Meersalz
2 EL Zucker
2 Gurken
2 Schalotten, fein gehackt
1 rote Vogelaugen-Chilischote, entkernt, in feine Ringe geschnitten
½ rote Paprika, gewürfelt
1 EL gehacktes Koriandergrün
2 EL gehackte Erdnüsse

Essig, Salz und Zucker in einem kleinen Topf bei mittlerer Hitze köcheln, bis Zucker und Salz sich auflösen und die Sauce leicht eindickt. Abkühlen lassen.
 Die Gurken waschen und längs vierteln. In dünne Scheibchen schneiden und diese mit den Schalotten, der Chilischote und den Paprikawürfeln in eine Schüssel geben.
 Kurz vor dem Servieren die Sauce über den Salat gießen und unterheben. Mit dem Koriandergrün und den Erdnüssen garnieren.

Frittierte Bananen sind ein beliebter Snack.

MALAYSIA

DIE RAMADAN-MÄRKTE

Zum Fastenbrechen mit malaiischen Köstlichkeiten auf die improvisierten Ramadan-Straßenmärkte von Kuala Lumpur.

Während des Ramadan verwandelt sich Malaysias größte Stadt Kuala Lumpur in ein Schlaraffenland der Straßenimbisse. Dutzende von Märkten zur Versorgung der fastenden Muslime schlagen ihre Zelte auf Parkplätzen, in Seitengassen und auf Bürgersteigen auf. Jeden Nachmittag ab etwa halb vier beladen Hunderte von Imbissverkäufern ihre Tische mit Pyramiden von *popiah* (Frühlingsrollen mit Jicamawurzeln, Möhren und Chilisauce), kunterbunten *kuih talam* (öligen Süßigkeiten aus Kokosmilch) und Bottichen voll *bubur*, einem Fleisch-Reis-Eintopf mit Nelken, Zimt, Muskat und pfefferigen Laksa-Blättern. Rauchwolken umwehen die Anbieter von *ayam percik* (Grillhähnchen in Chili-Kokos-Sauce), *satar* (am Spieß gerösteten Bananenblattpäckchen mit würziger Fischpaste) und *ikan bakar* (Rochen, Schnapper oder Makrele mit feurig scharfem *sambal* bestrichen und auf einem Bananenblatt gegrillt). Daneben schmurgeln Berge von Reisbandnudeln. Spätestens abends um halb sieben drängen sich hier die Massen in freudiger Erwartung des *buka puasa* (Fastenbrechens). Eine halbe Stunde später ist alles vorbei.

Beste Reisezeit Die Ramadan-Märkte in Kuala Lumpur (und im übrigen Malaysia) öffnen täglich gegen 16 Uhr im neunten Monat des islamischen Mondkalenders, der jedes Jahr etwa zehn Tage früher als im Vorjahr beginnt. Sie schließen kurz nach dem Fastenbrechen.

Reiseplanung Zahl, Größe und Lage der Märkte ändern sich von Jahr zu Jahr. Listen der Märkte gibt es auf den Websites der großen englischsprachigen Zeitungen *New Straits Times* und *The Star* und beim Rathaus von Kuala Lumpur (DBKL). Lassen Sie es sich aber erst schmecken, wenn der Ruf von der Moschee die Abenddämmerung und das Ende des Fastens verkündet (oder nach der Rückkehr in Ihr Hotel). Die meisten Verkäufer geben auf Anfrage Plastikgabeln und -löffel sowie Servietten aus. Frauen sollten sich bedeckt kleiden.

Websites nst.com.my, thestar.com.my

Probiertipps

Angeblich wird in den malaysischen Privathaushalten am leckersten gekocht. Somit sind die Ramadan-Märkte, auf denen viele hausgemachte Kreationen angeboten werden, eine ideale Gelegenheit, authentische malaiische „Hausmannskost" zu probieren.

■ **Kerabu** sind Salate aus allem Erdenklichen, von wilden Farnsprossen bis zu grünen Mangostreifen, mit einem Dressing aus Kokosmilch, Chili, Fischsauce und Limettensaft.

■ **Dalca** ist ein köstliches Gericht aus Linsen und Gemüse mit Kokosmilch, Chili und Kurkuma.

■ **Rendang** besteht aus zart geschmortem Huhn oder Rindfleisch mit Zitronengras, Galgant, Chili, Kokosmilch und wärmenden Gewürzen wie Nelken und Muskat.

Säuberlich arrangierte Appetithappen auf Spießchen ködern die hungrige Kundschaft am Ende des Fastentags.

DER CHANDNI CHOWK IN DELHI

Der geschäftige Markt in Delhis Altstadt ist ein Muss für jeden, der die traditionelle indische Küche sucht.

Chandni Chowk, „der Platz im Mondlicht", ist die Hauptachse im Herzen des mittelalterlichen Alt-Delhi. Die ursprünglich von Großmogul Shah Jahan angelegte Straße war ab dem 17. Jahrhundert einer der buntesten Marktplätze der Stadt. Die Stände an der Straße und den vielen Seitengässchen verkaufen alles von Taschenrechnern bis zu Käfigvögeln. Außerdem gibt es hier tausenderlei traditionelle indische Speisen. Lecker sind etwa *chaat* (salzige Straßensnacks) wie *vada*, gewürzte Linsen oder Kartoffeln in Kichererbsenteig, oder *pani puri*, ein knusprig aufgeblähter Brotfladen mit Curryfüllung. Zudem befinden sich in dem Viertel einige von Indiens ältesten *halwais* oder Süßwarengeschäften, deren Rezepte über Jahrhunderte von einer Generation an die nächste weitergereicht wurden. Eine örtliche Spezialität sind klebrige *jalebis*, in Ghee (Butterschmalz) frittierte Teigbrezeln mit Zuckerguss. *Namkeen lassi* (ein salziges Joghurtgetränk) kühlt den Gaumen nach Verzehr chilischarfer Knabbereien. Dann kann man sich einen Weg durch das Gewimmel von Menschen, Ziegen, Rikschas und Ochsenkarren bahnen, um an den Marktständen nach Kleidung, Schmuck und Souvenirs zu stöbern. Außerdem gehört zu einem Besuch Delhis ein Abstecher zu Indiens größter Moschee Jama Masjid und zum Roten Fort, die beide in unmittelbarer Nähe liegen.

Beste Reisezeit Chandni Chowk ist ganzjährig von 10 bis 16 Uhr geöffnet. Sonntags haben viele Stände zu. Meiden Sie das Viertel an staatlichen und religiösen Feiertagen; dann wird es oft zu voll.

Reiseplanung Eine der besten Möglichkeiten, den Chandni Chowk mit all seiner Betriebsamkeit, seinen Gerüchen und Klängen zu erleben, ist eine Rikscha. Hunderte davon warten beim Roten Fort, auf der anderen Straßenseite. Lassen Sie sich vom Fahrer Imbissstände empfehlen: Weil die Stände oft den Platz oder Inhaber wechseln, ist hier Insiderwissen gefragt.

Website www.ghantewala.com

Spezialitäten

■ Im Mauerring der Altstadt gleich südlich von Chandni Chowk liegen mehrere Dschaina-Tempel, darunter der **Lal Mandir**. Dort wohnen viele Dschaina, die strikte Vegetarier sind; die vegetarischen Gerichte der Restaurants gehören zu den besten der Stadt.

■ Die meisten Läden in **Paratha Wali Gali**, einer kleinen Seitengasse des Chandni Chowk, bieten als Spezialität *paratha* an: Fladenbrot, das oft pikant gefüllt wird.

■ **Giani's Ice Cream** am Fatehpur Chowk, in der Nähe des Roten Forts, ist berühmt für seine *rabri falooda*. Die eisgekühlte Kreation besteht aus Nudeln und Nüssen in dickflüssiger, gesüßter Milch mit Kardamom.

■ Gute Adressen für *chaat*, Delhis pikante Lieblingssnacks, sind das winzige **Shree Balaji Chaat Bhandar** (Laden Nr. 1462, Chandni Chowk), **Lala Babu Chaat Bhandar** (Nr. 1421), oder das **Natraj Café** (Nr. 1396).

Gegenüber: Ein ungewöhnlich ruhiger Moment im Chandni Chowk. Oben: Der Markt ist zugleich eine Durchgangsstraße.

NOSTALGISCHE SÜSSWARENLÄDEN

Die altehrwürdigen Geschäfte mit Esspapier, Brausepulver und Schokozigaretten lassen Kindheitserinnerungen wieder aufleben.

① Orne's Candy Store, Boothbay Harbor, USA

Der Laden in einem Fischerdorf erfreut seit 1885 mit traditionellem *saltwater taffy* (Karamellbonbon) und handgemachtem Konfekt in antiken Vitrinen. Besonders beliebt ist sein *fudge* (Karamellmasse) in Sorten wie Penuche (mit braunem Zucker und Walnüssen), Ahorn-Pekan oder Erdnussbutter.

Reiseplanung Orne's ist von Muttertag bis Mitte Oktober täglich geöffnet. Es fahren keine Busse nach Boothbay Harbor, 93 Kilometer von Portland, Maine. www.ornescandystore.com

② Economy Candy, New York, USA

Viel Nostalgie garantiert dieser urtümliche Laden voll selten geworden Naschzeug aus Amerika und Europa, wie Bonbonketten, Schokozigaretten und *squirrel nut zippers* (Vanille-Nuss-Karamell). Er wird seit 1937 von derselben Familie geführt und gilt vielen als New Yorks bestes Süßwarengeschäft.

Reiseplanung Täglich geöffnet. Adresse: 108 Rivington Street in Manhattans Lower East Side. www.economycandy.com

③ Ghantewala Halwai, Delhi, Indien

Ab 1790 versorgten sieben Generationen der Familie Jain im geschäftigen Chandni Chowk Kaiser, Präsidenten, Premierminister und Normalsterbliche mit Zuckerzeug. Indiens ältester *halwai* (Süßwarenladen) ist berühmt für sein *sohan halwa* aus Trockenobst, Samen und Zucker.

Reiseplanung Ghantewala ist von 8 bis 21 Uhr geöffnet. Der Laden liegt in der Nähe von Gurdwara Sisganj Sahib, einem Heiligtum zu Ehren des Sikh-Märtyrers Guru Tegh Bahadur. www.ghantewala.com

④ Ali Muhiddin Hacı Bekir, Istanbul, Türkei

1777 gründete der gelernte Zuckerbäcker Hacı Bekir sein Geschäft in Istanbul auf ein Rezept für *rahat lokum*, Würfel aus weichem, rosafarbenem Zuckergelee. Heute gibt es in diesem prachtvoll restaurierten Relikt der Osmanenzeit, das immer noch von der Familie Hacı Bekir betrieben wird, außer der traditionellen Version mit Rosenwasser auch andere Sorten, etwa mit Apfel-, Ingwer- oder Zimtaroma.

Reiseplanung Das Geschäft ist in der Hamidiye Caddesi 83, Eminönü. www.hacibekir.com.tr

⑤ A La Mère de Famille, Paris, Frankreich

Paris' ältestes Bonbongeschäft, 1761 in Montmartre gegründet, präsentiert seine Spezialitäten auf Holztheken unter Kronleuchtern, darunter *calissons* (Fruchtkonfekt mit Glasur) und *berlingots* (pyramidenförmige Zuckerbonbons) aus der Provence. Die Registrierkasse sieht kaum jünger aus als der Laden.

Reiseplanung Die Adresse ist 35 Rue du Faubourg Montmartre. www.lameredefamille.com

⑥ Confiserie Temmerman, Gent, Belgien

Die Spezialität des Ladens, der seine Kunden ins 19. Jahrhundert zurückversetzt, sind *cuberdons*, nasenförmige Bonbons mit Himbeerfüllung. Auch die Salzlakritze hat viele Fans.

Reiseplanung Adresse: 79 Kraanlei. www.flandern.com

⑦ The Oldest Sweet Shop in England, Pateley Bridge, England

Einst hatte fast jede englische Hauptstraße einen Bonbonladen. Diese Ortschaft in wunderschöner Landschaft konnte ihren aus dem Jahr 1827 in die Gegenwart hinüberretten. Mit seinen Gläsern voll altmodischer Buttertoffees, *humbugs* (Pfefferminzbonbons mit Karamellfüllung) und Aniskugeln lädt er zu einem Kurztrip in die Vergangenheit ein.

Reiseplanung Der Laden öffnet von Mittwoch bis Sonntag und an allgemeinen Feiertagen. Die Busfahrt (Bus Nr. 24) von Harrogate nach Pateley Bridge dauert 55 Minuten. www.oldestsweetshop.co.uk

⑧ Mrs Kibble's Olde Sweet Shoppe, London, England

In dem winzigen Laden, in dessen Glasbehältern mehr als 180 Sorten Naschwerk (vor allem Bonbons) lagern, verkauft die freundliche Mrs. Kibble Brausepulver, Zuckermäuse und den aktuellen Bonbonbestseller mit Rhabarber-Vanille-Aroma.

Reiseplanung Täglich geöffnet. Mrs Kibble's gibt es in 57A Brewer Street, Soho, und am St. Christopher's Place, nahe Oxford Street. www.visitlondon.com

⑨ Turrón-Fabrik, Jijona, Spanien

Turrón aus gerösteten Mandeln, Zucker, Honig und Eischnee ähnelt Halwa und wird besonders zu Weihnachten genossen. Seit Jahrhunderten ist es die wirtschaftliche Stütze der alten Stadt Jijona (Xixona auf Valencianisch) bei Alicante. In der Fabrik mit Museum kann man die Produktion beobachten. Ihr Laden verkauft renommierte Marken wie El Lobo und 1880.

Reiseplanung Das fast ganzjährig geöffnete Museum liegt bei Jijona, 29 Kilometer von Alicante entfernt. www.museodelturron.com

⑩ La Violeta, Madrid, Spanien

In einem Viertel voller alteingesessener Läden ist dies vielleicht der kurioseste. Hinter seiner Originalholzfassade verkauft das Geschäft seit 1915 Veilchenprodukte, vor allem *violetas* (Bonbons aus Veilchenessenz), eine Madrider Spezialität. Es gibt aber auch kandierte Veilchen sowie Veilchenkonfitüre, -gelee und -tee.

Reiseplanung Adresse: 6 Plaza de Canalejas, in der Nähe der Puerta del Sol. www.turismomadrid.es

Rechts: Endlose Gläserreihen voller Süßigkeiten in allen Formen, Größen und Farben faszinieren wie eh und je.

Die Deli Hall ist ein guter Ort, um einzukaufen und Passanten zu beobachten.

AUSTRALIEN

QUEEN VICTORIA MARKET

Hier kann man auf einen Kaffee reinschauen oder den ganzen Tag mit der Erkundung des Melbourner Markts zubringen.

Essen ist in Melbourne ein wichtiges Thema. Dieser große Markt, der seit 1878 inmitten von Altbauten am Nordwestrand des Zentrums residiert, ist ein Traum für Feinschmecker – eigentlich für jeden mit Geschmack an Pasteten, Croissants, *baklava*, Schokolade, Bratwurst, Sashimi ... Melbournes Bewohner sind kulinarisch verwöhnt, denn ihre Stadt wurde mehr als jede andere von Einwandererwellen geprägt: Griechen, Chinesen, Kroaten, Vietnamesen, Italiener, Inder, Libanesen und andere ließen sich hier nieder und brachten ihre jeweilige Landesküche mit. Dazu kam die Fülle regionaler Produkte. So entstand eine kulinarische Tradition von höchster Qualität. Und wo ließe sich dieses Erbe besser auskosten als in den Hallen und unter den Dächern des ehrwürdigen Queen Vic, der hochwertige Delikatessen zu zivilen Preisen bietet? Seine Stände biegen sich unter Bergen frischer lokaler Produkte, wie delikatem Käse, Wein, saftigem Obst und Gemüse und einer unüberschaubaren Fülle ebenso verführerischer wie figurfeindlicher Backwaren. Dies ist der ideale Ort zum Mittagessen, für Snacks zu jeder Tageszeit oder für einen ausführlichen Streifzug, um die Düfte und die Atmosphäre einer der kulinarisch aufregendsten Städte der Welt aufzusaugen.

Beste Reisezeit Der Markt ist dienstags sowie donnerstags bis sonntags geöffnet. Die Öffnungszeiten sind je nach Wochentag unterschiedlich. An Feiertagen bleibt der Markt geschlossen.

Reiseplanung Melbourne ist eine Stadt von überschaubarer Größe. Der Markt am Rand des Stadtzentrums ist vom Hauptbahnhof problemlos zu Fuß erreichbar. Er verteilt sich auf mehrere Gebäude und offene Hallen. Der größte Lebensmittelbereich liegt im Block zwischen Elizabeth Street und Queen Street. Zweistündige Führungen durch den Markt müssen vorab reserviert werden.

Website www.qvm.com.au

Lieblingsplätze

■ Ein Lieblingsort vieler Besucher ist die köstlich duftende **Deli Hall** (auch Dairy Produce Hall genannt). Ihre 17 Delikatessen- und Spezialitätenstände verkaufen unter anderem Brot, Olivenöl, Käse, Wein, Nudeln und Kaffee.

■ Der **Food Court** in einem modernen Anbau ist ideal für einen schnellen Snack oder eine gehaltvollere Mahlzeit. Außerdem bekommt man hier Gerichte zum Mitnehmen.

■ In der **Meat Hall** finden Sie Metzger und Fischhändler der Spitzenklasse.

■ Die **Elizabeth Street Shops** sind eine hübsche Ladenstraße aus dem 19. Jahrhundert mit mehreren Gourmetcafés und Spezialitätenläden.

BALIK PAZARI

Istanbuls Fischmarkthalle steht in dem Ruf, die besten Fische und Meeresfrüchte der Türkei zu verkaufen.

Im Balık Pazarı (Fischbasar) nahe der Çiçek Pasajı (Blumenpassage) in Istanbuls lebhaftem Stadtviertel Beyoğlu liegen silbrige Makrelen in Reih und Glied auf einem Bett aus Eissplittern. Rosige Flundern aus der Ägäis baumeln an Metallhaken hinter Ständen, die die Meeresgaben der Saison zur Schau stellen, etwa *palamut* (Bonito) und *lüfer* (Blaubarsch) aus dem Bosporus und faustgroße Tintenfische aus den blauen Gewässern um Bodrum, wo die Ägäis auf das Mittelmeer trifft. «Schöner *levrek* (Wolfsbarsch) heute», ruft ein schnauzbärtiger *balıkçı* (Fischhändler), während er eine weitere Kiste des Mittelmeerfischs entlädt, den man in der Türkei gern als Ganzes im Salzmantel backt. Musliminnen in traditioneller *tesettür*-Tracht aus Kopftuch und langem, leichtem Mantel, mit kleinen Kindern im Schlepptau, mustern den Tagesfang ebenso sachkundig wie die Köche der renommiertesten Restaurants der Stadt. Der unwiderstehliche Duft von in Olivenöl brutzelnden Muscheln lockt die Kunden zum breit gefächerten Sortiment an *mezzes* (Appetithäppchen), die sie hier kosten oder erwerben können. Daneben bietet der Markt einen bunten Mix aus Obst- und Gemüseständen, *dükkân* (kleinen Lebensmittelhändlern) und *meyhane*, traditionellen türkischen Kneipen, die Raki (Anisschnaps) und andere Spirituosen mit *mezzes* (ähnlich wie Tapas) servieren.

Beste Reisezeit Ganzjährig. Am angenehmsten ist das Wetter im Frühjahr und Herbst.

Reiseplanung Der Markt öffnet täglich von Sonnenauf- bis -untergang. Zu den Gebetszeiten ist es weniger voll. Planen Sie eine gute Stunde für den Bummel durch den Markt ein, mehr mit einer Mahlzeit in einer der *meyhanes* oder in der benachbarten Gasse Nevizade Sokak, wo Restaurants länger offen sind.

Websites www.reiseland-tuerkei-info.de, http://english.istanbul.gov.tr

Dinieren wie die Türken

Ein Abend in einer **meyhane** dreht sich ganz ums (Raki-) Trinken und Essen. Los geht es mit einer Runde **mezzes** für den ganzen Tisch. Der Kellner bringt verschiedene Gerichte in Portionen für zwei bis drei Personen (oder mehr, wenn alle nur Häppchen nehmen). Zuerst kommen kalte, meist vegetarische *mezzes* wie Käse, Joghurtspeisen oder Dips mit **pide** (türkischem Fladenbrot), manchmal auch Garnelen, Tintenfisch oder andere Meeresfrüchte. Als Nächstes gibt es warme *mezzes*: frittierte Calamari, gebratene Lammleber oder **börek** (Teigtaschen mit Fleisch, Käse oder Spinat). Es folgt der Hauptgang, der einzeln bestellt wird: gegrilltes Fleisch, Huhn oder Fisch. Das Dessert besteht oft aus **baklava**, **kadayıf** (Gebäck) oder Früchten der Saison mit **türkischem Mokka**.

Die prächtigen Fischauslagen von Balık Pazarı begeistern einheimische Käufer, Touristen und die Spitzenköche der Stadt.

WEIHNACHTSMARKT IN PRAG

Die Adventsmärkte der tschechischen Hauptstadt gehören zu den stimmungsvollsten in ganz Europa.

Prag ist mit seiner gotischen Architektur und seinem eisklaren Winterlicht die perfekte Kulisse für Adventsstimmung. Auf dem Altstädter Ring, dem Marktplatz der Altstadt, drängen sich im Dezember die Stände zwischen der Teynkirche und der astronomischen Uhr. In der Mitte stehen ein riesiger Christbaum und eine Krippe mit echten Tieren, die sich sogar streicheln lassen. Auch auf den anderen Weihnachtsmärkten der Stadt reihen sich heimelige Holzbuden mit Giebeldächern. Die Händler verkaufen Weihnachtsschmuck aus Glas, Holz und Stroh und tschechisches Kunsthandwerk wie Püppchen, Dosen aus Birkenrinde und Glaskunst. Dazwischen gibt es jede Menge leckerer Weihnachtspezialitäten, die teils vor den Augen der Kundschaft zubereitet werden. Man wärmt sich mit Glühwein oder tschechischem Honigwein (*medovina*) und knabbert Lebkuchen, Mandelplätzchen oder *trdlo* (Gebäckringe mit Mandeln und Zucker, die über einem offenen Feuer gebacken werden). Daneben lockt Herzhaftes wie Spanferkel, Bratwurst, geröstete Maronen und gegrillte Maiskolben. Leckere Souvenirs sind kunstvolle Lebkuchenhäuser, gebrannte Mandeln, Marzipan- und Lebkuchenfiguren. Um diese Jahreszeit ist Prag das reine Wintermärchen.

Adventsprogramm

Auf einer Bühne auf dem Altstädter Ring treten den ganzen Dezember über **Chöre** und **Instrumentalgruppen** aus aller Welt auf. Besonders nett sind die Schulkinder aus allen Ecken der Tschechischen Republik, die in traditionellen Trachten **Weihnachtslieder** singen und **Tänze** aufführen. Abends wirken die Märkte besonders festlich.

Beste Reisezeit Prags Weihnachtsmärkte öffnen am Samstag vier Wochen vor Heiligabend bis Anfang Januar täglich von 9 bis 19 Uhr.

Reiseplanung Die beiden größten Märkte sind die auf dem Altstädter Ring und dem Wenzelsplatz. Kleinere Märkte finden sich auf dem Havelske trziste (Havelmarkt) und dem Námestí Republiky (Platz der Republik). Die Märkte liegen nur je zehn Gehminuten voneinander entfernt. Am besten suchen Sie sich ein Hotel in der Prager Altstadt. Von dort sind fast alle Hauptsehenswürdigkeiten zu Fuß erreichbar.

Websites www.pis.cz/ge, www.prag-cityguide.de

Tausende glitzernder Lichter erhellen die Prager Märkte vor der Kulisse der prächtigen Altbauten der Stadt.

Die Einheimischen kommen am frühen Morgen, wenn der Fisch am frischsten und die Auswahl am größten ist.

ITALIEN

DER FISCHMARKT VON RIALTO

Venedigs quirlige, bunte Lebensmittelmärkte liegen nur einen kurzen Bummel von der Rialtobrücke am Canal Grande entfernt.

Möwen kreisen in der Luft, Motorboote tuckern übers Wasser; man fühlt sich fast wie am Meer. Doch dies ist der berühmte Fischmarkt in Venedig, ein überdachter Markt mit Säulengängen in einer der schönsten Städte der Welt. Der Marktbetrieb in der Pescaria beginnt kurz vor sieben Uhr, wenn die kleinen Motorboote den Fang an den Seitenkanälen entladen. Feucht glänzendes, salzig duftendes Meeresgetier purzelt auf die Tische. Hier findet man alle erdenklichen Fische und Krustentiere: schwarze Aale, lila Kraken oder *moscardini* (Minikraken), venezianische Leibspeisen wie Tintenfisch, *canocchie* (Heuschreckenkrebse) und *schie*, winzige Garnelen aus der Lagune. Seit über 500 Jahren wird hier Fisch verkauft, und die Anwohner erledigen heute wie damals ihren täglichen Einkauf. Eine alte Wandtafel listet Mindestgrößen für verschiedene Fischarten auf. Wie die Gezeiten der Lagune ist der Markt ständig in Bewegung, füllt und leert sich von Minute zu Minute. Die Geräuschkulisse ist oft ohrenbetäubend, da sich die Händler lautstark mit ihren Kunden unterhalten, während sie die Fische filetieren. Bis zum Mittag wächst der Kundenstrom zu einem wahren Getümmel an. Eine knappe Stunde später ist alles vorbei: Die Stände sind leer, Tische und Menschen verschwunden. Zurück bleiben nur die Möwen, die sich die Reste holen.

Beste Reisezeit Dienstag bis Samstag, von 7 bis 13 Uhr. Kommen Sie früh, später wird es voll. Im Sommer ist Venedig belebt und heiß.

Reiseplanung In einer Stunde ist man über den Markt gebummelt. Besuchen Sie auch die Erberia, den benachbarten Obst- und Gemüsemarkt.

Websites www.yourfriendinvenice.com, www.deliciousitaly.com, www.venicevenetogourmet.com

Fisch kaufen und essen

■ Besuchen Sie auch die Stände des benachbarten **Campo delle Beccarie.** Dort gibt es gesalzenen Fisch (das Einsalzen von Fisch hat eine lange Tradition in der Lagune), Dosen- und Räucherfisch und Sepiatinte in Flaschen.

■ Zu einem Besuch in Rialto gehört unbedingt ein Mittagessen in der nahen **Trattoria alla Madonna,** Venedigs bekanntestem Fischrestaurant. Ein besseres Meeresfrüchte-Risotto werden Sie in der Stadt kaum finden.

■ Kosten Sie Fisch-*cicheti* (Snacks) in einem *bacaro* (Weinbar) oder in einer der vielen Bars der Gegend. **Nazaria, Bancogiro** und **Al Pesador** in der Nähe der Rialtobrücke sind gute Adressen für Snacks oder komplette Mahlzeiten. Unbedingt probieren sollten Sie auch venezianische Spezialitäten wie *seppie al nero* (Tintenfisch in der eigenen Tinte), *sarde al soar* (in Weißweinessig mit Zwiebeln marinierte Sardinen) und *baccala mantecata* (Stockfischcreme).

STRASSENMÄRKTE

Ob chaotisch oder gut sortiert: Die Straßenmärkte der Welt locken mit frischen und oft preiswerten Produkten der Saison und einer guten Portion Lokalkolorit.

❶ St. Lawrence, Toronto, Kanada

Bei seiner Gründung 1803 residierte der Markt noch unter einem Dach mit Torontos Rathaus. Das lange vernachlässigte Viertel wurde inzwischen vorbildlich saniert. Über 120 Händler bieten alles von Meeresfrüchten bis zu Kaffee.

Reiseplanung Der Marktkomplex liegt in der Altstadt; Markttag ist Dienstag bis Samstag, Bauernmarkt nur samstags. www.stlawrencemarket.com

❷ Union Square Greenmarket, New York, USA

Am Union Square, einst ein Angelpunkt von Manhattan, entstand 1976 der Markt, der den gebeutelten Farmern des Hudson Valley half und die New Yorker mit regionalen Produkten versorgte. Seine Vielfalt im inzwischen sanierten Viertel verblüfft viele Supermarktkunden.

Reiseplanung Der Markt an der Ecke East 17th Street und Broadway ist das ganze Jahr Montag, Mittwoch, Freitag und Samstag geöffnet. www.cenyc.org/greenmarket

❸ Markt von Castries, St. Lucia

Der 1894 gegründete Markt in der Hauptstadt von St. Lucia ist der größte des Inselstaats. Hier gibt es Gewürze, Brotfrüchte, Bananen und andere Tropenfrüchte, scharfe Chilisaucen, warme Snacks wie *rotis* und fangfrischen Fisch.

Reiseplanung Der Markt an der Ecke Jeremie und Peynier Street ist täglich (außer sonntags) geöffnet; der beste Tag ist der Samstag. www.castriescitycouncil.org

❹ Ver-o-Peso, Belém, Brasilien

An den Ver-o-Peso-Flusskais, wo die Amazonasboote ihren Fang ausladen, reihen sich in einer neugotischen Halle von 1899 Stände mit bizarren Fischen aneinander. Nebenan lockt unter einem Zeltdach eine schwindelerregende Auswahl an Früchten und warmen Speisen.

Reiseplanung Kommen Sie frühmorgens, wenn die Fischer ihren Fang ausladen. Belém hat einen Anleger für Flussschiffe und einen internationalen Flughafen. www.paraturismo.pa.gov.br

❺ Mercado Central, Santiago, Chile

Unter dem Jugendstildach von 1872 türmen sich Meereskreaturen, von Entenmuscheln bis zu Riesenkalmaren, viele davon unübersetzbar oder außerhalb Chiles unbekannt. Wer mit der Zubereitung nicht vertraut ist, bekommt bei den Marktrestaurants Gerichte wie *paila marina* (chilenische Bouillabaisse).

Reiseplanung Der Markt liegt zwei Blocks nördlich der Kirche Santo Domingo. Vorsicht vor Abzockern. www.allsantiago.com

❻ Kreta Ayer Wet Market, Singapur

Wie fast ganz Singapur ist dieser Markt in Chinatown blitzsauber. Sein Boden wird regelmäßig abgespritzt (deshalb „Wet Market"). Sein Angebot reicht von Fröschen, Aalen und Schlangen bis zu getrockneten Teilen von Tieren für Heilzwecke.

Reiseplanung Kommen Sie gegen 6 Uhr, vor dem großen Ansturm. Der Markt schließt um 13 Uhr. www.visitsingapore.com

❼ Kauppatori, Helsinki, Finnland

Einen Hauch von Arktis bietet diese Fülle traditioneller finnischer Kost. Toptipps sind Elch-, Rentier- und Bärensalami, Schokolade mit Salzlakritz, Lachs- und Heringsspezialitäten.

Reiseplanung Der Marktplatz liegt an Helsinkis Südhafen. www.hel2.fi/tourism

❽ La Vucciria, Palermo, Italien

Die Stimmung von La Vucciria in einem der raueren Viertel von Palermo ist fast schon orientalisch. Arabisch angehauchte Musik und der Duft von Grillwurst und Kebab liegen in der Luft. Der Name kommt vom französischen *boucherie* (Fleischerei), aber es gibt hier alles von Fisch bis Obst.

Reiseplanung La Vucciria findet neben der Piazza San Domenico statt. Nehmen Sie einen ortskundigen Führer mit. www.aapit.pa.it

❾ Cours Saleya, Nizza, Frankreich

Auf dem Blumen- und Lebensmittelmarkt herrscht meist dichtes Gedränge. Zu den Zutaten der hiesigen Küche gehören auch für den empfindlichen Magen Gewöhnungsbedürftiges wie Schweinsohren und -köpfe. An Sommerabenden verwandelt sich der von Cafés und Fischrestaurants umgebene Markt in einen romantischen überdachten Essbereich.

Reiseplanung Der Cours Saleya liegt zwischen Meer und Altstadt; Marktbetrieb herrscht nur vormittags von Dienstag bis Sonntag. www.nicetourisme.com

❿ Borough Market, London, England

London ältester Lebensmittelmarkt ist über 250 Jahre alt. Einen Teil der Woche fungiert er als Großhandelsmarkt. Aber von Donnerstag bis Samstag entzückt er auch Hobbygourmets mit erlesenen Esswaren aus Großbritannien und dem Rest der Welt, von feinsten Käsesorten bis zu Straußenfrikadellen und Wildschweinwurst.

Reiseplanung Nehmen Sie bei schönem Wetter von hier ein Picknick mit in den Garten der Southwark Cathedral neben dem Markt. www.boroughmarket.org.uk

Rechts: Der Stand der Marktfrau auf dem Markt von Castries, St. Lucia, ist mit typischen Früchten, Gemüsesorten und Gewürzen der Karibik bestückt.

Auf dem Campo dei Fiori, wo die Händler seit 150 Jahren ihrem Gewerbe nachgehen, scheint es manchmal, als sei die Zeit stehengeblieben.

ITALIEN

CAMPO DEI FIORI

Ein authentisches italienisches Markterlebnis verspricht der Bummel über den ältesten Straßenmarkt von Rom.

Ursprünglich war der Campo dei Fiori im historischen Zentrum der italienischen Hauptstadt bloß eine Wiese (der Name bedeutet „Blumenfeld"). Seit den 1860er Jahren ist die Piazza Schauplatz eines beliebten Blumen- und Lebensmittelmarkts. Auf ihm zeigt sich die ganze Fülle der Stadt Rom in den farbenfrohen Blumenständen und dem überwältigenden Angebot an Obst, Kräutern und Gemüse, das aus antiken Körben quillt oder in ordentlichen Reihen auf den Markttischen liegt. Neben den klassischen Zutaten der mediterranen Küche findet man je nach Jahreszeit gelben Radicchio mit lila überhauchten Blättern, kleine, knackige Zucchini in voller Blüte, langstielige Artischocken, *puntarelle* (eine Salatpflanze mit gezackten Blättern), weiße Johannisbeeren, weiße Trauben und die zarten *fragole di Nemi*, die süßen Wilderdbeeren der Region. Die Farben, die Stimmen der Marktschreier, der Duft frischer Kräuter, das alles macht den Marktbesuch zu einem Fest der Sinne. Dazu gibt es viele Sorten Fleisch, Brot, Fisch, Käse und Haushaltsartikel. Der Markt ist so groß, dass man bis zum Mittagessen herumschlendern kann. Nach 14 Uhr lässt der Betrieb nach, und um 15.30 Uhr sind die Stände weggeräumt, um dem zweiten Leben der Piazza Platz zu machen – als Zentrum eines munteren Nachttreibens, das die Bars und Restaurants rundherum mit Gästen füllt. Bis dahin ist genug Zeit, sich ins Café zu setzen, einen Espresso oder Aperitif zu bestellen und einem Lieblingszeitvertreib der Italiener zu frönen: Leute beobachten.

Beste Reisezeit Im Frühjahr und Sommer ist auf dem Markt am meisten los. Montag bis Samstag von 7 bis 14 Uhr. Meiden Sie den Samstag mit seinem extremen Andrang.

Reiseplanung Planen Sie ein bis zwei Stunden für den Markt ein. Mit der Erkundung seiner Umgebung kann man allerdings einen ganzen Tag zubringen. Es gibt viele Gebäude, wie den Palazzo Farnese, zu bewundern und mehrere Kirchen und Museen zu besuchen.

Websites www.romeguide.it, www.alternative-rome.com, www.conviviorome.com

 **Carciofi alla Romana**

Die Artischocken nach römischer Art können heiß oder kalt serviert werden.

Für 4 Personen
4 Artischocken
1 Zitrone, halbiert
2 EL frisch gehackte Minze
2 Knoblauchzehen, fein gehackt
125 ml Olivenöl

Die Minze und den Knoblauch mit einem Esslöffel Öl vermengen. Die dunkelgrünen Außenblätter der Artischocken abbrechen; die Bruchkanten mit Zitrone abreiben. Die oberen 2,5 Zentimeter der Artischocken abschneiden und das „Heu" mit einem Löffel entfernen. Die Stiele schälen.
   Etwas Kräutermischung in jede Artischocke geben. Die Artischocken mit dem Stiel nach oben in einen Topf setzen. Das Öl mit Wasser auf 225 Milliliter auffüllen, salzen und in den Topf gießen. Zugedeckt eine Stunde köcheln lassen, bis die Artischocken gar sind.

FRANKREICH

Nachtmärkte der Dordogne

An den geselligen Nachtmärkten der Dordogne haben
alle Spaß, von Großeltern bis zu Babys im Kinderwagen.

Viele mittelalterliche Dörfer der Dordogne richten an Juli- und Augustabenden einen der beliebten französischen Lebensmittelmärkte aus. Dann sind die Straßen gesperrt, und die Dorfplätze von Creysse, Issigeac und Eymet, um nur ein paar zu nennen, füllen sich mit Einheimischen und Besuchern. Sie wandern von Stand zu Stand, wo die Inhaber an mobilen Kochern, Grills und Paellapfannen zu Hochform auflaufen. Austern, Muscheln, Garnelen, *bulots* (Wellhornschnecken), *magret de canard* (Entenbrust) mit Knoblauchkartoffeln, Paella, Filetsteaks, frisch gebackenes Brot, *charcroute* (Sauerkraut), gegrillter Aal und gegrillte Sprotten sind nur eine kleine Auswahl der regionalen Spezialitäten. Dazu gibt es Erdbeeren, Crêpes, Eiscreme und natürlich leckere Tropfen von den Weingütern der Umgebung. Wer Glück hat, findet ein Plätzchen an den aufgestellten Tischen, um seine Auswahl zu verzehren. Jeder kann sich hier hinsetzen, essen und trinken, wo und was er will. Später spielt vielleicht eine Musikgruppe auf und das Publikum schwingt das Tanzbein: Ehemänner mit ihren Frauen, Großmütter mit ihren Enkeln, Mütter mit ihren Söhnen, Freunde und Freundinnen, von französischen Volkstänzen über Walzer und Foxtrott bis zu Rock 'n' Roll.

Beste Reisezeit Im Juli und August finden in zahllosen Dörfern der Region Nachtmärkte statt. Jedes Dorf hält seinen Markt an einem anderen Abend der Woche ab, meist ab 19 Uhr. Gegen 23 Uhr neigt sich der Spaß dem Ende zu.

Reiseplanung Ein guter Stützpunkt ist Bergerac mit mehreren Dörfern im Umkreis von etwa 30 Kilometern. Die Nachtmärkte sind kleine, lokale Veranstaltungen; kommen Sie früh genug, um einen der begehrten Plätze an den Tischen zu ergattern. Sie können aber auch Speisen zum Mitnehmen kaufen.

Websites www.tourisme-aquitaine.fr, www.pays-de-bergerac.com

Fünf beliebte Märkte

■ Der samstägliche Nachtmarkt in **Creysse,** gleich östlich von Bergerac, bietet Blick auf die Dordogne.

■ Noch weiter östlich liegt **Cadouin,** dessen Markt montags unterhalb seiner berühmten Zisterzienserabtei stattfindet.

■ Im Winzerort **Monbazillac,** südlich von Bergerac, ist jeden Sonntag Markt auf dem Schlossgelände.

■ In **Eymet,** weiter südlich, ist dienstags Marktabend.

■ Der Nachtmarkt von **Issigeac,** südöstlich von Bergerac, findet donnerstags statt.

Eine stimmungsvolle Nachtmarktszene aus Sarlat, einem Ort aus dem 14. Jahrhundert, 72 Kilometer östlich von Bergerac.

SPEZIALITÄTEN & ZUTATEN

BUNTE MÄRKTE

SAISONALE KÖSTLICHKEITEN   IN DER KÜCHE   DIE BESTEN STRASSENSNACKS   GOURMETSTÄDTE   LUXUS PUR   WEIN, BIER & CO   SÜSSE LECKERBISSEN

SPANIEN

Mercat de la Boqueria

Gleich neben Barcelonas Hauptpromenade Las Ramblas
liegt der Eingang zu einem Tempel der Gastronomie.

Der Mercat de Sant Josep, bekannt als La Boqueria, ist das pulsierende Herz der Stadt und einer der berühmtesten Märkte Europas. Seine Farben, sein Lärm und seine schiere Größe sind ein Erlebnis. Über 30 000 Lebensmittel werden angeboten, von lokalen Spezialitäten wie *pimientos de padrón* (kleinen grünen Paprika), *bacalao* (gesalzenem, getrocknetem Kabeljau) und *fuet*-Salami bis zu exotischen Delikatessen wie Straußen- und Emueiern. Ob Fleisch- und Wurstwaren, Fisch und Meeresfrüchte, Nüsse, Frisch- und Trockenobst, Gemüse, Schokolade und Pralinen, Blumen, Brot oder Käse: Es gibt einfach alles und alles von bester Qualität. Viele Sterneköche der Stadt kaufen hier ein. Aber die eigentliche Offenbarung der Boqueria sind die *kioskos* oder Minilokale, die Wiege der *cuina de mercat* (Marktküche). Ihre Speisen, aus frischen Zutaten vom Markt, sind erstklassig und günstig. Man sitzt an Theken um winzige Küchenbereiche und sieht zu, was die Köche zusammenzaubern. Zu den Lieblingsküchen der Einheimischen zählen El Pinotxo, El Quim und die Bar Boqueria. Man kann frühstücken, zu Mittag essen oder sich leckere Tapas einverleiben: in Wein gedünstete Venusmuscheln, *garbanzos* (Kichererbsen) und Blutwurst, in Knoblauch und Olivenöl sautierte Tintenfischchen mit Ei oder der katalanische Klassiker *pa amb tomàquet* (mit Tomate abgeriebenes Röstbrot) und zum Nachspülen ein Glas eisgekühlter *cava* (Schaumwein).

Beste Reisezeit Ganzjährig, am besten im Frühjahr, um Sommerhitze und Touristenandrang zu vermeiden. Der Markt öffnet von Montag bis Samstag, von 8 bis 20 Uhr.

Reiseplanung Planen Sie mindestens ein bis zwei Stunden ein für einen Bummel mit anschließendem Snack oder ganzer Mahlzeit. La Boqueria liegt mitten im alten Viertel (*Barri Gòtic*) von Barcelona, in dem es viele Seitengassen zu erkunden gibt. Die *granjas* (Milchbars) außerhalb des Markts laden zu Kaffee oder dickflüssiger Schokolade mit Gebäck ein. Testen Sie das Escriba an den Ramblas.

Websites www.boqueria.info, www.barcelona-tourist-guide.com, de.barcelona.com, www.barcelona.de

Pa amb tomàquet

Röstbrot mit Tomate ist die allgegenwärtige Spezialität von Barcelona. Es wird als Snack oder Vorspeise serviert und kann mit Sardellen, gebratenem Gemüse, Salami, Schinken oder anderen Fleischwaren ergänzt werden.

Für 2 Personen
*2 große Scheiben rustikales
  Weißbrot vom Vortag
1 Knoblauchzehe (nach Belieben)
1 reife Tomate
Olivenöl
Meersalz*

Das Brot knusprig goldbraun rösten. Falls gewünscht, eine geschälte Knoblauchzehe halbieren und das Brot damit abreiben. Den Knoblauch entsorgen.

Die Tomate halbieren und mit der Schnittfläche über das Brot reiben. Wenn das Brot nicht zu frisch und gut angeröstet ist, wirkt es wie eine Art Gemüsereibe. Durch das Einreiben wird das Brot etwas angeweicht. Übrig bleibt nur die Tomatenhaut, die Sie entsorgen können.

Das Tomatenbrot mit Olivenöl beträufeln und etwas Meersalz darüber streuen. Ebenso mit der zweiten Brotscheibe verfahren.

Gegenüber und oben: Barcelonas historischer Markt La Boqueria bietet eine köstliche Vielfalt.

Die Lebensmittelabteilung des Kaufhauses Fortnum and Mason an der Piccadilly-Straße reicht über zwei Etagen.

ENGLAND

LONDONER FOOD HALLS

Die Lebensmittelabteilungen einiger Londoner Nobelkaufhäuser gehören zur absoluten Weltklasse.

In Englands Hauptstadt können Gastronomen nach Herzenslust zwischen Kaviar und Trüffeln herumstöbern. Zu den kleineren „Food Halls" oder Lebensmittelabteilungen gehört das Erdgeschoss von Selfridges & Co. an der belebten Oxford Street. Hier finden sich neben ausgefallenen Produkten ein paar ausgezeichnete Essensmöglichkeiten, etwa ein traditioneller Londoner Pastetenimbiss, eine Snackbar mit englischen *bangers* (Würstchen) und eine italienische Gelateria. Gediegener geht es bei Fortnum and Mason an der Piccadilly zu. In dem 1707 gegründeten Geschäft stapeln sich heute wie vor 300 Jahren nostalgische Spezialitäten: altehrwürdige Marmeladensorten, Pralinen mit Rosen- und Veilchenöl, Senf nach Rezepten aus der Tudorzeit und Relish-Spezialitäten wie Piccalilli und eingelegte Walnüsse. Noch feudaler sind die Hallen von Harrods in Knightsbridge, jede so groß wie ein Ballsaal und teils noch mit Originalinterieur aus dem Jahr 1902. In der Frischfischauslage neben der Austernbar sind die Fische nach Farben sortiert. Ein ganzer Raum ist mit handgemachten Pralinen gefüllt. Die Auswahl ist fantastisch: Wo sonst gibt es 15 verschiedene Arten Butter? Hier darf man ruhig um eine Kostprobe vom Käse oder Aufschnitt bitten, bevor man sich unter Hunderten von Sorten entscheidet.

Beste Reisezeit Kurz vor Weihnachten und zum Schlussverkauf im Januar ist der Andrang am größten. Food Halls, Bars und Restaurants haben teilweise andere Öffnungszeiten als die Kaufhäuser selbst.

Reiseplanung Sie können Ihre Einkäufe nicht im Laden verzehren; akuten Hunger stillen Sie am besten in den Restaurants. Legere Kleidung ist genehm, aber mit Rucksack oder großem Gepäck lassen manche Geschäfte Sie nicht herein.

Websites www.selfridges.com, www.fortnumandmason.com, www.harrods.com

Verschnaufpausen

■ Bei Selfridges & Co. ist die **Moët Bar** ein beliebter Promitreff, gut für klassische Häppchen, ein Glas Sekt und vielleicht einen Blick auf die Stars und Sternchen.

■ Besuchen Sie nach dem Delikatesseneinkauf bei Fortnum and Mason das **St. James Restaurant** auf der vierten Etage zum Nachmittagstee.

■ In der Food Hall von Harrods locken unter anderem der **Ladurée Tearoom** und die **Aufschnitt-, Austern-, Sushi-** und **Tapasbars.**

Tee von Fortnum and Mason.

SPEZIALITÄTEN & ZUTATEN

BUNTE MÄRKTE

SAISONALE KÖSTLICHKEITEN IN DER KÜCHE DIE BESTEN STRASSENSNACKS GOURMETSTÄDTE LUXUS PUR WEIN, BIER & CO SÜSSE LECKERBISSEN

ÄGYPTEN

Khan el-Khalili

Kairos quicklebendiger, verschachtelter Markt liegt im Herzen des alten islamischen Stadtviertels.

H in und wieder übertönt der Gebetsruf des Muezzins das Stimmengewirr der feilschenden Kunden und Händler und die arabische Musik auf dem Khan el-Khalili, Kairos großem *suk* (Basar) aus dem 14. Jahrhundert. An Läden mit Gold, Silber, Papyruskunst, Textilien, Parfüm und siruptriefenden Süßspeisen vorbei gelangt man zur Gewürzabteilung. Aus Säcken und Körben quellen duftende Gewürze, gold-gelber Safran, feuerrotes Curry, süßlicher Muskat, rote und grüne Pfefferkörner. Schnüre mit getrockneten Paprikaschoten und Auberginen baumeln in den Eingän-gen. Ernste Männer in *galabejas* eilen vorbei zur Hussein-Moschee im Khan, während die Besucher an einem der Imbissstände das ägyptische Nationalgericht *ful mudammas* bestellen, knoblauchhaltiges Favabohnenpüree mit *eish masri* (Fladenbrot). Im El-Fishawi Café, einem 200 Jahre alten *qahwah* an der al-Badistan, kann man bei einer *shisha* (Wasserpfeife), einem heißen *shay bi-nana* (Minztee) oder einem *karkady*, einem kalten Hibiskustee verschnaufen. Wer Kaffee ordert, bekommt *ahwa turki*, türkischen Mokka in kleinen Porzellantassen. Er ist in kleinen Schlucken zu trinken, damit der Kaffeesatz zu Boden sinken kann.

Beste Reisezeit In Kairo ist es immer heiß und trocken, nur von November bis April ist es etwas milder.

Reiseplanung Die Geschäfte öffnen von Montag bis Samstag um 10 oder 11 Uhr. Freitags schließen sie zum Mittagsgebet um 12 Uhr (während der Sommerzeit um 13 Uhr). Die besten Preise handeln Sie da aus, wo die Ägypter einkaufen: in der Gegend hinter dem Midan el-Hussein nördlich der al-Badistan.

Websites www.touregypt.net/khan.htm, www.egypt.travel

Ful Mudammas

Für 2 Personen
350 g getrocknete Favabohnen (dicke Bohnen, Saubohnen)
1 Zwiebel, fein gehackt
125 ml Olivenöl
2 Knoblauchzehen, gehackt
Saft einer Zitrone
¼ TL gemahlener Kreuzkümmel
Salz und Pfeffer

Die Bohnen mit Wasser bedecken und über Nacht einweichen. Dann abgießen, mit frischem Wasser bedecken, die Zwiebel zugeben und beides zusammen etwa eine Stunde köcheln, bis die Bohnen weich sind. Abgießen und in eine Schüssel geben. Olivenöl, Knoblauch, Zitronensaft, Kreuzkümmel, Salz und Pfeffer nach Geschmack unterrühren. Die Bohnen dabei grob zerdrücken. Dazu Fladenbrot, gehackte Petersilie, Zitronenspalten und Olivenöl zum Beträufeln servieren.

Eine Fülle verführerischer Gewürze erfüllt die Luft mit den exotischen Düften Nordafrikas und des Nahen Ostens.

SAISONALE KÖSTLICHKEITEN

Wer stets auf der Jagd nach wirklich guten Zutaten ist, braucht nicht nur ein Kochbuch, sondern auch einen Kalender! Zu jeder Jahreszeit gibt es eine Fülle kulinarischer Genüsse zu entdecken, die genau dann perfekt munden.

Im Herbst locken Stände entlang der Landstraßen im Norden Connecticuts mit orangenen Kürbissen, rotbackigen Äpfeln und goldenem Cidre. In Frankreich und Norditalien machen sich Sammler auf die Jagd nach Pilzen und Trüffeln, deren Aroma die saisonalen Spezialitäten durchdringt. Im Winter bereiten die Norweger den *lutefisk* zu, der besonders zur Weihnachtszeit überall seinen ungewöhnlichen Geruch verströmt.

Wenn sich der Boden wieder erwärmt, beginnt die auch die korsische Macchia mit ihren Kräutern herrlich zu duften und Blaukrabben tummeln sich in der Chesapeake Bay in Maryland. Die Sonne löst die Nebelfelder über den Britischen Inseln auf und der Sommer hält Einzug mit dem Gipfel aller Genüsse: Erdbeeren mit Sahne.

Im September stehen die Dörfer des Burgund im Zeichen der *vendange*, der Weinlese. Dann wird die Ernte des Jahres eingeholt und die Winzer keltern daraus einige der besten Weine der Welt.

ÄPFEL UND KÜRBISSE

Im Herbst wird man in der ländlichen Region im Nordwesten Connecticuts für alle Mühen mit einer reichen Ernte belohnt.

Die Herbstlandschaft der Litchfield Hills im Nordwesten Connecticuts gleicht einem Gemälde. Ihre intensiven Orange-, Rot- und Goldtöne setzen überdachte Brücken, jahrhundertealte Bauernhöfe und rote Milchhäuschen eindrucksvoll in Szene. Nicht nur die Blätter sind eine Farbenpracht, sondern auch die Früchte, die jetzt reifen. An den Straßenständen konkurrieren gelbe und rote McIntosh-, Macoun- und Honeycrisp-Äpfel mit orangenen Kürbissen, die ausgehöhlt gespenstische Laternen abgeben, während das Fruchtfleisch zu Pies verarbeitet wird. Ein von Zimt und Muskat geschwängerter Duft dringt aus den Backöfen der Bauernhöfe, die ihre Ernte zum Selbstpflücken anbieten. Hier können Sie sehen, wie Äpfel zu *cider* (Süßmost) gepresst werden, und dabei die noch warmen *apple-cider doughnuts* kosten. Apfelgelee und Kürbismarmelade gehören ebenfalls zu den Herbstgenüssen der Region. Eine Wanderung auf den Mount Tom bietet einen Panoramablick auf die drei US-Bundesstaaten Massachusetts, Connecticut und New York, während der Kent Falls State Park mit schattigen Wäldern lockt. Dorfkirchen und Gemeindehäuser veranstalten Erntedank-Essen, bei denen mit Apfelgelee glasierter Kochschinken, buttriges Kartoffelpüree und rustikales, selbstgebackenes Brot mit fruchtigem Aufstrich aufgetischt werden. Aber lassen Sie noch Platz im Magen für ein großes Stück *apple cobbler* oder *pumpkin pie* (Apfel- oder Kürbiskuchen).

Beste Reisezeit Von Mitte bis Ende Oktober leuchten die Herbstfarben besonders schön.

Reiseplanung In der Herbstsaison sollten Zimmer schon früh gebucht werden, vor allem für das Wochenende. In vielen Gasthöfen und B&Bs muss man mindestens zwei Nächte bleiben, aber um die Schönheit der Region genießen zu können, empfiehlt sich ohnehin ein drei- bis viertägiger Aufenthalt.

Websites www.litchfieldhills.com, www.ctvisit.com

Apfelsorten

Die Apfelsaison im Nordwesten Connecticuts dauert von Ende August bis Ende Oktober. Nicht alle Apfelsorten werden gleichzeitig reif: Den Anfang machen **Paula Red** und **Tydeman**, gefolgt von **McIntosh** und **Gala**. **Red** und **Golden Delicious** sowie **Idared** werden gegen Saisonende gepflückt. Einige Sorten schmecken frisch vom Baum am besten, andere eignen sich eher zum Backen. In **Honeycrisp, Gala, McIntosh, Macoun** sowie **Red** und **Golden Delicious** kann man direkt reinbeißen. Zu den besten Sorten für Kuchen zählen **Crispin, Jonagold** und **Winesap**. Säuerliche Äpfel wie **Cortland, Empire, Northern Spy, Rome** und **Granny Smith** sind auch zum Backen gut, wenn etwas Zucker zugegeben wird.

An vielen Straßenständen ein vertrauter Anblick: Reihen von Kürbissen, die bald fantasievoll geschnitzt werden.

BLAUKRABBEN

Fans von Meeresfrüchten pilgern nach Maryland,
wenn die Fischer den Schatz der Chesapeake Bay heben.

Kreischende Möwen verfolgen die mit Blaukrabben voll beladenen Boote in der Chesapeake Bay auf ihrem Weg in den Hafen von Crisfield an der Ostseite der Bucht. Dort wuchten die Fischer den begehrten Fang an Land, während sich die Krabbentouristen im J. Millard Tawes Historical Museum umschauen und sich durch den Ort führen lassen, der „Welthauptstadt der Krabben" getauft wurde. Die sogenannten *soft-shell crabs* sind atlantische Blaukrabben, die gefangen werden, wenn ihr Panzer nach dem regelmäßigen Häuten noch weich ist. Bei der Stadtführung erfahren Sie, wie der Fang vonstattengeht, anschließend besucht man eine Fabrik, wo die Krabben für den Verkauf vorbereitet werden. Dann ist es Zeit für die Personenfähre, die in 40 Minuten hinüber zur Smith Island schippert. Die größte bewohnte Insel der Bucht wurde Ende des 16. Jahrhunderts besiedelt; heute lebt dort die 15. Krabbenfischergeneration, insgesamt nur knapp 500 Seelen. Die Menschen sind gern zu einem Schwätzchen bereit, zeigen Besuchern die Krabbenbecken und empfehlen Lokale. Ein absolutes Muss ist ein Stück Smith Island Cake zum Dessert. Der Kuchentraum besteht aus acht bis zehn dünnen, saftigen Teigschichten mit Schokocreme. Das Rezept dafür wird von Generation zu Generation weitergereicht.

Beste Reisezeit Fangzeit ist von Mai bis September, im Mai und Juni ist der Fang besonders reichlich und das Wetter am schönsten.

Reiseplanung Vom letzten Montag im Mai bis zum ersten Montag im September beginnt der Stadtrundgang täglich außer Sonntag um 10 Uhr. Die Fähre zur Smith Island legt um 12.30 Uhr ab und kommt um 16 Uhr zurück.

Websites www.visitsomerset.com, www.smithisland.org

Blaukrabben essen

Soft-shell crabs werden sautiert, gebraten oder gegrillt, aber die Einheimischen essen sie am liebsten im Ganzen paniert und frittiert auf einem Weißbrotsandwich oder gebraten mit diversen Beilagen. Zu den besten Krabbenlokalen gehören **The Cove** und das **Waterman's Inn** in Crisfield. Auf Smith Island serviert der **Drum Point Market** im 70-Seelen-Dorf Tylerton ein originelles Krabbensandwich namens „Soft Shell Po' Boy". In Ewell, dem Hauptort der Insel, verwöhnen das **Ruke's Seafood Deck** und das **Bayside Inn** mit Krabbenspezialitäten und einem besonders leckeren Smith Island Cake, der hier einfach *layer cake* (Schichttorte) heißt.

Fischer in der Chesapeake Bay bringen ihren beachtlichen Fang in Crisfield an Land.

Eine Frau bereitet traditionelle Gerichte für das Hanshi-Fest vor.

DAS FEST DER KALTEN KÜCHE

Einer alten Tradition folgend essen die Einwohner von Xiamen im Südwesten Chinas jedes Jahr zwei Tage lang nur Kaltes.

Das quirlige, feucht-heiße Xiamen in der Provinz Fujian ist eine moderne Metropole mit Wolkenkratzern. Aber am 4. April wird wie eh und je das Hanshi-Fest gefeiert, bei dem die Küche kalt bleibt. Diese Tradition ist schon über 2500 Jahre alt und erinnert an einen Diener namens Jie Zhutai, der durch einen Befehl seines Herrn, Prinz Chong'er aus der Zhou-Dynastie, versehentlich ein Opfer der Flammen wurde. Voller Reue befahl der Prinz seinen Untertanen, im Andenken an Jie jedes Jahr drei Tage lang auf das Feuermachen zu verzichten. Heute gilt das Verbot nur für einen Tag und Xiamen ist eine der wenigen Städte Chinas, die diese Tradition noch befolgen. Ihre Einwohner begnügen sich dann mit kalten Fadennudeln und Frühlingsrollen, die sonst als Vorspeise gegessen werden. Am Tag nach Hanshi ist Qingming, ein Nationalfeiertag, an dem alle Chinesen die Gräber der Verstorbenen schmücken und ihnen Tee und kaltes Essen als Opfergaben bringen, etwa gebratenes Schweinefleisch oder Huhn mit Reis. Nachdem sie Räucherstäbchen angezündet haben, setzen sich die Familien neben das Grab und machen ein Picknick, an dem die Toten symbolisch Teil haben.

Beste Reisezeit Hanshi fällt auf den vierten Tag des vierten Mondes, was in unserem Kalender dem 4. April (in Schaltjahren dem 3. April) entspricht. Am Folgetag ist Qingming.

Reiseplanung Die Küstenstadt Xiamen hat gute Zug- und Busanbindung. Bei drei Tagen Aufenthalt können Sie außerdem die Insel Gulangyu besuchen, südwestlich der Stadt mit Kolonialarchitektur und üppiger Vegetation, sowie ein Teehaus in Xiamen.

Website www.whatsonxiamen.com

Gerichte aus Fujian

■ Anstelle kurzgebratener Nudeln und heißer Nudelsuppen servieren die Lokale in Xiamen **kalte Fadennudeln** mit Frühlingszwiebeln, Knoblauch und Chilisauce. Enthält das Gericht Huhn oder Krabben, wurden diese am Vortag gekocht.

■ Die in Fujian *bobin* genannten kalten **Frühlingsrollen** bestehen aus einer dünnen Teighülle, gefüllt mit Bambussprossen, getrockneten Shrimps, Sojabohnensprossen, Karotten, Tofu und Austernsauce.

■ Mit schwarzem Sesam bestreute Klebreiskuchen heißen *maci* und haben ein gehaltvolles Innenleben aus gesüßten, geriebenen Erdnüssen und Sesam.

■ Eines der berühmtesten Gerichte der Fujianküche ist **Fo tiao chiang** (Buddha springt über die Mauer), eine reichhaltige, heiße Suppe aus über 20 Zutaten, darunter Wachteleier, verschiedene Sorten Fleisch, Fisch und Meeresfrüchte. Wegen der aufwendigen Zubereitung ist es meist teuer, es schmeckt aber so umwerfend, dass angeblich selbst Vegetarier dafür über die Mauer springen sollen.

Aus den kalten Speisen gestalten die Einheimischen Mäuse und andere Tiere.

THAILAND

Vegetarisches Fest in Phuket

Einem buddhistischen Brauch folgend verzichten die Bewohner der Insel im Süden Thailands einmal im Jahr auf Fleisch.

Jeden Herbst werden Fleisch, Eier, Milch und Fischsauce neun Tage lang von der Insel Phuket verbannt und die Restaurants locken mit Currys, Suppen, Salaten und Pfannengerichten aus Weizeneiweiß und Soja. An den Hauptstraßen bieten Stände Frittiertes feil: Teigbällchen, würzige Maisplätzchen, Frühlingsrollen, Tofu oder auch Seitan (Weizeneiweiß) in allen möglichen Formen. Das Ereignis wird zwar „vegetarisches Fest" genannt, ist aber eher ein gesellschaftlicher Akt der Läuterung mit Opfergaben und spirituellen Reinigungsritualen. Sein Ursprung liegt im Jahr 1825, als ein chinesisches Opernensemble während eines Gastspiels komplett erkrankte. Die Musiker strichen Fleisch vom Speiseplan, beteten – und wurden wieder gesund. Seither üben sich die Bewohner Phukets, die chinesische Wurzeln haben, jedes Jahr neun Tage lang in Selbstreinigung und rituellen Handlungen. Männer spalten sich die Zunge, traktieren ihren Rücken mit Äxten oder durchbohren sich die Wangen. Dadurch nehmen sie die Sünden der Gesellschaft auf sich, was ihnen übernatürliche Kräfte verleihen soll. Sie verfallen in zuckende Tänze, Feuerwerkskörper knallen, eine weise Frau verbannt die Dämonen und läutert den Geist der Menschen.

Beste Reisezeit Das Fest ist an den ersten neun Tagen des neunten chinesischen Mondmonats, meist Anfang Oktober.

Reiseplanung In der Stadt Phuket ist das Fest am eindrucksvollsten. Die Festordnung verlangt weiße Kleidung, die es an einem der Straßenstände billig zu kaufen gibt. Ein Festkalender kündigt Umzüge, Läufe über glühende Kohlen und andere Events an, die ihren Höhepunkt meist in chinesischen Tempeln haben. Bei den Feuerwerken muss man früh kommen, um sich einen guten Platz zu sichern.

Websites www.thailandtourismus.de, www.phuketvegetarian.com

Festbräuche

■ Seit Urzeiten legen buddhistische Köche ihren Ehrgeiz in die Herstellung perfekter Fleischimitate aus Soja und Seitan, um auch Nichtvegetarier zufriedenzustellen.

■ Während des Fests gilt ein ganzer Katalog von Regeln, zum Beispiel sind Sex und Alkohol tabu. Regel Nummer zehn verbietet den Festbesuchern, Küchenutensilien, Geschirr und Essen mit Außenstehenden zu teilen: Reine Speisen halten Krankheiten fern.

■ Obwohl sich die Festrituale auf die **Stadt Phuket** konzentrieren, werden in dieser Zeit landesweit vegetarische Speisen angeboten. Erkennungszeichen sind die flatternden, gelben Fahnen.

In den buddhistischen Tempeln von Phuket zünden die Einwohner Räucherstäbchen an, legen Speiseopfer ab und stellen Götterstatuen auf.

FLUSSKREBSFEST

In den letzten zwei Sommermonaten feiern die Finnen
Rapujuhlat: Flusskrebsessen, ein handfestes Vergnügen.

In der Flusskrebssaison von 21. Juli bis Anfang September versammeln sich die Finnen in Stadt und Land um festlich geschmückte Tafeln, um Krebse zu knacken, zu pulen und zu essen. Seit die Krebspest Anfang der 1990er Jahre fast den gesamten finnischen Bestand an *Astacus astacus* ausgerottet hat, hat der Netzfang stark abgenommen. Nun werden in den Flüssen nachts Fallen aufgestellt und die Krebse sind so teuer geworden, dass viele auf Importware aus Spanien, der Türkei und den USA ausweichen. Für eine Party braucht es zwölf Krebse pro Person und ein spezielles Lätzchen, das über die Stuhllehne gehängt wird. Dann werden die Krebse in Wasser gelegt, eventuell gesalzen, mit Dillkronen gekocht, abgegossen und über Nacht abgekühlt. Flankiert von neuen Kartoffeln mit gehacktem Dill, werden sie zum Blickfang der Tafel. Finnland ist zweisprachig, was sich auch in den Traditionen niederschlägt. Der schwedische Teil setzt Partyhütchen auf und singt Trinklieder. Aber beim Krebsessen sind sich alle einig: in der Mitte durchbrechen, den Kopfteil aussaugen und den fleischigen Schwanz mit einem Krebsmesser aus der Schale pulen. Etwas Zitronensaft und *smetana* (Schmand) unterstützen den Geschmack. Dann prosten sich alle mit einem Gläschen eisgekühltem Wodka zu: «*Kippis!*»

Beste Reisezeit Im August haben viele Terrassenlokale in und um Helsinki Flusskrebse auf der Karte.

Reiseplanung Eine Woche reicht für Finnlands Südküste, von Turku im Westen über Helsinki bis nach Porvoo, der schwedischsprachige Hafenstadt im Osten. Zum Trinken gibt es Bier, Schnaps, Wodka, den finnischen Klaren Koskenkorva , aber auch Mineralwasser oder einen trockenen Weißwein. «Prost» heißt auf Finnisch «*Kippis*», auf Schwedisch «*Skaal*».

Websites www.virtual.finland.fi, www.visitfinland.de, www.crayfishking.com

Rapujuhlat-Knigge

■ Ein Krebsessen ist der Abschluss der Sommersaison im Ferienhaus in den Wäldern Finnlands; oft geht ein **Saunagang** am See voraus.

■ Als Appetithäppchen servieren manche Köche das Fleisch aus den Krebsscheren auf gebutterten Toastdreiecken, die mit Dill garniert werden. Pfifferlinge und andere **Waldpilze** der Saison werden zu Vorspeisen oder Suppen verarbeitet.

■ Ein festliches Menü besteht aus Flusskrebsen als Vorspeise, gedünstetem oder auf dem Holzbrett gebackenem **Lachs** und **Blaubeerkuchen** oder **Moltebeeren** aus Lappland zum Dessert.

■ Bei einem Flusskrebsessen geht es locker zu und jeder schlürft ungeniert den Saft aus Kopfteil und Scheren.

Schüsseln mit feuerroten Flusskrebsen sind das Highlight auf jedem Sommerfest.

In einem norwegischen Fischerdorf hängen Kabeljaupaare auf hölzernen Gestellen, um an der Luft zu trocknen.

SPEZIALITÄTEN & ZUTATEN

BUNTE MÄRKTE

SAISONALE KÖSTLICHKEITEN

IN DER KÜCHE

DIE BESTEN STRASSENSNACKS

GOURMETSTÄDTE

LUXUS PUR

WEIN, BIER & CO

SÜSSE LECKERBISSEN

NORWEGEN

LUTEFISK

Für manche ist dieses Nationalgericht, das von den Wikingern stammen soll, eine echte Herausforderung.

Es gibt eine Hand voll eingefleischter *lutefisk*-Fans außerhalb Norwegens, aber für die meisten ist das Probieren dieser Spezialität eher eine Mutprobe. Jahrhundertelang zogen riesige Kabeljauschwärme von der Barentsee in Richtung Süden, um in den geschützten Gewässern rund um die Lofoten zu laichen. Auf sie machen die Fischer aus dem nahe gelegenen Tromsø in Nordnorwegen zwischen Januar und März Jagd. Auch wenn es die Sonne zu dieser Jahreszeit dort kaum über den Horizont schafft, bereiten zahlreiche Speiselokale auf den Lofoten den *lutefisk* (Laugenfisch) noch so zu, wie es sich gehört. Auch Ålesund, etwas weiter südlich, ist eine *lutefisk*-Hochburg. Zuerst hängt der Kabeljau an der Luft zum Trocknen und wird so zum Stockfisch mit seinem typischen Geschmack. Als nächstes badet er in einer Lauge aus Pottasche, meist aus Birkenholz, und wird dann gewässert, um die Laugenrückstände auszuspülen. Nun ist er kochfertig. Um den Ursprung des ungewöhnlichen Gerichts ranken sich zahlreiche Legenden. Haben es die Wikinger erfunden, nachdem ein Langboot voller Stockfisch in Flammen aufging und seine Ladung längere Zeit im Meerwasser schwamm? Oder brannte ein Trockengestell ab und der Rauch beizte den Stockfisch? Jedenfalls gibt es *lutefisk* schon seit dem Mittelalter und ist im äußersten Norden Europas ein beliebtes Wintergericht.

Beste Reisezeit *Lutefisk* steht ab November bis zum Jahresende auf den Speisekarten und wird traditionell an Heiligabend serviert.

Reiseplanung Der Besuch der Lofoten kann mit einer Kreuzfahrt verbunden werden, um das Nordlicht zu sehen. Das gute öffentliche Verkehrsnetz macht die Reise zum Vergnügen.

Websites www.visitnorway.com/de, www.norway.com, www.norwegen.no

Lutefisk

Geschmack und Geruch von *lutefisk* haben schon heftige Reaktionen hervorgerufen. Dabei ist er recht delikat, wenn der Fisch sorgfältig zubereitet wird. Er muss mehrere Tage gewässert und das Wasser täglich gewechselt werden. Beim Kochen im eigenen Saft genügen ein paar Minuten, bis der Fisch glasig und geleeartig ist, aber noch nicht auseinander fällt. Oder er wird mit Butter im Ofen gebacken.

Die traditionellen Beilagen, eine sämige **Béchamel-Sauce, Pellkartoffeln** und **körniger Senf**, stechen farblich nicht groß heraus, bilden aber einen interessanten Kontrast. Kenner essen **knusprigen Speck** und **grüne Erbsen** dazu.

FESTTAGSGERICHTE

Seit zwei Jahrtausenden sind Heiligentage Anlässe zum Feiern. Ihr religiöser
Hintergrund ist zwar heute etwas verblasst, aber gefeiert wird weiterhin.

❶ Segnung der Flotte, Stonington, USA

Zum Festwochenende in diesem Dorf in Neuengland gehört
eine Prozession mit Booten und der Statue von Petrus, dem
Schutzheiligen der Fischer. Es gibt Hummer, Muscheln und
Spezialitäten von den Azoren, der Heimat vieler Fischer hier.

Reiseplanung Das Fest findet meist am letzten vollen Juli-
Wochenende statt. www.stoningtonblessing.com

❷ Fête des Cuisinières, Guadeloupe, Frankreich

1916 legten die *cuisinières* (Köchinnen) von Pointe-à-Pitre
eine Kasse für die Beerdigung von Mitgliedern an. Bald wurde
daraus ein Umzug zu Ehren von Laurentius von Rom, dem
Schutzpatron der Köche. Am Ende lassen die Köchinnen
ihre kreolischen Gerichte in der St.-Peter-und-Paul-Kathedrale
segnen und marschieren zur École Amédée Fengarol, wo ein
Bankett mit Ball stattfindet.

Reiseplanung Das Fest fällt auf einen Samstag um den 10. August.
www.lesilesdeguadeloupe.com

❸ Día de Los Santos Reyes, Mexiko

Die Mexikaner feiern den Dreikönigstag am 6. Januar mit der
rosca de reyes, einem ringförmigen Kuchen. Wer das eingebackene
Püppchen, das Jesuskind, findet, lädt die anderen zu einer Feier
an Mariä Lichtmess, dem 2. Februar, mit *tamales* und *atole* (würziges Milchgetränk) ein.

Reiseplanung Die *rosca de reyes* wird auch in Restaurants,
Konditoreien und Bars serviert. www.visitmexico.com

❹ Martinsdagen, Skåne, Schweden

Das Fest in Schwedens südlichster Provinz findet statt, wenn
die Gänse richtig fett sind. Das ist am 10. November, dem Vorabend von St. Martin: Zuerst wird die *svartsoppa* serviert, eine
Suppe aus Gänseblut, dann die mit Äpfeln und Dörrpflau-
men gefüllte, gebratene Gans, zum Schluss Apfelkuchen oder
spettekaka, eine Art Baumkuchen.

Reiseplanung Die meisten feiern im Restaurant, weil die Zubereitung
aufwendig ist. Das Gästgifvaregård in Skanör ist berühmt für seine
Gänse. www.skane.com, www.skane.com

❺ San Marco, Venedig, Italien

Am 25. April, dem Markustag, jährt sich die Gründung Vene-
digs 421 n. Chr. Früher kochten die Venezianer ihrem Dogen zur
Feier des Tages einen Risotto mit den ersten Erbsen der Saison.
Bis heute ist *risi e bisi* zu Hause wie in Restaurants Tradition.

Reiseplanung Der 25. April ist auch der Tag der Befreiung vom
Faschismus, ein Feiertag, an dem viele Geschäfte und Sehenswürdigkeiten geschlossen sind. www.turismovenezia.it, www.enit-italia.de

❻ Festa di San Lorenzo, Florenz, Italien

Zentrum des Fests an diesem berühmten Florentiner Feiertag am 10. August ist die Piazza San Lorenzo. Nach Messen im
Dom, einem Umzug in historischen Kostümen und Konzerten
gibt es um 21 Uhr kostenlos Lasagne und Wassermelone.

Reiseplanung Planen Sie einen ganzen Tag ein und besuchen Sie
auch die Medici-Kapelle, die an diesem Feiertag keinen Eintritt kostet.
www.firenzeturismo.it

❼ San Giuseppe, Sizilien, Italien

Es heißt, die Sizilianer hätten während einer Dürre Josef um
Regen angefleht und er hätte sie erhört. Sie dankten mit
einem Festessen aus den Lebensmitteln, mit denen sie überlebt
hatten: dicke Bohnen, Reisküchlein mit Honig und Brot. Das
Traditionsmenü ist wegen der Fastenzeit fleischlos.

Reiseplanung Der Josefstag ist der 19. März. Er wird in ganz Sizilien
gefeiert und endet mit einem Fest auf dem Dorfplatz. www.enit-italia.de

❽ Sant Antoni Abat, Andorra

Escudella ist das katalanische Wort für eine breite Tonschüssel
samt ihrem Inhalt: ein Wintereintopf mit Fleisch und Würsten. Ganz Andorra feiert das Fest des Heiligen Antonius am
17. Januar mit *escudella*, die in riesigen Töpfen über Holzfeuern
blubbert und mit Wein und Brot gegessen wird.

Reiseplanung Im Städtchen La Massana ist besonders viel los.
www.andorra.ad

❾ Santiago el Mayor (Jakobstag), Santiago de Compostela, Spanien

Seit Jahren strömen Pilger auf dem Jakobsweg nach Santiago
de Compostela. Zu Ehren des Hl. Jakob gibt es am 25. Juli den
seltenen *santiaguiño* (Bärenkrebs), dessen Rückenzeichnung an
das Jakobskreuz erinnert.

Reiseplanung Der Markt bietet Meeresfrüchte und galizische
Spezialitäten wie *pimientos de padrón*, frittierte grüne Pfefferschoten.
www.deutsche-jakobus-gesellschaft.de

❿ St. Patrick, Irland

Die Iren feiern den St. Patrick's Day am 17. März mit Umzügen,
Kneipentouren, Guinness und Traditionsgerichten wie *bacon
and cabbage* (Schinkenspeck mit Kohl), *soda bread* (fein säuerliches Brot), *colcannon* (Püree aus Kartoffeln und Weißkohl) oder
Corned Beef mit Kraut. Ist der 17. März ein Freitag, kommen
noch Lachs und Kartoffelküchlein dazu.

Reiseplanung Traditionell irisch kochen etwa das Country Choice in
Nenagh, County Dublin, und das Winding Stair in Dublin.
www.stpatricksday.ie

Rechts: *Cuisinières* nehmen in bunter Festkleidung an einer Messe in Pointe-à-Pitre teil, der größten Stadt auf Guadeloupe.

ITALIEN

Slow Food in Turin

Einkaufen, essen gehen oder einfach nur bummeln macht nirgendwo mehr Spaß als in der Slow-Food-Hochburg Turin.

Ein strahlender Aprilmorgen in Turin, der Hauptstadt des Piemont: Auf dem Mercato di Porta Palazzo, dem angeblich größten Freiluftmarkt Europas, drängen sich die Kunden. Nicht nur der nahe gelegene Dom mit dem berühmten Grabtuch, auch der Markt ist ein Pilgerziel für alle, die gern kochen oder essen und dabei auf beste Zutaten Wert legen. Im Frühling quellen die Stände über vor frischem Grün. Junge Schnecken, Symbol der Slow-Food-Bewegung, kriechen aus den Kisten, und die Metzger bieten zartes Lammfleisch an. Kein Italiener würde zu einer anderen Jahreszeit Lamm essen, denn hier wird auf saisongerechte Ware noch höchster Wert gelegt. Ein weiteres Pilgerziel liegt fünf Kilometer weiter südlich: Die durch ihren Punt e Mes bekannte Wermut-Fabrik Carpano im Vorort Lingotto wurde in einen Hort hochwertiger Nahrungsmittel nach der Slow-Food-Philosophie verwandelt und heißt jetzt „Eataly". „Eataly" ist eine ganze Schatzkiste mit Abteilungen für Obst und Gemüse, Fisch und Meeresfrüchte, frische und getrocknete Pasta, Schinken und Wurstwaren, Käse, Wein, Brot, Kaffee und Konserven. Es gibt Probierstände, Spezialitätenimbisse, Seminarräume. Eataly ist kein Riesensupermarkt, sondern ein Quell erstklassiger Lebensmittel, die noch traditionell hergestellt und verkauft werden, so wie auf dem Mercato di Porta Palazzo.

Beste Reisezeit Ganzjährig. Im Winter schicken die schneebedeckten Alpengipfel einen eisigen Hauch, im Sommer ist es schön warm, im Juli und August auch heiß. Im Oktober findet in Jahren mit gerader Jahreszahl in Lingotto der Salone del Gusto statt.

Reiseplanung Täglich außer sonntags findet von 6.30 bis 13.30 Uhr, samstags bis 19.30 Uhr, der Mercato di Porta Palazzo auf der Piazza della Repubblica statt. Vom Stadtzentrum aus fahren Busse, Straßenbahnen und Züge (Richtung Lingotto Fiere/8 Gallery) zu Eataly, das täglich geöffnet hat. Zu Stoßzeiten ist in den Lokalen die Hölle los, deshalb lieber früher oder später essen.

Websites www.eataly.it, www.slowfood.com, www.turismotorino.org

Die Slow-Food-Bewegung

Das Konzept von Slow Food entstand Mitte der 1980er Jahre, als McDonald's die Eröffnung einer Filiale an der Spanischen Treppe in Rom ankündigte. Für eine Gruppe von Journalisten, die im südlich von Turin gelegenen Bra tafelte, war das der Anfang vom Ende der italienischen Esskultur.

Angeführt von **Carlo Petrini,** begannen sie gegen diesen Trend anzukämpfen und warben für regionale, hochwertige Lebensmittel, für ihre nachhaltige und handwerkliche Produktion, für eine respektvolle und sorgfältige Zubereitung und für genussvolles, geselliges Essen. Kurz gesagt: Slow Food anstelle von Fast Food.

Ihre Idee setzte sich durch und heute hat Slow Food über 180 000 Mitglieder in 120 Ländern, die in lokalen Gruppen (Convivien) organisiert sind. Außerdem veranstaltet Slow Food alle zwei Jahre in Turin den **Salone Internationale del Gusto** und war Mitgründer der **Universität für Gastronomische Wissenschaften** in Pollenzo.

Gegenüber: Die Landschaft des Piemont liefert den Nachschub für die Märkte. Oben: Von Blättern umhüllte Feigen.

Zu georgischen Küche gehören Truthahn-*satsivi* (unten links) und die Teigtaschen *chinkali* (oben rechts).

GEORGIEN

LÄNDLICHE GAUMENFREUDEN

Georgien ist berühmt für seine Küche und seinen Wein.
Zu Recht, wie das Weinanbaugebiet östlich von Tiflis zeigt.

Georgiens Wein wächst im Alasani-Tal, in der östlichen Provinz Kachetien, wo das Kaukasusgebirge die Weinberge und Obstgärten überragt. Mit Beginn des Frühlings treffen sich die Georgier zu Picknicks. Sie breiten ihre bunten Köstlichkeiten aus, vom rubinfarbenen Rote-Bete-Püree *pkhali* bis zum Truthahn-*satsivi*, einer herzhaften Walnusssauce, die ihre goldgelbe Farbe getrockneten, zerriebenen Ringelblumenblüten verdankt. Die georgische Küche ist von mediterranen wie auch arabischen Einflüssen geprägt, die die Kaufleute und Reisenden von den Handelsstraßen der Antike mitbrachten. Cremiger Joghurt aus Wasserbüffelmilch und pikanter *suluguni*-Käse begleiten gegrilltes Fleisch, das die Einheimischen an die Sage des Feuerbringers Prometheus erinnert, der nicht weit von hier an den Berg Elbrus angekettet gewesen sein soll. Als Nachtisch locken Früchte der Saison, von säuerlichen Äpfeln, honigsüßen Pfirsichen und roten Johannisbeeren bis hin zu Zwetschgen und Pflaumen. Dazu munden vorzüglich *tschurtschchela*, auf Schnüre aufgezogene Walnusskerne, die in Traubensaft getaucht und getrocknet werden. Ein paar Gläschen vom heimischen Wein animieren die Georgier zu Trinksprüchen und -liedern auf die Natur und ihre köstlichen Gaben.

Beste Reisezeit Von Mai bis Oktober ist die Stromversorgung sicherer; der Winter ist kalt.

Reiseplanung Von den meisten europäischen Großstädten gibt es Flüge nach Tiflis. Der Markt mit Gewürzpyramiden und frischem Gemüse ist sehenswert. Außerhalb der Hauptstadt ist die Restaurantkultur kaum entwickelt, doch fast jeder Ort hat zumindest ein Café, das gute lokale Kost serviert. Die traditionellen Bäckereien verkaufen heißes Brot aus dem *toné*, einem Tonofen. Eine kaukasische Spezialität sind die gefüllten Teigtaschen, *chinkali*.

Websites www.caucasustravel.com, www.travel.info-tbilisi.com

Trinksprüche

Ein georgisches **Festessen**, eine *supra*, läuft nach Ritualen ab, die selbst die Fremdherrschaft überdauerten. Auch bei Essen im bescheidenen Rahmen gibt es einen *tamada*, eine Art Zeremonienmeister, der die Gesellschaft dirigiert und zu Trinksprüchen und Reden animiert. Ein gewandter *tamada* kann es zu Berühmtheit bringen. Die Trinksprüche verwandeln selbst traurige Anlässe in ein lebensbejahendes Fest.

Sie beginnen mit einer Danksagung an Gott, dann wird dem Gastgeber gedankt. Keinem Georgier würde es einfallen, an Getränken nur zu nippen, man trinkt, wenn ein Trinkspruch ausgebracht wird. Bevor jedoch die ganze Gesellschaft berauscht ist, greift der *tamada* ein, auch wenn die georgischen Weine wie **Saperavi** und **Rkatsiteli** noch so gut sind.

Auf den Märkten werden Pilze in allen Farben, Formen und Größen angeboten.

Kleine Pilzkunde

In den Wäldern der Auvergne wachsen Dutzende verschiedener **Dickröhrlinge** (etwa **Steinpilz**), dazu **Morcheln, Pfifferlinge, Totentrompeten** und viele weitere Pilzarten, die oft lokale Namen tragen.

Zum Sammeln eignen sich Körbe oder Papiertüten, aber keine Plastiktüten. Da giftige Pilze die essbaren beeinträchtigen, sollte jede Pilzart separat gesammelt werden.

Auch wer seine Funde anhand eines Pilzbuchs identifiziert hat, sollte unbedingt eine zweite Meinung einholen, zum Beispiel in der örtlichen Apotheke. Französische Apotheker sind darin ausgebildet und ihre Beratung ist kostenlos. Jedes Jahr sterben in Frankreich im Schnitt 30 Menschen an Pilzvergiftung.

Frische Pilze verderben schnell, wohingegen getrocknete Pilze ein perfektes essbares Souvenir abgeben.

FRANKREICH

PILZE SAMMELN

Im Herbst offenbaren die Wälder der Auvergne im Herzen Frankreichs ihre Schätze: köstliche Pilze.

Jedes Jahr im Herbst bricht das Pilzfieber aus. Sammler durchstreifen im Morgengrauen oder an Wochenenden die Wälder auf der Suche nach der wertvollen Beute. Waldpilze sind eine der großzügigsten Gaben der Natur und locken körbeweise an Marktständen, trocknen an sonnigen Hauseingängen und schmecken in den Restaurants als Suppe, Sauce, Pastete, Ragout und Risotto oder einfach als Zutat für Rühreier und Salate. Besonders pilzreich ist in Frankreich die Auvergne im Zentralmassiv. Nicht viele Touristen verirren sich in die waldreiche, von grünen Bergen und erloschenen Vulkanen durchsetzte Gegend, wo sich saftige Wiesen mit Flüssen, Quellen, gallorömischen Ruinen, Kirchen, Schlössern und Thermen abwechseln. Gut markierte Wanderwege führen durch den Regionalpark Livradois-Forez im Norden und Europas größten Eichenwald, den Forêt de Tronçais im Süden der Auvergne. Beides sind ideale Pilzgebiete, wo sich auch Hirsche und Wildschweine sehen lassen. Wild und Pilze sind ein kulinarisches Traumpaar; darüber hinaus dominieren in der bäuerlichen Küche der Auvergne Wurstwaren und Käse wie der Bleu d'Auvergne, der gut zu roh marinierten Pilzen passt, oder der Saint-Nectaire mit seinem erdigen Aroma.

In Butter gebratene Waldpilze.

Beste Reisezeit Die Zeit von Mitte September bis Mitte Oktober ist ideal, aber oft gibt es bis in den November hinein Pilze. Man findet sie gut nach Regenfällen und in der Umgebung gefällter Bäume.

Reiseplanung Laut Gesetz gehören Pilze dem Eigentümer des Landes, auf dem sie wachsen. Jedes Dorf hat eigene Regeln, wo und wie viel gesammelt werden darf; fragen Sie im Hotel oder bei der Touristeninformation. Wer eine Unterkunft mit *table d'hôte* (Gästetisch) bucht, kann seine Ausbeute in der Küche zubereiten lassen.

Website www.auvergne-tourisme.info

SILVESTER UND NEUJAHR

Nicht nur am 31. Dezember kann man kulinarische Neujahrsrituale zelebrieren.
Einige werden im privaten Kreis feiern, Gäste sind aber immer willkommen.

❶ Vergiss-das-Jahr-Partys, Japan

Auf *bonenkai*- oder Vergiss-das-Jahr-Partys werden die Erfolge des vergangenen Jahres begossen und die Misserfolge ertränkt. Gefeiert wird in Restaurants oder *izakaya*, Kneipen, die dazu japanische Häppchen servieren. Dabei gelten strenge Regeln, bis alle betrunken sind. Denn ein Glas darf nie leer sein.

Reiseplanung Dezember ist der *bonenkai*-Monat. www.jnto.go.jp

❷ Neujahrs- oder Frühlingsfest, China

Am Vorabend des 4000 Jahre alten Festes an Neumond kommen die Familien zu einem üppigen Essen zusammen. Beliebte symbolische Zutaten sind Huhn (Ganzheit), die Algenart *fat choi* (Reichtum), Klebreisküchlein (für ein süßes neues Jahr) und ungeschnittene Nudeln (langes Leben). Vom gedämpften Fisch am Ende bleibt etwas fürs neue Jahr übrig.

Reiseplanung Das Fest fällt auf einen beweglichen Tag im Januar oder Februar. Rote Kleidung zu tragen bedeutet Glück. www.fac.de

❸ Festessen des Ersten Morgens, Vietnam

Tet Nguyen Dan, das Festessen des Ersten Morgens, ehrt die Ahnen und bereitet Verwandten und Freunden einen glücklichen Start ins neue Jahr. Es gibt *kho* (Eintopf mit Karamell und Fischsauce), *banh chung* (Reiskuchen mit Schweinefleisch und Mungbohnen) und *cu kieu* (eingelegte Frühlingszwiebeln).

Reiseplanung *Tet* fällt meist mit dem chinesischen Neujahrsfest zusammen. Läden und Märkte haben bis zu drei Wochen Betriebsferien. www.vietnam-aktuell.de

❹ Weißer Mond, Mongolei

Das dreitägige mongolische *tsagaan sar* (Weißer Mond) wird zwei Monate nach dem ersten Neumond nach der Wintersonnwende gefeiert. *Bituuleg*, das Essen am Vorabend, besteht aus Hammelfleisch, Fleischtaschen, Fleischbällchen und Keksen, begleitet von gegorener Stutenmilch und Milchwodka.

Reiseplanung Das Datum ändert sich jährlich. Agenturen vermitteln Einladungen; Gastgeschenke sind üblich. www.mongoliatourism.gov.mn

❺ Silvester, Russland

Russlands wichtigstes Fest ist eine große Schlemmerei, denn die Russen glauben, das Jahr gehe so weiter, wie es anfängt. Ständig werden zu Wodka oder *Sovetskoye Shampanskoye* (russischer Sekt) Trinksprüche ausgebracht. Es gibt Kaviar, Räucherlachs, Gans und Spanferkel. Viele feiern auch das „Alte Silvester" nach dem Julianischen Kalender vom 13. auf den 14. Januar.

Reiseplanung Viele Restaurants haben ein Silvesterangebot. www.visitrussia.org.uk/

❻ Neuer Tag, Iran

Nouruz (Neuer Tag) ist eine über 3000 Jahre alte, zoroastrische Tradition und der höchste iranische Feiertag. Im Zentrum steht die Zubereitung der *haft sin*, der „sieben S", darunter *sabze* (grüne Sprossen), *samanu* (Weizenpudding), *sib* (Äpfel), *sohan* (Honig-Nuss-Krokant), *senjed* (rote Datteln), *sangak* (Fladenbrot), *siyahdane* (Sesam), *sir* (Knoblauch), *somaq* (Sumach) oder *serke* (Essig) und andere S-Zutaten. Gegessen wird am Vorabend, meist *sabzi polo mahi*, Reis mit Kräutern und Fisch.

Reiseplanung *Nouruz* entspricht der Frühlings-Tagundnachtgleiche am 21. März. www.tourismiran.ir, www.itto.org

❼ Silvester, Piemont, Italien

In Norditalien gibt es an Silvester ein *cenone*, ein opulentes Mahl. Besonders üppig ist es im Piemont, der Wiege der Slow-Food-Bewegung. Auf ein rundes Dutzend Vorspeisen folgen Hausmacherwürste mit Linsen, mindestens drei weitere Hauptgänge sowie Desserts, etwa Panettone und Haselnusskuchen.

Reiseplanung Ein Aufenthalt in einem familiären *Agriturismo* (Urlaub auf dem Bauernhof) ist besonders authentisch. www.agriturismo.it

❽ Silvester, Spanien

Um Mitternacht essen die Spanier zu jedem Glockenschlag eine Traube. Viele feiern zu Hause, andere versammeln sich auf Plätzen, um mit Trauben und *Cava* (spanischem Sekt) das neue Jahr zu begrüßen, ehe sie sich ins Nachtleben stürzen.

Reiseplanung Geschälte, kernlose Trauben lassen sich schneller hinunterschlucken. www.barcelonaturisme.com

❾ Silvester, Niederlande

Normalerweise mit Gebäck eher zurückhaltend, lassen die Niederländer an Silvester fünfe gerade sein und schlemmen frittierten *appelflappen* (Apfeltaschen), *appelbeignets* (ausgebackene Apfelringe) und *oliebollen* (Krapfen).

Reiseplanung In einigen Restaurants und Hotels gibt es Silvestermenüs, oft pauschal inklusive Übernachtung. www.niederlande.de

❿ Hogmanay, Schottland

Silvester heißt in Schottland *Hogmanay* und wird meist zu Hause gefeiert, mit Ritualen wie dem *first-footing* (erster Besuch) bei Freunden nach Mitternacht. Zu essen gibt es *Scottish steak pie* (Fleisch im Teigmantel), *black bun* und *clootie dumpling* (beides Früchtekuchen) sowie *shortbread* (Mürbeteigkekse).

Reiseplanung In Edinburgh sind die Hogmanay Food Fair und renommierte Fleischer wie John Saunderson gute Quellen für kulinarische Souvenirs. www.edinburgh.org, www.edinburghfestivals.co.uk

Rechts: Eine traditionelle Tafel für das iranische *Nouruz*-Fest.

Das Aussehen täuscht: Die unförmigen, knolligen Trüffel sind wahre Aromawunder.

IM LAND DER TRÜFFEL

Schon seit über 4500 Jahren versetzen die schwarzen
Perlen des Périgord Gourmets in Ekstase.

Das wunderschöne Périgord im Westteil der Region Dordogne, östlich der Stadt Bergerac, bietet für jeden etwas: geschichtsträchtige Bauwerke, Topweine, raffinierte Küche – und Trüffel, die „schwarzen Perlen" des Périgord. Von Bergerac führt die D32 ostwärts durch Felder und Wälder über Liorac-sur-Louyre mit einer Kirche des Templerordens aus dem 11. Jahrhundert nach Sainte Alvère, wo der größte Trüffelmarkt der Region stattfindet. Die schwarze Trüffel wächst auf Kalksteinböden, gern zwischen Eichenwurzeln. Bei Preisen bis zu 3000 Euro pro Kilogramm sind die Fundorte ein streng gehütetes Geheimnis. Um sie aufzuspüren, werden ausgebildete Trüffelhunde eingesetzt. Schon ein paar hauchdünne Trüffelspäne machen aus Gänseleber oder Rührei eine Offenbarung. Der Trüffelmarkt von Sainte Alvère am Montagvormittag ist auch ein gesellschaftliches Ereignis. Menschenschlangen ziehen an den Ständen mit den intensiv duftenden Knollen vorbei, die die Händler aufs Milligramm genau abwiegen. Weitere lohnende Ziele in der Gegend sind die Dörfer Témolat und Paunat mit ihren mittelalterlichen Mauern, Höfen und Torbögen und den ausgezeichneten Restaurants, die die traditionellen Gerichte des Périgord perfekt in Szene setzen.

Beste Reisezeit Der Trüffelmarkt von Sainte Alvère wird von November bis März am Montagvormittag abgehalten. Kommen Sie am besten frühzeitig, die Trüffel sind schnell verkauft.

Reiseplanung Empfehlenswert sind folgende Restaurants, die alle eine Tischreservierung erfordern: Chez Julien im Schatten der Abtei von Paunat, das Sternerestaurant Le Vieux Logis und das Bistrot d'en Face, beide am Marktplatz von Trémolat. Auf dem Land sind die meisten Lokale sonntagabends geschlossen.

Website www.pays-de-bergerac.com

Schwarze Trüffel

Die schwarzen Trüffel, die im Winter im Périgord wachsen, gehören der Gattung *Tuber melanosporum* an. Sie gedeihen in nur 20 Zentimeter Tiefe zwischen den Wurzeln von Eichen und Haselnusssträuchern.

Eine frische Trüffel ist blauschwarz und hat ein kräftiges, erdiges Aroma. Ihre Oberfläche ist von winzigen Warzen übersät, die durch die Lupe betrachtet kugelig-rund aussehen sollten. Das Innere ist tiefschwarz und wird von feinen, weißen Adern durchzogen.

Trüffel werden in Qualitätsstufen eingeteilt: Große, makellose Exemplare kommen in die Kategorie Extra, kleinere, ganze, relativ kompakte Trüffel in Kategorie Eins, unregelmäßig geformte Trüffel in Kategorie Zwei. Auch abgebrochene oder geschnittene Trüffelstücke werden verkauft. Sie sollten keine weichen Stellen haben und immer noch stark duften.

FRANKREICH

WEINLESE IM BURGUND

Zur Traubenlese im Herbst bevölkern ganze Scharen von Erntehelfern die Rebhänge des Burgund.

Ende September, wenn die warme Sonne für trockenes Wetter sorgt, sind die Trauben in den sanft geschwungenen Weinbergen reif für die Ernte: Die Früchte sind prall und von intensiver Farbe. Zehn Tage lang steht die Region unter Hochspannung, während die Pflückerkolonnen die Hänge abernten. Alles ist Handarbeit: Ein Blick genügt, um den Reifegrad der Trauben zu erkennen. Keine Maschine geht so behutsam mit den Früchten um, dass sie nicht verletzt oder gequetscht werden. Die meisten Weine tragen den Namen ihres Anbauortes. Die Bezeichnung „Apellation Contrôlée" auf dem Etikett verrät die Region, der Vermerk „Premier Cru" nach dem Ortsnamen verweist auf eine besonders gute Lage. Wird auch der Name des Weinbergs erwähnt, ist die Qualität noch besser. Die besten Weine sind „Grands Crus", bei denen nur noch die Lage genannt wird. Aus dem Gebiet Côte de Nuits im nördlichen Burgund kommen die besten Pinot Noirs (Rotweine) und die meisten „Premiers Crus". Berühmte Weinorte sind Gevrey-Chambertin und Vosne-Romanée. Die Region Chablis noch weiter nördlich produziert exzellente trockene Weißweine, die Côte de Beaune, südlich der Côte de Nuits, ist sowohl Weiß- als auch Rotweingebiet.

Beste Reisezeit Je nach Wetter beginnt die Weinlese meist in der zweiten Septemberhälfte. Das ganze Jahr über finden im Burgund zahlreiche Weinfeste und kulinarische Veranstaltungen statt.

Reiseplanung Während der Lese bieten viele Winzer weniger oder gar keine Weinproben an. Berühmte Weinstädte wie Dijon und Beaune sind teuer, die Dörfer im Umland bieten oft authentischere Erlebnisse und günstigere Unterkünfte. Wer Wein trinken oder kaufen will, sollte sich an die Jahrgänge 1996 und 2000 halten, die als die herausragendsten der letzten 15 Jahre gelten. Im extrem heißen Sommer 2003 wurde früh gelesen; die sehr fruchtigen, tanninreichen Weine sind eher untypisch für das Burgund.

Websites www.de.franceguide.com, www.via-bourgogne.com

Burgunder Spezialitäten

■ *Bœuf Bourguignon* besteht aus Rindfleischwürfeln, die zusammen mit Zwiebeln, Pilzen und Speck mehrere Stunden lang bei kleiner Hitze in Rotwein geschmort werden.

■ *Œufs en Meurette* sind verlorene Eier in einer würzigen Sauce aus Brühe, Cognac und Wein.

■ *Escargots* (Schnecken) gehören zu den beliebtesten Gerichten und werden mit Semmelbröseln und Knoblauch oder auch in Weißweinsauce (Chablis) serviert.

■ *Jambon persillé* ist eine Schinkenterrine in Aspik mit viel Petersilie und gehört zu den Vorspeisenklassikern.

■ *Râble de lièvre à la Piron* heißt ein Hasenrücken, der in Wein und Marc (Tresterbrand) eingelegt wurde.

In traditionell geflochtenen Strohkörben werden die gepflückten Trauben transportiert.

WILDES KORSIKA

Die Kräuter der Macchia schwängern die Luft mit ihrem Duft und bereichern die Küche der eigenwilligen Mittelmeerinsel.

Korsika ist der „Wilde Westen Frankreichs". Die Korsen sind stolz auf ihr unge-zähmtes Stückchen Erde und das spiegelt sich in ihren kulinarischen Traditionen wider, die an die Zeiten der Jäger und Sammler erinnern. Obwohl sie von Meer umgeben sind, machen sich die Korsen wenig aus Fisch und Meeresfrüchten; die spielen nur in Küstenorten eine Rolle. Dafür nutzen sie die natürlichen Ressourcen im Landes-inneren und den Bergen umso intensiver. Schweine, Schafe und Ziegen grasen auf dem dichten Kräuterteppich der Macchia, der dem Fleisch seinen „wilden" Geschmack ver-leiht. Rosmarin, Thymian, Salbei, Minze, Wacholder und Lorbeer gehören, zusammen mit Wildpilzen, auch in die *soupe Corse* und würzen Braten und Ragouts wie das berühmte *civet de sanglier* aus Wildschweinfleisch. Selbst der *brocciu*, ein Molkekäse aus Schafs- oder Ziegenmilch, besitzt dieses typische Kräuteraroma. Zusammen mit Minze wird er zu fast allem gereicht, vom Rührei bis zur Forelle. Die Früchte der vielen Kastanienbäume liefern das Mehl für Brot und Polenta und werden sogar zum Bierbrauen verwendet. Die Weine aus Patrimonio in der Region Haute Corse, die einst zur deftigen Winterküche passten, sind heute eleganter und geschmeidiger.

Beste Reisezeit Von Oktober bis Dezember locken die typisch korsischen Wintergerichte und die leuchtende Laubfärbung der Castagniccia, der Kastanienwälder östlich von Corte.

Reiseplanung Planen Sie mindestens eine, besser zwei Wochen ein. Korsika hat einen Flughafen sowie Fährverbindungen, zum Beispiel nach Nizza und Cannes sowie nach Livorno in Italien (ab Bastia). Ein Mietwagen ist ideal, um die Insel zu erkunden. Hauptattraktionen sind Napoleons Geburtshaus und das Fesch-Museum in Ajaccio sowie die Dolmen und Menhire der Megalithkultur in Filitosa. Auch Film-, Musik- und Windfestivals finden statt.

Websites www.corsica.net

Wurst, Käse & Kastanien

Die frei laufenden, oft mit Wildschweinen eingekreuzten Schweine liefern außer-gewöhnlich gute Fleisch- und Wurstwaren, die fast so mager sind wie Wildbret. **Salsiccia** ist eine mit Pfeffer gewürzte Wurst, **Coppa** ein Fleischstück aus der Brust, die leicht geräucherten **Figatelli** mit Leberanteil werden über Holzkohle gegrillt. **Lonzu** ist geräucherte Lende, **Prisuttu** ein Räucherschinken, der roh oder gegrillt schmeckt.

Viele korsische Käsesorten riechen zu streng für den heimischen Kühlschrank. **Bastelicaccia** ist ein cremiger Schafskäse, **Sartenais** ein scharfer Hartkäse, **Cuscioni** sehr fett und geschmacksintensiv.

Kastanien, eine Hauptzutat der korsischen Küche, stecken in Brot und Keksen, in der *castagna* (Kastanienkuchen) und in mit Puderzucker bestäubten *beignets* (Krapfen), einer Festtagsleckerei.

Korsische Schweine laufen im Inselinneren frei herum und ernähren sich von Kastanien und Kräutern, die ihrem Fleisch ein unverwechselbares Aroma verleihen.

Vollreife, zuckersüße Erdbeeren sind der Inbegriff des englischen Sommers.

ENGLAND

ERDBEERZEIT

Die Königin des Sommers leuchtet entlang der Landstraßen von Kent, der idyllischen Grafschaft im Südosten Englands.

Ohne Erdbeeren mit Sahne wäre ein englischer Sommer kein Sommer. Das Rosengewächs mit den duftenden Beeren hat sich in die Herzen der Briten geschlichen. Kardinal Wolsey, der Kanzler Heinrichs VIII., soll als einer der ersten Walderdbeeren mit Sahne kombiniert haben. Emma aus Jane Austens gleichnamigem Roman besucht eine Erdbeerparty und schwärmt, dass dort nur von Erdbeeren gesprochen werde und dass die beste Frucht Englands jedermanns leicht bekömmlicher Liebling sei. Das Tennisturnier von Wimbledon wäre ohne Erdbeeren mit Sahne und einem Glas Champagner nur halb so attraktiv. Hauptlieferant, auch für Wimbledon, ist die Grafschaft Kent. An den Landstraßen, die durch eine grüne Idylle mit schmucken Dörfern, Obstwiesen und Hopfengärten führen, bieten Straßenstände die rote Verführung feil. Schilder mit der Aufschrift «PYO» für *pick your own* fordern zum Selbstpflücken in Pappkörbchen auf. Dabei darf genascht werden. So lassen sich unterschiedliche Sorten erschmecken, zum Beispiel die beliebte Royal Sovereign. Wer Adleraugen und etwas Glück hat, entdeckt unterwegs ein paar kleine, hocharomatische Walderdbeeren, die an Böschungen und Waldrändern wachsen, aber auch auf Wochenmärkten zu finden sind.

Beste Reisezeit Die Erdbeersaison geht von Mitte Juni bis Ende August.

Reiseplanung Wer nicht selbst pflücken will, sollte auf Bauernmärkten einkaufen. Dort sind die Erdbeeren sehr frisch und günstig und sie stammen aus der Gegend. Manche Höfe für Selbstpflücker kultivieren ihre Erdbeeren auf hüfthohen Tischen, was das Pflücken erleichtert, aber für Kinder ein Nachteil sein kann. Wer sich schon vorab Adressen von PYO-Bauern besorgt hat, ruft am besten vorher an.

Websites www.farmersmarkets.net, www.pick-your-own.org.uk, www.visitkent.co.uk

 **Eton Mess**

Vielleicht rührt der Name daher, dass die Schüler des berühmten Internats die ersten waren, die Erdbeeren und Schlagsahne zu diesem Dessert vermischten?

Für 6 Personen
250 g Erdbeeren
1 gehäufter EL Zucker
500 ml Schlagsahne
6 Baiserschalen

Erdbeeren waschen, vom Blütenansatz befreien und halbieren oder vierteln, in eine Schüssel geben, mit dem Zucker bestreuen, gut untermengen und dabei leicht zerdrücken. Kühl stellen.
  Sahne steif schlagen, bis sie weiche Spitzen bildet. Die Baiserschalen zerbröseln und unter die Sahne heben, dann die Erdbeeren untermischen. In eine Servierschale oder Portionsschälchen füllen.

4
IN DER KÜCHE

Für echte Gourmets steht die Küche im Zentrum des Geschehens. Auf Reisen kann keine Sehenswürdigkeit mithalten, wenn sich die Gelegenheit bietet, einem Koch auf die Finger zu schauen und hinter die Geheimnisse regionaler Spezialitäten und sorgsam gehüteter Familienrezepte zu kommen. Umso besser, dass es weltweit immer mehr Kochschulen gibt, in denen ausländische Besucher in lockerer Atmosphäre den Kochlöffel schwingen können. Überall öffnen sich die Küchentüren: In Kuba laden Familien Touristen an den heimischen Tisch, in Südafrika lernt man eine der spannendsten Fusionsküchen überhaupt kennen, die „East meets West"-Küche der Kapmalaien, in Italien halten Privatschulen regionale Traditionen hoch und in Peking zeigen Köche, wie man perfekte Dim Sum macht. Auf einer Reise durch das mexikanische Yucatán kann man herausfinden, wie aus einer Vielzahl von Gewürzen, Früchten und anderen Zutaten die köstlichen Saucen und Desserts entstehen, die die ganz eigene Küche der Halbinsel prägen.

Olivenöl, Eier, frisch gemachte Fettuccine und erlesen gefüllte Ravioli sind nur einige der Grundzutaten im italienischen Schlaraffenland. Zu lernen, wie diese Köstlichkeiten auch zu Hause gelingen, gehört zu den schönsten Reiseerlebnissen.

Geliebte Chili in Santa Fe

**Chilischoten sind das Standardgemüse New Mexicos.
Sie heizen der Küche des US-Bundesstaats richtig ein.**

Unter den Arkaden des Spanish Palace of the Governors verkaufen Indianer Kunsthandwerk. An diesem zentralen Platz von Santa Fe, der Stadt im Südwesten der USA, spürt man den Pulsschlag der multikulturellen Gesellschaft, die Santa Fe dieses unwiderstehliche, gewisse Etwas verleiht. Nur ein paar Schritte weiter, in der Santa Fe School of Cooking, brodelt die gleiche Mischung in den Kochtöpfen. Im anderthalbstündigen, praxisbezogenen Kurs *chile amor* (Chili-Liebe) werden rote und grüne Chilisalsas und die dazu passenden Tortillas hergestellt. Natürlich gibt es auch Expertentipps, wie sich das brennende Chiliöl nach dem Schneiden und Entkernen der Schoten wieder von den Händen entfernen lässt. In Kochvorführungen, die drei Stunden dauern und mit einem Menü enden, werden die Geheimnisse von *tamales* (Küchlein aus Maismehl, in Maisblättern gegart), *nopales* (gegrillte oder gekochte Kaktusblätter) und vielen köstlichen Salsas gelüftet. Den Unterricht halten Einheimische wie auch Küchenchefs aus den Toprestaurants von Santa Fe, die Zutaten stammen von Bauern und Kleinbetrieben aus der Gegend. Wer nicht selbst kochen will, kann auch eine kulinarische Stadtführung mitmachen, bei der berühmte Lokale wie das Amavi Kostproben anbieten.

Beste Reisezeit Zum Indianermarkt am dritten Augustwochenende ist in Santa Fe die Hölle los. Die Gelegenheit, an 1200 Ständen mit Kunsthandwerk von rund 100 Indianerstämmen einzukaufen, ist einmalig. Im Herbst lässt der Betrieb nach, das Wetter wird klarer und kühler und Pappeln im leuchtend gelben Blätterkleid säumen die Flussufer.

Reiseplanung Der Bauernmarkt samstags in Santa Fe ist eine gute Einkaufsquelle für Zutaten, mit denen die Gerichte nachgekocht werden können. Unbedingt probieren: ein Navajo Taco (mit frittiertem Brot) auf dem Flohmarkt des Pueblos Tesuque. Planen Sie auch Ausflüge in die herrliche Landschaft New Mexicos ein, die schon die Malerin Georgia O'Keeffe inspirierte.

Websites www.santafeschoolofcooking.com, www.santafe.org, www.santafefarmersmarket.com

 Salsa mit Mais und schwarzen Bohnen

100 g Zwiebeln, fein gewürfelt
1 TL Knoblauch, gepresst
2 EL Olivenöl
3 EL Koriandergrün, grob gehackt
1/2 TL Kreuzkümmelsamen, leicht geröstet und zerstoßen
1 Jalapeño-Chilischote, gehackt
2 EL Apfelessig
1 EL roter Chilihonig
85 g Maiskörner
3 große, reife Eiertomaten, gehackt
200 g schwarze Bohnen, gekocht

Zwiebeln und Knoblauch im Olivenöl glasig dünsten. Koriandergrün, Kreuzkümmel, Jalapeño, Essig und Honig in einer Schüssel mischen. Mais, Tomaten, Bohnen und die Zwiebel-Knoblauch-Mischung zugeben, mit Salz abschmecken, gut verrühren und 30 bis 45 Minuten ziehen lassen.

Vorsicht, scharf: Schüler der Santa Fe School of Cooking erlernen die Kunst, Jalapeño-Chilischoten zu rösten.

Rotes Motorrad vor blau getünchter *panadería* (Bäckerei): die farbenfrohen Straßen von Havanna.

KUBA

FAMILIENKÜCHE IN HAVANNA

In Kubas Hauptstadt laden Familien Gäste an ihren Tisch ein und lüften die Geheimnisse der heimischen Küche.

Mit Revolutionen sind die Kubaner bestens vertraut. Die letzte betraf die kulinarische Front, die begeistert begrüßt wurde. Früher mussten Besucher der Hauptstadt Havanna mit einer Hand voll teurer, mittelmäßiger Restaurants vorlieb nehmen. Seit 1995 gibt es sogenannte Paladares: vom Staat geduldete, kleine Gaststuben in Privathaushalten. Inmitten des morbiden Charmes der malerischsten aller kubanischen Städte genießen Besucher nun echte Hausmannskost und steuern gleichzeitig einen Beitrag zum Einkommen einer Familie bei. Serviert werden Alltagsgerichte wie *pollo* (Huhn) mit *Moros y Cristianos* („Mauren und Christen", gemeint sind schwarze Bohnen mit Reis) oder *puerco* (Schweinefleisch) mit Reis und gebratenen Kochbananen. Es gibt auch aufwendigere Zubereitungen wie Thunfisch in Kokossauce oder Red Snapper mit *beurre blanc*. Die Kost ist einfach, gesund, billig und immer frisch. Auch wenn sich die Küche der konventionellen Restaurants dank der neuen Konkurrenz sehr verbessert hat, bleibt das Essen im Paladar ein authentisches Erlebnis, schon allein wegen der familiären Atmosphäre. Denn die Hausfrauen und -männer kochen nicht für den Touristengeschmack, sondern so, wie es die *habaneros,* die Einwohner Havannas, seit jeher lieben.

Beste Reisezeit Ganzjährig. Wer zu große Hitze meiden will, fährt zwischen November und April.

Reiseplanung Ein Muss sind die beiden bekanntesten Paladares von Havanna: La Guarida und La Cocina de Lilliam. Sie bieten neben hervorragender Küche ein attraktives Ambiente. Dort und in anderen begehrten Paladares muss reserviert werden. Auch in anderen Landesteilen gibt es solche Privatlokale; besonders groß ist die Auswahl in der reizvollen Stadt Trinidad im Zentrum der Insel.

Websites www.cuba-junky.com, www.laguarida.com

Die Vorschriften umgehen

Laut Gesetz darf ein Paladar bis zu zwölf Gäste bewirten und zwar nur mit Hausmannskost. Fisch und Meeresfrüchte gelten als Privileg der Restaurants, werden aber auf Nachfrage auch in Paladares serviert. Adressen erfährt man von anderen Touristen, Taxifahrern und Barkeepern, aber selten im Hotel, für das die Paladares eine Konkurrenz sind. Leute, die anbieten, bis zum empfohlenen Paladar mitzugehen, sind oft *jineteros* (Schlepper), die auf Provision hoffen. Da die Betreiber der Paladares hohe Steuern bezahlen müssen, freuen sie sich über ein gutes Trinkgeld.

KULINARISCHE ÜBERRASCHUNGEN

Welsh Tea Cakes in Argentinien oder kongolesisches Ragout in Brüssel?
Die Küche von Einwanderern vereint das Beste aus der alten und der neuen Heimat.

❶ Solvang, USA

Das kalifornische Solvang wurde 1911 von Dänen gegründet. Hier gibt es Gerichte wie *frikadeller* (Frikadellen), *smørrebrød* (belegte Brote) oder *æbleskiver* (Förtchen, eine Art Krapfen) mit *medisterpølse* (Schweinswurst) und Eiern. Bäckereien verkaufen *pandekager* (Pfannkuchen) und Dänisches Gebäck.

Reiseplanung Im März richtet die Stadt das dreitägige Festival „Taste of Solvang" aus. Auch die „Æbleskiver Days" im September stehen im Zeichen von dänischen Spezialitäten. www.solvangusa.com

❷ Diwali, Trinidad und Tobago

40 Prozent der Bevölkerung von Trinidad und Tobago sind Hindus, Nachfahren indischer Gastarbeiter. Aber am Lichterfest Diwali sind alle Hindus ehrenhalber und feiern zu Hause oder öffentlich mit Köstlichkeiten wie *gulab jamun* (frittierte Teigbällchen in Sirup) und Fladenbrot mit Gemüsecurry.

Reiseplanung Diwali wird meist im Oktober oder November gefeiert. Am wichtigsten Festtag, Lakshmi Puja, haben Geschäfte und Behörden geschlossen. www.diwalifestival.org

❸ Surinam

Holländische Kolonialherren und eine multikulturelle Gesellschaft gaben der Küche dieses südamerikanischen Staates niederländische, indische, javanische, chinesische, kreolische, amerikanische und jüdische Akzente, etwa bei *pastei* (kreolischer Gemüsekuchen mit Huhn), indischen Rotis, chinesischen Dim Sum und Indonesischer Reistafel.

Reiseplanung In der Hauptstadt Paramaribo locken viele bunte Märkte. www.suriname-tourism.org

❹ Chubut-Tal, Argentinien

Waliser waren 1865 die ersten Siedler im Chubut-Tal in Patagonien. In walisischen Teestuben, besonders in den Städten Gaiman und Trevelin, werden hausgemachte Kuchen und Tee in feinsten Porzellantassen serviert.

Reiseplanung Die Reiseagentur Andes Celtig in Trevelin hat sich auf Touren in das Chubut-Tal spezialisiert. www.andesceltig.com

❺ Macao, China

In Macao trafen vor 450 Jahren portugiesische auf südchinesische Küchentraditionen und führten zu Klassikern wie *bacalhau* (Stockfisch), *galinha portuguesa* (Huhn in Kokossauce), *pudim* (Crème caramel) und *pastéis de nata* (Puddingtörtchen). Ganz Macao schwört auf die *pastéis* der Lord Stow's Bakery auf Coloane.

Reiseplanung 1 Rua da Tassara lautet die Adresse der Lord Stow's Bakery. Ein gutes portugiesisches Lokal auf Coloane ist Fernando's in 9 Praia de Hac Sa. www.macau-info.de

❻ Puducherry, Indien

Von 1673 bis 1954 war Puducherry (früher Pondicherry) französisch und diese Kultur ist bis heute spürbar. In einem Gebäude im Kolonialstil mit Blick aufs Meer betreibt die Alliance Française das Café Flore. Auch das Satsanga, das Le Dupleix und das Rendezvous sowie die Bar Le Club servieren französische Küche.

Reiseplanung Immer im August findet ein französisches Gourmetfestival statt. http://tourism.pondicherry.gov.in

❼ Matongé, Brüssel, Belgien

Die Belgier haben den Kongo kolonisiert. Jetzt kolonisieren die Kongolesen Matongé, den Brüsseler Stadtteil, dessen Name an ein Stadtviertel von Kinshasa erinnert. In der Rue Longue Vie gibt es afrikanische Drinks und Yamswurzeln, und die Lokale duften nach *moambé* (Fleischragout).

Reiseplanung Besonders Ende Juni während der „Fête du Quartier Matongé" geht es hoch her. www.brusselsinternational.be

❽ New Malden, London, England

Londons „Koreatown" liegt am Südwestrand der Stadt, nicht weit von Wimbledon. Auf der New Malden High Street warten der beste *panjeon* (Pfannkuchen mit Meeresfrüchten) außerhalb Koreas, dazu *soon du bu chigae* (würziger Eintopf mit Tofu, Schalentieren und Eiern), *bulgogi* (Feuerfleisch) und viele *banchan* (Beilagen).

Reiseplanung Das winzige Lokal Hamgipak kocht hervorragend, es schließt allerdings um 22 Uhr. The Palace hat länger geöffnet. www.london-eating.co.uk

❾ Libyen

Der Tag der Vertreibung der Italiener ist in Libyen ein Feiertag, aber die italienischen Einflüsse sind noch spürbar. Pasta heißt hier *makaruna* und manche behaupten sogar, die Nudel sei eine arabische Erfindung, die über China nach Italien kam. Ebenfalls sehr italienisch sind *imbakbaka* (Eintopf mit Tomaten und Makkaroni) und Libysche Minestrone (Suppe mit Lamm).

Reiseplanung Am stärksten zu spüren ist das italienische Gourmeterbe in Tripolitania, der Region rund um die Hauptstadt. www.libyan-tourism.org

❿ Oktoberfest, Namibia

Mit Blasmusik, Bratwurst und reichlich Bier wird in der ehemaligen deutschen Kolonie das Oktoberfest genauso zünftig gefeiert wie in Bayern. Jeder ist in der Wiesn-Familie herzlich willkommen.

Reiseplanung Das größte Fest steigt im Sport Klub von Windhoek, kleinere gibt es landesweit. www.namibiatourism.com.na

---

Rechts: Die Heimat Wales lässt grüßen: Mitten in der Wildnis Patagoniens macht eine *casa de te* (Teestube) Reklame.

Vor der Kathedrale San Ildefonso in Mérida verkaufen Straßenhändler *marquesitas,* knusprige, mit Käse gefüllte Crêpes.

MEXIKO

DIE KÜCHE VON YUCATÁN

Die Halbinsel im Südosten Mexikos steuert einige
der ausgefallensten Gerichte zur Landesküche bei.

Rezepte aus Yucatán spielen mit den vielfältigen Aromen heimischer Zutaten wie Mais, Bohnen, Kürbis und Chilischoten, bei der Zubereitung fließen Elemente aus Europa, der Karibik und sogar dem Nahen Osten ein. So entstanden in der Heimat der Mayas, deren Kultur die Halbinsel bis heute prägt, überraschende Kreationen wie *queso relleno,* ein ausgehöhlter Edamer Käse gefüllt mit Hackfleisch, Tomaten und der klassischen spanisch-maurischen Mischung aus Oliven, Mandeln, Kapern und Gewürzen. Kochschulen in den Küstenorten oder auch das renommierte Institut Los Dos in der Provinzhauptstadt Mérida verraten die Tricks und Kniffe der Yucatán-Küche: *Cochinita pibil* ist ein Gericht aus Schweinefleisch, das mit Chilipaste und Bitterorangensaft mariniert und langsam im Erdofen *(pib)* geschmort wird. Geröstete, gemahlene Kürbiskerne sind eine beliebte Zutat, zum Beispiel für *papadzules* (gefüllte Tortillas in einer Kürbiskernsauce). Der Teig für *tamales* nach Yucatán-Art wird mit dem leicht bitteren, spinatähnlichen *chaya* gewürzt und eingewickelt in Bananenblättern gegart. Tropische Früchte und Schokolade aus Mexiko sind die Basis leckerer Desserts, die den Genuss abrunden.

Beste Reisezeit Der Sommer ist feuchtheiß, eine Reise im Spätherbst oder Winter bietet sich eher an.
Reiseplanung Strandliebhaber buchen einen Kochkurs in Playa del Carmen, Cancún oder Cozumel; Geschichtsinteressierte kombinieren das mit Ausflügen zu Kolonialkirchen und Maya-Pyramiden. Viele Spanischschulen bieten Kochkurse und Marktbesuche an.
Websites www.los-dos.com, www.cactuslanguage.com, www.sprachcaffee.de

Würzpasten für alles

Recados, aromatische Würzpasten, sind typisch für die Yucatán-Küche. Sie werden vor allem zum Marinieren verwendet und bestehen aus Gewürzen, Knoblauch und Essig oder Bitterorangensaft.

■ Das leuchtend orangerote *recado colorado* heißt auch *achiote* und verdankt seine Farbe den Samen des Annattostrauchs. Die Paste enthält außerdem Kreuzkümmel, Nelken, Koriander, Piment und Oregano. Damit wird Hühner- oder Schweinefleisch mariniert, das in Bananenblätter gewickelt und im *pib* gegart wird.

■ *Chilmole* oder *relleno negro* besteht aus gerösteten Ancho-Chilischoten, schwarzem Pfeffer und weiteren Gewürzen. Die dunkle Paste wird in Geflügelbrühe aufgelöst und zu Truthahn serviert, vor allem an Weihnachten und Neujahr.

■ Wie schon der Name sagt, ist *recado para bistec* eine Würze für Rindfleisch. Hauptzutaten sind Zimt und Oregano. Das berühmteste Gericht mit dieser Paste besteht jedoch aus Huhn: **Pollo Valladolid** wird erst mit Zwiebeln, Chili und Gewürzen gekocht, dann mit *recado para bistec* eingerieben und anschließend gebacken oder gegrillt.

CHINA

KOCHSCHULEN IN PEKING

Chinesische Speisen schmecken in China am besten,
vor allem wenn man sie selbst zubereitet.

Auch wenn in Peking sämtliche Regionalküchen Chinas in höchster Güte vertreten sind, sollte sich niemand davon abhalten lassen, das zu essen, was bei den Hauptstadtbewohnern in den Kochtopf kommt. Am besten, man schaut ihnen direkt bei der Zubereitung über die Schulter. Kurse im Peninsula Hotel im zentral gelegenen Einkaufsviertel Wangfujing zeigen, wie die einfachen, aber köstlichen *jiaozi* entstehen: Die beliebten Teigtäschchen mit Füllungen aus Fleisch und Gemüse sind Nordchinas Antwort auf die im Süden verbreiteten Dim Sum, die auf fast allen Speisekarten der Chinarestaurants weltweit auftauchen. In der geräumigen, einsehbaren Küche des Hotelrestaurants Jing kneten die Kochschüler Mehl und Wasser zu einem elastischen Teig, formen daraus kleine Kugeln, drücken sie platt und rollen sie zu papierdünnen Kreisen aus. Die Füllung besteht üblicherweise aus Schweinehack, Gemüse und dunkelgrünem, chinesischem Schnittknoblauch. Im Peninsula schmeckt sie jedoch viel raffinierter und hat dem hoteleigenen kantonesischen Restaurant Huang Ting schon Preise eingebracht. Ein Löffel der Füllung kommt auf die Teigkreise und dann wird es spannend: Geschickt falten und kneifen die Hotelköche die *jiaozi* zu sauberen Päckchen mit gewelltem Rand. Anschließend werden sie gekocht oder gedämpft.

Beste Reisezeit Die Kochkurse finden in beheizten Räumen statt, so dass einem der bitterkalte Winter in Peking nichts anhaben kann. April und Mai sowie September und Oktober sind angenehm für einen Bummel über die Lebensmittelmärkte.

Reiseplanung Alle Kochkurse müssen vorab gebucht werden und die Klassen sind oft recht klein. Es ist daher ratsam, sich erst zum Unterricht anzumelden und dann die restliche Reise zu organisieren. Wer direkt bei der Kochschule bucht, spart die Vermittlungsgebühr der Agenturen.

Websites www.peninsula.com, www.hutongcuisine.com, www.green-t-house.com, www.chinareiseexperte.de

Kochkurse

■ Die Kurse im **Peninsula** beinhalten ein Dim-Sum-Essen im Huang Ting, bei dem die Teilnehmer ihre eigenen Kreationen zusammen mit einer Auswahl perfekter Versionen der Küchenchefs verspeisen. Dazu gibt es Rezepte zum Mitnehmen.

■ In einem traditionellen Hofhaus eines *hutong* (Gasse) im Norden Pekings bietet die Schule **Hutong Cuisine** Kochkurse an. Dabei werden vier klassische kantonesische oder vier würzige Gerichte aus Sichuan zubereitet.

■ Wer *jiaozi* in faszinierendem Ambiente zubereiten will, fährt hinaus aufs Land zum **Green T. House Living** nordöstlich von Peking. In Halbtageskursen erklärt die berühmte Köchin, Designerin und Musikerin JinR, wie die beliebten Fenchelteigtaschen des Hauses gemacht werden.

Angeleitet von den Lehrern der Kochschule Hutong Cuisine im Norden Pekings zerkleinern Teilnehmer die Zutaten.

THAILAND

GEHEIMNISSE DER THAIKÜCHE

Die thailändische Küche besticht durch ihre regionale Vielfalt.
In Kochschulen werden die traditionellen Rezepte gelehrt.

Sorgfältig zubereitet, raffiniert gewürzt und ein Fest fürs Auge: kein Wunder, dass die Thaiküche weltberühmt ist. Ein ganzes Heer von Kochschulen, von einfach-rustikal bis nobel und gediegen, kümmert sich um die ambitionierte Fangemeinde, die die kulinarischen Geheimnisse des Königreichs entdecken will. Am Anfang steht meist ein Bummel über den Markt, wo die Schüler unter Anleitung die exotischen Zutaten aus allen vier Ecken des Landes einkaufen: Zitronengras, Mangos, Kaffirlimonenblätter, Chilis (für den feurigen Kick), Hummer aus Phuket und vieles mehr. Dann wird der Inhalt des Einkaufskorbs gehackt, zerstampft, gebraten, frittiert, gekocht, gemixt, püriert und zu einem Vier-Gänge-Menü verarbeitet. Das Blue Elephant in Bangkok lehrt die sogenannte Palastküche mit Gerichten wie Zitronengrassuppe mit Garnelen oder pfannengerührte Nudeln mit Tamarindensauce. Ländliche Gerichte wie Rindercurry mit Kokos oder klare Melonensuppe zeigt das Thai House in einem Garten nördlich der Hauptstadt. Die Kochschule Chiang Mai widmet sich der besonders aromatischen Küche des Nordens, zu der Huhn und gebratener Fisch mit Chili und Thaibasilikum gehören. Südlich inspiriert ist das Samui Institute of Thai Culinary Arts auf der paradiesischen Insel Ko Samui, wo *chu chi* (Curry mit Meeresfrüchten) oder Kürbissuppe mit Kokosmilch und Schweinefleischbällchen gekocht werden. Den Abschluss macht bei jedem Kurs ein Festmahl, bei dem die Schüler zeigen, was sie gelernt haben.

Beste Reisezeit Kochkurse gibt es das ganze Jahr über, aber am angenehmsten ist Thailand in der Trockenzeit von November bis Februar mit Temperaturen zwischen 30 und 35 Grad.

Reiseplanung Viele Schulen bieten Halbtages-, Tages-, zweitägige und noch längere Kurse an, so dass Kochen sowohl ein Programmpunkt als auch die Hauptaktivität des Urlaubs sein kann.

Websites www.blueelephant.com, www.thaihouse.co.th, www.thaicookeryschool.com, www.sitca.net, www.thailandtourismus.de

Eine Frage der Balance

Dreh- und Angelpunkt der Thaiküche ist die fein abgestimmte Balance der Geschmacksrichtungen süß, salzig, sauer und würzig.

Süß werden die Gerichte durch Kokosmilch (vor allem für Currys, Eintöpfe und Pfannengerichte), Palm- und Kokoszucker, süße Sojasauce, süß eingelegten Knoblauch und (selten) Honig.

Salzig ist Fischsauce, aber auch Meersalz, Thai-Austernsauce, getrocknete Shrimps oder Fische, Salzpflaumen und eingesalzene Gemüse.

Säure geben Zitronen- und Tamarindensaft, Zitronengras, Kokos- und Reisessig.

Schärfe verbindet man am ehesten mit der Thaiküche. Dabei spielen Chilischoten oder auch Chilipaste und Pfefferkörner die Hauptrolle. Ingwer, Zwiebeln und Knoblauch sorgen für Pep.

Gegenüber und oben links: Meeresfrüchte sind ein Pfeiler der Thaiküche. Oben rechts: Lehrer der Schule in Chiang Mai.

Privat kochen in Saigon

Nicht nur die traditionelle Familienküche, auch Gastfreundschaft wird in Saigon im Süden Vietnams großgeschrieben.

Schweinefilet in Pfeffersauce

Die Grenzen zwischen Restaurant und Privatwohnung sind in Saigon (heute offiziell Ho-Chi-Minh-Stadt) fließend. Deshalb finden einige der besten Kochkurse der Stadt an heimischen Herden statt. Davon profitieren beide Seiten: Die Schüler erleben ein sehr individuelles kulinarisches Abenteuer und die Vietnamesen werden zu begeisterten Kulturbotschaftern ihres Landes. Morgens geht es los mit einem Gang über den Markt, der oft die Seele einer Stadt repräsentiert. Neben dem Koch begleitet ein Englisch sprechender Student die Kursteilnehmer. Sie helfen bei der Auswahl der knackfrischen Gemüse, übersetzen die Namen der Früchte, Fische und Fleischstücke und liefern Hintergrundinformationen. Das ist beim Kennenlernen der zahllosen exotischen Zutaten eine wertvolle Hilfe und der Einkauf von Schweinehack für knusprige *cha giò* (Frühlingsrollen) oder langblättrigem Koriander für *pho bo* (Rinderbrühe mit Nudeln) wird zum Vergnügen. Dann geht es nach Hause in die Küche, um das Mittagessen zuzubereiten. Nichts könnte die Lebensgewohnheiten einer Familie in Saigon besser näher bringen, als sie bei der Zubereitung ihrer täglichen Mahlzeit zu beobachten und daran teilzunehmen. Beim Schneiden, Abmessen und Probieren vergeht der Vormittag wie im Flug und schließlich können alle die Früchte ihrer Arbeit gemeinsam genießen.

Beste Reisezeit Saigon ist das ganze Jahr über attraktiv. Vor dem täglichen Schauer in der Regenzeit von Mai bis November schützt ein Regenponcho. Ungünstig ist die Zeit um Tet, dem Neujahrsfest Ende Januar/Anfang Februar, wenn viele Geschäfte und Restaurants für bis zu drei Wochen schließen.

Reiseplanung Die Organisation Connections Vietnam vermittelt private Kochkurse. Das Vietnam Cookery Center bietet Kurse in eigenen Räumen an, das Caravelle Hotel in Saigon veranstaltet eintägige Kochkurse. Auch Küstenorte wie Nha Trang, nordöstlich von Saigon, haben entsprechende Angebote.

Websites www.connectionsvietnam.com, www.expat-services.com, www.caravellehotel.com

Fischsauce

Im Küchenschrank jedes vietnamesischen Haushalts steht eine Flasche **nuoc mam** (Fischsauce). Die salzige, karamellfarbene Würzsauce mit ihrem intensiven Geruch gehört an fast jedes Gericht, vom Rohkostsalat bis zur Nudelsuppe. Die besten werden aus Anchovis gemacht, die rund um die Insel Phú Quoc gefangen und dort fermentiert wurden.

Nuoc mam ist die Hauptzutat für den Dip **nuoc mam cham.** Dafür wird die Fischsauce mit Wasser, Limettensaft, gehackten Chilischoten, gehacktem Knoblauch und Zucker vermischt. Der süßsaure Mix würzt Gerichte wie *com tâm* (gebrochener Reis) oder Fadennudeln.

Farbensinfonie: Eine Vietnamesin mit dem typischen kegelförmigen Strohhut *non la* am Fischereihafen von Nha Trang.

Zartes Canterbury-Lamm mit Linsen in der Seagars Cook School gleicht einem königlichen Festessen.

NEUSEELAND

Bei Seagars auf der Südinsel

Erweitern Sie Ihr Kochrepertoire und genießen Sie die Erzeugnisse und Weine der malerischen Südinsel Neuseelands.

Jo Seagar findet, dass die Zubereitung eines Festmahls «easy-peasy» ist. Das denken auch ihre Schüler, nachdem sie einen Kochkurs mit besten lokalen Zutaten an der Seagars Cook School absolviert haben. Die Schule liegt in Oxford, mitten in den fruchtbaren Canterbury Plains auf der Südinsel Neuseelands. Das Agrargebiet ist berühmt für seine Molkereiprodukte und die Lachse aus den heimischen Flüssen. „Minimaler Einsatz, maximaler Effekt" heißt die Parole in den dreistündigen „Lunch-and-Learn"-Lektionen, die mit Kaffee und ofenfrischem Gebäck beginnen. Dann stellt Köchin Jo Seagar die Rezepte vor, hilft mit zeit- und arbeitssparenden Tipps und schließlich gibt es das abschließende Essen mit den passenden, heimischen Weinen. Das Menü richtet sich nach der Jahreszeit: Im Frühling sind Himbeeren und Spargel dabei, im Sommer Blattsalate und süße Rispentomaten, im Herbst Birnen und Äpfel. Die Schule bietet auch Weinseminare und Kurse zu Themen wie Brotbacken, glutenfreie Küche oder Käseherstellung an. Für Übernachtungsgäste existiert ein Bed & Breakfast.

Beste Reisezeit Die meisten Besucher aus Europa kommen im Herbst oder Frühjahr. Im Winter von Juni bis August ist es kalt, aber meist klar. Im Sommer (Dezember bis Februar) machen die Neuseeländer Urlaub.

Reiseplanung Wer ein Wochenende für Christchurch einplant, kann dort am Samstagvormittag den Bauernmarkt im Riccarton House besuchen und sich durch die Weine und Spezialitäten probieren. Der Alpine Pacific Triangle ist ein 370 Kilometer langer Rundkurs, der nördlich von Christchurch beginnt. Unterwegs warten Hummer und Wale (zum Beobachten) in Kaikoura sowie der Berg- und Badeort Hanmer Springs mit schicken Restaurants.

Websites www.joseagar.com, www.newzealand.com, www.waiparawine.co.nz, www.alpinepacifictourism.co.nz

Gesund und Grün

Jo Seagars Trümpfe sind die vielen frischen, regionalen Produkte: Das **Canterbury-Lamm** weidet auf den saftigen Wiesen der Canterbury Plains und ist für sein zartes Fleisch berühmt. Auch **Wild** wird hier gezüchtet, vor allem Rothirsche, deren Fleisch auf den Speisekarten „Cervena" heißt.

Ein weiteres As ist der **Königslachs,** dessen Fleisch fest, saftig und fettarm ist. Die Fische werden in Flüssen mit sauerstoffreichem Schmelzwasser großgezogen und dann in Meerwasserbecken versetzt. Am besten schmecken sie mit geriebenem **Wasabi** (japanischer Meerrettich).

Süßkartoffeln heißen *kumara* und kamen bereits mit den Maori ins Land. Sie werden meist zu cremigen Suppen verarbeitet oder als frittierte, gesalzene Pommes frites zu Fisch gegessen. **Oliven** sind ein Mittelmeerimport aus dem 19. Jahrhundert. Inzwischen gibt es heimische Sorten, die eingelegt oder zu Öl gepresst werden.

Das nahe gelegene **Waipara Valley** ist mit über 80 Weingütern eine der aufstrebenden Weinregionen Neuseelands. Der lange, warme Herbst sorgt für rassigen Riesling und würzigen Pinot Noir. Auch Sauvignon Blanc, Chardonnay und körperreicher Cabernet Sauvignon können sich sehen lassen.

INDIEN

Gewürze aus Rajasthan

Exotische Düfte schwängern die Luft, wenn in Rajasthan nach jahrhundertealten Rezepten gekocht wird.

Die Rajasthani sind stolz auf ihr reiches kulturelles Erbe und vor allem auf ihre Küche. Wer sie kennenlernen will, bucht einen der zahlreichen Kochkurse in Udaipur im Süden des Bundesstaats, die oft bei den Lehrern zu Hause stattfinden. Manche laden ihre Schüler zur Einkaufsfahrt auf ihrem Moped ein, kurven um Kühe und Affen herum, vorbei am berühmten Luxushotel Lake Palace, dem einstigen Herrschersitz der Maharadschas, und halten an den bunten Marktständen, um die Zutaten zu besorgen. Zurück in der kühlen Küche erklären sie die Verwendung der sieben wichtigsten Gewürze der indischen Küche: Chili, Koriander, Kurkuma, Kardamom, Anis, Kreuzkümmel und Salz. In Rajasthan werden außerdem gern *aginomoto* (Glutamat) und *kasti methi* (getrocknete Bockshornkleeblätter) verwendet. Alles wird frisch zubereitet: Chapatis aus dunklem Mehl, Wasser und einer Prise Salz backen in der gusseisernen Pfanne, für den Frischkäse Panir wird Milch mit Zitrone gesäuert und in Tücher geschöpft. Er schmeckt besonders lecker als Panir Butter Masala. Andere Köstlichkeiten sind der würzige Gemüsereis *khichdi* und *beson gatta:* Die Teigbällchen in einer scharfen Sauce aus Linsen sind eine Spezialität von Udaipur. Nach dem Essen ruhen die Schüler bei einer Tasse dampfendem Masala Chai (Gewürztee), bevor sie sich mit wohlgefülltem Magen und Rezeptordner von ihrem Gastgeber und Kochlehrer verabschieden.

Beste Reisezeit Vermeiden Sie die Haupttouristensaison im Dezember und Januar sowie den Sommermonsun von Juni bis August.

Reiseplanung Rajasthan ist so groß und vielfältig, dass es selbst nach einem Monat noch spannend ist. In allen größeren Städten wie Jaipur, Jodhpur und Jaisalmer werden Kochkurse angeboten. Je geringer die Teilnehmerzahl, desto intimer die Atmosphäre. Für Reisen durch den Bundesstaat gibt es Taxis, Busse oder das romantischste aller indischen Transportmittel: Züge.

Websites www.rajasthantourism.gov.in, www.indiabeat.co.uk

Gewürzter Panir

Pur gegessen ist der Frischkäse Panir völlig geschmacklos. Aber dank seiner weichen, cremigen Konsistenz ist er die perfekte Ergänzung für Gerichte, in denen starke Aromen dominieren.

Bei gewürztem Panir werden während der Herstellung Kräuter und Gewürze zugegeben, so dass der fertige Frischkäse mehr Pep hat und auch solo gut schmeckt.

Ergibt 300 g
2 l Vollmilch
1 TL getrocknete Minze
1 TL Kreuzkümmelsamen
2 EL Zitronensaft

Die Milch in einem großen Topf mit schwerem Boden zusammen mit Minze und Kreuzkümmel aufkochen, dann so viel Zitronensaft zugeben und rühren, bis die Mischung gerinnt.

Ein Abtropfsieb mit einem Käsetuch (oder einer Baumwollwindel) auslegen, die Käsemasse hineinschöpfen und abtropfen lassen. Die Enden des Tuchs über dem Käse zusammendrehen. Das Abtropfsieb umgekehrt in eine Schüssel stellen, die Käsekugel im Tuch darauf legen, mit einem Teller abdecken und mit einer Konservendose beschweren.

Nach einer Stunde Gewicht und Teller entfernen und den Käse aus dem Tuch wickeln. Er kann nun in Stücke geschnitten oder zerkrümelt werden und ist fertig zum Verzehr.

Gegenüber: So werden in Jaipur Chapatis gebacken. Oben: *Thali*, indische Gerichte traditionell auf einem Tablett serviert.

JORDANIEN

PETRA KITCHEN

Bei Tag ist die antike Felsenstadt Petra ein Fest fürs Auge, abends
verwöhnt dort ein kleines, feines Restaurant den Gaumen.

Wer einen Tag lang in den Ruinen von Petra im Süden Jordaniens herumgeklettert ist, will abends nur noch zurück in die Gegenwart, in die Stadt Wadi Musa, und relaxen. Doch es lohnt, sich noch einmal aufzuraffen und ins Petra Kitchen zu gehen, wo die freundlich lächelnden Mitarbeiterinnen einer Kooperative unter Anleitung eines Kochprofis die Landesküche erklären, ihre Gäste bei den Vorbereitungen mit einbeziehen und sie anschließend kulinarisch verwöhnen. Die einfachen, nahrhaften Gerichte sind arabisch, spiegeln jedoch die bewegte Vergangenheit Jordaniens wider, denn all die durchziehenden Armeen verschiedenster Herkunft haben auch kulinarische Spuren hinterlassen. Lamm und Huhn sind sehr beliebt, ebenso Salate aus Getreide und Hülsenfrüchten. Das Petra Kitchen hat nur einen offenen, grün gekachelten Raum voller Küchenutensilien. Dort stehen die Gäste an Holztischen und schneiden Tomaten und Petersilie, die mit Bulgur, Minze und Zitronensaft zu *taboulé* vermischt werden. Oder sie rühren das Nationalgericht *mansaf*, langsam geschmortes Lamm, das auf einem Bett aus Reis und Mandeln serviert wird. Es geht sehr locker zu, man kommt ins Gespräch und alle sind mit Feuereifer bei der Sache. Sogar Kinder dürfen mithelfen: Sie löffeln Käse auf Teigplatten, falten sie zu kleinen Päckchen und schieben sie in den Ofen.

Beste Reisezeit Im Sommer gleicht Jordanien einem Backofen, die Winter sind sehr kalt. Am angenehmsten ist es in Petra im Frühjahr und im Herbst.

Reiseplanung Buchen Sie den Abend im Petra Kitchen vorab oder gleich nach Ankunft in Wadi Musa. Wenn das Programm „Petra by Night" läuft (Besichtigung der Ruinen bei Kerzenschein, ab 20.30 Uhr), herrscht im Petra Kitchen weniger Andrang. Das Lokal bietet auch Kurse über fünf Abende an, in denen die Küche des Nahen Ostens erklärt wird und die Teilnehmer den Koch beim Einkaufen begleiten.

Websites http://de.visitjordan.com, www.jordanjubilee.com, www.bedouincamp.net

Reisesouvenirs

■ Für alle Hauptgerichte sowie für die kleinen Vorspeisen, die *mezze* heißen, bekommen die Teilnehmer Rezepte, so dass sie die kulinarischen Erinnerungen an Jordanien am heimischen Herd wieder aufleben lassen können.

■ Viele Gerichte stammen von den Beduinen und sollten so gegessen werden, wie es früher üblich war: draußen vor dem Zelt, am Lagerfeuer, unter dem Sternenhimmel. Möglich ist das im **Beduinenlager der Ammarin** etwas außerhalb von Al-Beidha, nur ein paar Autominuten von Wadi Musa entfernt.

■ Wer einmal in Jordanien **Hummus** gegessen hat, wird die Supermarktware künftig links liegen lassen. Der Dip aus Kichererbsen, Sesampaste, Knoblauch, Olivenöl und Zitronensaft gehört zu fast jedem Essen.

Aus aller Welt pilgern Touristen zu den Ruinen der Nabatäerstadt Petra. Dahinter zeichnet sich das moderne Wadi Musa ab.

Dolmas oder *dolmades* zu wickeln ist eine Kunst, denn die köstliche Füllung muss ganz von Weinblättern umhüllt sein.

GRIECHENLAND

GRIECHISCHE INSELKÜCHE

Gibt es etwas Schöneres, als auf einer griechischen Insel den Küchengeheimnissen auf die Spur zu kommen?

Fisch mit Wildkräutern, Pasteten aus Filoteig, *mezze* (Vorspeisen), in Zitronenöl marinertes Fleisch vom Grill: So schmeckt die griechische Inselküche. Ikaría in der östlichen Ägäis ist eine der vielen Inseln, auf denen Kochkurse angeboten werden. Im Bergdörfchen Christós Raches wohnt die Foodjournalistin und Köchin Diane Kochilas mit ihrem Mann Vassilis, mit Blick auf Pinienhaine und das Meer. Ihre einwöchigen Kurse auf Englisch finden in ihrem Haus statt, das Vassilis geplant und gebaut hat. Jeden Tag bereiten die Teilnehmer in drei oder vier Stunden ein Mittag- oder Abendessen zu, darunter Spezialitäten wie der inseltypische Brotsalat *soufico*, für den jede Gemüsesorte separat angebraten werden muss. Bei den Vorspeisen, die hier *mezze* heißen, dürfen *dolmas* (gefüllte Weinblätter) ebenso wenig fehlen wie der Salat aus gegrillten Auberginen, Feta und Kräutern. Obst, Gemüse und Kräuter stammen aus Dianes Biogarten. Zusammen mit Vassilis zeigt sie, wie Filoteig gemacht und verwendet wird, führt die Kursteilnehmer zu Kleinkäsereien und macht sie mit örtlichen Winzern und Imkern bekannt. Da die Übernachtungen im Kurs inbegriffen sind, können sich nach getaner Arbeit alle zurücklehnen, ein Glas Ouzo trinken und zusehen, wie die Sonne in der Ägäis versinkt.

Beste Reisezeit Neben dreiwöchigen Kursen im Juli und August auf Ikaría bietet Diane von Mitte September bis Mitte Juni auch ein vielfältiges Programm in Athen an.

Reiseplanung Während des Aufenthalts bleibt noch viel freie Zeit, trotzdem sind ein paar Extratage für Entdeckungstouren auf Ikaría eine gute Idee. Neben malerischen Dörfern warten schöne Bergwanderungen, fantastische Strände und interessante archäologische Ausgrabungsstätten.

Websites www.dianekochilas.com, www.greekislandactivities.com

 **Nudelgratin mit Feta und Mangold**

Hilopites sind griechische Eiernudeln, die oft in kleine Quadrate geschnitten und an Suppen gegeben werden. Wer sie nicht bekommt, nimmt ersatzweise Fettuccine.

Für 4 Personen
500 g lange griechische hilopites oder Fettuccine
500 g Mangold (oder Spinat oder Rote-Bete-Blätter), gewaschen und grob zerteilt
150 ml griechisches natives Olivenöl extra
500 g Kichererbsen aus der Dose, abgespült und abgetropft
350 g Fetakäse, zerkrümelt

Salzwasser in einem großen Topf zum Kochen bringen, die Nudeln darin gerade bissfest garen und abgießen.

Drei Esslöffel Olivenöl in einer breiten, beschichteten Pfanne erhitzen und die Mangoldblätter darin bei großer Hitze zusammenfallen lassen. Gemüse herausnehmen, ausgetretene Flüssigkeit aufheben.

Nudeln, Mangold, Kichererbsen, restliches Öl und aufgefangene Gemüsebrühe mischen und in eine feuerfeste Form geben. Mit Feta bestreuen, mit Alufolie abdecken und im Ofen 15 Minuten überbacken.

Backofen auf Grillstufe stellen, Alufolie entfernen und das Gratin auf der obersten Einschubleiste grillen, bis der Fetakäse leicht gebräunt ist.

ITALIEN

Toskana: Adel verpflichtet

Zwei herrschaftliche Anwesen in der Toskana
bewahren die vielgerühmte Esskultur der Region.

Die Toskana bezaubert mit sanften Hügeln und historischen Städten, mit Kunst und Kultur, mit Wein und, nicht zuletzt, mit ihrer Küche. Typische Gerichte sind deftiges Wild mit Kräutern und Trüffeln, *bistecca alla fiorentina* (mit Öl und Rosmarin mariniertes Rindersteak vom Holzkohlegrill) und Gemüsesuppen wie *ribollita* (wörtlich „aufgekocht"), die aus Brot und Minestrone vom Vortag besteht und damit Resteverwertung auf höchstem Niveau ist. In der Toskana wird weniger Pasta und mehr Brot gegessen, gern als flache *focaccia*, die hier *schiacciata* heißt. Olivenöl ist allgegenwärtig. Die beiden Familienbetriebe Badia a Coltibuono und Tenuta di Capezzana fühlen sich der Tradition verpflichtet. Coltibuono residiert in einem ehemaligen Benediktinerkloster in den Bergen des Chianti, wo Mönche vor rund 1000 Jahren die ersten Reben pflanzten. In den 1980er Jahren begann die Kochbuchautorin Lorenza de' Medici, deren Vorfahren einst über die Toskana herrschten, auf dem Hofgut ihres Mannes Kochkurse zu geben. Capezzana liegt an den Hängen des Montalbano, wo schon vor 1200 Jahren Wein und Oliven wuchsen. Dieses Erbe liegt stets in der Luft, wenn die Kochschüler Gerichte wie *pappardelle alla lepre* (Bandnudeln mit Hasenragout) zubereiten und lernen, welcher Wein dazu passt. Zum Dessert gibt es süßen *vin santo* („heiligen Wein"), der in der *vinsantaia* von Capezzana in Fässern aus Kirsch-, Eichen- und Kastanienholz heranreift.

Beste Reisezeit Die Badia a Coltibuono bietet von Mai bis Oktober eintägige, dreitägige und Wochenkurse an. Die Kurse der Tenuta di Capezzana an festen Terminen zwischen März und Oktober dauern einen oder fünf Tage. Bei beiden Veranstaltern empfiehlt es sich, möglichst früh zu buchen.

Reiseplanung Beide Anwesen liegen nicht weit von Lucca, Siena und Florenz. Die Badia a Coltibuono ist günstig für Ausflüge nach Greve in Chianti und die malerisch gelegenen Orte Radda und Castellina. Von der Tenuta di Capezzana bieten sich Fahrten nach Viareggio und Forte dei Marmi an der Küste an.

Websites www.coltibuono.com, www.capezzana.it

🍴 Crostini di Povertà

Trotz ihres kulturellen Reichtums litt die Toskana jahrhundertelang bittere Not und das zeigt sich bis heute in ihrer Küche. Nichts wurde weggeworfen, selbst altes Brot verwandelte sich nach einem Bad in Weißwein in einen köstlichen Belag für die traditionellen *crostini*.

Für 4 Personen
*2 Scheiben (50 g) altes Brot
  ohne Rinde
300 ml trockener Weißwein
50 g Kapern, abgetropft
100 ml natives Olivenöl extra
1 TL Tomatenmark
1 TL Petersilie, gehackt
4 Scheiben Ciabatta*

Weißwein in eine Schüssel gießen, das alte Brot darin fünf Minuten lang einweichen, dann vorsichtig ausdrücken. Wein abgießen, das Brot wieder in die Schüssel legen. Kapern dazu geben, Olivenöl unter ständigem Rühren einarbeiten, dann Tomatenmark und Petersilie ergänzen und alles gut vermischen. Die Ciabatta-Scheiben toasten und mit der Mischung bestreichen.

Gegenüber: So bereitet der Küchenchef von Capezzana *crostini* zu. Oben: Bauernhof in der malerischen Toskana.

KOCHSCHULEN IN ITALIEN

Das überwältigende Ambiente und die vielfältige Küche sind die Trümpfe der über ganz Italien verteilten Kochdomizile. Dort bereitet man Traditionsgerichte auf althergebrachte Art zu.

❶ Villa Giona, Verona, Venezien

In der schmucken Villa Giona aus dem 16. Jahrhundert zeigt der Schriftsteller Giuliano Hazan, wie etwa mit Mangold und Ricotta gefüllte Tortelloni gemacht werden. Marilisa Allegrini vom nahe gelegenen Weingut Allegrini erläutert die verschiedenen Weinanbaugebiete Italiens. Außerdem machen die Kursteilnehmer Ausflüge zu Käsereien, die Parmigiano Reggiano herstellen.

Reiseplanung Vier- bis fünfmal pro Jahr werden Wochenkurse angeboten. www.villagiona.it

❷ Divina Cucina, Florenz, Toskana

Die in Florenz lebende Amerikanerin Judy Witts Francini mit über 20-jähriger Berufserfahrung gibt Kochkurse für maximal sechs Teilnehmer. Gekocht wird, was gerade Saison hat und was der Mercato Centrale (Markthalle) hergibt, der nur ein paar Schritte von Judys Wohnung entfernt liegt.

Reiseplanung Die Kurse finden das ganze Jahr über statt. www.divinacucina.com

❸ Cucina con Vista, Bagno a Ripoli, Toskana

Nach zehn Jahren als Küchenchefin im La Baraonda in Florenz eröffnete Elena Mattei in einem Bauernhof südöstlich der Stadt ihre Kochschule. Auf dem Stundenplan stehen Klassiker wie *crostini* mit Hühnerleberpastete oder Fleischbällchen in Tomatensauce. Sie nimmt ihre Schüler mit auf den Markt Sant'Ambrogio in Florenz oder zu Winzern des Chianti.

Reiseplanung Cucina con Vista („Küche mit Ausblick") bietet ganzjährig ein- bis viertägige Kurse an. www.cucinaconvista.it

❹ Villa San Michele, Fiesole, Toskana

In einem ehemaligen Franziskanerkloster aus dem 15. Jahrhundert unterrichten Küchenchefs von der italienischen Hotelkette Orient-Express. Im Mittelpunkt ihrer Lektionen stehen Pasta, Risotto, Suppen und andere, vor allem traditionell toskanische Spezialitäten.

Reiseplanung Das Programm läuft von April bis Oktober und beinhaltet auch Angebote für Kinder von acht bis zwölf Jahren. www.villasanmichele.com

❺ Alla Madonna del Piatto, Assisi, Umbrien

Jede Unterrichtsstunde des Ehepaars Letizia und Ruurd Mattiacci beginnt mit dem Einkauf im nahen Santa Maria degli Angeli. Gekocht wird umbrisch und sizilianisch, etwa Ravioli, Fettuccine oder Mousse von der Cantaloupemelone. Kräuter und Gemüse stammen aus eigenem Anbau. Die Kochschule in einem Bauernhof nördlich von Assisi bietet auch Unterkunft.

Reiseplanung Kurse finden von Mitte März bis Ende Dezember zweimal pro Woche an Werktagen statt. www.incampagna.com

❻ Fontana del Papa, Tolfa, Latium

Im familiären Ambiente ihres 500 Jahre alten Bauernhauses nördlich von Rom verraten Assuntina Antonacci und ihr Mann Claudio italienische Küchengeheimnisse. Neben Pasta, Gnocchi, Saltimbocca und Calzone lernen die Schüler auf Wanderungen auch essbare Wildfrüchte und -gemüsesorten kennen.

Reiseplanung Das Kursangebot ist ganzjährig. www.cookitaly.it

❼ Diane Seed's Roman Kitchen, Rom, Latium

Die aus Großbritannien stammende Kochbuchautorin Diane Seed lebt schon seit 30 Jahren in Rom. Die Kurse in ihrer Wohnung im Palazzo Doria Pamphili zeugen von ihrem Riesenrepertoire an römischen Rezepten. Die saisonalen Zutaten werden auf dem nahe gelegenen Markt Campo dei Fiori eingekauft.

Reiseplanung Diane Seed unterrichtet ganzjährig und macht nur im August Pause. Ihre Lektionen würzt sie mit interessanten Informationen über die Geschichte Roms. www.dianeseed.com

❽ Mamma Agata, Ravello, Kampanien

„Mamma" Agata Amato kocht in ihrem Haus auf einer Klippe 300 Meter über dem Golf von Salerno mit Panoramablick auf die Küste von Amalfi. In ihren Tageskursen mit dreistündigem Praxisteil demonstriert sie süditalienische Familienküche und verrät ihre Lieblingsrezepte, zum Beispiel für Zitronenkuchen und *limoncello* (Zitronenlikör).

Reiseplanung Die Kurse werden das ganze Jahr über angeboten. www.mammaagata.com

❾ Su Barchile, Orosei, Sardinien

Im Dörfchen Orosei an der Ostküste Sardiniens weiht Maria Chessa ihre Schüler in die Geheimnisse typisch sardischer Gerichte wie Fischravioli und Risotto mit Meeresfrüchten ein. Außerdem besucht sie mit ihnen Winzer und einen Bäcker, der *pane carasau* backt, das Brot der Schäfer.

Reiseplanung Die ein- bis viertägigen Kurse gibt es von September bis Mai. www.subarchile.it

❿ Casa Vecchie, Vallelunga, Sizilien

Auf dem elterlichen Bauern- und Winzerhof bei Palermo zeigt die Kochbuchautorin Anna Tasca Lanza, wie man sizilianische Spezialitäten, etwa *caponata* oder Pasta mit Sardinen, zubereitet. Ein Besuch des Weinguts, der Märkte in Vallelunga und der Schäfer, die Käse herstellen, gehört ebenfalls dazu.

Reiseplanung Von September bis November und März bis Mai finden ein-, zwei-, drei- und fünftägige Kurse statt. www.absoluteitalia.com

Rechts: Die Produkte aus Italiens sonnigem Süden baumeln am Eingang eines Ladens an der spektakulären Amalfi-Küste, südlich von Neapel.

Essen wie die Florentiner

Wer sich in Florenz von den Einheimischen leiten lässt, lernt die wahre Küche der Stadt und ihre lukullischen Wonnen kennen.

Sprachforscher haben keine Erklärung gefunden, warum das italienische Wort für die bauchige Weinflasche im Strohmantel, *fiasco*, zum Synonym für „katastrophalen Reinfall" wurde. Aber für solche Spitzfindigkeiten haben Gourmets gar keine Zeit. Hauptsache, sie können sich nach dem Besuch von Dom und Baptisterium in einer *fiaschetteria* (Weinladen mit Bar und Snacks) gleich um die Ecke, an der Piazza dell'Olio, erholen. Die gemütliche Fiaschetteria Nuvoli verwöhnt ihre Gäste mit dampfender *ribollita* (deftiger Gemüsesuppe), *pappa al pomodoro* (Tomaten-Brot-Suppe) oder *trippa alla fiorentina* (Kutteln Florentiner Art), zu denen der kräftige rote Sangiovese-Wein schmeckt. In Florenz verstecken sich solche Gaumenfreuden hinter unauffälligen Häuserfassaden in Nebenstraßen, nicht selten weitab vom Touristenrummel. Erkennungsmerkmale sind die einfache Einrichtung und lange Theken, wo die Gäste auf Barhockern oder im Stehen essen. Anstelle von Tafeln, die Spezialmenüs in vier Sprachen anpreisen, hängt oft ein handgeschriebener Zettel am Eingang, auf dem gerade einmal vier oder fünf traditionelle Tagesgerichte stehen. Noch schneller und deftiger isst man beim *trippaio*, einem Imbiss oder Straßenstand, der *trippa* verkauft. Neben köstlichen Gerichten, deren Zutaten meist von den Bauern der Region stammen, bieten solche einfachen Lokale einen spannenden Einblick in die Lebens- und Essgewohnheiten der Florentiner. Hier trifft man auf Taxifahrer ebenso wie auf Anwälte, auf Kunststudenten wie auf Bankangestellte.

Beste Reisezeit Ganzjährig. Viele Restaurants haben im August Betriebsferien und sonntags Ruhetag.

Reiseplanung Besonders viele solcher einfachen Lokale finden sich in der Via dei Cimatori, Via dei Macci, Via dei Neri und rund um die Cappelle Medicee. Um die Mittagszeit und in der Zeit des *aperitivo* (den zwei Stunden nach Büroschluss) ist es dort meist sehr voll.

Websites www.firenzeturismo.it, www.grifotour.com/de

Kutteln am Straßenrand

Die klassische **trippa alla fiorentina** ähnelt einem Eintopf und enthält in Streifen geschnittene Kutteln (Pansen), Zwiebeln, Sellerie, Karotten, Tomaten und bestes Olivenöl.

Jahrhundertelang stritten sich Florenz und Rom um den Titel *capitale della trippa* (Hauptstadt der Kutteln). Schließlich setzte sich Florenz durch, weil es eine einmalige Institution bietet: den *trippaio*. Auch wenn ihre bunten Holzkarren längst edelstahlverkleideten Ständen gewichen sind, halten die fröhlichen Verkäufer diese Tradition mit Stolz aufrecht.

Lampredotto heißt die saftigere Variante aus Labmagen, die mit einer Knoblauch-Petersilien-Sauce im Brötchen serviert wird, zusammen mit einem Glas kräftigem Roten ein urflorentinisches Ritual.

Der Dom und das Baptisterium von Florenz wirken wie eine Theaterkulisse, vor der die Gäste den lauen Sommerabend genießen.

Perfektion bis ins kleinste Detail: Ein Dozent von Le Cordon Bleu kontrolliert die Arbeit einer Schülerin.

FRANKREICH

LE CORDON BLEU DE PARIS

Nicht nur künftige Starköche besuchen die berühmteste Kochschule der Welt. Le Cordon Bleu steht jedem offen.

Le Cordon Bleu in einer ruhigen Straße an der Pariser Rive Gauche ist für die Gastronomie das, was die berühmten Modehäuser des Faubourg Saint-Honoré für die Haute Couture bedeuten. In dem Tempel der klassischen französischen Küche können kulinarisch Begeisterte bei weltberühmten Köchen lernen. Die ein- bis viertägigen Kurse zu Themen wie Fleisch oder Patisserie werden auf Französisch gehalten, ein Assistent übersetzt ins Englische. Die Kurse beginnen in einer perfekt ausgestatteten Küche mit einer Kochvorführung, gefolgt von einem Praxisteil, bei dem erlesenste Zutaten verarbeitet werden. Über der Arbeitsfläche angebrachte Spiegel lassen jeden Handgriff erkennen. Die Kochschule wurde 1895 gegründet und nach dem Blauen Band benannt, den die für ihre Essgelage berühmten Ritter des Ordens vom Heiligen Geist trugen. Als erste Kochschule organisierte sie öffentliche Kochvorführungen, die bis heute Teil des Kursprogramms sind. Le Cordon Bleu sieht seine Aufgabe in der Weiterbildung. Profis können sich hier das begehrte Grand Diplôme erarbeiten, während für Amateure Kurse zu Themen wie Vorspeisen, Terrinen, Crêpes, Saucen, Brot oder Schokolade angeboten werden. Wer hinter die Geheimnisse des Flambierens, Sautierens oder des perfekten Soufflés kommen will, ist in diesem Tempel der Kochkunst genau richtig.

Beste Reisezeit Ganzjährig. Die meisten Kurse und Kochvorführungen finden an Werktagen statt.

Reiseplanung Bei Amateurkursen ist die Teilnehmerzahl auf zehn bis 15 beschränkt, deshalb sollten Sie mindestens einen Monat im Voraus buchen. Es gibt auch zwei- oder dreistündige Workshops zu vielen verschiedenen Themen. Le Cordon Bleu International bietet weltweit in rund 20 Ländern Kochkurse an.

Website www.cordonbleu.edu

Botschafterin der französischen Küche

Eine der berühmtesten Schülerinnen bei Le Cordon Bleu war die Kochbuchautorin und Fernsehköchin **Julia Child** (1912–2004). Als ihr Mann nach dem Zweiten Weltkrieg als US-Botschafter nach Paris kam, lernte sie die französische Küche kennen, was für sie «eine Erleuchtung für Geist und Seele» bedeutete. Sie schrieb sich bei Le Cordon Bleu ein und schaffte es bis zum Grand Diplôme. Ihre erste Kochsendung, **„The French Chef"**, bekam sie 1963. Schnell gewann die 1,90 Meter große, charismatische Julia Child eine große Fangemeinde. Von ihr lernten die amerikanischen Zuschauer die Tricks und Kniffe der französischen Küche, angefangen beim einfachen Omelett bis hin zum raffinierten Zitronensorbet. Sie starb mit 91 Jahren in ihrer Heimat Kalifornien.

DAS ORIGINAL, UNÜBERTROFFEN

Über die Herkunft vieler Speisen und Getränke wird heiß diskutiert.
Ist ihre Heimat bekannt, schmecken sie dort am besten.

❶ Bananas Foster, New Orleans, USA

Für das Dessert werden Bananen in Butter sautiert, mit braunem Zucker, Zimt und Bananenlikör verfeinert, flambiert und zu Vanilleeis serviert. Die publikumswirksame Kreation von 1951 erfand Paul Blangé, Chefkoch im Brennan's Restaurant. Namenspate war Richard Foster, ein Freund des Besitzers.

Reiseplanung Das Brennan's liegt in der Royal Street 417 im French Quarter von New Orleans. www.brennansneworleans.com

❷ Singapore Sling, Singapur

Der Drink wurde erstmals um 1910 von Ngiam Tong Boon, dem Barmann im Raffles Hotel, serviert. Er enthält Gin, Cherry Brandy, Cointreau, Bénédictine, Grenadine, Angostura sowie Ananas- und Limettensaft und wird mit einer Scheibe Ananas und einer Kirsche garniert. Ohne diesen Drink, an der Long Bar des Raffles geschlürft, wäre kein Singapurbesuch komplett.

Reiseplanung Das Raffles Hotel liegt in der Beach Road 1 (S-Bahnstation City Hall). Bei Singapore Airlines bekommen Fluggäste aller Klassen einen Singapore Sling gratis. www.raffles.com

❸ Darjeeling-Tee, Darjeeling, Indien

In den grünen Bergen rund um Darjeeling an den östlichen Ausläufern des Himalaya wächst der Champagner unter den Tees, dessen zarte schwarze Blätter zu Höchstpreisen gehandelt werden. Auf der bis heute bewirtschafteten Teeplantage Glenburn Tea Estate bietet eine Luxusherberge Unterkunft.

Reiseplanung Einfach traumhaft ist die Anreise mit der Darjeeling Himalayan Railway. Die Vegetationsperiode dauert von März bis November. www.glenburnteaestate.com

❹ Bellini, Venedig, Italien

In der legendären Harry's Bar nicht weit vom Markusplatz in Venedig wurde der Cocktail Bellini aus der Taufe gehoben. Hier mixte Giuseppe Cipriani 1934 die prickelnde Mischung aus Prosecco und weißem Pfirsichpüree, die dank der italienischen Lokale in aller Welt schnell Furore machte.

Reiseplanung Nicht ganz so touristisch geht es in der ruhigeren Filiale Harry's Dolci auf der Insel Giudecca zu. www.cipriani.com

❺ Parmaschinken, Parma, Italien

Nur in einer kleinen Enklave rund um das norditalienische Parma darf der luftgetrocknete Parmaschinken hergestellt werden. Dafür braucht es vier Zutaten: die Keulen ausgesuchter Schweine, Salz zur Konservierung, Luft zum Trocknen und 400 Tage Geduld.

Reiseplanung Parma Golosa bietet Fabrikbesichtigungen an. www.prosciuttodiparma.com, www.parmagolosa.it

❻ Tarte Tatin, Lamotte-Beuvron, Frankreich

Der Kuchen aus karamellisierten Apfelscheiben und Mürbteig, der vor dem Servieren gestürzt wird, war ein Zufallsprodukt der Schwestern Stéphanie und Caroline Tatin, den Besitzerinnen des Hôtel Tatin in Lamotte-Beuvron in Zentralfrankreich. Bald erschien der Kuchen auf der Karte des Maxim's in Paris.

Reiseplanung Das Hôtel-Restaurant Tatin serviert bis heute Tarte Tatin. www.france-tourism.chambordcountry.com, www.tarte-tatin.com

❼ Pfirsich Melba, London, England

Ein Auftritt der Sopranistin Nellie Melba 1892 oder 1893 im Covent Garden inspirierte den Küchenchef des Savoy Hotels an der Themse, Auguste Escoffier, zu diesem Dessert aus Pfirsichen, Vanilleeis und Himbeersauce, das er der Sängerin widmete.

Reiseplanung Über 100 Millionen Euro investierte das legendäre Savoy Hotel in die Renovierung, die im Herbst 2009 abgeschlossen wurde. www.fairmont.com

❽ Banoffi Pie, Jevington, England

Nigel Mackenzie, der Besitzer des Pubs Hungry Monk („Hungriger Mönch") in den South Downs in Südengland, und sein Küchenchef Ian Dowding kreierten 1972 gemeinsam dieses Dessert und nannten es ursprünglich Banoffee, nach seinen Hauptzutaten Bananen und *toffee* (Kondensmilch, die in der Dose gekocht wird).

Reiseplanung Um den Appetit zu steigern, bietet sich eine Wanderung auf dem landschaftlich schönen South Downs Way an, der durch Jevington führt. www.hungrymonk.co.uk

❾ Cheddar-Käse, Cheddar, England

Da der Cheddar keine geschützte Herkunftsbezeichnung hat, findet man in den Supermarktregalen häufig Ware aus Massenproduktion. Traditionell wird der Käse aus Rohmilch hergestellt, so wie in der Cheddar Gorge Cheese Company. Das ist die einzige Käserei in Cheddar, einem Dorf in Somerset, die noch echten, ländlichen Cheddar produziert.

Reiseplanung Die Käserei ist täglich geöffnet und kann von Ostern bis Oktober besichtigt werden. www.cheddargorgecheeseco.co.uk

❿ Eccles Cake, Salford, England

Die Ursprünge dieses mit schwarzen Johannisbeeren gefüllten Blätterteiggebäcks liegen im Dunkeln, doch seine ersten kommerziellen Erfolge hatte es um 1790 in James Birchs Laden in Eccles (heute Teil von Salford) in Nordwestengland. Bald durfte die „dead-fly-pie" bei keinem Afternoon Tea mehr fehlen.

Reiseplanung In Eccles wird das Gebäck in der Martins Bakery verkauft und im Smiths Restaurant zum Tee serviert. www.martinsbakery.co.uk, www.smithsrestaurant.net

---

Rechts: Cheddar wird traditionell in zylinderförmigen, in Tuch eingeschlagenen Laiben von 2,3 Kilogramm Gewicht verkauft, so wie in dieser Käserei in Somerset.

Traditional Farmhouse
Cheddar

FRANKREICH

Die Aromen der Provence

Der Lubéron ist berühmt für seine Dörfer, die auf Felshängen thronen, und eine Küche, die nach Sonne schmeckt.

An einem Sommernachmittag auf der Terrasse des Café de France in dem Bergdorf Lacoste schweift der Blick über die malerischen Bauernhöfe, Weinberge und Wälder des Nachbardorfs Bonnieux. Die Wärme ist wohltuend, es riecht nach Wildkräutern, Lavendel, Rosen, Geißblatt, reifen Melonen und getrockneten Feigen. Auf den Bauernmärkten betören die Aromen von sonnengereiften Tomaten (sogenannten Liebesäpfeln), Basilikum, Knoblauchzöpfen, Blumensträußen, Ziegenkäse und eingelegten Oliven die Sinne. Die Bauern der Gegend ernten ihre Produkte auf dem Höhepunkt ihrer Reife und beliefern die zahlreichen Restaurants der Region, die daraus Köstliches zaubern. Knoblauch, Speiseoliven, Olivenöl, Basilikum und die berühmten *herbes de Provence*, eine Kräutermischung aus Thymian, Fenchel, Rosmarin, Kerbel, Bohnenkraut und gelegentlich auch Orangenschale und Lavendel, würzen Fleisch-, Geflügel-, Wild- und Gemüsegerichte. Je nach Saison und Laune bestellen sich die Cafégäste ein Omelett mit Trüffeln und Tomaten, eine Gemüsesuppe mit *pistou*, der Würzpaste aus Basilikum, Knoblauch und Olivenöl, Huhn- oder Kaninchenragout mit Weißwein und Oliven oder auch *daube*, ein Fleischragout meist aus Wild mit Rotwein, Knoblauch, Gemüse und den berühmten *herbes de Provence*. Allen Gerichten gemeinsam ist die Frische ihrer Zutaten.

Beste Reisezeit Im Mai und Juni sind die Temperaturen angenehm, nur wenige Touristen sind unterwegs. Wenn Ende Juni bis Ende Juli der Lavendel blüht, wird es heiß. Im September und Oktober lockt die *vendange*, die Weinlese. Der Winter kann kalt sein, dann ist Olivenernte von Mitte November bis Januar.

Reiseplanung Die Geheimnisse der Regionalküche verrät der Restaurantbesitzer und Koch Philippe Debord in seiner Kochschule Made in Luberon. In den meisten Orten findet ein Wochenmarkt statt, der in Apt, Bonnieux, Lacoste, Roussillon, Sault und Vaison-la-Romaine besonders schön ist. Angeboten werden Produkte der Gegend, worauf die Schilder *du pays* hinweisen.

Websites www.visitprovence.com, www.provence-luberon.net, www.provenceweb.fr

 Amandes grillées aux herbes

Die blühenden Mandelbäume, die im Frühling den Lubéron zieren, schenken im Herbst eine reiche Ernte. Mit *herbes de Provence* geröstete Kräutermandeln sind ein perfekter Begleiter zum Apéritif, etwa einem Rosé von den Côtes du Lubéron. Die Mandeln werden vor dem Rösten gewässert, damit das braune Häutchen aufweicht und die Aromen besser eindringen.

Für 8 Personen
300 g Mandeln, ungeschält
20 g *herbes de Provence*, getrocknet, oder Kräuter wie Rosmarin, Basilikum, Lorbeer und Thymian
2 TL Salz, schwarzer Pfeffer aus der Mühle

Mandeln in eine große Schüssel geben und mit kaltem Wasser bedecken, 20 Minuten einweichen lassen. Abgießen, mit den Kräutern, Salz und Pfeffer mischen und eine Stunde ziehen lassen.
   Den Backofen auf 180 Grad vorheizen. Backblech mit Backpapier auslegen, die Mandeln gleichmäßig darauf verteilen. Für 15 bis 20 Minuten in den Backofen schieben, bis sie trocken und knackig sind. Herausnehmen und abkühlen lassen, dann servieren.

Gegenüber: Laden in Les Baux-de-Provence. Oben: Auberginen sind ein Grundnahrungsmittel in der Provence.

TAFELN IN ANDALUSIEN

Arabische Einflüsse sorgen in der südspanischen Küche für unerwartete Geschmacksmomente.

Andalusiens kulinarisches Repertoire schöpft aus seinem nordafrikanischen und arabischen Erbe, das knapp 800 Jahre maurischer Herrschaft hinterlassen haben. Die Mauren brachten Reis, Spinat, Mangold, Weizengrieß, Auberginen, Zucker, Safran und Zitrusfrüchte mit. Sie bereicherten die Küche von Al-Andalus, wie der von den Muslimen beherrschte Teil der iberischen Halbinsel genannt wurde, mit Kreuzkümmel, Koriander, Fenchel, Muskat und Zimt. Bis heute sind diese Einflüsse überall sichtbar: *garbanzos* (Kichererbsen) mit Spinat schmecken nach Kreuzkümmel und Paprika, bei Rebhühnern mit Datteln oder *cordero a la miel* (Lammbraten mit Honig) zeigt sich die arabische Vorliebe für süßsalzige Kombinationen. In Sevilla schmecken *boquerones en adobo*, mit Kreuzkümmel gewürzte Sardellen. Córdoba lockt mit dem Klassiker *alboronía* aus Auberginen, Zucchini und Paprikaschoten, Ronda mit der *ajo blanco*, einer kalten Suppe aus Mandeln, Knoblauch und Olivenöl. Los Diamantes in Granada serviert frittierte *calamares* (Tintenfisch) mit einem Hauch Kreuzkümmel. Berühmt ist die Bitterorangensauce, die in der Casa Bigote in Sanlúcar de Barrameda Fische aus dem Guadalquivir-Delta begleitet. Wer solche Köstlichkeiten zu Hause zaubern will, lernt das in einer der zahlreichen Kochschulen.

Beste Reisezeit Oktober bis Mai sind die besten Reisemonate für Andalusien, wo es im Sommer drückend heiß ist.

Reiseplanung Sam und Jeannie Chesterton organisieren Kochkurse in ihrer Finca Buen Vino inmitten von Kastanien- und Korkeichenwäldern im Westen Andalusiens. Ebenfalls empfehlenswerte Kochschulen sind Casa Ana in der geschichtsträchtigen Bergregion Alpujarras südöstlich von Granada sowie A Taste of Spain und Epicurean Ways, die auch kulinarische Ausflüge und Weintouren anbieten.

Websites www.andalucia.org, www.fincabuenvino.com, www.casa-ana.com, www.atasteofspain.com, www.epicureanways.com

Drei Gänge

Das Drei-Gänge-Menü hat seine Ursprünge in **Córdoba,** das im 9. Jahrhundert die Hauptstadt eines mächtigen arabischen Emirats war. Als Erfinder gilt ein Musiker des damaligen Herrschers, der aufgrund seiner dunklen Hautfarbe und betören- den Singstimme **Ziryab,** Amsel, genannt wurde. Da er am Hof von Baghdad ausgebildet worden war, gab er in Geschmacksfragen in Córdoba den Ton an. So soll er die Zinnbecher durch Trinkgläser aus Kristallglas ersetzt haben. Beim Servieren der Speisen ließ er zuerst Suppen, dann Fleisch- und Fischgerichte und zum Abschluss Süßspeisen, Früchte und Nüsse auftragen. Diese Sitte verbreitete sich auch im restli- chen Al-Andalus und später in ganz Europa.

Neben ihrem kulinarischen Erbe hinterließen die Mauren in Al-Andalus auch architektonische Meisterwerke wie die Alhambra in Granada.

Die Schüler von Rick Steins Seafood School genießen die Früchte ihrer Arbeit, begleitet von einem Glas Weißwein.

ENGLAND

MEERESFRÜCHTE IN PADSTOW

Das malerische Hafenstädtchen im Südwesten Englands ist die perfekte Kulisse für einen Meeresfrüchte-Kochkurs.

Rick Stein, einer der beliebtesten Starköche Großbritanniens, hat in Padstow in Cornwall eine Kochschule gegründet, wo er seinen Schülern in lockerer Atmosphäre die Angst vor Fisch und Meeresfrüchten nimmt. Begleitet von Vorträgen und Verkostungen lernen sie die Grundtechniken im Umgang mit Fisch & Co. und kochen so unterschiedliche Gerichte wie *risotto nero* oder thailändisches Fischcurry. Die fangfrischen Gaben des Meeres spielen dabei die Hauptrolle. Nach dem vormittäglichen Unterricht versammeln sich die Teilnehmer zum Mittagessen, um die Früchte ihrer Arbeit bei einer Flasche Wein zu genießen. Wer nicht selbst Hand anlegen will, kann in einem der drei Fischlokale von Rick Stein in Padstow schlemmen. Das Seafood Restaurant mit Blick auf den Hafen und die bunten Fischerboote bietet Köstlichkeiten wie Austern *charentaises,* eiskalte, rohe Austern mit heißen, scharfen Würstchen. Das entspannte Rick Stein's Café serviert Snacks wie auch Drei-Gänge-Menüs und Stein's Fish & Chips ist die Edelversion einer klassischen britischen Frittenbude, wo für *fish and chips* nicht nur Kabeljau, sondern auch Tintenfisch und Seeteufelschwänze verarbeitet werden.

Beste Reisezeit Meiden Sie Sommerwochenenden und Feiertage wegen der Touristenströme.
Reiseplanung Die meisten Kurse dauern einen oder zwei Tage, im Frühjahr gibt es auch einen Kurs mit fünf Abenden. Ein lohnendes Ausflugsziel in der Gegend ist das Dorf Rock auf der Ostseite des Camel-Deltas. Wegen seiner wunderbaren Sandstrände wird es oft „das Saint-Tropez Großbritanniens" genannt. Es gilt als Tummelplatz der Reichen, mit denen nicht nur die atemberaubenden Ferienhäuser, sondern auch schicke Boutiquen und Nobelrestaurants kamen.
Websites www.rickstein.com, www.visitcornwall.com, www.visitengland.de, www.thepicturehouse.eu

Crispy Sea Bass

Junge Köche in ganz Großbritannien lassen sich von Rick Stein inspirieren und kreieren Gerichte wie diesen knusprig gebratenen Wolfsbarsch von The Picture House in Bristol.

Für 2 Personen
2 Wolfsbarschfilets à 175 g
2 EL Maiskeimöl
Salz und Pfeffer
4 EL Olivenöl
1 EL Kapern
Saft von einer halben Zitrone
2 EL Dill, fein gehackt

Fischfilets abspülen und mit Küchenpapier trockentupfen, die Fleischseite leicht, die Hautseite kräftig mit Salz und Pfeffer würzen.

In einer Pfanne das Maiskeimöl bei mittlerer Hitze erwärmen; es soll nicht rauchen.

Beide Filets mit der Hautseite nach unten in die Pfanne legen und braten, bis die Hautseite goldbraun, die Fleischseite nicht mehr glasig ist. Dickere Filets wenden, sobald die Hautseite goldbraun ist, und noch zwei bis drei Minuten auf der Fleischseite braten. Auf einen vorgewärmten Teller geben.

Olivenöl und Kapern in der Pfanne knusprig braten. Zitronensaft und Dill zugeben, verrühren und den Fond über die Fischfilets gießen. Mit neuen Kartoffeln servieren.

So werden Jakobsmuscheln perfekt zubereitet.

MAROKKANISCHE MODERNE

In einem exquisiten Hotel in Marrakesch lernen die Gäste, wie klassische Gerichte mit einem modernen Touch veredelt werden.

Raffinierte Mischungen aus über 30 Kräutern und Gewürzen sind der Schlüssel zur marokkanischen Küche. Deshalb führt Bahija, die Küchenchefin des Jnane Tamsna Hotel, ihre Schüler zuerst in den *jnane*. Das arabische Wort heißt übersetzt „Paradiesgarten" und genau so sehen die Beete mit Kräutern, Gemüse und Blumen auch aus. Sie werden von Dattelpalmen, Oliven- und Zitronenbäumen beschattet. Meryanne Loum-Martin, eine Anwältin aus Paris, hat das Hotel zusammen mit ihrem Mann Gary Martin aufgebaut. «Ich liebe es, die marokkanische Küche mit neuen Kräutern und Gewürzen weiterzuentwickeln», erklärt Meryanne. So denkt auch Küchenchefin Bahija. Nach dem Gang in den Garten bittet sie ihre Schüler in die Küche. Bei gutem Wetter benutzt Bahija die Außenküche mit dem traditionellen Tonofen. Während die Schüler Zimt und Kreuzkümmel rösten und mahlen, erklärt sie deren Verwendung in Gerichten wie *tajine* mit Huhn und gegrilltem Gemüse oder *b'stilla* und Apfel-*briouat*, zwei köstliche Gebäckspezialitäten. Bahija hält sich nicht an starre Traditionen: Die Täubchen in der Füllung der *b'stilla* ersetzt sie durch leichteren Fisch und würzt ihn mit in Salz eingelegten Zitronen. Den Teilnehmern empfiehlt sie, zu Hause einen Frühlingsrollenteig an Stelle des hauchdünnen marokkanischen *warka* zu verwenden. Nach dem Unterricht entspannen sich alle im Garten bei einem Apéritif, um dann die Gerichte zu genießen.

Beste Reisezeit Das Jnane Tamsna Hotel hat ganzjährig geöffnet. Von Juni bis September wird es heiß.

Reiseplanung Kein Gourmet wird sich die Lebensmittel- und Gewürzläden in der Altstadt von Marrakesch, *medina*, und die Marktstände auf dem Hauptplatz Djemaa el-Fna entgehen lassen. Das Jnane Tamsna Hotel im oasenähnlichen Stadtteil Palmeraie ist wie ein traditionelles *ryad* (Hofhaus) gebaut. Gäste können in einem der fünf Pools schwimmen, eine Yogastunde nehmen, sich massieren lassen oder Tennis spielen.

Websites www.jnane.com, www.visitmorocco.com

Salzzitronen

Die Salzzitronen halten sich etwa ein Jahr. Mit der Lake können Salatdressings, Suppen und Saucen für Fleisch-, Fisch- oder Geflügelgerichte gewürzt werden.

5 Zitronen
50 g Salz
1 EL Olivenöl
1 Zimtstange
3 Nelken
6 Korianderkörner
4 schwarze Pfefferkörner
2 Lorbeerblätter

Zitronen vierteln, aber nicht ganz durchschneiden. Salzen und die Segmente wieder zusammendrücken. Im Wechsel mit den restlichen Zutaten in ein sterilisiertes Glas schichten, etwas pressen, damit Zitronensaft austritt und mit frisch gepresstem Zitronensaft auffüllen, bis die Früchte bedeckt sind. Glas verschließen und 30 Tage an einem warmen Ort stehen lassen, täglich schütteln.

Der Blick über die wunderschönen Menaragärten im Westen Marrakeschs reicht bis zu den schneebedeckten Gipfeln des Atlas-Gebirges.

In einem Gewürzladen in Bo-Kaap kaufen Kunden Ingwer und andere unentbehrliche Zutaten für die kapmalaiische Küche.

SÜDAFRIKA

DIE KAPMALAIEN IN BO-KAAP

In einem historischen Viertel von Kapstadt hat sich aus östlichen und westlichen Einflüssen die kapmalaiische Küche entwickelt.

W enn der Muezzin zum Mittagsgebet ruft, wimmeln die gepflasterten Straßen von weißgekleideten Männern mit Fez, während verschleierte Frauen ihre Kinder von der Schule abholen und aus den Fenstern würzige Küchendüfte wabern. In Bo-Kaap (Afrikaans für „an der Spitze des Kaps") ließen sich in den 1830er Jahren die ehemaligen Sklaven aus Malaysia und Indonesien nieder. Aus asiatischen Rezepten und lokalen Zutaten entwickelten sie die Küche der Kapmalaien. In den Cafés in der Rose Street wird *faloodah* angeboten, ein Getränk aus Milch und Tapioka mit Rosenaroma. Zimt, Kardamom und Ingwer legen eine Duftspur zum Familienbetrieb Atlas Trading, wo sich Kisten mit Henna, Kokosöl und Gewürzen stapeln. In Lokalen wie dem Biesmiellah oder dem Bo-Kaap Kombuis mit Panoramablick auf den Tafelberg essen die Einheimischen *bobotie*, *denningvleis* und *smoorsnoek*. Besucher müssen unbedingt das Gebäck *koeksuster* probieren. Wenn das ihren Appetit auf Exotisches weckt, können sie bei der Agentur Anduela eine Tagestour durch Bo-Kaap buchen. Diese beinhaltet eine Kochvorführung und einen Praxisteil, die die Besonderheiten der kapmalaiischen Küche demonstrieren.

Beste Reisezeit Um Weihnachten und Silvester (Mittsommer) sind Flüge zwar teuer, aber der Cape Minstrel Carnival am 1. und 2. Januar ist ein Erlebnis. Hunderte bunt gekleidete Straßenmusiker ziehen durch Bo-Kaap und andere Viertel von Kapstadt und spielen Banjo.

Reiseplanung Die Tagestouren von Anduela beginnen mit einer Einführung im Bo-Kaap Museum, gefolgt von einem Spaziergang durch das Viertel und anschließendem Kochworkshop. Zwei Mahlzeiten sind inbegriffen. Authentische Atmosphäre bietet das Bed & Breakfast Rose Lodge in der Rose Street 28.

Websites www.cape-town.org, www.andulela.com, www.biesmiellah.co.za, www.rosestreet28.com

Kapmalaiische Gerichte

■ *Denningvleis* ist ein deftiges, mit Tamarinde gewürztes Lammragout, zu dem Safranreis mit Mandeln und Rosinen serviert wird.

■ Hackfleisch und Sultaninen sind die Hauptzutaten eines *bobotie.* Der Auflauf wird mit einer Eiermilch übergossen und im Ofen gebacken. Dazu gibt es mit Kurkuma gewürzten Reis.

■ *Snoek* heißt eine Makrelenart, die geräuchert und zusammen mit Kartoffeln, Tomaten, Nelken und Mandeln *smoorsnoek* ergibt.

■ *Koeksusters* sind frittierte Teigzöpfe. Sie werden in einen mit Ingwer und Kardamom gewürzten Sirup getaucht und in Kokosraspeln gewälzt.

DIE BESTEN STRASSEN-SNACKS

Das Abenteuer beginnt mit dem verlockenden Duft von Gewürzen und Rauch oder dem Anblick exotischer Köstlichkeiten an einem Imbissstand. Ob man in den Seitenstraßen fremder Städte unterwegs ist oder in der eigenen Heimatstadt Tourist spielt, immer stößt man irgendwo auf Imbissverkäufer, die ein Bombengeschäft mit traditionellen Leckereien oder exotischen Snacks machen. Manche Orte sind so berühmt für ihre Straßenküche, dass Gourmets allein deswegen dorthin reisen. Die Imbisscenter in Singapur sind beliebte Touristenziele und locken mit der ganzen Vielfalt der asiatischen Küche, von Nudeln über Grillfleisch bis zu Pfannkuchen mit Curry. Manchmal wird ein einziges Gericht zum kulinarischen Wahrzeichen eines Ortes oder Landes: Goldbraun frittierte *fish and chips* gehören genauso zu einer Englandreise wie ein Besuch im Tower von London. *Takoyaki* im japanischen Osaka, tropische Fruchtshakes im mexikanischen Veracruz, jamaikanisches *jerk pork* – über die weltweite Vielfalt der Straßensnacks lassen sich köstliche Geschichten erzählen.

Vietnamesische Straßenköchinnen brauchen keine aufwendige Ausstattung, nur eine Tragestange mit zwei Körben für die Zutaten und ein paar einfache Utensilien, um *banh-khoai*-Pfannkuchen und andere Köstlichkeiten zu zaubern.

Hotdog-Wagen mit heißen Würstchen, Laugenbrezeln und kalten Getränken gehören in New York zum Straßenbild.

NEW YORK, USA

Streetfood im Big Apple

Wer braucht Nobelrestaurants, wenn Imbisswagen und -buden mit die leckersten und preiswertesten Esserlebnisse bieten?

In der Stadt, die niemals schläft, ist eine schnelle Stärkung unentbehrlich. Schon deshalb warten auf den Straßen Legionen von Imbisswagen und -ständen. Die meisten Besitzer sind Zuwanderer. Sie haben die Straßenversionen der weltweiten Esskultur in die Metropole importiert, wie jamaikanische Teigtaschen mit Ziegenfleisch, chinesische *cheung fun* (Reisnudelrollen mit Fleisch-, Fisch- oder Gemüsefüllung), ägyptische Falafel, vegane Currygerichte und *dosas* (Reis-Linsen-Pfannkuchen) aus Sri Lanka. Die New Yorker nehmen die Straßengastronomie so ernst, dass alljährlich die Vendy Awards an die besten Straßenköche verliehen werden. Die leckersten Angebote aufzuspüren, gehört zum (Ess)Spaß dazu. Viele Imbisse stehen je nach Wochentag in verschiedenen Vierteln; manche verkaufen nur zu bestimmten Tageszeiten oder am Wochenende. Selbst Stände mit festen Standorten und Zeiten sind plötzlich weg, wenn der Inhaber einen besseren Platz gefunden hat oder eine Woche frei nimmt. Insider geben die besten Tipps: Portiers und Empfangspersonal vieler Hotels verraten Besuchern gern, wo sie das leckerste *street food* der Gegend finden.

Beste Reisezeit Der Sommer ist schwülheiß, der Winter kann sehr kalt werden. Am besten besuchen Sie die Stadt im Frühjahr oder Herbst. Dann können Sie *street food* ohne Schweißperlen auf der Stirn oder eingefrorene Finger genießen.

Reiseplanung Neben Tipps von Einheimischen gibt es auch die Website des Street Vendor Project mit einer Liste der Finalisten der letztjährigen Vendy Awards und ihrer Standorte.

Websites www.streetvendor.org, www.myspace.com/arepalady, www.halloberlinrestaurant.com

Wurst oder *Arepas*?

■ Wer auf heimische Genüsse nicht verzichten will, findet in Manhattan auf der 54th Street, Ecke Fifth Avenue, die mobile Wurstbude **Hallo Berlin.** Die Brüder Rolf und Wolfgang Babiel sieden und brutzeln hier seit einem Vierteljahrhundert ihre Würste, die zu den besten New Yorks gehören. Das „Democracy Special" besteht aus Wurst mit Bratkartoffeln, Sauerkraut und hausgemachten Saucen. Die Babiels betreiben auch Restaurants und Biergärten.

■ *Arepas*, knusperzarte kolumbianische Maisfladen, sind die Spezialität der **Arepa Lady,** die regelmäßig bei den Vendy Awards ausgezeichnet wird. Sie kocht im Stadtteil Queens und zwar nur in den wärmeren Monaten freitags und samstags ab 22 Uhr. Es scheint dem Geschäft nicht zu schaden: Die *arepa*-Jünger strömen in Horden aus Manhattan herbei, sobald sie sich blicken lässt. Informieren Sie sich auf ihrer MySpace-Seite, wann sie wo ist.

Die *pretzel* (Laugenbrezel) kam im 19. Jahrhundert mit deutschen Einwanderern ins Land.

PHILLY-SANDWICHES

Alle Hände voll zu tun hat man mit den berühmten Riesensandwiches der alten Industrie- und Kulturstadt Philadelphia.

Das Mekka der Sandwichfans liegt in den alten italienischen Reihenhausvierteln von South Philadelphia. Hier werden längliche Knusperbrötchen mit großzügigem Fleischbelag serviert. Lange Kundenschlangen bilden sich vor den Mitnahmefenstern der Sandwichpaläste, um ein *cheese steak* zu erstehen, mit hauchdünnen Steakstreifen, geschmolzenem Käse und Röstzwiebeln. An der Ecke Ninth Street, Passyunk Avenue liefert sich der Sandwicherfinder Pat's King of Steaks sein tägliches Duell mit dem Konkurrenten Geno's. Die Einheimischen haben diese Titanen längst den Touristen überlassen und bevorzugen Lokale im industriell geprägten South Philly, wie John's Roast Pork und Tony Luke's in der Nähe des Delaware River. Hier ächzen die Sandwiches unter noch üppigeren Fleischportionen und pikantem Provolone-Käse. John's und Tony Luke's sind auch top für saftige Schweinebratensandwiches mit Knoblauchgemüse und „*long hots*" (Peperoni). Das Riesensandwich (*hoagie*) geht auf italienische Straßenverkäufer des 19. Jahrhunderts zurück, die sogenannte *hokey-pokey men*, mit Antipasti gefüllte Brötchen feilboten. Die besten gibt es in den Eckdelis von South Philadelphia, wie Lombardi's, Cosmi's und Ricci Bros. Hier fällt der Aufschnitt aus der Schneidemaschine direkt in die ofenwarmen Brötchen.

Beste Reisezeit Das Wetter ist am schönsten von März bis Ende Mai und von September bis Ende November. In der ersten Juliwoche erinnert das Philadelphia Freedom Festival mit Feuerwerk, Umzügen, Konzerten und vielem mehr an die Unterzeichnung der Unabhängigkeitserklärung 1776 in Philadelphia.

Reiseplanung Entlang der Ninth Street und Washington Avenue haben sich Mexikaner und Vietnamesen angesiedelt. Probieren Sie bei La Lupe, 1201 South Ninth Street, geschmortes mexikanisches *barbacoa*-Lamm im Tortillawrap. Auf der Washington Avenue konkurrieren vietnamesische *pho*-Suppenlokale mit Restaurants wie Nam Phuong, das Frühlingsrollen und mit Zitronengras gegartes Fleisch auftischt.

Websites www.gophila.com, www.phillyitalianmarket.com

Italienischer Markt

Auf den markisengesäumten Bürgersteigen der **Ninth Street**, nahe **Washington Avenue**, ist der italienische Markt von South Philadelphia daheim, einer der ältesten Straßenmärkte der USA. Hier betreiben Händler heute wie vor 100 Jahren ihre Stände und Läden mit einer kunterbunten Auswahl an Köstlichkeiten. Bei Importgeschäften wie **Di Bruno Bros** kann man unter Hunderten von Käse-, Salami- und Olivenölsorten wählen. Metzger der alten Schule wie **Claudio's, Fiorella's, Cappuccio's** und **D'Angelo's** locken mit Würsten und hausgetrocknetem Wildschwein-Prosciutto. Frische Pasta gibt es bei **Superior Ravioli** und **Talluto's**. Den Abschluss bildet eine ofenwarme Cannolo-Teigrolle mit süßer Ricottafüllung bei einer Bäckerei wie **Isgro's**.

An der East Oregon Avenue rühmt sich Tony Luke's in greller Neonpracht, Heimat der echten Philly-Sandwiches zu sein.

Die leuchtenden Tropenfarben passen gut zur feurigen Würze, die das Jerk Center an Jamaikas Nordküste verspricht.

JERK–FLEISCH AN DER BOSTON BAY

Nur umgerechnet 1,50 Euro kostet das leckerste Essen in Jamaika: eine Portion Jerk-Schweinefleisch in Wachspapier.

Die wildesten Wellen Jamaikas branden an die Strände der Boston Bay an der Nordostküste der Insel. Hier mischt sich die salzige Meeresluft mit dem Duft des *jerk pork* von den Imbissständen entlang der Küstenstraße. Im Dschungel der John Crow Mountains weiter südlich soll die jamaikanische Jerk-Kochtradition im 17. und 18. Jahrhundert bei den Maroons, den entflohenen Sklaven, entstanden sein. Sie rösteten Wildschweinfleisch auf Pimentholzfeuern. Heute wird an der Boston Bay alles nach Jerk-Art zubereitet: Schwein, Huhn, Ziege, Lamm, sogar Fisch, in Alufolie über offenem Feuer geschmort. Das Fleisch wird vor dem Grillen mit Piment, der sehr scharfen Chilisorte Scotch Bonnet, scharfen Frühlingszwiebeln, Thymian, Knoblauch, Muskat, Zimt und weiteren wechselnden Zutaten mariniert und zergeht praktisch auf der Zunge. «Es fing mit den Maroons an», sagt Devon Atkinson, Küchenchef und *saucier* bei Mickey's Jerk Center in Boston Bay. «Sie gruben ein Loch, legten das Fleisch hinein und bedeckten es mit Zweigen und Pimentholz.» Heute werden Fleisch und Fisch über dem Feuer gegrillt, aber sonst hat sich wenig verändert. Pimentholz und Jerk-Sauce sind immer noch unentbehrliche Zutaten. «Das ist mein Geheimrezept», sagt Devon und bietet eine Kostprobe an. «Es stammt von meinem Großvater, der es von meinem Urgroßvater hatte. Wir machen Jerk nach Originalrezept.»

Beste Reisezeit Jamaika verwöhnt ganzjährig mit Jerk-Genuss und tropischem Wetter. Von August bis Oktober ist Hurrikansaison, sonst herrscht an der Küste ein ideales Klima.

Reiseplanung Ein gutes Souvenir sind Flaschen mit Jerk-Sauce, wie sie an Straßenständen der Boston Bay verkauft werden. Jedes Rezept ist etwas anders, aber alle sind köstlich pikant. Jerk-Saucen und -Gewürze von der Walkerswood Plantation, nahe Ocho Rios, gibt es in Hotels, Läden und Supermärkten.

Website www.visitjamaica.com

 **Jerk-Sauce**

55 g Pimentbeeren
2–3 scharfe Chilischoten, entkernt und gehackt
3 EL frisch gehackter Thymian
5 Knoblauchzehen, zerdrückt
2–3 Frühlingszwiebeln
1 großes Lorbeerblatt
1½ TL brauner Zucker
1 TL frisch geriebener Ingwer
1 TL Zimt
1 TL Muskat
2 EL Limettensaft oder Rum

Piment, Chilis, Thymian, Knoblauch und Zwiebeln in einer Pfanne ohne Öl unter ständigem Rühren fünf Minuten anrösten, dann in einen Mixer geben. Die übrigen Zutaten zufügen, salzen und pfeffern. Alles zu einer glatten Paste verarbeiten, gegebenenfalls etwas Wasser zugeben. Das Fleisch mit der Paste einreiben und vor dem Grillen mindestens eine Stunde durchziehen lassen.

AREPAS IN CARACAS

Wenn in Venezuela der Magen knurrt, ist es nie weit bis zur nächsten *arepera*, die leckere Maisbrötchen serviert.

Die venezolanische Hauptstadt Caracas wimmelt von Ständen und kleinen Lokalen. Sie beköstigen in schwülen Tropennächten nicht abreißende Gästeströme mit ofenheißen *arepas*. Für die Venezolaner sind die *arepas* das, was für Europäer das Brot ist. *Arepas* sehen wie überdimensionierte Pizzabrötchen aus, sind sehr schmackhaft und aus speziellem, vorgegartem Maismehl, Wasser und Salz einfach herzustellen. In Venezuela verzehrt man *arepas* zum Frühstück, als Zwischenmahlzeit in Bars und Cafés, als Beilage zu Hauptmahlzeiten und als späten Imbiss nach einer langen Partynacht. Wie einem jeder Venezolaner erklären wird, kann man sie auf vielerlei Art genießen. Der Teig wird zu Kugeln geformt und dann zu Brötchen flach gedrückt. Diese werden frittiert, auf einem *budare* (einer heißen Platte) oder in einem *arepa*-Automaten gebacken. In der Basisvariante wird die *arepa* nur aufgeschnitten und gebuttert. Alternativen sind die *reina pepiada* mit Huhn und Avocado, die *arepa dominó* (weil die Farbe der Füllung an Dominosteine erinnert) mit zerlassenem Käse und schwarzen Bohnen oder die *arepa de carne mechada* (mit Rindfleischstreifen), die oft mit Käse oder Tomaten-Gemüse-Sauce gereicht wird. Eine süße Variante ist die *arepa dulce* mit Zucker statt Salz. Mit der *arepa* in der Hand geht es weiter in den nächsten Park. Dort schmaust man auf einem Palmstamm sitzend und schaut dem venezolanischen Boulespiel *bolas criollas* zu.

Beste Reisezeit Ganzjährig. Am günstigsten für einen Besuch ist die Trockenzeit von September bis Ende April.

Reiseplanung Kombinieren Sie Ihren Bummel durch Caracas' Einkaufsviertel Sabana Grande mit einem Besuch des urigen Open-Air-Lokals Arepa 24 Horas in der Avenida Casanova. Es ist wie viele *areperas* rund um die Uhr geöffnet. *Arepas* sind auch auf dem Land und in Kolumbien beliebt.

Websites www.venezuelatuya.com, www.southamerica.cl

Venezolanische Spezialitäten

■ *Guasacaca* ist die venezolanische Version der mexikanischen Guacamole. Die pikante Salsa wird aus Avocados, Chilis, Zwiebeln, Knoblauch, Petersilie und Koriandergrün zubereitet.

■ Das Nationalgericht *pabellón criollo* besteht aus gekochtem, zerkleinertem Rindfleisch mit schwarzer Bohnensauce. Dazu werden Reis und gebratene Kochbananen serviert. In der Fastenzeit wird das Rindfleisch manchmal durch Fisch ersetzt.

■ *Cachapas* sind Maispfannkuchen, die um eine Portion Weichkäse, eine Art Mozzarella, gewickelt werden. Es gibt sie oft zum Frühstück.

Von Oliven über Käse bis zu scharfen Chilis gibt es unzählige Füllungsvarianten für *arepas*.

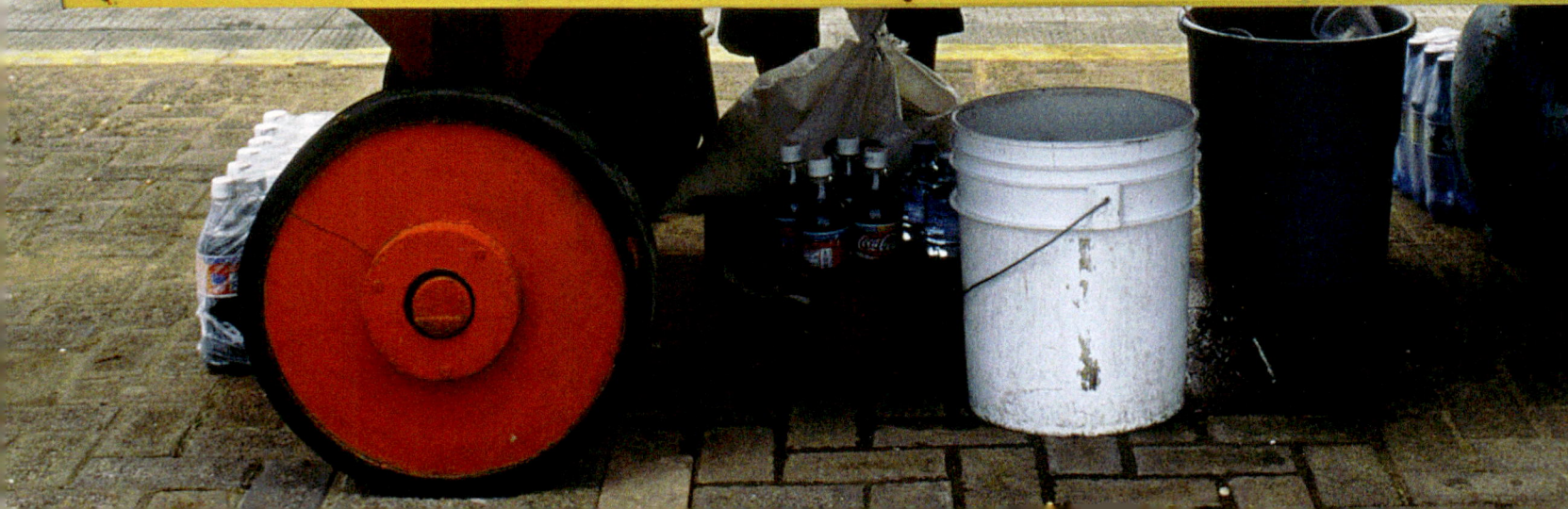

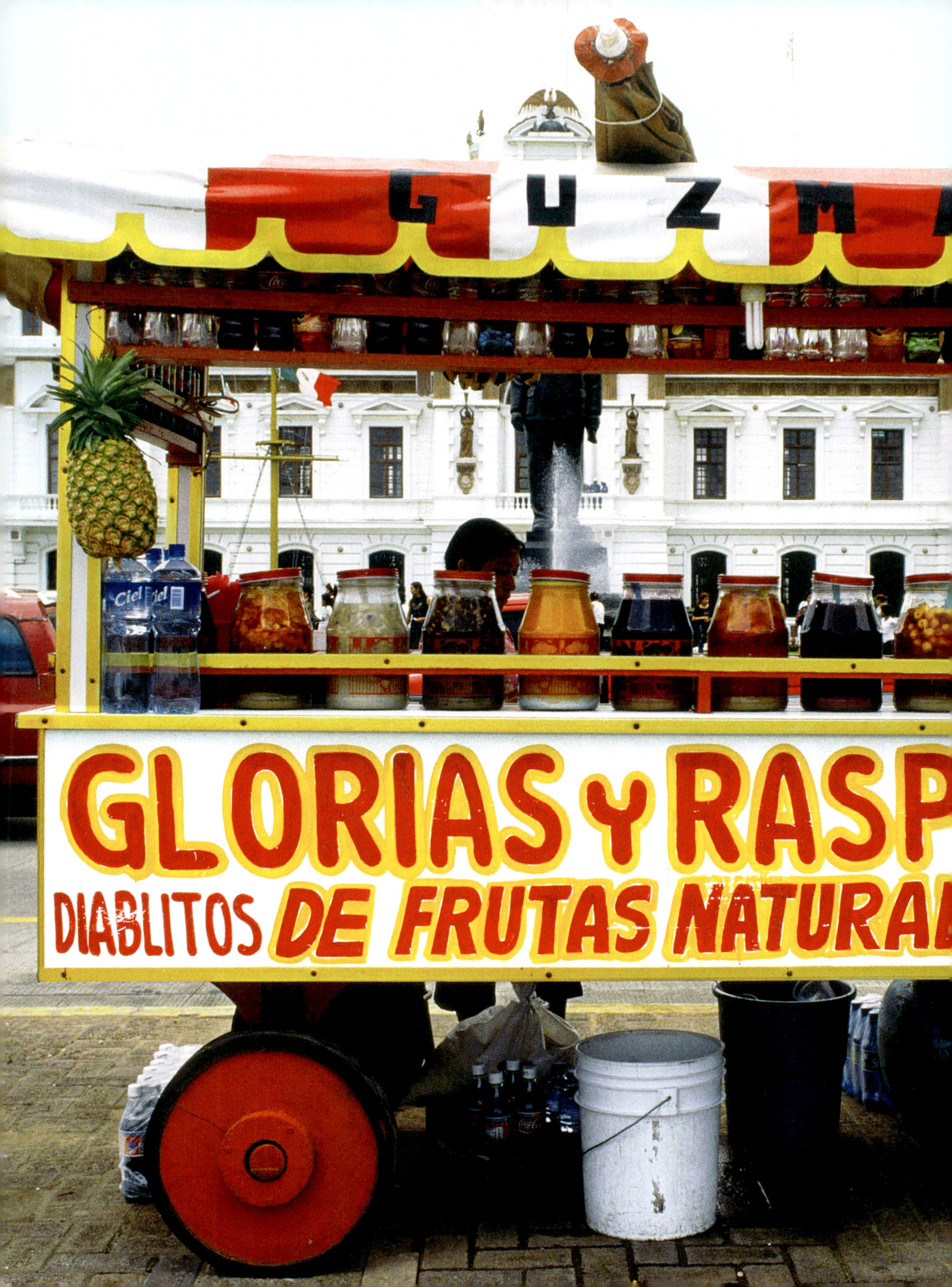
G U Z M
GLORIAS y RASP
DIABLITOS DE FRUTAS NATURA
Ciel

MEXIKO

DIE VIELFALT VON VERACRUZ

Die Straßenküche der Hafenstadt an der Golfküste schöpft aus einem Mix indianischer, spanischer und afrokaribischer Zutaten.

Im schwülen Klima von Veracruz geht das Leben im Freien erst abends richtig los. Dann lassen die afrikanisch inspirierten Rhythmen der *música tropical* die Luft erzittern. Beim Bummel über die Uferpromenade oder beim Streifzug durch das Nachtleben rund um den Hauptplatz erfrischen kalte Leckereien wie *licuados* (Fruchtshakes), *paletas* (fruchtige Wassereisriegel) und unzählige Sorten *helado* (Eiscreme). Seit der Gründung durch den Konquistador Hernando Cortez 1519 ist Veracruz Mexikos wichtigster Osthafen. Olivenöl und eine Vielzahl mediterraner Kräuter und Gewürze wurden aus der Alten Welt eingeführt, um mittelamerikanische Zutaten wie Mais, Chilischoten und diverse Bohnensorten zu ergänzen. Die Indianer des Totonacstamms trockneten als Erste Vanilleschoten, um sie kulinarisch zu verwenden. Später kamen Ananas, Zuckerrohr, Erdnüsse und die Koch- oder Mehlbanane hinzu. *Bolovanes*, mit Krabbenfleisch, Thunfisch oder Ananas gefüllte Blätterteigtaschen, locken an Ständen entlang der Hauptverkehrsstraßen. Morgens gibt es frisch gekochte Garnelen direkt von den Hafenkais. Weitere leckere Snacks sind *tamales* (Maispasteten) in Bananenblatthülle, *tortita*-Pfannkuchen aus Kochbananenmehl mit einer Füllung aus schwarzen Bohnen oder dicke Maistortillas, hier *picaditas* genannt, mit Salsa und Käse. Als Getränk mit Kick bietet sich ein *toro* an, ein Milchshake mit einem Schuss hochprozentigem *aguardiente* (Zuckerrohrschnaps).

Beste Reisezeit Wegen des schwülheißen Klimas sind Herbst und Winter am angenehmsten. Die größte Festivität der Stadt ist der Karneval vor der Fastenzeit. Wer im Sommer kommt, kann im Juli das zweiwöchige Festival Internacional Afrocaribeño mit Musik und Tanz erleben.

Reiseplanung In Boca del Río, südlich von Veracruz, tischen Uferrestaurants die besten Fischgerichte der Region auf, teils mit dem heimischen Kraut *acuyo* gewürzt. Planen Sie einen Tag ein für einen Abstecher nach Papantla um die vorspanische Ruinenstätte El Tajín zu besichtigen. Dort ist auch der Tanz der *voladores* (Flieger) zu sehen, bei dem vier an einen Pfahl gebundene Männer durch die Luft wirbeln.

Websites www.carnaval.com, www.mexconnect.com

Leckeres aus Tropenfrüchten

Veracruz und Umgebung sind ein Paradies für alle, die tropische Früchte mögen. Man genießt sie hier frisch oder in Form kalter *helados*, *paletas* oder *licuados*. Manche Früchte, wie **Mangos, Kokosnüsse, Papayas** und **Ananas,** sind bei uns wohlbekannt, andere überraschen mit ganz neuen Aromen.

■ Die **Cherimoya** hat eine grüne schuppige Schale und saftiges weißes Fleisch. Sie schmeckt leicht nach Erdbeer. Vor dem Frischverzehr müssen die großen schwarzen Kerne entfernt werden.

■ Die saure **Guanábana** ist an ihrer stacheligen grünen Schale zu erkennen. Das Fruchtfleisch wird oft püriert und in *licuados* oder *helados* verarbeitet.

■ Das rosarote oder orangefarbene Fruchtfleisch der *mamey zapote* (Große Sapote) hat ein süßes, kürbisähnliches Aroma – lecker mit einem Spritzer Limettensaft.

■ Besonders beliebt für *licuados* ist *zapote blanco* (Weiße Sapote). Das Aroma ihres gelblich weißen Fleischs wird oft mit einer Kombination aus Pfirsich und Vanille verglichen.

Gegenüber: Probieren Sie *diablito* (Teufelchen), einen feurigen Chili-Fruchtshake. Oben: *Tamales* in Bananenblatthülle.

Takoyaki in Osaka

Würziger Oktopus im Teigmantel ist ein Favorit in der Metropole, die als Japans kulinarische Hauptstadt gilt.

Die Hand des Kochs fliegt über den altgedienten Grill, um die golfballgroßen *takoyaki*-Teigkugeln mit einem Essstäbchen zu wenden. Außen bildet sich eine knusprige Kruste, während die Mischung aus Teig, Oktopusstücken, eingelegtem Ingwer und Kohl im Inneren cremig weich bleibt. Dann greift sich der Kochkünstler ein Pappschälchen, türmt die backfrischen *takoyaki* darauf, garniert sie mit einer großzügigen Portion *katsuobushi* (Fischflocken), getrockneten Algen und pikanter Grillsauce und händigt das Ganze dem wartenden Kunden aus. Es überrascht vielleicht, dass Osaka seinen liebsten Straßensnack den Zeiten der Nahrungsknappheit nach dem verheerenden Erdbeben von 1923 und dann wieder nach dem Zweiten Weltkrieg verdankt. Damals griff man zu Teiggerichten wie *takoyaki*, weil sie sättigend und billig waren. Als der Wiederaufschwung kam, hatte sich die Vorliebe für die Teighappen in Osakas Bevölkerung fest etabliert. Heutzutage gibt es *takoyaki* an Ständen, in Läden und Restaurants. Wer mit den delikaten Oktopussnacks zugleich die pulsierende Dynamik der Stadt genießen möchte, sollte der Dotonbori-Straße am Ufer des Dotomborigawa einen Besuch abstatten. Hier wandelt man unter blinkenden Neonlichtern durch ein Gewirr von Bars und Esslokalen, zwischen denen die *takoyaki*-Verkäufer ihrem Geschäft nachgehen.

Beste Reisezeit Ganzjährig. Anfang April finden die Kirschblütenfeste rund um Osaka statt.

Reiseplanung Die Dotonbori-Straße liegt in der Nähe der Namba-Station. Kommen Sie am Spätnachmittag oder Abend, um die Atmosphäre einzuatmen, aber stellen Sie sich auf quirlige Menschenmassen ein. Japans Straßensnacks sind in puncto Hygiene meist unbedenklich. Die Imbisse mit den längsten Schlangen Einheimischer davor verkaufen generell den besten Oktopus. Achten Sie vor allem im Sommer darauf, dass der Oktopus kühl und schattig gelagert wird.

Websites www.osaka-info.jp, www.japan-guide.com, www.jnto.de

Rund um *takoyaki*

■ **Takamasa** in der Dotonbori-Straße bietet die Möglichkeit, selbst *takoyaki* herzustellen. Takamasa ist eins der bekanntesten *takoyaki*-Restaurants von Osaka und hat mehrere Filialen in der Stadt. Probieren Sie *takoyaki* mit *negi* (Lauch).

■ **Tamagoyaki** oder *akashiyaki* ist eine feuchtere Variante der *takoyaki*, bei der die Bällchen vor dem Servieren in *dashi* (Fischbrühe) getunkt werden.

■ Der *takoyaki*-Kult geht so weit, dass dem Snack sogar das **Osaka Takoyaki Museum** gewidmet wurde. Hier bekommt man Einblick in die Geschichte des *takoyaki* und Kostproben von beliebten *takoyaki*-Imbissen der Stadt.

Ein Straßenkoch an der Dotonbori-Straße gießt den Teig in eine spezielle *takoyaki*-Grillplatte mit Vertiefungen.

THAILAND

IN DEN STRASSEN VON BANGKOK

In der thailändischen Hauptstadt lassen die Wohlgerüche der Straßenimbisse Besuchern das Wasser im Mund zusammenlaufen.

Thai-Nudeln auf Bananenblättern.

ier duftet es von einem Stand mit frischem Obst, dort verkauft ein Imbiss *som tom* (grünen Papayasalat), Tintenfischspieße oder Eiscreme mit Garnierungen von Mais über rote Bohnen bis zu kandiertem Kürbis. Nach einer aktuellen Erhebung bieten in Bangkok rund 20 000 Straßenhändler 213 verschiedene Speisen an. Speisekarten gibt es bei den wenigsten, zumindest nicht auf Englisch. Entweder man weiß, was man möchte und wie es auf Thai heißt, oder man rät anhand der Zutaten, was angeboten wird. Appetit auf Curry mit Reis? Gebratenes Schweinefleisch? Nudeln mit Rindfleisch oder Meeresfrüchte in Sauce? Oder lieber etwas Raffinierteres wie gebratene Nudeln mit getrockneten Garnelen, Tofu, Bohnensprossen, Mandeln und Kräutern? Nach der Bestellung wirbelt der Koch über seinem Wok wie ein Dirigent mit seinem Taktstock, während die Zutaten in einer Dampfwolke zischen und brutzeln. In Minutenschnelle hält man einen vollen Teller in der Hand und muss sich nur noch einen Plastikstuhl sichern, um sich zum Schmausen niederzulassen. Mit die beste Auswahl bieten die Stände um die Silom Road, vor allem entlang der Soi Convent und Samsen Road Soi 2, wo die Stände die ganze Nacht geöffnet bleiben. Ein typisches Tellergericht kostet zwischen 20 und 50 Baht (etwa 0,50 bis 1 Euro); *piset* (eine Extraportion) gibt es für 5 Baht (10 Cent).

Beste Reisezeit Am günstigsten für einen Besuch ist die trockene, kühlere Jahreszeit von November bis Ende Februar mit sonnigen Tagen und Temperaturen von 29 bis 35 Grad.

Reiseplanung Abends öffnen noch mehr Stände und Wagen als tagsüber. Wer sich um die Hygiene sorgt: Thailands Gesundheitsministerium hat einen Zehn-Punkte-Kodex für Imbissverkäufer entwickelt und in manchen Gegenden gibt es regelmäßige behördliche Kontrollen. Am besten wählen Sie Stände mit langen Schlangen, an denen das Essen schnell umgeschlagen wird.

Websites www.thailandtourismus.de, www.thaistreetfood.com

Nudeln und mehr

■ Nudeln sind der gängigste thailändische Straßensnack. Viele Sorten stehen zur Wahl, wie Nudeln mit Hühnchen, Nudeln mit Ente, Eiernudeln mit Wan Tan und **yen ta four** (Nudeln in roter Sojabohnenpaste mit Fischklößchen, Tintenfisch und Wasserspinat).

■ Manche Stände bereiten auf Bestellung alles Erdenkliche zu, wie **pad kaprao** (gebratenes Fleisch mit Königsbasilikum), **kai jiaow** (Omelett nach Thai-Art), **moo kratiem prik Thai** (gebratenes Schweinefleisch mit Knoblauch und Pfeffer) und **moo daeng** (rot geschmortes Schweinefleisch). Typische Reisgerichte sind **kaao laad kaeng** (Curry auf Reis) und **kaao pad** (gebratener Reis).

Zwischen säuberlich arrangierten Zutaten und Gerätschaften bereitet diese Straßenköchin in Bangkok ihre Leckereien zu.

FOOD COURTS IN SINGAPUR

In Singapurs Snackcentern kann man sich zu Spottpreisen durch eine der abwechslungsreichsten Esskulturen der Welt futtern.

Singapurs Küche vereint drei große Esstraditionen: die indische, die chinesische und die malaiische. Über den Inselstaat verstreut liegen zahlreiche *food centres* oder *food courts,* die verschiedenste Einzelstände unter einem Dach versammeln. Hier sitzt man neben Wirtschaftsbossen und Taxifahrern, die immer auf der Suche nach dem leckersten Angebot sind. Als Auftakt eignet sich eins der berühmtesten Gerichte der Stadt: *roti prata* (flaches Brot) ist knuspriges indisches Fladenbrot mit Linsencurry. Aus Indien kommt auch *murtabak*, ein *prata*-Pfannkuchen mit einer Füllung aus Hammelhack und Zwiebeln. Das aus China stammende Nationalgericht Hainan-Huhn mit Reis ist an fast jedem Stand zu bekommen und kann nach Geschmack mit Sojasauce, Chilis und Ingwer angereichert werden. Chinesische Zuwanderer brachten auch *char kway teow* mit, im Wok gebratene Reisbandnudeln mit Meeresfrüchten und Schweinswurst. Das berühmteste malaiische Rezept ist *satay,* Grillspießchen mit Huhn, Lamm, Rindfleisch oder Garnelen. Man verzehrt sie pur oder mit Erdnusssauce, Gurke und Zwiebeln. Die ebenfalls malaiische *laksa* ist eine gehaltvolle Fischsuppe mit Kokosmilch und Chili. *Nasi padang*, eine geschmacksintensive Komposition aus Curry, Fleisch, Gemüse und Reis, kommt dagegen von der nahen indonesischen Insel Sumatra.

Beste Reisezeit Das Tropenklima in Singapur ist so mild, dass man das ganze Jahr draußen speisen kann. Da die meisten *food centres* überdacht sind, mindern selbst die Nachmittagsschauer den Appetit nicht. Das Singapore Food Festival findet im Juli und August statt.

Reiseplanung Die Qualität eines *food centres* lässt sich daran abschätzen, wie viele Nobelkarossen in der Nähe parken. Angesichts der Regulierungswut der Regierung kann man hier fast vom Bürgersteig essen und auch Singapurs Imbisskost gehört zur hygienisch unbedenklichsten der Welt. Die Fastfood-Zentren sind ideal, um das lebhafte Treiben zu beobachten, das in Singapur zum Essen dazugehört.

Websites www.visitsingapore.com, www.singaporesights.com, www.laupasat.biz

Fastfood-Adressen

Singapurs **food centres** wurden eingerichtet, weil die Regierung den Hygienestandards der Straßenverkäufer nicht traute. Sie sind über die ganze Insel verteilt. Einige sind berühmter als andere, teils wegen ihres Essens, teils wegen ihrer schönen Lage.

■ **Newton Circus** ist eine hufeisenförmige Ansammlung von über 80 Imbissständen in der Mitte eines riesigen Kreisverkehrs auf der Clemenceau Avenue. Das ganztägig geöffnete *food centre* ist vor allem nachts ein beliebter Treff der Taxifahrer und Clubgänger. Spezialitäten sind Austernomeletts und *popiah*-Frühlingsrollen.

■ Chilikrabben in scharfer roter Sauce und frisch gedämpfter Fisch gehören zu den Spezialitäten des **East Coast Lagoon Food Village** im Stadtteil Bedok, zwischen Changi Airport und Stadtzentrum.

■ Das mehrstöckige **Chinatown Complex Food Centre** an der Smith Street besticht nicht gerade durch Romantik, aber viele Einheimische preisen es als bestes Imbisszentrum der Insel.

■ Der **Lau Pa Sat Festival Market** bietet typische Singapurer Snackkost in viktorianischem Ambiente: Die filigrane gusseiserne Dachkonstruktion wurde 1894 in Schottland gefertigt.

Gegenüber: Buden im Newton Circus. Oben: Satay-Verkäufer im East Coast Lagoon Food Village.

KURIOSE KULINARISCHE FESTE

Aale oder Melonen, Klapperschlangen oder Kohl: Nichts Essbares ist zu bizarr oder zu bescheiden, um mit einem Fest samt Umzügen und Kochshows gefeiert zu werden.

❶ Rattlesnake Roundup, Sweetwater, USA

Bei dem viertägigen Klapperschlangen-Rodeo am zweiten Märzwochenende hantieren Mutige mit Schlangen. Es gibt einen Klapperschlangen-Kochwettbewerb und ein Wettessen. Stände verkaufen gebratenes Vipernfleisch, das nach Huhn schmeckt und sich wie Alligator kaut, und Schlangenartikel.

Reiseplanung Sweetwater, 359 Kilometer westlich von Dallas und 663 Kilometer östlich von El Paso, wird von Greyhound angefahren. www.rattlesnakeroundup.net, www.sweetwatertexas.org

❷ Watermelon Thump, Luling, USA

Im 19. Jahrhundert war das Städtchen berüchtigt als „wildeste Stadt von Texas". Heute geht es ruhiger zu. Nur bei der viertägigen Fete sind alle Tischmanieren außer Kraft gesetzt, etwa beim Kerneweitspucken mit Preisgeld für denjenigen, der es schafft, den Weltrekord von 1989 (20,96 Meter) zu brechen.

Reiseplanung Der Thump findet vom letzten Donnerstag bis Sonntag im Juni statt. Das nahe Austin feiert um den 1. April das Spaßfest Spamarama zu Ehren des seit Jahrzehnten beliebten Frühstücksfleischs der Marke SPAM. www.watermelonthump.com

❸ World Championship BBQ, Memphis, USA

Das vielleicht größte Barbecue der Welt ist dieser dreitägige Schweinefleisch-Grillwettbewerb mit rund 200 Teams, 90 000 Zuschauern und über 60 000 Dollar Preisgeld. Viele Teams werden von Firmen gesponsert. Außerdem gibt es eine „schweinische" Miss-Piggy-Travestieshow.

Reiseplanung Das BBQ findet an einem Wochenende im Rahmen des Memphis in May International Festival im Tom Lee Park statt. www.memphisinmay.org

❹ Aisukurin Hakurankai, Yokohama, Japan

Auf der Ice Cream Expo schlemmen die Japaner die seltsamsten Eissorten. In den vergangenen Jahren gab es die Geschmacksrichtungen Rinderzunge – der Renner 2008 –, Kaviar, Curry, Käse, Krabbe, Grubenotter, Oktopus, Pferdefleisch, Aal und Auster.

Reiseplanung Die jährliche Ice Cream Expo findet an wechselnden Terminen im Akarenga Soko (Red Brick Warehouse) am Hafen von Yokohama statt. www.city.yokohama.jp

❺ Krautfest, Vecsés, Ungarn

Das Städtchen in der Nähe des Budapester Flughafens Ferihegy liegt im Herzen des Kohlanbaugebiets und ist landesweit für sein überaus gesundes Sauerkraut berühmt. Zum Káposztafeszt mit Kochwettbewerben, Essständen, Volksmusik und Festumzug strömen rund 20 000 Besucher.

Reiseplanung Das eintägige Festival steigt im September/Oktober. www.hungarytourism.hu, www.wetschesch.de

❻ Pourcailhade, Trie-sur-Baïse, Frankreich

Seit 1975 veranstaltet das südwestfranzösische Trie-sur-Baïse dieses Fest mit Ferkelrennen, Schweinekostüm- und Schweineimitatoren-Wettbewerb sowie Fleisch- und Wurstständen. Hier liegt eine der größten Schweinezuchtregionen Frankreichs und es gibt einen der letzten Schweinemärkte des Landes.

Reiseplanung Das Fest fällt auf den zweiten Sonntag im August. Trie-sur-Baïse liegt im Departement Haute-Pyrénées. www.bigorre.org, www.pourcailhade.com

❼ Xicolatada, Palau-de-Cerdagne, Frankreich

Das Pyrenäendorf in der Nähe von Andorra feiert am 15. August ein traditionelles weinseliges Fest und seit 300 Jahren bekämpfen die Dorfbewohner am Morgen danach ihren Kater mit heißer *xicolatada* (Schokolade). Der 11-Uhr-Stärkungstrunk wird von der *chocolatier*-Zunft nach einem Geheimrezept gebraut.

Reiseplanung Nach Palau-de-Cerdagne fährt die Schmalspurbahn Train Jaune, die von La Tour du Carol nach Villefranche-de-Conflent verkehrt; Bahnhof ist Bourg-Madame. www.histoireduroussillon.free.fr

❽ Fête des Fromages, Rocamadour, Frankreich

Am Käsefest des mittelalterlichen Dorfes in Südwestfrankreich nehmen rund 50 Käsereien teil. Es gibt einen Käsemarkt, Musik und ein abendliches Festmahl mit Tanz. Im Mittelpunkt steht der namensgleiche Ziegenrohmilchkäse des Ortes, der gern jung auf geröstetem Walnussbrot verzehrt wird.

Reiseplanung Rocamadour liegt südlich der Marktstadt Brive-la-Gaillarde. Das Fest findet Ende Mai statt. www.rocamadour.com

❾ Eel Day, Ely, England

Die Kleinstadt in Cambridgeshire, die den Aal im Namen trägt, hat heute nur noch einen hauptberuflichen Aalfischer. Den Umzug zum Auftakt des seit 2004 stattfindenden Festes führt Ellie the Eel an, eine von Schulkindern gebastelte riesige Aalfigur. An Räucheraal und Aal in Aspik führt hier kein Weg vorbei.

Reiseplanung Das Fest wird an einem Samstag Ende April/Anfang Mai abgehalten. Räucheraal gibt es auch auf dem Markt von Ely an jedem zweiten und vierten Samstag im Monat. www.eastcambs.gov.uk

❿ Chili Fiesta, West Dean Gardens, England

In der Gartenanlage des West-Dean-Centers für Kunst, Handwerk und ländliche Kultur erfährt man etwas über den Chilianbau in viktorianischen Treibhäusern und kann an 100 Ständen rund 300 Chilisorten probieren.

Reiseplanung Das Fest an einem Augustwochenende kostet Eintritt. West Dean liegt nördlich von Chichester. www.westdean.org.uk

Rechts: Die 100-Kilo-Eisbombe mit Obst ist eine der Attraktionen auf der Ice Cream Expo in Yokohama.

Die Karren der Anbieter dienen zugleich als mobile Küchen und als Verkaufsstand für lokale Spezialitäten.

MALAYSIA

NACHTMARKT IN KOTA BHARU

Eine kleine Stadt im Nordosten Malaysias serviert
unterm Sternenhimmel Straßensnacks der Spitzenklasse.

Zwischen dampfenden Woks und qualmenden Kohlenbecken tummeln sich die Imbissverkäufer des *pasar malam* (Nachtmarkt) von Kota Bharu. Aus einer Fülle appetitlicher Zutaten kochen, grillen, rühren und braten sie traditionelle Gerichte, die aus der Verschmelzung indischer, chinesischer, thailändischer und anderer Esskulturen entstanden sind. Ein Mann backt *murtabak*, eine Art indischer Crêpe, indem er den Teig auf einer heißen Platte pergamentdünn ausstreicht. Dann belegt er ihn mit Hühnerhack, Zwiebeln und Ei, schlägt die Seiten ein und wendet das Päckchen. In der Nähe fächelt ein Mädchen Luft mit einem Palmblatt, um Kohlen zum Glimmen zu bringen. Ihre Mutter, ein Baby auf der Hüfte, wendet die Bambusspieße mit Rindfleisch-*satay*, die in würzig-pfeffriger Chilisauce mariniert sind. An anderen Ständen wird *ayam percik* (malaisisches Grillhähnchen) verkauft, Rindfleisch-*rendang* (in würziger Kokossauce geschmort), *sambal udang* (pikante Garnelen) oder Fisch- und Lammcurrys. Ein Glas *teh tarik* mildert die Schärfe der Imbisskost: Der „gezogene Tee" aus Schwarztee und Kondensmilch wird durch schwungvolles Hin- und Hergießen abgekühlt und zum Schäumen gebracht.

Beste Reisezeit Ganzjährig. In der Regenzeit im Frühjahr und Herbst gibt es täglich Schauer.

Reiseplanung Es gibt tägliche Flugverbindungen nach Kota Bharu von Penang und Kuala Lumpur und gute Straßen- und Zugverbindungen in andere Städte. Die Imbissstände werden ab 17 Uhr aufgebaut. Um 19 Uhr wird der Marktbetrieb für das Abendgebet 45 Minuten lang eingestellt. Anschließend bleibt er mindestens bis Mitternacht geöffnet. Der Markt liegt gleich abseits der Jalan Pintu Pong in der Nähe des Pasar Siti Khatijah (Zentralmarkt) und ist von vielen Hotels zu Fuß erreichbar.

Websites www.tourismmalaysia.de, www.tic.kelantan.gov.my

Marktregeln

Ein Abendessen auf einem malaysischen Straßenmarkt ist eine gesellige Angelegenheit, bei der man ohne Hektik eine Speise nach der anderen genießt.

■ Wählen Sie Ihren ersten Gang und verzehren Sie ihn an einem der kleinen Tische, die überall verstreut stehen.

■ Besteck ist zwar erhältlich, aber normalerweise isst man mit den Händen. Vor und nach dem Essen, bei Bedarf auch zwischendurch, wäscht man sich die Hände mit kaltem Wasser aus der Teekanne in der Tischmitte. Muslime essen nur mit der rechten Hand.

■ Schlendern Sie danach zwischen den Ständen umher und wählen Sie die nächste Köstlichkeit aus.

■ Die meisten Tische gehören zu einem Getränkestand, von dem jemand kommt, um Ihre Bestellung aufzunehmen. Es gibt keinen Alkohol, aber eine große Auswahl an Fruchtsäften.

VIETNAM

STRASSENKÜCHE IN VIETNAM

Nirgends lässt sich die abwechslungsreiche Küche Vietnams besser kosten als an den vielen Imbissständen

Stand mit französischem Brot.

Wer wissen will, was die Vietnamesen essen, braucht nur auf die Straße zu gehen. Das Kochen und Essen im Freien gehört hier zur Lebensart. Eine Armee von Straßenhändlern mit Handkarren, Tragstangen, Fahrrädern oder Mopeds bietet eine unvorstellbare Vielfalt von Speisen und Getränken an. Hier serviert eine Frau ihren auf Plastikschemeln hockenden Kunden *bo pia* (Frühlingsrollen mit chinesischer Wurst), dort belegt eine andere knusprige Baguettes (ein Überbleibsel der Kolonialzeit) mit Schweinebraten, eingelegter Möhre und *daikon* (Rettich), *pâté* und Koriander zum *bánh-mi*-Sandwich. Zwischen den Marktständen der Küstenstadt Hôi An hockt ein Verkäufer neben einem Kohlenbecken und backt *banh khoai*, Pfannkuchen mit Bohnensprossen, Schweinebauch und Garnelen. Eine Köchin serviert *ngo bap*, ein Frühstücksgericht aus Maismehl, schwarzen Bohnen, Erdnüssen, Sesam, Zucker und karamellisierten Schalotten. In den Straßen von Hanoi schenken winzige Lokale *bia hoi* (Fassbier) aus, während nebenan das vietnamesische Nationalgericht *pho* (Nudelsuppe mit Rindfleisch) köchelt oder nordvietnamesische Spezialitäten zubereitet werden, etwa *bánh cuôn*, gedämpfte Reismehlpfannkuchen mit einer Füllung aus Schweinefleisch und Wolkenohrpilzen, gekrönt von karamellisierten Schalotten. Es ist im Grunde egal, wo man anfängt zu probieren. In Vietnam schmeckt das meiste genauso lecker, wie es aussieht.

Beste Reisezeit Von Dezember bis Ende Februar ist es im Süden relativ trocken, in der Mitte kühler und mitunter regnerisch, im Norden feucht-kühl. Im Juni beginnt die Regenzeit, von September bis Ende November gibt es oft Hochwasser.

Reiseplanung Vietnamesische Straßensnacks gibt es rund um die Uhr, sieben Tage die Woche. Die größte Vielfalt wird von Sonnenaufgang bis zum Mittagessen und in den Stunden nach Büroschluss geboten.

Websites www.spirithouse.com.au, www.luxurytravelvietnam.com, www.vietnamtourism.com

Markttipps

Vietnamesische **wet markets** (Lebensmittelmärkte) vereinen eine große Auswahl von Straßensnacks an einem Ort. Alle größeren Märkte haben einen Imbissbereich mit festen Ständen, die alles von dampfender Nudelsuppe bis zu Fruchtsäften und Eisdesserts namens **che** anbieten.

Wählen Sie den Stand, wo es am vollsten ist oder der die meisten anderen Markthändler beköstigt. Achten Sie auf Frauen, die Spezialitäten auf Tabletts herumtragen.

Zeigen Sie beim Bestellen ruhig auf etwas, das jemand anders gerade isst. Die Preise sind selten angeschrieben. Fragen Sie, bevor Sie sich zum Essen hinsetzen. Heiße Gerichte wie Nudelsuppen sind gesundheitlich am unbedenklichsten.

Manche Straßenköchinnen stellen Schemel bereit, damit ihre Kunden sich zum Essen hinsetzen können.

INDIEN

CHAAT IN MUMBAI

Auf dem Heimweg von der Arbeit oder Schule, am Strand oder im Park stärkt man sich mit den Straßensnacks der Stadt.

Die Bürgersteige von Mumbai (Bombay), Indiens größter und dynamischster Stadt und Finanzkapitale, sind ein Schauspiel für sich. Passanten suchen sich ihren Weg zwischen Freiluft-Zahnklempnern, Ohrenreinigungsspezialisten, Schuhputzern und Barbieren. Dazwischen verkaufen Köche an Ständen und Imbisswagen die verschiedensten salzig-knusprigen, süßen oder sauren *chaats* (Snacks). Das sind frittierte Kichererbsen, Puffreis, Ingwer oder Kartoffelpuffer mit einem Belag aus Joghurt, Zwiebeln und Gewürzen. Selbst Bollywoodstars sieht man regelmäßig inmitten der Horden, die sich abends auf der Jagd nach einem schnellen Gaumenschmaus um die besten Stände scharen. Volkstümliche Balladen preisen die Straßenkost der Stadt. Es herrscht die Qual der Wahl, sich zwischen Hunderten delikat gewürzter Snacks zu entscheiden. *Bhelpuri* ist der Favorit unter Mumbais Imbisskost: ein Mix aus knusprigem Puffreis, würzigen Kartoffelstücken, *sev* (krossen Fäden aus Kichererbsenteig), Zwiebeln, Kräutern, Chutney und Limette, den man mit den Fingern oder einem Stück Fladenbrot in den Mund schaufelt. *Vada*, ein stark gewürzter Kartoffelkrapfen, wird auf einem Stück Brot mit Chutney gereicht und ist quasi ein Grundnahrungsmittel. Das erfrischende Joghurtgetränk *lassi*, gesüßt oder mit einer Prise Salz, kühlt den Gaumen nach der ungewohnten Schärfe.

Beste Reisezeit Wer die Straßensnacks richtig genießen will, meidet die Monsunzeit von Juli bis September, in der es von Fliegen wimmelt.

Reiseplanung Chaat-Verkäufer und -Lokale gibt es überall in Mumbai. Landesweit berühmt sind die Stände am Chowpatty Beach. Auch vor Bahnhöfen und Hochschulen drängen sich die Stände. Um Magenverstimmungen vorzubeugen, sollten Sie nur dort essen, wo Sie sehen können, wie das Essen zubereitet wird. Wie überall in Indien sollten Sie auf Getränke mit Eis verzichten, nur Wasser aus originalverschlossenen Flaschen trinken und Obst vor dem Verzehr schälen.

Website www.india-tourism.de

 **Mango-Lassi**

Lassi stammt aus dem Pandschab. Die klassische Version wird aus Joghurt, Wasser, Salz und Gewürzen zubereitet. Es gibt auch gesüßte Frucht-*lassis*.

Für 4 Personen
1 frische Mango oder
Mangopüree aus der Dose
700 g Naturjoghurt
250 ml Milch
100 g Zucker
zerstoßenes Eis zum Servieren
Kardamom

Frische Mango in Scheiben schneiden und entsteinen. Mangofleisch mit Joghurt, Milch, Zucker und Kardamom im Mixer etwa 2 Minuten glatt pürieren.

Vor dem Servieren die Gläser jeweils zur Hälfte mit Eis füllen und mit *lassi* auffüllen. Mit etwas Kardamom bestreuen. *Lassi* kann bis zu 24 Stunden im Kühlschrank aufbewahrt werden.

Gegenüber: Ein Imbisswagen wird in Position gebracht. Oben: Bhelpuri kann mit verschiedenen Zutaten garniert werden.

Halten Sie Ausschau nach fliegenden Händlern mit mobilen Ständen, die Passanten mit *puchkas* versorgen.

INDIEN

PUCHKAS IN KOLKATA

Die knusprig frittierten Brotfladen mit flüssiger
Würzfüllung explodieren regelrecht auf der Zunge.

Zwei ganz verschiedene Erfahrungen winken beim Besuch der Victoria Memorial Hall und ihrer angrenzenden Gärten im Herzen der nordostindischen Stadt Kolkata (Kalkutta). Da ist zum einen der Gedächtnispalast zu Ehren der englischen Königin Victoria und „Kaiserin von Indien". Der Bau dauerte 20 Jahre und verschlang bis zur Einweihung 1921 rund 10 Millionen Rupien. Auf der anderen Straßenseite lockt die kulinarische Tradition der *puchkas*. Der pikante Straßensnack entfaltet durch seine unterschiedlichen Aromen und Konsistenzen ein Feuerwerk an den Geschmacksnerven und ist der Stolz der Bürger von Kolkata. Überall in der Stadt stehen die Stände und Karren. Der Koch nimmt eine knusprige, hohle *puri*-Teighülle, drückt ein Loch hinein und füllt es mit einer flüssigen Würzmischung. Der etwas heikel zu handhabende Snack sollte mit einem Happs verzehrt werden, da er beim Anbeißen praktisch explodiert. Die überwältigende Aromafülle ist das Wagnis unbedingt wert. Die meisten Kunden bestellen zwischen fünf und acht *puchkas*, die der Verkäufer nacheinander befüllt und ihnen einzeln aushändigt. Geübte Esser können mit dem Tempo des *puchka walla* (Verkäufer) mithalten. So entwickeln sich regelrechte Wettbewerbe darum, wer die meisten *puchkas* verschlingen kann.

Beste Reisezeit Am angenehmsten ist Kolkata von November bis Ende März. Dann ist die Luft frisch und nicht so schwül wie im Sommer.

Reiseplanung Der Flughafen Netaji Subhash Chandra Bose wird von den meisten indischen Städten und vielen internationalen Flughäfen aus angeflogen. Verkehrsmittel vor Ort sind billig. Halten Sie immer etwas Kleingeld für Straßensnacks bereit. Ein Erlebnis ist es, mit einer der klapprigen Straßenbahnen durch die verstopften Straßen der Stadt zu zuckeln.

Websites www.indianholiday.com, www.kolkata.org.uk, www.india-tourism.de

Puchka-Füllungen

Puchkas heißen in Mumbai *pani puri*, in Delhi *gol goppa*. Die flüssige Füllung wird normalerweise mit Tamarindenextrakt, Dattelpüree, Kreuzkümmel, zerstoßenen Minzblättern, Chilipulver, gemahlenem Koriander, schwarzem Salz und Zimt zubereitet. Die Mischung variiert von Region zu Region.

Inzwischen sind die *puchkas* vom reinen Straßenimbiss zum Trendsnack avanciert und haben ihren Weg bis auf die Hochzeitsbüfetts gefunden, wo sie gern mit geeistem Gewürzwasser, Wodka oder anderen exotischen Füllungen verspeist werden.

FALAFEL IN ISRAEL

Die Falafel ist der Star des reichhaltigen Imbissangebots von Jerusalem, das aus vielen Küchentraditionen schöpft.

Falafel im Fladenbrot sind ein Lieblingssnack der Stadt.

Dank der jüdischen und arabischen Bevölkerung und der Einwanderer aus aller Welt ist das moderne Israel zum Schnittpunkt der mediterranen und orientalischen Küchen geworden. Nirgends zeigt sich diese kulinarische Vielfalt deutlicher als bei den Straßenimbissen von Jerusalem. In der Altstadt steht das langgediente Süßwarengeschäft Jaffar's Sweets am Souk Khan es-Zeit beim Damaskustor. Es stellt täglich *kanafeh* her, aus schrill orangefarbenem, in Zuckersirup getränktem Filoteig, und andere arabische Schleckereien. Eine deftigere Spezialität ist *maqluba*, ein Schmorgericht aus Reis, Auberginen, Tomaten, Zwiebeln, Blumenkohl und Lamm oder Huhn. Das nahöstliche Grundnahrungsmittel Hummus (Kichererbsenpüree) probiert man am besten in den Gassen der Altstadt oder Lokalen wie Lina und Abu Shukri. Aber auch die Imbisstheken der Neustadt, wie Ta'ami und Pinati, bereiten es köstlich zu. Ansonsten bieten die Buden den urtypischsten Jerusalemer Imbiss an: frittierte Kichererbsenbällchen, weltweit als Falafel bekannt. Die saftigen Knusperhappen werden im Fladenbrot mit verschiedenen Zutaten serviert. Vorherrschend ist die mit Koriander und Petersilie grün gefärbte Version, wogegen sich die jemenitische Variante ohne Kräuter in Goldbraun präsentiert.

Beste Reisezeit Die traditionellen Feste im Frühjahr und Herbst sind besonders stimmungsvolle Zeiten in Jerusalem, aber mit Besucherrummel und Preissprüngen verbunden. Das gilt auch für den Sommer; außerdem wird es dann drückend heiß.

Reiseplanung Planen Sie ein paar Tage zur Erkundung der Altstadt ein. Weitere Besucherziele sind die Holocaustgedenkstätte Yad Vashem und das Israel-Museum. Angeboten werden auch Tagesausflüge ans Tote Meer, nach Bethlehem und zu den Weingütern, Ziegenfarmen und Olivenölmühlen der Judäischen Berge.

Websites www.jerusalemite.net, www.jerusalem.com, www.goisrael.com

Falafel-Beilagen

■ Die Falafel werden in *laffa* (Fladenbrot) gewickelt. Das Fladenbrot, das Einwanderer aus dem Irak mitbrachten, wird in Jerusalem auch *eish tanur* (Ofenflamme) genannt.

■ Verschiedenfarbige Kohlsorten oder *kruv* werden meist gesäuert, manchmal auch mit Mayonnaise angemacht.

■ *Amba* ist eine irakische Mangosauce mit Bockshornklee und Kurkuma.

■ Die jemenitische Pfefferpaste *charif* gibt es in roten und grünen Varianten und verschiedenen Schärfegraden.

Obwohl sie in heißem Fett ausgebacken werden, sind gute Falafel nicht fettig.

Die Straßen der Altstadt von Sarajevo sind voller Terrassenrestaurants, Läden und Märkte.

Imbiss in Sarajevo

Überall in Sarajevo gibt es Imbissläden, die zu jeder Tageszeit köstliche gefüllte **pita** (Teigtaschen) verkaufen. Zu den beliebtesten Sorten gehört **burek** aus zartem Blätterteig mit Fleischfüllung, aber es gibt noch viele andere Varianten, etwa mit Käse (*sirnica*), Käse und Spinat (*zeljanica*), Kürbis (*tikvinica*) und würziger Kartoffelfüllung (*krompirusa*).

Die Teigtaschen werden stückweise oder nach Gewicht verkauft. Zu den beliebtesten Anbietern gehört Bosna in der Bravadziluk.

BOSNIEN UND HERZEGOWINA

Cevapi in Sarajevo

Cevapi sind Bosniens Nationalgericht. Die besten gibt es in der Altstadt der bosnischen Hauptstadt.

Die Bašcaršija (Altstadt) von Sarajevo wurde im 15. Jahrhundert unter der Osmanenherrschaft erbaut. Beim Bummel durch die gepflasterten Gassen duftet es überall nach den zahlreichen *cevabdzinica*-Lokalen des Viertels, die auf die Zubereitung von *cevapi* spezialisiert sind. Die saftigen, würzigen Hackfleischröllchen sind bei uns besser bekannt als Cevapcici. Sie werden auf offenem Kohlefeuer gegrillt und in *somun*, einem weichen Fladenbrot, gereicht. Die Speise kam vermutlich mit den Osmanen in die Region. Im vorwiegend muslimischen Bosnien bereitet man sie aus Rind- oder Lammfleisch oder einer Mischung aus beiden zu. Als Beilage gibt es normalerweise rohe, gehackte Zwiebeln. Man kann die Hackhäppchen aber auch mit *kajmak* (Rahm) oder *ajvar*, einer Würzsauce aus Paprika, Aubergine, Knoblauch und Peperoni, genießen. Nachgespült wird mit dem Joghurtgetränk *ayran* oder mit Fruchtsäften. Wer es schärfer mag, probiert *šis cevap*, bei denen das Rinderhack mit Peperoni angereichert wird. Zu den besten und beliebtesten *cevabdzinica*-Lokalen gehören Željo und das Schwesterlokal Željo II, beide in der Kundurziluk, gleich um die Ecke vom Basar und der Gazi-Husrev-Beg-Moschee.

Beste Reisezeit Ganzjährig. Von Mai bis Ende September ist das Wetter am schönsten. Beim einmonatigen Festival Bašcaršijske noći im Juli gibt es kostenlose bosnische Musik-, Theater- und Tanzdarbietungen im Freien. Im August findet das renommierte Sarajevo Film Festival statt.

Reiseplanung Nehmen Sie sich zwei bis drei Tage Zeit für Sarajevo. Das Zentrum lässt sich gut zu Fuß erkunden. Die Altstadt liegt nur eine kurze Taxi- oder Straßenbahnfahrt vom Busbahnhof entfernt. Der Flughafen ist per Taxi, Straßenbahn oder Bus zu erreichen. Tischreservierungen sind nicht notwendig.

Websites www.sarajevo-tourism.com, www.sarajevo.ba, www.bascarsijskenoci.ba

BELGIEN

FRITTENSCHMAUS IN GENT

Eine der schönsten Städte Europas lockt
mit perfekt zubereiteten Pommes frites.

Die Belgier sind begeisterte Esser und von Kindesbeinen an in der Kunst der guten Küche geschult. Diesen hohen Anspruch stellen sie selbst an ihr Fastfood. Der ultimative belgische Straßensnack ist ohne Zweifel die bescheidene Fritte, die hier in höchster Vollendung serviert wird: zischend heiß, knusperfrisch, mit einem großzügigen Schlag Mayonnaise. In der alten flämischen Universitätsstadt Gent steuern Frittenfans am besten den Vrijdagmarkt an, den großen Marktplatz in der Altstadt. Hier finden sie Frituur Jozef, eine klassische hölzerne Frittenbude, flämisch *frietkot*, die schon seit 1898 Pommes frites brutzelt. Dabei wird nicht getrickst: Nach wie vor schält und schneidet das Inhaberpaar die Kartoffeln jeden Morgen persönlich. Frituur Jozef hat auch die traditionellen Beilagen im Angebot, wie Frikadellen in Tomatensauce, *frikandel* (frittierte Fleischröllchen) und *stoofvlees* mit Senf (süßliches, in Bier geschmortes Rindergulasch), auch *vlaamse karbonaden* genannt. Diese Frittenbude sollte man in Ehren halten, denn die einst allgegenwärtigen traditionellen *frietkoten* werden zunehmend verdrängt.

Beste Reisezeit Frituur Jozef öffnet Montag bis Freitag von 11.30 bis 22 Uhr, Samstag von 11.30 bis 20 Uhr und Sonntag von 17 bis 22 Uhr. Gent ist zu jeder Jahreszeit einladend, selbst bei beißender Winterkälte, wenn die tief stehende Sonne die Kirchtürme vergoldet und die Grachten spiegelglatt daliegen.

Reiseplanung Gent hat als eine der größeren flämischen Städte gute Zugverbindungen über Brüssel und Autobahnanbindungen nach Deutschland und in die Niederlande. Die Stadt besitzt interessante Kirchen und Museen. In der Kathedrale ist einer der größten Kunstschätze Mitteleuropas zu bewundern: das mehrflügelige Altarbild rund um die „Anbetung des Lamms" von Jan und Hubert van Eyck aus dem 15. Jahrhundert.

Websites www.frites.be, www.visitgent.be

Fritten vom Feinsten

Belgische Pommes frites gelten als Gipfel der Frittenkultur. Ihre Spitzenqualität beruht auf mehreren Faktoren. Am wichtigsten ist, dass sie zweimal frittiert werden. Man nehme die gewünschte Menge mehlig kochender Kartoffeln; die Belgier bevorzugen die heimische Sorte **Bintje.**

Die Kartoffeln in Stifte etwa von der Dicke eines kleinen Fingers schneiden.

Die Kartoffelstäbchen in frischem, heißem Öl (früher nahm man Rindertalg) frittieren, bis sie durchgegart sind. Herausnehmen und abkühlen lassen.

Die Kartoffeln ein zweites Mal frittieren, damit sie außen knusprig goldgelb und innen schön weich werden.

Überall in Gent bekommt man knusprige Pommes frites, meist in der Papptüte und mit einem ordentlichen Klecks Mayonnaise.

MATJES IN DEN HAAG

Jeden Frühsommer werden die ersten Matjes der Saison am Hafen von Scheveningen mit einem großen Fest begrüßt.

Met of zonder?" das ist hier die Frage. Mit oder ohne gehackte Zwiebeln? Unter der Markise und den flatternden niederländischen Fähnchen des Imbisswagens verkündet ein Schild „*nieuwe haring*" (neuer Hering), bei uns besser bekannt als Matjes. «Mit» lautet die richtige Antwort und schon wandert das milde Salzheringsfilet samt Schwanzflosse über die Theke, in der Styroporschale und arrangiert mit einer guten Portion Zwiebelwürfel. Der Hering glänzt silbrig und rosa wie die Morgendämmerung über der Nordsee. Man packt ihn am Schwanz, wendet ihn in den Zwiebelwürfeln, legt den Kopf in den Nacken und lässt ihn direkt in den Mund gleiten, um das zart-saftige Aroma auszukosten. Die Niederländer sind ganz wild auf diesen Snack, besonders im Frühsommer, wenn die Matjes, die ersten jungen und besonders zarten Heringe der Saison, in den Verkauf kommen. Hering gibt es das ganze Jahr über an Straßenständen, sogenannten *haringstalletjes*, und im Supermarkt zu kaufen. Die Fischhändler häuten und filetieren die schon auf den Fangschiffen ausgenommenen Fische mit ihren kurzen, scharfen Messern in ungeheurem Tempo. Vor dem Verzehr reifen die Matjes einige Tage in milder Salzlake namens *pekel*. Daher stammt übrigens das deutsche Wort „pökeln". Ganz puristische Anbieter locken mit kaum mehr als einem Fässchen *nieuwe haring* in *pekel* und einem Behälter gehackter Zwiebeln. «*Met of zonder?*»

Beste Reisezeit Am Vlaggetjesdag, meist am zweiten Samstag im Juni, kommen mit großem Festrummel die ersten Matjes der Saison in den Verkauf. Die eigentliche Matjessaison dauert etwa zwei Monate (Juni/Juli), aber Hering gibt es das ganze Jahr über. Den Haag ist zu jeder Jahreszeit ein interessantes Reiseziel.

Reiseplanung Den Haag liegt 50 Kilometer südöstlich von Amsterdam und 40 Kilometer südöstlich vom Flughafen Schiphol. Der Hafen- und Badeort Scheveningen, ein Stadtteil von Den Haag, ist fünf Kilometer vom Stadtzentrum entfernt.

Websites www.denhaag.com, www.vlaggetjesdag.com

Mmh wie Matjes

Jedes Jahr wird mit Spannung der Termin Anfang Juni erwartet, zu dem die Heringe die richtige Größe und den optimalen Fettgehalt erreicht haben. Dann fällt der offizielle Startschuss zum Verkauf des ersten neuen Herings der Saison: *de eerste vaatje Hollandse Nieuwe.* Die Fischfans strömen zum Hafen von Den Haag in Scheveningen, um an den Buden zu schlemmen. Das erste angelandete Matjesfässchen wird zu einem gigantischen Preis von – in den letzten Jahren – über 50 000 Euro versteigert. Das Geld wird wohltätigen Zwecken gespendet.

Am ersten Samstag der Saison feiert Scheveningen den *Vlaggetjesdag* (Fähnchentag) zur offiziellen Begrüßung der ersten neuen Matjes. Die Schiffe werden mit Fähnchen geschmückt und Tausende von Besuchern erfreuen sich an Showspaß, maritimem Handwerk und fischigen Genüssen.

Die einzig richtige Technik: Kopf in den Nacken, Mund auf und hinein mit dem Leckerbissen.

Zeitungspapier war einmal. Heute werden *fish and chips* meist in einfaches weißes Papier gewickelt.

Pie and Mash Shops

Trotz des Namens verdanken diese Imbisslokale ihren Ruhm in erster Linie nicht ihren *pies* (Pasteten) und ihrem *mash* (Püree), sondern **Aal, in Aspik oder geschmort.** Der leuchtend grüne Aal in Aspik wird kalt serviert. Zum geschmorten Aal werden Kartoffelpüree und *liquor* (Petersiliensauce) gereicht. Weniger experimentierfreudige Esser können zu ihrem Püree eine Fleischpastete genießen. Die traditionelle Variante ist mit Rindfleisch gefüllt, aber es gibt auch andere Sorten. Im Süden und Osten Londons halten sich neben den drei Pasteten-, Püree- und Aallokalen von **M. Manze** noch ein paar weitere traditionelle *pie and mash shops.*

ENGLAND

FISH AND CHIPS

Am besten schmeckt das Duo an der englischen Küste, wo einem die Meeresbrise um die Nase weht.

In goldbraunem Knusperteig frittiertes Fischfilet mit dicken, handgeschnitzten Pommes frites war früher das Lieblingsessen englischer Arbeiter. Damals begannen die Hochseefischer der viktorianischen Ära vor Englands Nordostküste nach Kabeljau zu fischen. Heute ist das Gericht überall im Land verbreitet. Am leckersten schmeckt es in den Lokalen in Nordengland, im Lokaljargon *chippies* genannt. Dort liegen die größten Fischereihäfen und die südenglischen Vorbehalte gegen fettreiche Kost sind weitgehend unbekannt. Die besten nordenglischen *chippies* brutzeln *fish and chips* wie eh und je in siedendem Rindertalg, der sich so hoch erhitzen lässt, dass der Fisch im Handumdrehen gar ist und sich eine unglaublich krosse Teigkruste um das saftig-mürbe Fischfleisch bildet. Traditionell würzt man *fish and chips* mit reichlich Salz und Malzessig und reicht dazu eine Tasse süßen Tee mit Milch sowie eine Schale *mushy peas* (herzhaftes Erbspüree aus grünen Markerbsen). Das Gericht ist in England von staatstragender Bedeutung: Der ehemalige Premierminister John Major klärte während seiner Amtszeit die Bürger darüber auf, dass man den Essig stets vor dem Salz über das Essen geben muss.

Beste Reisezeit *Fish and chips* gibt es zu jeder Jahreszeit. Das britische Klima ist bekannt für seine Unberechenbarkeit. Aber gerade Nordengland, die Heimat der besten *chippies,* wirkt bei kaltem, düsterem Winterwetter oft besonders romantisch.

Reiseplanung Die Nordseebrise regt den Appetit an. Alle Fish-and-Chips-Imbisse bieten den Snack zum Mitnehmen an, normalerweise in Papier gewickelt. Fish-and-Chips-Läden kommen und gehen. Die besten werden alljährlich mit dem „Fish & Chip Shop of the Year Award" der Federation of Fish Friers ausgezeichnet.

Websites www.federationoffishfriers.co.uk, www.clickfishandchips.co.uk, www.manze.co.uk

MAROKKO

ABENDESSEN IN MARRAKESCH

Abends verwandelt sich der Hauptplatz der schönen Stadt im Westen Marokkos in ein großes, quirliges Freiluftrestaurant.

Auf der betriebsamen Djemaa el-Fna, dem Hauptplatz der Altstadt von Marrakesch, tauchen in der Dämmerung von überallher Männer und Jungen mit provisorischen Tischen, Kochern, Töpfen und Pfannen auf. In Windeseile sind Tische und Stühle aufgestellt, Töpfe mit Flüssigkeit gefüllt und Kohlenbecken angezündet. Der Duft von würzigem Rauch, Kebab, gebratenem Fisch und warmem Brot steigt in die Luft. So beginnt der Abendmarkt von Marrakesch, die intensivste und spektakulärste kulinarische Erfahrung in ganz Marokko. Bei Trommelklängen und Glockenläuten, zwischen Schlangenbeschwörern, Geschichtenerzählern, Feuerschluckern und Zauberern kann man hier Speisen kosten, die zu den billigsten und frischesten der Stadt gehören. Allein der Rundgang über den Markt ist ein Erlebnis. Neulinge der marokkanischen Küche suchen sich am besten einen Stand, der von allem etwas anbietet: Tajines, Couscous, Kebabs, Gemüse und Salate. Viele Stände haben nur ein oder zwei Spezialitäten, wie geschmorte Lammfleischstreifen mit Kreuzkümmel und warmem Brot, *harira* (Suppe mit Kichererbsen und Linsen), würzige *merguez*-Wurst oder Kebabs. Mutige probieren Kuttelsuppe oder gekochten Lammkopf. Während die moderne marokkanische Küche in der rosaroten Stadt zu neuen Gipfeln der Raffinesse strebt, verspricht der Abendmarkt noch immer das aufregendste Esserlebnis.

Beste Reisezeit Marokko ist am angenehmsten in der kühleren Zeit von September bis Ende Mai. Der Markt beginnt ab 18 Uhr.

Reiseplanung Nehmen Sie sich Zeit, um den Platz und die *suks* (Basare) an der Nordseite zu besuchen. Hier ist auch tagsüber viel los. Die Dachterrasse des Café de France bietet einen Blick auf den Platz. Planen Sie drei bis vier Tage ein, um die Stadt zu besichtigen und ihre fabelhaften Restaurants zu besuchen. Das schicke traditionelle Riad Tamsna, 23 Derb Zanka Daika, ist nett zum Mittagessen. Abends lockt Le Foundouk, 55 rue du Souk des Fassi, mit köstlicher französisch-marokkanischer Küche. Dar Moha, 81 rue Dar El Bacha, und Dar Yacout, 79 rue Sidi Ahmed Soussiare, gehören zu den führenden Gourmetrestaurants von Marrakesch.

Websites www.morocco-travel.com, www.visitmorocco.com, www.darmoha.ma

Tajine

Die Tajine, eine traditionelle Spezialität der Berber, ist aus der marokkanischen Küche nicht wegzudenken. Das sehr **aromatische Schmorgericht** aus Fleisch oder Fisch mit Gemüse gibt es auch in vegetarischen Varianten.

Das Gericht verdankt seinen Namen dem tönernen Schmortopf mit konischem Deckel, in dem es normalerweise zubereitet wird. In traditionellen marokkanischen Haushalten steht er auf einem Holzkohleofen. Laufend wird Kohle nachgelegt, um die Hitze gleichmäßig um den Boden des Topfs zu verteilen. So bleiben die sanft geschmorten Zutaten wunderbar zart und saftig und die würzige Schmorsauce wird langsam eingeköchelt.

Die meisten Tajines werden mit Huhn oder Lamm zubereitet. Die traditionellen Versionen unterscheiden sich vor allem durch die verwendeten Bratfette und Gewürze. Manche werden in **Butter** mit **Mandeln** geschmort, andere mit **Zwiebeln** aromatisiert, wieder andere mit **Ingwer** und **Safran** gewürzt. Auch eingelegte Zitronen sind eine häufig verwendete Zutat.

Gegenüber: Ein Imbissverkäufer der Djemaa el-Fna wartet auf Kundschaft. Oben: Sehr beliebt sind Kebabs.

GOURMET-STÄDTE

Was macht eine echte Gourmetstadt aus? Die Zahl und Vielfalt ihrer Restaurants? Die Begeisterung der Bewohner für ihre lokalen Spezialitäten? Die Kreativität ihrer Köche? All das spielt eine Rolle. Eine Stadt kann Besucher mit ihrer Lage, mit Baudenkmälern oder Museumsschätzen locken. Aber gutes Essen kann mindestens ebenso anziehend sein.

Für manchen ist die Aussicht auf köstliche Cajun-Spezialitäten Grund genug für eine Reise in die amerikanischen Südstaaten. Connaisseure durchkämmen Neapels Gassen nach der einzig wahren Pizza oder besuchen die mittelalterlichen Städte Südwestfrankreichs, um alle Varianten des deftigen Cassoulet-Eintopfs zu vergleichen. Liebhaber der Fischküche können nach Sydney reisen, um dort prachtvolle Krustentiere zu genießen oder ins indische Goa, wo es extravagante Meeresfrüchte gibt. Auf solchen Reisen scheinen drei Mahlzeiten am Tag nicht auszureichen.

Am Südufer der Themse verwöhnen viele neue Restaurants ihre Gäste mit hervorragender moderner Kochkunst und einem Traumblick auf Londons Stadtpanorama.

QUEBEC-KÜCHE IN MONTREAL

Kontinentales Klima, französische Wurzeln und viel Tatkraft
schaffen die Voraussetzungen für Gourmetgenuss in Montreal.

In der Provinz Quebec leben fleißige Farmer, es wächst sonnenverwöhntes Obst und Gemüse, es herrschen gallischer Geschmack und Stil. Die Trappervergangenheit der Region brachte vor allem herzhafte Kost hervor, die zugleich wärmt und sättigt. Die Stadt Montreal wartet mit hervorragenden Vertretern dieser Kochtradition auf, von vornehmen Restaurants (*restos* im hiesigen Slang) bis zu Imbissen mit Resopaltischen. Eine probierenswerte Fastfood-Spezialität ist *poutine*: Pommes frites mit sämiger Bratensauce und quarkigen Frischkäsestückchen. Montreals Köche pflegen enge Beziehungen zu den Farmern, Fischern und Pilz- und Kräutersammlern der Region. Besonders erwähnenswert sind die aromatischen Rauchfleischprodukte der Gegend, vor allem die Schinken. Der Ahornsirup, den Quebecs Zuckerkochereien im Frühjahr einköcheln, wird das ganze Jahr über zu Desserts der Spitzenklasse verarbeitet, wie *pouding chômeur* (in Ahornsirup getränkter Biskuitteig) und die Zuckerbombe *tarte au sucre*. Nach einem Besuch der Stadt hat man garantiert ein paar Pfund mehr auf den Rippen!

Beste Reisezeit Von Frühjahr bis Herbst kommen regionale Frischprodukte auf den Tisch.
Im Frühjahr werden junge Farnsprossen geerntet, im Sommer eine üppige Vielfalt an Gemüse.
Noch schöner ist vielleicht der warme Herbst, wenn sich die Ahornblätter röten und Wildpilze, Paprika, Auberginen, Kürbisse und sonnengereifte Tomaten köstliche Verbindungen mit dem saftigen Fleisch der Region eingehen.

Reiseplanung Einige kleinere Restaurants, vor allem in der Mount-Royal-Region, haben keine Lizenz zum Alkoholausschank, erlauben Gästen aber eigene Getränke mitzubringen. Achten Sie auf den Hinweis „*Apportez Votre Vin*" („Bringen Sie Ihren eigenen Wein mit") im Fenster. Bei den meisten besseren Restaurants müssen Sie reservieren.

Websites www.montreal.com, www.restomontreal.ca, www.restaurantaupieddecochon.ca, www.restaurant-toque.com, www.schwartzsdeli.com

Toptipps

Bei **Au Pied de Cochon** kreiert Küchenchef Martin Picard pure Quebec-Küche mit geradezu dekadenten Geschmackserlebnissen.

Das preisgekrönte **Toqué!** ist eines der führenden Spitzenrestaurants Kanadas. Hier werden die besten Frischprodukte der Region kreativ zubereitet.

Eine Alternative für etwas schmalere Geldbeutel ist **Schwartz's.** Die Spezialität des ältesten Delis der Stadt ist Montreal-Rauchfleisch. Fragen Sie bloß nicht nach magerem Fleisch: Das Aroma steckt im Fett.

Die Place Jacques Cartier im Herzen der Altstadt von Montreal ist von Restaurants, Geschäften und Kunstgalerien gesäumt.

Herzhafte *gumbos*, Eintöpfe mit Gemüse und Meeresfrüchten, sind ein Muss im sogenannten Lowcountry.

SOUTH CAROLINA, USA

CHARLESTONS KOCHKUNST

In den Kopfsteingassen der Altstadt von Charleston gedeihen die üppige Küche und Gastfreundschaft der Südstaaten.

Die Küstengebiete von South Carolina und Georgia werden als „Lowcountry" bezeichnet. Ihre kulinarische Hauptstadt ist Charleston in South Carolina. Die Lowcountry-Küche besteht vor allem aus traditionell zubereiteten, frischen Zutaten der Region: Reis, Maisgrütze, Obst und Gemüse sowie der jeweilige Tagesfang werden durch afrikanische, karibische, französische und andere internationale Einflüsse verfeinert. Zum Frühstück gibt es *grits*, in Milch gekochten Maisschrot mit reichlich Butter, und dazu gebratene Garnelen. Wer authentische Plantagenküche kosten möchte, besucht das Middleton Place House Museum, eine restaurierte Plantage aus dem 18. Jahrhundert. Das dazugehörige Restaurant serviert Mary Sheppard's Gumbo nach einem alten Plantagenrezept. In diesem sämigen Eintopf paaren sich herzhafte Aromen von Eisbein, Rinderrippchen, Okra, Garnelen, Zwiebeln, Tomaten und jungen Limabohnen. Außerdem muss man in Charleston unbedingt *she-crab soup* probieren, eine cremige Suppe aus Blaukrabbenfleisch und orangefarbenem Krabbenrogen mit einem Schuss Sherry. Sie ist nach den weiblichen Krabben benannt, die den Rogen beisteuern.

Beste Reisezeit Das zeitige Frühjahr und der Spätherbst sind gute Zeiten für einen Besuch, mit Temperaturen zwischen 15 und 26 Grad. Anfang März findet das viertägige BB&T Charleston Food and Wine Festival statt, mit Kochvorführungen heimischer Köche und Weinverkostungen.

Reiseplanung Bleiben Sie mindestens fünf Tage in Charleston, um die Küche zu genießen und die Museen und die restaurierten Plantagen zu besuchen. Außerdem können Sie die schöne Küste und die vorgelagerten Inseln per Kajak, Fähre oder Ökobootstour erkunden.

Websites www.charlestoncvb.com, www.middletonplace.org, www.mavericksouthernkitchens.com, www.charlestonfoodandwine.com, www.culinarytoursofcharleston.com

Das Lowcountry erleben

■ Nehmen Sie Kochunterricht bei Spitzenköchen des Lowcountry. **Charleston Cooks!** veranstaltet regelmäßig Vorführungen und Kochkurse wie „Taste of the Lowcountry", mit wechselndem Speiseplan und Verkostung der Ergebnisse.

■ Von März bis November lockt in Charlestons Altstadt jeden Samstag ein **Farmers' Market** mit lokalen Agrarprodukten, Blumen, Schmuck, Kunsthandwerk und Livemusik.

■ Schlemmen Sie auf einer **kulinarischen Stadtführung** in Charleston. Culinary Tours of Charleston bietet Rundgänge und Busrundfahrten an, die Kulturgeschichtliches mit Stippvisiten in Restaurantküchen und bei traditionellen Lebensmittelproduzenten kombinieren.

TEX-MEX IN SAN ANTONIO

Eingeweihte finden abseits des Stadtzentrums altbewährte
Lieblingslokale und die besten Neueröffnungen.

San Antonios berühmte Tex-Mex-Adressen, wie Mi Tierra und Rosario's, sind schon einen Besuch wert. Aber wer dem Rummel im Zentrum entkommen möchte, fährt gen Norden. In einer nichtssagenden kleinen Ladenreihe an der East Basse Road versteckt sich das Cafe Salsita, ein winziges Frühstücks- und Mittagslokal mit Tischen drinnen und draußen. Was die Einrichtung an Originalität und Geschmack vermissen lässt, macht das orangefarbene *chili de arbol salsa* mit seiner Cremigkeit und Süße wett, die an eine schokoladenhaltige *mole* erinnert. Dazu passt Eric's Special, ein gigantischer Frühstückstaco mit Speck, Rührei, geschmolzenem Käse und einem Hauch *pico de gallo* (Würzsauce aus Tomate, Zwiebel und Chili). Fünf Minuten weiter nördlich liegt am Broadway die urige Taco Garage. Ihr Rennwagenambiente mit Souvenirs, Fotos und gestreiften Fahrersitzen passt gut zur Neonreklame und den tropischen Farben von San Antonios Tex-Mex-Szene. Auf der Speisekarte dieses Tex-Mex-Paradieses stehen Klassiker wie *chili con carne enchiladas* und teuflisch gute *chilaquiles*, ein Mix aus *jalapeño*-Nachos und Rührei, gewickelt in eine frisch gebackene Tortilla – der perfekte, vegetariertaugliche Mix aus Käse, Knusprigkeit und Schärfekick. Etwas ruhiger geht es bei Teka Molina zu, einer Institution seit 1937. Hier kommt die Maistortilla mit Käse, Gemüse und, ganz nach Wunsch, Bohnen, Huhn, Rindfleisch oder Guacamole.

Beste Reisezeit Im Sommer ist es heiß in San Antonio, aber die Restaurants sind klimatisiert.

Reiseplanung Wenn Sie mit dem Taxi zu Zielen außerhalb des Zentrums fahren, lassen Sie sich für die Rückfahrt die Nummer der Taxifirma geben. Tischreservierungen sind überflüssig. Wenn sich überhaupt Schlangen bilden, etwa bei Rosario's, werden sie schnell abgearbeitet.

Websites www.cafesalsita.com, www.centralmarket.com, www.mitierracafe.com, www.tacohaven.info, www.titosrestaurant.com

Für mutige Esser

Es gibt kaum einen Teil der Kuh, der in San Antonio nicht kulinarisch verwertet würde. Fangen Sie mit etwas relativ Harmlosem an, einem **Barbacoa Taco** von Arturo's Barbacoa. Das ist ein traditionelles Grillgericht aus dem Fleisch vom Kopf der Kuh: zart, saftig, mit markantem Raucharoma.

Wer jetzt noch Platz im Magen hat, kann **La Lengua** in Tito's Mexican Restaurant probieren: Rinderzunge in mundgerechten Häppchen mit Bratensauce. In anderen Lokalen der Stadt wird La Lengua in Tacos gereicht. Im Taco Haven kommt die *asada*-Version mit gerösteter Paprika, ohne dickflüssige Sauce, auf den Tisch.

Ganz Unerschrockene schauen bei Mi Tierra auf eine Tasse *menudo*-Suppe vorbei. Dieses beliebte Frühstücksgericht besteht hauptsächlich aus Kutteln, soll aber immerhin bei Margarita-Kater helfen.

Rosario's serviert in San Antonios Künstlerviertel Southtown legendäre Margaritas und moderne Tex-Mex-Küche und ist jeden Abend proppenvoll.

Jazzklänge begleiten die Besucher des French Quarter in New Orleans auf Schritt und Tritt.

Die ersten Starköche

Ohne die Verdienste von Jamie Oliver und Johann Lafer schmälern zu wollen: Der Kult um die Kochlöffelprominenz begann mit zwei Cajun-Köchen, **Paul Prudhomme** und **Emeril Lagasse**.

Niemand außerhalb des Mississippi-Deltas kannte „Chef Paul" (oder seinen in Butter geschwärzten Redfish), als er 1979 sein **K-Paul's Louisiana Kitchen** im French Quarter eröffnete. Trotzdem brachte es der Koch, der im ländlichen St. Landry Parish in Südwestlouisiana aufwuchs, schließlich zu einer eigenen Kochsendung und seinem persönlichen Cajun-Gewürzsortiment. Chef Paul, dessen Markenzeichen die weiße Ballonmütze und der Stock mit Silbergriff sind, erhielt als erster amerikanischer Koch den begehrten Mérite Agricole der französischen Regierung.

Lagasse, der in Massachusetts geborene Sohn einer Portugiesin und eines Frankokanadiers, betrat 1982 erstmals eine louisianische Küche, als er Küchenchef des **Commander's Palace** in New Orleans wurde. Später eröffnete er dort sein eigenes Lokal **Emeril's**.

Frische Krebse aus der Region.

LOUISIANA, USA

CAJUN-KÜCHE IN NEW ORLEANS

Cajun-Köche zaubern aus europäischen Traditionsgerichten neue Klassiker mit leckeren lokalen Zutaten.

Dass Louisianas Bayou-Region kulinarische Wunder hervorgebracht hat, überrascht bei diesen multikulturellen Wurzeln nicht: Französischstämmige Akadier, die 1755 aus Kanada kamen, Spanier, Kreolen und Indianer hinterließen ihre Spuren. Von Anfang an kombinierte die Cajun-Küche rustikale französische Kochtraditionen mit Zutaten der Region wie Meeresfrüchten, Reis, Zuckerrohr, Sellerie, Zwiebeln und Paprika. Viele Cajun-Spezialitäten sind inzwischen weit über die Bayou-Region hinaus bekannt, etwa *gumbo*, *jambalaya* und *crawfish pie* (Krebsfleischpastete). Aber hier warten noch viel mehr exotische Köstlichkeiten wie *hogshead cheese* (Schweinskopfsülze), *catfish court-bouillon* (Welssuppe), *maque choux* (Mais-Gemüse-Schmortopf mit Meeresfrüchten oder Huhn). Die Cajuns fischen selbst aus dem Sumpfland Zutaten für raffinierte Gerichte wie Froschschenkel mit Pilzen und Paprika oder pikante Alligatorsauce.

Beste Reisezeit Im Frühjahr und Herbst ist das Wetter am besten, um sich quer durch New Orleans und Südlouisiana zu schmausen.

Reiseplanung Hervorragende Cajun-Küche gibt es nicht nur in New Orleans. Louisianas ländliche Food Festivals locken mit tollen regionalen Spezialitäten, unglaublicher Musik und amerikanischer Kleinstadtatmosphäre. New Iberia veranstaltet im März das Cajun Hot Sauce Festival mit Jambalaya-Kochwettbewerb und Publikumspreis für die beste scharfe Sauce und im Oktober eine *gumbo*-Weltmeisterschaft. Beim Delcambre Shrimp Festival im August gibt es gekochte, gebratene, gefüllte oder am Spieß geröstete Garnelen, *gumbo*-Eintopf, *shrimp po'boys* und pikante Garnelensauce. Bei der Grillparty La Grande Boucherie des Cajuns in St. Martinville werden am Wochenende vor Mardi Gras ganze Schweine geröstet.

Websites www.louisianatravel.com, www.chefpaul.com, www.emerils.com, www.shrimpfestival.net, www.cajuncountry.org/boucherie

Eine besondere Attraktion der Altstadt von San Juan, das die Spanier 1521 gründeten, sind die zahlreichen traditionellen und modernen Restaurants.

PUERTO RICO

Nuevo Latino in San Juan

San Juan, die Hauptstadt von Puerto Rico, ist die Hochburg
einer experimentierfreudigen neuen Fusion-Küche.

Der neue Kochtrend, ob man ihn nun Nuevo Latino, New Caribbean, New Puerto Rican oder *exótico criollo* nennt, hat kaum typische Gerichte, sondern ermutigt zur Experimentierfreude. Er interpretiert die lateinamerikanische Küche mit ihren indianischen, spanischen, afrikanischen und anderen Einflüssen spielerisch neu, mit französischen Zubereitungstechniken und interkontinentalen Fusion-Tricks. Sein unbestrittener Vorreiter Alfredo Ayala durchlief kulinarische Wanderjahre unter anderem bei Spitzenrestaurants in New York und Frankreich. 1981 kehrte er nach Puerto Rico zurück. In seinem ersten Restaurant, Ali-Oli, erfand er Puerto Ricos traditionelle kreolische Küche neu. Die anfänglich skeptischen Inselbewohner wurden bald zu begeisterten Fans. Ayala eröffnete weitere Lokale, andere Köche der Insel folgten seinem Vorbild. Sein berühmtester Schüler, Wilo Benet, ist Inhaber und Küchenchef des hippen Pikayo im Kunstmuseum von Puerto Rico. Weitere Wegbereiter sind Mario Ferro vom Caribe Hilton, Myrta Pérez im Pasión por el Fogón und Dayn Smith im Perla. Trotz ihrer Weltläufigkeit legt die Nuevo-Latino-Küche größten Wert auf Frische und arbeitet bevorzugt mit bescheidenen regionalen Zutaten wie Kochbananen, Maniok und Ziegenfleisch.

Beste Reisezeit In Puerto Rico herrschen ganzjährig Temperaturen von 23 bis 29 Grad.

Reiseplanung In San Juans Altstadt bewegt man sich am besten mit öffentlichen Verkehrsmitteln oder zu Fuß. Einige bessere Restaurants haben Kleiderordnung und Reservierungspflicht. Die Restaurants sind klimatisiert.

Websites www.gotopuertorico.com, www.restaurantsinpr.com, www.oofrestaurants.com, www.saboreapuertorico.com

Inselspezialitäten

■ Obwohl hier kaum Zuckerrohr angebaut wird, gehört Puerto Rico mit über 200 Marken zu den größten Rumproduzenten der Welt. Heimische Lieblingsschnäpse sind **DonQ** und **Barrilito.**

■ Die **Oof!**-Kette zählt zu San Juans kulinarischen Highlights. Zu ihren Restaurants gehören Aquaviva, Parrot Club und Koco mit Nuevo-Latino-Küche, Dragonfly mit asiatischer Fusion-Küche und Toro Salao mit Tapas.

■ Im April können Sie beim Gastronomiefestival **Saborea Puerto Rico** ein Wochenende lang ganz locker am Strand Kreationen der Spitzenrestaurants kosten. In einem Zelt geben Starköche aus Puerto Rico und aller Welt öffentlich Kochkurse.

MEXIKO

Die Aromen von Mexiko-Stadt

Raffiniert kombiniert, verwandeln traditionelle und moderne Aromen und Techniken die althergebrachte Küche.

Mexiko-Stadt, von den Einheimischen „El DF" als Abkürzung für „Distrito Federal" genannt, besitzt über 15 000 Restaurants. Mit regionalen Gerichten aus jedem Bundesstaat, lokalen Spezialitäten und mexikanischer Nouvelle Cuisine ist für jeden Geschmack und jedes Budget etwas dabei. Einige der leckersten Spezialitäten der Stadt, wie *carnitas* aus Michoacán (saftige, herzhaft gewürzte Schweinefleischhäppchen), bringt Küchenchefin Titita Ramirez im El Bajío auf den Tisch, einem kleinen Restaurant in der *colonia* (Viertel) Axcapotzalco. Köstlichkeiten aus Oaxaca gibt es in der Casa Neri in Colonia Portales, südlich des Stadtzentrums. Hier speisen die Gäste draußen im schönen Kolonialpatio. Eine große Auswahl der berühmten *moles* (köstliche Saucen aus Chili, Gewürzen und Schokolade) und *pipián* (ähnlich pikante Saucen) aus Puebla lockt bei Ikaro in Colonia Narvarte. El Habanero in Colonia Napoles tischt traditionelle *pibil*-Gerichte (marinierte Schweinefleischspezialitäten) der Halbinsel Yucatán auf. Die beste Adresse für Nouvelle Cuisine ist Izote in Colonia Polanco mit raffinierten Anleihen bei der vorspanischen Kultur, etwa Zucchiniblütensuppe und Garnelen in Hibiskus-*mole*. Die echte vorspanische Küche der Azteken bekommen abenteuerlustige Esser bei Fonda Don Chon im Centro, dem historischen Stadtzentrum: gebratene Heuschrecken, Würmer, Gürteltier in Mangosauce und Ameiseneier.

Beste Reisezeit Mexiko-Stadt ist ein ganzjährig lohnendes Gourmetziel.

Reiseplanung Reservieren Sie unbedingt und fragen Sie nach einer etwaigen Kleiderordnung. Mexiko hat ein gutes öffentliches Verkehrsnetz und viele Taxis. Nachts fahren offizielle Sicherheitstaxis, die *taxis seguros*. Restaurants, Bars und Clubs können Ihnen eins bestellen.

Websites www.visitmexico.com, www.mexconnect.com

Tostadas: Tortillas mit Putenfleischstreifen aus Yucatán.

Essenszeiten in Mexiko

Desayuno ist ein leichtes Frühstück, meist mit süßen Brötchen und Kaffee. Als authentisch mexikanische Frühstückskost können Sie die *tamales* (Maisteigtaschen) der Imbissstände probieren.

Almuerzo ist ein zweites Frühstück, meist in Form einer Eierspeise wie *huevos rancheros* oder *chilaquiles* (Tortillastreifen in Salsa mit Huhn und Käse).

Comida ist die Hauptmahlzeit, die zwischen 14 und 16 Uhr verzehrt wird. *Comida corrida* („eiliges Essen") sind Tagesgerichte zum Festpreis.

Merienda ist eine leichte, frühe Abendmahlzeit, die normalerweise in einem Café oder einer Snackbar eingenommen wird.

Cena ist ein spätes, leichtes Abendessen zwischen 21 und 22 Uhr.

Überall in der Stadt servieren traditionelle Restaurants frische, würzige und nahrhafte *moles* – regionaltypische Saucen und Schmorgerichte.

BRASILIEN

Feijoada in Rio de Janeiro

Brasiliens Nationalgericht wird am heimischen Herd und in Restaurants des ganzen Landes zubereitet, nach 1001 Rezepten.

Das brasilianische Nationalgericht steht in den meisten Restaurants nicht auf der regulären Speisekarte, sondern wird nur samstags und feiertags als mittägliches *o prato do dia* (Tagesgericht) angeboten. Die Suche nach der berühmten *feijoada* ist für Freunde traditioneller Genüsse zugleich die Chance, Rio eingehender zu erkunden. *Feijoada* ist ein Schmortopf aus schwarzen Bohnen mit Fleisch, am besten auf einem Holzfeuer oder im Ziegelofen gegart. Die Fleischsorten variieren. Traditionell wird *feijoada* mit Schweinsohren, -füßen oder -schwänzen, Speck, Wurst, Trockenfleisch vom Rind und Schweinelende zubereitet. Vor allem in vornehmeren Restaurants werden die weniger edlen Teile vom Schwein mitunter durch saftigere Fleischstücke ersetzt. Einige Restaurants bieten sogar vegetarische Versionen an. Dazu werden weißer Reis, *farofa* (geröstetes Maniokmehl), *couve* (gebratene Kohlstreifen) und Orangenscheiben gereicht. Als Getränk passt am besten ein kaltes Bier oder eine *caipirinha*. An Feiertagen ist die *feijoada* allgegenwärtig, in den Fünfsterne-Restaurants von Ipanema genauo wie an den improvisierten Feuerstellen der Favelas. Confeitaria Colombo, ein berühmtes Lokal mit spektakulärem Jugendstilinterieur, bereitet eine der besten Samstags-*feijoadas* in Rio. Wer nicht bis zum Wochenende warten kann, bekommt bei der Casa da Feijoada in Rios südlichem Viertel Ipanema die ganze Woche über verschiedene Versionen des Gerichts.

Beste Reisezeit In Rio ist es selbst im Winter (Juli bis September) bis zu 24 Grad warm. Im Sommer liegen die Temperaturen um 40 Grad. Die Hauptsaison geht von der Woche vor Weihnachten bis zum Ende des Karnevals im Februar/März. Dann ist die Stadt am vollsten, aber auch am interessantesten.

Reiseplanung Unterkünfte für die Karnevalszeit oder Silvester müssen Sie mindestens ein Jahr im Voraus buchen. Zu diesen Zeiten gibt es vielerorts ausgezeichnete *feijoada*, unter anderem bei Straßenfesten und *rodas de samba*, den Musik- und Tanzveranstaltungen der Sambaschulen.

Websites www.rio-online.com, www.ipanema.com

Schöpfungsmythen

Es geht die Legende, die *feijoada* sei von Brasiliens afrikanischen Sklaven erfunden worden, die ihre Bohnen-, Trockenfleisch- und Maniok-Rationen mit Schlachtabfällen vom Schwein aufpeppten. Allerdings waren Schmortöpfe mit Bohnen und Fleisch in Portugal schon vorher verbreitet. Manche Historiker meinen, das Gericht sei mit den frühen portugiesischen Siedlern nach Brasilien gekommen.

Unverkennbar ist auf jeden Fall der indianische Einfluss: Das Maniokmehl für die *farofa*, eine unentbehrliche Beilage der echten *feijoada*, war ein uraltes Grundnahrungsmittel der brasilianischen Indianer.

Wie viele berühmte Gerichte der Welt ist die *feijoada* vermutlich aus einer Vielzahl von Zutaten und Zubereitungstechniken verschiedener Kulturen entstanden.

Gegenüber: Ein Ananasverkäufer am Strand von Ipanema. Oben: *Feijoada* mit traditionellen Beilagen.

STEAKS IN BUENOS AIRES

In Buenos Aires, der Fleischesserhauptstadt der Welt, kann man Rindfleisch zum Frühstück, Mittag- und Abendessen schlemmen.

In dieser eleganten und temperamentvollen Stadt wartet an jeder Ecke ein Steak. Das Land ist mit dem besten Rindfleisch der Welt gesegnet, und viele Einheimische lassen es sich täglich schmecken. Riesige Steakmahlzeiten kosten nicht einmal 15 Euro. Ein idealer Sonntag beginnt mit einem Besuch in San Telmo, dem ältesten Viertel der Stadt, auf dem Antikmarkt auf der Plaza Dorrego. Dort gibt es alles, als Gehstöcke getarnte Schwerter genauso wie antike Knöpfe. Anschließend kann man den Tangotänzern zuschauen und danach im netten Desnivel sein perfekt gegrilltes Steak mit einem Malbec herunterspülen. In Palermo, dem Einkaufsparadies im Nordosten der Stadt, lockt die *parilla* (Steakhaus) La Cabrera mit köstlichem Fleisch und umwerfenden Beilagen. Die Rinder liefern aber noch mehr, etwa das Leder für wunderbar gearbeitete Handtaschen und Schuhe. Nach dem Shoppen kann man in einer der ausgezeichneten Eisdielen der Stadt entspannen. Probierenswert ist *dulce de leche* mit Karamellgeschmack. Im Stadtzentrum nimmt man einen Aperitif im Café Tortoni an der Avenida de Mayo, bevor es weitergeht zum angesagten Flusshafenviertel Puerto Madero. Hier tischt die Cabaña Las Lilas Rindfleisch von der hauseigenen Ranch zu gepfefferten Preisen auf. Weitere Spezialitäten sind *empanadas*, kleine Teigtaschen mit Fleischfüllung, und *locro*, ein Eintopf aus Mais, Fleisch und Gemüse. Der argentinische Wein ist erstklassig und preiswert.

Beste Reisezeit Von Weihnachten bis Ende Februar ist es in Buenos Aires ruhig, weil die *porteños* (die Einheimischen) zum Sommerurlaub in den Bergen sind. Das übrige Jahr lässt sich die Stimmung der Stadt besser erleben.

Reiseplanung Reservieren Sie bei einem der Boutiquehotels in Palermo Viejo oder Recoleta. Mit dem Subte (U-Bahn) kommen Sie gut in der Stadt herum; er verkehrt aber nur bis gegen 22.20 Uhr. Buenos Aires ist relativ sicher; fahren Sie aber nur mit lizenzierten Funktaxis und meiden Sie die Armenviertel.

Websites www.easybuenosairescity.com, www.bue.gov.ar

Argentinische Schnittmuster

In Argentinien zerlegt man die Rinder anders als in Amerika oder Europa. Die vier wichtigsten Teilstücke für Steaks sind **bife de lomo, bife de cuadril, bife de ancho** und **bife de chorizo**; das entspricht ungefähr Filet, Rumpsteak, Hochrippensteak und Roastbeef. Weitere Teilstücke sind **tira de asado** (Rippenstück), **vacío** (Bauchsteak) und **bife de costilla** (T-Bone-Steak). Steaks werden auf einem Grillrost oder am senkrechten Grillspieß gegart.

Billigere Stücke vom Rind werden manchmal in **chimichurri** mariniert, einer Sauce aus Chili, Paprika, Kräutern, Knoblauch, Salz, Zwiebeln, Olivenöl und Essig, die auch zum Fleisch gereicht wird.

Nieren und Bries werden ebenfalls gegrillt.

Vom Café Tortoni kann man über die Avenida de Mayo zum Palacio Barolo schlendern, dessen Gestaltung von Dantes Göttlicher Komödie inspiriert ist.

Nach der Arbeit endet der Tag mit Drinks und verschiedenen Leckereien in einer Izakaya im Tokioer Stadtteil Asakusa.

Izakaya-Knowhow

In der Izakaya gibt es keine Sprachbarrieren: Ob Sie nun **gyoza** (gefüllte Nudeltaschen aus der Pfanne) oder Knoblauchbrot bestellen wollen, Sie brauchen nur zu lächeln und auf die bebilderte Speisekarte zu deuten.

Es gibt gegarte und rohe Speisen. Geschmorte Rinderzunge, gegrillte Aubergine, Tintenfischleber, Austern und Sushi sind nur ein paar Beispiele von einer Izakaya-Speisekarte. Ein typisch einheimisches Getränk ist der **grapefruit sour**, der auf Japanisch praktischerweise genauso heißt und etwa "gurepu furutsu sawa" ausgesprochen wird. Er wird in einem großen Krug serviert und besteht aus mit Wasser verdünntem *shochu*, Eis und dem Saft einer halben Grapefruit – ein angenehm spritziger Longdrink.

Tengu und **Tofuro** sind Izakaya-Ketten mit vielen Filialen in Tokio und andernorts. Tofuro bedient den Trend zu mehr Ruhe und Privatsphäre in der Izakaya; hier gibt es Nischen mit Schiebetüren und traditionellen Tatamimatten. Die Bedienung wird bei Bedarf herbeigeklingelt.

JAPAN

Die Izakayas von Tokio

Ihr vielfältiges und leckeres Speiseangebot macht die Kneipen der Stadt zu Topadressen für Freunde der guten Küche.

Die drei Schriftzeichen für *Izakaya* bedeuten „Laden", „Alkohol" und „Raum". In typischen Izakayas, die eine große Auswahl an Bier, Sake und *shochu* (Spirituosen aus Getreide, Obst oder Gemüse) servieren, geht es genauso lebhaft zu wie in westlichen Bars und Kneipen. Allerdings essen die Japaner gern etwas zum Alkohol, deshalb tischen die Izakayas ausgezeichnete Speisen auf. Die Gerichte werden oft mit *tapas* verglichen, aber die Portionen sind etwas größer. Außer essigsaurem *daikon*-Salat und Sushi stehen auf den Speisekarten auch Ofenkartoffeln mit Käse oder Minipizza, die Besuchern aus dem Westen vertraut vorkommen, für die Japaner aber etwas Exotisches haben. Ketten wie Tengu haben auch große Tische für Gruppen, die kleineren stehen dicht an dicht, so dass man automatisch mit den Einheimischen in Kontakt kommt. Das ehrwürdige Katakura, seit 1848 am selben Standort, bietet viel bessere Kost als die großen Ketten. «Jedes Essen, das zu Alkohol passt, ist gut», sagt der gutgelaunte Inhaber, aber sein zartcremiger Tofu (*zarudoufu*), die winzigen Algentrauben in süßem Obstessig und die Kartoffel mit Lachs und Basilikum sind geradezu genial.

Beste Reisezeit Spätes Frühjahr (Zeit der Kirschblüte) und um die Herbstmitte (Zeit der schönsten Laubpracht). Im Sommer ist es in Tokio schwül-heiß.

Reiseplanung Die Hotelrezeption ruft auf Wunsch die nächste Izakaya-Filiale an und bittet sie, einen Lageplan zu faxen. Da die Japaner von Straßennamen nichts halten und Gebäude gern nach ihrem Baujahr nummerieren, findet man sich ohne einen solchen Plan schwer zurecht. Die meisten Izakayas sind klein, laut und voll; Reservierung (ebenfalls über das Hotel) ist ratsam und oft unerlässlich.

Websites www.jnto.de, www.ramla.net/casual_restaurant/tofuro

BIZARRE RESTAURANTS

*Ganz und gar nicht alltägliche Esserlebnisse
versprechen diese außergewöhnlichen Lokale in aller Welt.*

❶ Royal Dragon, Bangkok, Thailand

Das Lokal mit 5000 Sitzplätzen wurde in den 1990er Jahren vom „Guinness-Buch der Rekorde" als größtes Restaurant der Welt geführt. Gäste können in lauschigen Pagoden, Karaoke-Speisesälen oder dem „Ten Thousand Years Tower" tafeln. Im Außenbereich flitzen die Kellner auf Rollschuhen herum.

Reiseplanung Das Restaurant an der Bangna-Trad-Schnellstraße im Südosten der Stadt ist täglich geöffnet. www.royal-dragon.com

❷ Titanic Theatre Restaurant, Melbourne, Australien

Das „einzige Abendlokal mit Katastrophengarantie" stellt das letzte Dinner auf der *Titanic* nach. Passend gestylte Gäste genießen an Tischen für Zwischendecks- und Erster-Klasse-Passagiere oder an der Kapitänstafel eine moderne Menüfolge, Unterhaltungskünstler und Musiker spielen gegen die Panik an.

Reiseplanung Das Restaurant in Williamstown öffnet nur samstags und vermietet auf Wunsch Kostüme. www.titanic.com.au

❸ Ithaa, Conrad Maldives Rangali Island, Malediven

Restaurants mit Aquarien sind nichts Neues, aber bei Ithaa nimmt die Idee neue Dimensionen an. Hier wird maledivisch-westliche Fusion-Küche in einem Acryltunnel mit Rundumblick auf die Unterwasserwelt aufgetischt. Vorbeischwimmende Haie und Rochen beäugen die Gäste und umgekehrt.

Reiseplanung Reservierung ist ratsam; elegante Kleidung wird vorausgesetzt. www.hiltonworldresorts.com

❹ SnowCastle, Kemi, Finnland

Der Wodka behält garantiert die perfekte Temperatur, denn selbst die Gläser sind aus Eis. Lapplands SnowCastle wird jedes Jahr neu erbaut. Konstant bleibt nur die Innentemperatur von minus fünf Grad. Gäste in arktistauglicher Kleidung dürfen sich etwa auf Cremesuppe mit Rentierfleisch freuen.

Reiseplanung Geöffnet Ende Januar bis Mitte April, je nach Wetterlage. Nur mit Reservierung. www.snowcastle.net

❺ Witold-Budryk-Kammer, Wieliczka, Polen

Bis zu seiner Flutung 1996 war Wieliczka das einzige 700 Jahre durchgehend ausgebeutete Salzbergwerk der Welt. Jetzt haben Touristen die Bergleute abgelöst. Die Salzluft macht Appetit auf polnische Spezialitäten wie *barszcz* (Borschtsch) mit Teigtaschen, die tief unter Tage serviert werden.

Reiseplanung Die Touren dauern etwa drei Stunden. Buchen Sie mindestens zwei Wochen vorher und kleiden Sie sich passend für eine Temperatur von 14 Grad. www.kopalnia.pl

❻ Grotta Palazzese, Polignano a Mare, Italien

Ultimative Romantik verspricht die Grotte bei Polignano a Mare, einem mittelalterlichen Fischerdorf am oberen Ende des italienischen Stiefelabsatzes. Auf einer Plattform in der Höhlenkammer genießt man Meeresfrüchte und andere apulische Delikatessen, während unten die Adria an die Felsen brandet.

Reiseplanung Die Grotte ist von Mai bis Ende Oktober geöffnet. Polignano liegt 30 Zugminuten von Bari entfernt. www.grottapalazzese.it

❼ Fortezza Medicea, Volterra, Italien

Zwei imposante Festungen aus dem 14. und 15. Jahrhundert wachen über ein nur einmal im Monat geöffnetes Restaurant in einem Hochsicherheitsgefängnis. Trotz Sicherheitschecks und Plastikbesteck ist das Lokal stets Monate im Voraus ausgebucht. Die Häftlinge kochen unter Anleitung toskanischer Spitzenköche internationale Haute Cuisine. Einige Exhäftlinge sind inzwischen in der regulären Gastronomie tätig.

Reiseplanung Von Pisa sind es mit dem Zug 90 bis 120 Minuten nach Volterra. Reservieren Sie per E-Mail bei der Touristeninformation von Volterra. Gäste brauchen ein Führungszeugnis. www.volterratur.it

❽ Dans le Noir, London, England

Sich im Stockfinsteren ein Überraschungsmenü von blinden Kellnern servieren zu lassen, klingt ziemlich verrückt, hat aber seriöse Beweggründe: Das Restaurant will die üblichen Vorstellungen von „Behinderung" ins Wanken bringen. Hier leiten die Blinden die Sehenden an. Zudem intensiviert die Dunkelheit die Konzentration auf Aromen und Konsistenzen.

Reiseplanung Montag bis Samstag zum Abendessen geöffnet. 30-31 Clerkenwell Green, U-Bahn Farringdon. www.danslenoir.com

❾ The Treehouse, Alnwick Garden, England

Alnwicks Burgherrin, die Herzogin von Northumberland, hat die verwahrloste Gartenanlage in einen herrlichen Park verwandelt. Ihr ehrgeizigstes Projekt ist eins der größten Baumhäuser der Welt. Der knarrende Komplex mit 557 Quadratmeter Fläche ist rund um 16 Linden gebaut und durch Hängebrücken verbunden. Hier gibt es Speisen aus der Region, wie Hirschbraten.

Reiseplanung Der nächste Bahnhof ist in Alnmouth. www.alnwickgarden.com

❿ Perlan, Reykjavík, Island

Ein Ring aus sechs Wassertanks scheint ein seltsamer Ort für ein romantisches Mahl, aber das Drehrestaurant mit Glaskuppel oben auf den Tanks ist seit 1991 eins der schicksten Restaurants der Stadt. Spezialitäten sind Klippfisch, Wal und Lumme.

Reiseplanung Eine vollständige Umdrehung dauert zwei Stunden. Nur abends geöffnet. www.perlan.is

Rechts: Den besten Blick auf die Haie, Rochen, Meeresschildkröten, Zackenbarsche und zahllosen Tropenfische der Malediven bietet Ithaa bei Tageslicht.

DIE LEGENDÄRE PEKINGENTE

Im Holzofen knusprig gebratene Pekingenten gehören zu den berühmtesten Spezialitäten der chinesischen Küche.

Die große Betonente mit gelbem Schnabel auf der Straße verweist auf eine der allgegenwärtigen Filialen von Quanjude, dem bekanntesten aller Pekingenten-Restaurants in Peking. Das 1864 gegründete Mutterhaus überlebte als eines von ganz wenigen Restaurants die Abschaffung des privaten Unternehmertums in der Frühzeit der kommunistischen Ära. Heute betreibt es eine Franchisekette mit Ablegern in der ganzen Stadt. Quanjudes Kundenwerber konkurrieren mit vielen anderen um die Touristen. Pekingente ist überall in der Stadt zu haben, ob im Styroporbehälter am Imbiss in einer Seitenstraße oder als Teil eines mehrgängigen Gourmetmahls. Sie wird heute wie damals nach dem Quanjude-Verfahren zubereitet: Die Enten werden in einem Ofen aufgehängt, der mit Holz von Apfel-, Jujube-, Birnen- und Persimonenbäumen beheizt wird. Zuerst wird Wasser zwischen Haut und Fleisch der Ente gespritzt. Dann wird die Ente bei hoher Temperatur geröstet, damit die Haut knusprig und das Fleisch saftig zart wird. Das in Scheiben geschnittene Fleisch wird mit Frühlingszwiebeln, Gurkenstreifen, Pflaumensauce und kleinen Pfannkuchen serviert. Zum Abschluss wird normalerweise Entensuppe gereicht. Als Beilage kann es Gerichte mit allen möglichen Teilen der Ente geben, wie geröstete Herzen, Schwimmhäute in Senfsauce und gebratene Entenzungen.

Beste Reisezeit Frühjahr oder Herbst. Im Winter ist es eisig, im Sommer heiß, schwül und oft nass. Am besten sind September und Oktober, gefolgt von April und Anfang Mai; allerdings drohen im Frühjahr manchmal Sandstürme.

Reiseplanung Üben Sie rechtzeitig mit Essstäbchen, denn außerhalb der internationalen Hotels werden selten Messer und Gabeln gereicht. Lassen Sie sich im Hotel die Zieladresse in chinesischen Schriftzeichen aufschreiben, um Sie dem Taxifahrer zu zeigen.

Websites www.quanjude.com.cn, www.ebeijing.gov.cn, www.chinaseite.de, www.thebeijinger.com/blog/2009/01/14/Dine-Like-a-Local-with-Beijing-Eats

Leckere Lockvögel

■ Die neue, fettarme Ente der beiden Filialen von **Da Dong Kaoya** gilt derzeit als beste der Stadt, vor allem in Kombination mit einigen der innovativen Gerichte des Inhabers und Küchenchefs. Die Speisekarte ist zweisprachig (chinesisch/englisch) und bebildert.

■ Liebhaber der besonderen Atmosphäre in den *hutong* (Gassen) von Peking genießen ihre Ente im angejahrten Flair des traditionellen Hofhauses, in dem das **Li Qun Kaoyadian** residiert. Das Restaurant versteckt sich im Gassengewirr südlich der alten Qian-Men-Türme. Der Weg in die kleinen Speiseräume führt durch die Küche, wo Sie einen Blick auf die Zubereitung Ihrer Ente erhaschen können.

Lodernde Flammen in einem traditionellen Holzofen für Pekingenten.

Der Straßenimbiss in Kowloon verkauft dampfend heiße Dim Sum zum Mitnehmen.

CHINA

Dim Sum in Hongkong

Aus der unüberschaubaren Auswahl gedämpfter Leckerbissen kann jeder sein persönliches Festmahl zusammenstellen.

D ie bei Nichtchinesen bekanntesten Wörter der kantonesischen Sprache dürften *dim* und *sum* sein. Zusammen bezeichnen sie gedämpfte Hühnerfleisch- oder Fischhappen und vielerlei gefüllte Reispfannkuchen, Teigtaschen, Nudeln, Desserts und Suppen, zu denen man kannenweise chinesischen Tee schlürft. Hongkong rühmt sich stolz der weltweit besten Dim Sum. Die Klassiker, nach denen jedes Dim-Sum-Restaurant beurteilt wird, sind *har gau*, Garnelen in Nudelteighülle, und *siu mai*, gedämpftes Schweinehack im Tofumantel mit einem Belag aus Krabbenrogen. Glibberige Rindfleischklösschen mit Worcestersauce und gedämpfter Tintenfisch in Currysauce erinnern an die 150 Jahre britischer Herrschaft bis 1997. Kleinere Leckerbissen werden im Bambusdämpfer zu je drei oder vier Stück angeboten. Für den Stückpreis exotischerer Snacks wie Teigtaschen mit gedämpfter Wollhandkrabbe bekäme man einen ganzen Teller frittierter Schweinefleischtaschen. Die meisten Restaurants teilen die Gerichte in die Kategorien klein, mittel und groß ein, was sich nicht auf Portionsgrößen, sondern auf den Preis bezieht. Wenn es am Nachbartisch Radau gibt, wird nach chinesischer Sitte um die Rechnung gestritten: Nicht darum, wer bezahlen muss, sondern wer bezahlen darf.

Beste Reisezeit Von November bis Ende Januar ist es warm, trocken und angenehm. Der Sommer ist heiß und sehr schwül, auch wenn Klimaanlagen das Leben erträglich machen.

Reiseplanung Dim Sum werden ab dem frühen Morgen serviert. Nach 11.30 Uhr bilden sich lange Schlangen, selbst bei den riesigen Dim-Sum-Restaurants der New Territories, deren Empfang per Walkie-Talkie mit den Kellnern kommuniziert.

Websites www.discoverhongkong.com, www.hkstreet.com

Auf der Suche nach Dim Sum

Dim Sum gibt es wirklich überall: ob im kühlen, altmodischen **Shu Zhai** am Stanley Market, im **Easterngate Seafood Restaurant** des hypermodernen Citygate-Shoppingcenters in Tung Chung oder auf vorgelagerten Inseln wie **Lamma,** wo die Hafenrestaurants preiswerte Dim Sum mit schönem Ausblick bieten.

In manchen Restaurants werden Türme von Bambuskörben mit heißen Dim Sum auf Rollwagen herumgekarrt. Die Kellnerinnen lüften die Deckel, und Sie brauchen nur auf das Gewünschte zu zeigen.

CHINA

Die Sichuanküche

Das „himmlische Königreich" in Südwestchina lockt
mit göttlichen, teils aber höllisch scharfen Gerichten.

Schärfe ist ein Grundzug der Sichuanküche. Sie beruht auf dem Sichuanpfeffer. Er ist nicht mit dem Schwarzen Pfeffer verwandt, sondern stammt von den zitronigen, zungenbetäubend scharfen Samenkapseln der Stachelesche. In China ist Essen nicht nur Nahrung, sondern auch Medizin: Seine wärmenden Eigenschaften sollen gegen das feuchte Klima und die vielen trüben Tage immunisieren. Aber Schärfe ist nicht alles: Die Köche der Region beherrschen Dutzende von Zubereitungstechniken, um die Geschmacksnoten scharf, süß, sauer und salzig kunstvoll zu verschmelzen und aus der Zutatenfülle der Provinz alles herauszuholen. Am besten probieren Sie ihre Spezialitäten in der Provinzhauptstadt Chengdu: *mapo dofu* („Tofu der pockennarbigen Frau", auf kleiner Flamme in Chilisauce geschmorter Tofu), Aubergine mit Fischaroma (ein vegetarisches Gericht mit einer sonst für Fisch verwendeten Gewürzmischung), mit Teeblättern geräucherte Ente, gebratene Rindfleischstreifen, *gong bao ji dong* (würziges Huhn mit Erdnüssen) und ein Riesensortiment an eingelegtem Gemüse. Schmortöpfe sind eine weitere Spezialität. Manche lokale Leibspeisen, wie Entenzungen, geschmorte Schildkröte, Sehnen und Innereien jeder Art, sind vielen Besuchern aus dem Westen aber doch zu exotisch. Dafür halten Straßenverkäufer, Nudelimbisse und Restaurants an jeder Ecke von Chengdu verlockende Snacks bereit, wie dampfende *zhong*-Teigtaschen mit Schweinefleisch oder pikante *dan-dan*-Nudeln mit Rinderhack und eingelegtem Gemüse.

Beste Reisezeit April, Mai, September und Oktober sind die angenehmsten Monate für einen Besuch in Chengdu. Die Winter sind nasskalt, die Sommer heiß und schwül.

Reiseplanung Zwei Tage reichen, um die Pandaforschungsstation von Chengdu zu besuchen, über den Antikmarkt der Stadt zu bummeln, im Renminpark (Volkspark) einen grünen Tee zu trinken und die scharfwürzige Sichuanküche zu genießen. Unbedingt sehenswert ist die Sichuan-Oper.

Websites www.hiasgourmet.com, www.panda.org.cn

Paradies für Teetrinker

Ein Besuch im Teehaus kann zur tagesfüllenden Angelegenheit werden, mit Snacks, Maniküre, Ohrenreinigung, Kartenspielen und permanentem Nachschub an Jasmin-, Grün- oder Oolongtee. Sobald Sie Ihre Tasse geleert haben, füllt der Kellner oder „Teedoktor" nach, indem er aus einer langschnabeligen Kupferkanne Wasser auf die verbleibenden Teeblätter am Tassenboden gießt. Manche demonstrieren ihr Geschick, indem sie winzige Tassen im hohen Bogen von der anderen Seite des Raums auffüllen.

Leider werden die Teehäuser, in denen sich Jung und Alt in munterer Atmosphäre mischen, in China allmählich von der allgemeinen Modernisierungswut verdrängt. Doch in Chengdu sind sie noch überall zu finden, oft in Parks oder buddhistischen Tempeln. Mit etwas Glück bekommt man auch das Ritual der Ohrenreinigung zu sehen. Mit einem ganzen Arsenal von Zinken, Löffelchen und Federpinseln rücken die Reiniger dem Kundenohr erstaunlich zart zu Leibe. Vielleicht kommen Sie gar in Versuchung, es selbst auszuprobieren.

Gegenüber: Eine von Lokalen gesäumte Straße mitten in Chengdu. Oben: Die Anlan-Hängebrücke westlich des Ortes.

Büroangestellte beim Mittagessen im Restaurant Ban-Klang-Nam am Ufer des Chao Phraya (Fluss der Könige).

THAILAND

SAGENHAFTES BANGKOK

Für Fans der thailändischen Küche ist das wuchernde, pulsierende Bangkok die kulinarische Welthauptstadt.

Motorräder, Grillbuden, Nudelimbisse, Straßenlärm – lange bevor Sie das Restaurant erreichen, sind alle Sinne auf Empfang. Bangkoks Atmosphäre ist ebenso elektrisierend wie seine Kochkunst. Mit etwas Insiderwissen können Sie hier unfassbar gut essen. Angeblich kennt die menschliche Zunge nur fünf Geschmackskategorien: süß, salzig, sauer, bitter und *umami* (fleischig oder herzhaft). Doch die echte Thaiküche lässt Zweifel daran aufkommen. Ein todsicherer Tipp sind die Suppen. Die scharf-saure *Tom yam pla* (Fischsuppe) bringt beide Geschmacksnoten perfekt zur Geltung. Eine etwas abwegigere Spezialität wie die Suppe aus Fischinnereien wird vielleicht Ihr feurigstes Lieblingsgericht. Als solidere Alternativen bieten sich die unglaublich prallen Flussgarnelen oder die thailändische Variante des Brathähnchens an, das in knusprigen Knoblauchstückchen gewälzt ist. Salate kombinieren abenteuerliche Aromen und Konsistenzen: unbekannte Früchte, Samen, Gemüse und exotische Zutaten wie Bananenblüten. Es fällt schwer, die unzähligen Straßenimbisse auf dem Weg zum Abendessen links liegen zu lassen, aber für die kulinarische Entdeckungstour durch einige der vielen Hundert Restaurants der Stadt muss man sich reichlich Hunger aufsparen.

Beste Reisezeit In Bangkok gibt es zwei Jahreszeiten: heiß und feucht oder heiß und trocken. Wenn Sie wie die meisten Menschen Letzteres vorziehen, ist die Zeit von November bis Ende Februar am besten.

Reiseplanung Es gibt genügend öffentliche Transportmittel, um in der Stadt herumzukommen. Wählen Sie Ihr Hotel also ruhig nach Preis und Ausstattung und weniger nach der Lage. Tischreservierungen sind meist überflüssig. Da, wo lauter glücklich lächelnde Esser sitzen, sind Sie richtig.

Websites www.bangkoktourist.com, www.bangkok.com

Bangkok's Best

■ «Wonach ist Ihnen heute zumute?» Mit dieser Frage begrüßt Sie die freundliche Wirtin zum Mittagessen in einem winzigen, alteingesessenen Restaurant am Rand von **Ko Ratanakosin**, dem alten Inselzentrum der Stadt. Dann kehrt sie in die Küche zurück, um lautstark eine unwiderstehlich leckere Mahlzeit zu zaubern, von der Sie kaum wissen, ob Sie sie Ihren klug geäußerten Wünschen oder den einfühlsamen Empfehlungen der Wirtin verdanken. Das Lokal mit dem unaussprechlichen Namen **Chote Chitr** ist einfach zum Verlieben (146 Prang Pu Thorn, Thanon Tanao).

■ **My Choice**, Sukhumvit Soi 36, ganz in der Nähe von Bangkoks endlos langer, menschenwuselnder Einkaufsstraße, der Thanon Sukhumvit, beeindruckt seine Gäste nicht mit Schnickschnack, sondern nur mit der komplexen Harmonie seiner Gerichte. Die Inneneinrichtung im Hotellobbyschick der 1970er Jahre ist vielleicht nicht jedermanns Sache, aber der Küchenchef lenkt die Aufmerksamkeit dahin, wo sie hingehört: auf den Teller.

AUSTRALIEN

SEAFOOD IN SYDNEY

Sydneys Köche schöpfen aus einer Fülle frischester Zutaten,
um der Seafoodküche neue Horizonte zu erschließen.

Für Feinschmecker ist Sydney ein Traum. Die größte Stadt Australiens ist ein kultu-
reller Schmelztiegel und wartet mit einer ganzen Bandbreite „mediterrasiatischer"
Restaurants auf. Ihren Köchen stehen die besten Zutaten der Welt zur Verfügung:
mit Getreide und Gras gemästetes Rind, saftiges Lamm, Freilandgeflügel und Exotika
wie Känguru und Krokodil. Doch Sydneys Spezialität sind Fisch und Meeresfrüchte. Das
Hauptrestaurant von Spitzenkoch Neil Perry, das Rockpool im Viertel The Rocks an der
Sydney Harbour Bridge, setzt seit über 20 Jahren Maßstäbe. In Rose Bay serviert das Pier
von Greg Doyle fangfrische, phantasievoll zubereitete Fische, Jakobsmuscheln, Austern
und Krabben mit Blick auf den Hafen. Geschmorter Hummer mit Kaffirlimetten und
Basilikum, begleitet von einem spritzigen australischen Weißwein, ist ein Esserlebnis,
wie es nur Sydney bietet. In der Kent Street, nicht weit vom Darling Harbour, kreiert
Tetsuya's „moderne Australienküche", eine Verschmelzung japanischer Saisonprodukte
mit französischen Kochtraditionen. Eine exquisite Spezialität des Hauses ist das *confit* von
Petuna-Meerforelle mit *konbu* (Algen) und Fenchel. Profanere Gelüste nach Klassikern
wie *fish and chips* kann man am Frenchmans Beach in den östlichen Vororten befriedigen
und dabei den Sonnenuntergang über der Botany Bay bewundern.

Beste Reisezeit Im Frühjahr (Oktober bis November) gibt es die besten Saisonzutaten, im Herbst (März
bis April) das mildeste Wetter. Beide sind besser als der hektische, heiß-schwüle Sommer (Dezember bis
Januar). Auch im Winter locken oft Temperaturen um 21 Grad, aber abends wird es kalt.

Reiseplanung Überall in der Stadt gibt es ausgezeichnete Restaurants, einige der besten im zentralen
Geschäftsviertel, in The Rocks, in der Nähe des Circular Quay und im Opernhaus.

Websites www.rockpool.com.au, www.pierrestaurant.com.au, www.tetsuyas.com,
www.sydneyfishmarket.com.au, www.visitnsw.com/sydney.aspx

Der frischeste Fisch

Der **Sydney Fish Market**
in Pyrmont verkauft
Frischfisch und Seafood aus
ganz Australien, selbst aus
entlegenen Regionen wie
Tasmanien, dem tropischen
Queensland und dem
Northern Territory. Bei
einer frühmorgendlichen
Führung (immer montags
und donnerstags, unbedingt
reservieren) erleben Sie unter
anderem den holländischen
Auktionsmarkt und die
Sashimi-Passage. Probieren Sie
Sydney-Felsenaustern, Balmain
Bugs (Bärenkrebse), Snapper,
Blaue Schwimmkrabben,
John Dory (Heringskönig) und
Atlantik-Zuchtlachs.
  Zum Markt gehören schlichte
Seafoodrestaurants und ein
Chinarestaurant mit **yum
cha** (kleine Gerichte zum
Tee). Außerdem werden
Kochkurse mit einheimischen
und internationalen Köchen
angeboten.

Gebratener Marron-Krebsschwanz mit Artischockenherz und Kirschtomaten im Restaurant Pier - schmeckt genauso gut, wie es aussieht.

CHINATOWNS

Ideal für kleine Fluchten aus dem Alltag sind die Chinatowns mit exotischen Düften, Aromen und fernöstlicher Romantik.

❶ New York, USA

In Lower Manhattan bevölkern 30 Prozent der New Yorker Chinesen eines der größten Chinatowns der Welt. Hunderte von Restaurants, Imbissbuden, Läden und aufdringlich duftenden Fischmärkten bieten Essbares von Dörrfleisch bis zu frittierten Teigtaschen. Selbst der hiesige McDonald's ist zweisprachig.

Reiseplanung Es gibt kulinarische Führungen und einen „Explore Chinatown"-Kiosk auf der Canal Street. www.explorechinatown.com

❷ Vancouver, Kanada

Etwa ein Drittel von Vancouvers Einwohnern ist asiatischer Abstammung, und das Chinatown aus dem 19. Jahrhundert ist das größte Kanadas. Hier gibt es den einzigen ausgewachsenen chinesischen Garten außerhalb Chinas und einen sommerlichen Nachtmarkt mit Riesenaalen, Dörrfisch und anderen Grundnahrungsmitteln. Foo's Ho Ho, Pender Street East, ist das letzte „dörfliche" Kantonrestaurant der Stadt.

Reiseplanung Auskünfte gibt das Chinese Cultural Centre. www.vancouverchinatown.ca

❸ San Francisco, USA

Viele Chinatowns sehen nicht allzu chinesisch aus, weil sie schon vor Einzug der Chinesen erbaut wurden. In San Francisco aber wurde das chinesische Viertel nach dem Erdbeben von 1906 im traditionellen Stil wiederaufgebaut. Heute ist das dicht bevölkerte Chinatown das größte in Nordamerika.

Reiseplanung In Chinatown ist immer etwas los, vom Nachtmarktfest bis zu kulinarischen Führungen. www.sanfranciscochinatown.com

❹ Havanna, Kuba

Einst lebten auf Kuba rund 40 000 Chinesen, das Chinatown umfasste 44 Häuserblocks. Heute besteht es vorwiegend aus der Fußgängerzone Calle Cuchillo. Hinter dem chinesischen Bogen, einem Geschenk aus China, servieren bunte Restaurants chinesische und italienische Küche mit kubanischem Einschlag.

Reiseplanung Bei Tien Tan schmeckt es am authentischsten. www.cuba1847.com, www.cubatravel.cu

❺ Singapur

Singapurs Chinatown stammt zwar von 1821, wurde aber seitdem modernisiert und aufgepeppt. Sein Zentrum bildet die Smith Street alias Food Street, an der ordentlich aufgereihte Stände örtliche Spezialitäten verkaufen. Der weniger touristische Chinatown Complex hat etwa 200 Essstände im Obergeschoss.

Reiseplanung Viele Stände auf der Smith Street öffnen nur mittags. Das Chinatown Heritage Centre informiert über Singapurs chinesische Historie. www.chinatown.org.sg

❻ Binondo, Manila, Philippinen

Das älteste Chinatown der Welt entstand 1594. Der kuriose Mix aus spanischer Kolonialarchitektur, buddhistischen Tempeln und glitzernden Kommerz- und Finanztempeln ist eines *der* Gourmetviertel von Manila. Restaurants, Nudelhäuser und Imbisse bieten alles von Spanferkel bis zu chinesischer Pizza.

Reiseplanung Erkunden Sie Binondo stilgerecht in einer traditionellen *calesa* (leichter Pferdewagen). www.tourism.gov.ph

❼ Jakarta, Indonesien

Jakartas Glodok-Viertel ist vielleicht das reizvollste indonesische Chinatown. Hier vereinen sich niederländische Kolonialeinflüsse mit chinesischen und indonesischen Elementen. Veganer, die den Tofu leid sind, finden in Gloduk gaumenkitzelnde Genüsse, und Fleischesser futtern Süßwasserschildkrötensuppe und Eintopf mit Schweineinnereien.

Reiseplanung Bei Nacht gibt es in Glodok einige zwielichtige Ecken. www.jakarta-tourism.go.id

❽ Brisbane, Australien

Andere chinesische Enklaven mögen größer und älter sein, aber kaum eine verspricht auf so engem Raum so vielfältige und leckere chinesische und asiatische Kostproben. Außer Kanton-, Peking-, Hunan- und Sichuanküche sind auch Japan, Thailand, Singapur, Malaysia, Vietnam, Kambodscha und Laos durch Restaurants und pan-asiatische Geschäfte vertreten.

Reiseplanung Viele Restaurants offerieren preiswerte Mittagsmenüs. www.ourbrisbane.com, www.visitbrisbane.com.au

❾ London, England

Londons ursprüngliches Chinatown in Limehouse wurde im Zweiten Weltkrieg so heftig bombardiert, dass die Chinesen nach Soho umzogen. Heute hat Europas größtes Chinatown nur noch wenige Bewohner, bleibt aber ein Treffpunkt für die Chinesen der Stadt. Die besten Restaurants sind in der Lisle Street, etwa Mr. Kong und das billige Nudellokal Hing Loon.

Reiseplanung Die Riesenfete zum chinesischen Neujahr erstreckt sich fast auf das ganze Londoner West End. www.chinatownlondon.org

❿ Manchester, England

Manchesters Chinatown hinter dem ersten echt chinesischen Kaiserbogen Europas existiert seit den 1970er Jahren. Seit Langem konkurriert es mit Londons Soho um die innovativste und beste Küche. Ihr Spitzenrestaurant Yang Sing lockt mit genialen Dim Sum und 1930er-Shanghai-Deko.

Reiseplanung Kommen Sie am Sonntag, wenn Chinesen aus ganz Nordengland hier zu Besuch sind. www.visitmanchester.com

---

Rechts: In San Franciscos Chinatown drängen sich die Restaurants, Bäckereien und Teestuben dicht an dicht.

INDIEN

Schmelztiegel Goa

Indiens kleinster Bundesstaat lockt mit einigen der schönsten Stränden der Welt und ungeheurer kulinarischer Vielfalt.

Goas Gerichte sind reich an Gewürzen, oft feurig scharf und leuchtend rot und ganz anders als die übrige indische Küche. Kokos, säuerliches *kokum* (getrocknete Schale der Mangostanfrucht) und Chili aus Kaschmir sind prägende Aromen. Fisch und Meeresfrüchte lieben die Goaner besonders. Dass sie auch Huhn und Schweinefleisch mögen, ist ein Vermächtnis der Portugiesen. Die vielseitige Regionalküche entstand aus indischen, persischen und portugiesischen Traditionen sowie Einflüssen aus Ostafrika und anderen Regionen, die mit Goa Handel trieben. Auf einer Reise entlang der spektakulären Küste kann man sich in vielen kleinen Restaurants mit Meerblick an den Köstlichkeiten dieser Küche gütlich tun. Xaviers, am Strand von Anjuna im Norden, ist berühmt für seinen nach Goa-Art mit Kokos, Curryblättern und anderen Gewürzen zubereiteten Tagesfang. Souza Lobo am Strand von Calangute bringt hervorragende gebratene Makrele auf den Tisch. Florentine in Saligao serviert das angeblich beste *cafreal* (ein afrikanisch gewürztes Hühnergericht), und bei Teama in Murod Vaddo nicht weit vom Candolimstrand gibt es geniales Fischcurry. Im Süden ist Zee Bop, eine Hütte mit authentischer Goaküche in tollem Ambiente am Utordastrand, ein Muss, ebenso Martins Corner am Betalbatimstrand: Hier werden vor Sonnenuntergangskulisse köstliche Mahlzeiten aufgetragen, begleitet vom einheimischen *feni*-Gebräu.

Beste Reisezeit Oktober bis Ende März. Von April bis Juni ist es oft brütend heiß und feucht; von Juni bis August prasselt der Monsunregen. Goa hat viele katholische Bewohner und feiert im Februar vor der Fastenzeit Karneval mit Umzügen, Tanz und Musik.

Reiseplanung Planen Sie unbedingt einen Besuch in Goas reizender kleiner Hauptstadt Panaji (Panjim) ein. Gute Restaurants in Panaji sind Mum's Kitchen, Viva Panjim und das schicke portugiesisch-goanische Horse Shoe.

Websites www.goahub.com, www.gogoa.com, goagovt.nic.in

Schnaps, Wurst und Zuckerzeug

■ Goas Regionalgetränk *feni* ist ein doppelt gebrannter Schnaps aus dem Saft der Kokospalme oder aus Kaschuäpfeln. Sie können ihn pur oder auf Eis genießen, am besten schmeckt er mit Ananassaft. Aber Vorsicht: *feni* hat es ganz schön in sich.

■ Jeder goanische Haushalt hortet einen Vorrat würziger, hausgemachter **Würste** im Küchenschrank. Sie werden aus gewürfeltem Schweinefleisch mit einer feurigen Gewürzmischung, dem goanischen *piri-piri*, zubereitet. Vor der Erfindung des Kühlschranks war das eine gute Methode, das Fleisch in der Sommerhitze länger haltbar zu machen. Wurst mit einheimischem *pao*-Brot ist ein idealer Snack für zwischendurch.

■ Goanische Süßspeisen mit indischen Wurzeln sind zum Beispiel *keli halwa* (Bananen in Zuckersirup) und diverse süße Reisgerichte. Doch die urtypischste goanische Verlockung für Naschkatzen ist die portugiesisch inspirierte *bibinca* aus geschichteten Kokospfannkuchen.

■ Die farbenprächtigste Darbietung der goanischen Kost präsentiert der **Freitagsbasar** im nördlichen **Mapusa**. Mapusa bedeutet „das Maß vollmachen" oder „einen Handel abschließen", und jeder, der etwas zu verkaufen hat, bringt es hierher. Stöbern Sie zwischen Ständen, die mit Goa-Würsten, Blechdosen voller Cashewkerne und *feni*-Flaschen beladen sind, und halten Sie Ausschau nach leckerem, hausgemachtem Johannisbeer-, Ingwer- oder Rote-Bete-Wein.

Gegenüber: Besucher am Vagatorstrand im Norden Goas. Oben: Vor einem Restaurant am Calangutestrand.

THALI IN BANGALORE

Im südindischen Bangalore gibt es traditionelle *thali*-Mahlzeiten mit zahlreichen Köstlichkeiten schon ab 1,50 Euro.

Mundpropaganda sorgt dafür, dass der Mavalli Tiffin Room von dem Moment an, in dem er aufmacht, bis zu dem Augenblick, in dem ihm die Zutaten ausgehen, immer brechend voll ist. Das allgemein „MTR" genannte Restaurant residiert in einem ehemaligen Wohnhaus in der Nähe des Lalbagh Botanical Garden; die Eingangshalle dient heute als Hauptspeisesaal. Die etwas spartanische Umgebung ist vergessen, sobald das Essen auf dem Tisch steht. Ein großer Teil der Speisekarte stammt wohl noch von 1924, als der MTR eröffnet wurde ... glücklicherweise. Hier zeigt sich die südindische Küche von ihrer besten Seite: aromatisch, frisch und heiß, und selbst die Snacks werden mit köstlichen Beilagen serviert. Die Gerichte werden in Ghee (Butterschmalz) zubereitet und so zurückhaltend gewürzt, dass sie den Gaumen nicht betäuben. Eine Komplettmahlzeit, die auf einem runden Metalltablett, dem *thali*, aufgetragen wird, umfasst normalerweise indisches Brot (*roti*, *chapati* oder *paratha*), Reis, *sambar* (Linseneintopf) oder ein ähnliches Currygericht, gegarte Gemüse, Gurkensalat und Joghurt oder Buttermilch. Ältere Herren im *dhoti*-Gewand nehmen ihr Frühstück neben Joggern im Laufdress ein, denn Bangalore ist sozusagen Indiens Silicon Valley. Wer diese Köstlichkeiten einmal probiert oder ihr Loblied vernommen hat, lässt sich auch von den langen Schlangen, die sich zur Mittagszeit bilden, nicht abschrecken.

Beste Reisezeit Das Klima ist ganzjährig angenehm.

Reiseplanung MTR teilt seinen Kunden ihre Essenszeiten und -plätze per Couponsystem zu. Meiden Sie Feiertage und Wochenenden, weil dann durchaus einmal der Nachschub ausgeht, bevor Sie an der Reihe sind. Die linke Hand gilt als unrein, und brahmanische Lokale wie dieses sehen es lieber, wenn die Gäste nur die rechte Hand zum Essen benutzen. MTR betreibt auch die Namo-MTR-Läden, die Gewürzmischungen und tiefgefrorene Snacks verkaufen.

Websites www.mtrfoods.com, www.karnatakatourism.org

Tiffin Time statt Tea Time

Durch eine Laune der Sprach- und Kolonialgeschichte hat sich aus dem schottischen Dialektwort *tiff* (Schlückchen) eine in Südasien verbreitete Bezeichnung für Snacks entwickelt. Diese *tiffins* bekommt man in den **tiffin rooms.** Klassische *tiffins*, die man zum Frühstück oder am späten Nachmittag (zur *tiffin time*) verzehrt, sind etwa **idlis** und **dosas.** Sie werden aus gemahlenem, vorgegartem Reis und weißen Linsen zubereitet, die man zu einer Paste vermengt und über Nacht fermentieren lässt. Die Paste wird in speziellen Behältern als *idli*-Kuchen gedämpft oder zu *dosa*-Pfannkuchen verbacken. Noch ein regionaltypischer Snack sind **wadas,** in Öl ausgebackene Krapfen aus gelber oder weißer Linsenpaste mit grünem Chili und Ingwerwürfeln. Sie werden wie *idlis* und *dosas* mit Kokos-Chutney und *sambar* gereicht.

Traditionell servierte *wadas* auf einem *thali* (Metalltablett) mit Bananenblatt; dazu gibt es Saucen und *chai* (Gewürztee).

Vor der majestätischen Kulisse des Parthenon auf der Athener Akropolis schmeckt das Essen gleich noch einmal so gut.

GRIECHENLAND

DIE TAVERNEN VON ATHEN

Die Hauptstadt der Griechen lockt mit perfekt gegrilltem Fleisch, Fisch und erntefrischem Gemüse.

Alte Fotos und Wandbilder Athener Bonvivants zieren die Wände der Taverna tou Psiri. Die Athener schätzen das Restaurant im Stadtteil Psiri, nördlich der weltberühmten Akropolis, schon seit dem Zweiten Weltkrieg. Hier schlägt man sich den Bauch voll mit hervorragenden *paidakia* (Lammkoteletts) und anderen Grillgerichten, *keftedes* (Fleischbällchen), *kolokithia keftedes* (Zucchinibällchen), *chorta* (gegartem Wildgemüse) und Salaten. Östlich der Akropolis, am Rand des wuseligen Touristenviertels Plaka, liegt das leicht zu übersehende Paradosiako Cafeneon an der Ecke Nikodimos- und Voulis-Straße. In der Küche des winzigen Lokals bereitet Kyria Euginia beste Athener Hausmannskost zu, während ihr Mann Dimitris die Gäste bewirtet. Die kleine Speiseauswahl umfasst wechselnde Tagesgerichte. Die gegrillten Meeresfrüchte sind stets frisch, vor allem die *thrapsala* und Calamari (verschiedene Tintenfischarten). Dazu kommen preiswerte Fischgerichte, wie man sie von den griechischen Inseln kennt: gegrillte Sardinen, *kolios* (Makrele) oder gebratene *gavros* (Sardellen). Eine leckere Wurstspezialität ist *souzouki*. Gleich um die Ecke, in der Apollonos-Straße, betreiben die Kinder von Euginia und Dimitris das Oinomagerio Paradosiako.

Beste Reisezeit Die besten Monate sind Mai/Juni und September/Oktober. Dann ist es warm genug, um draußen zu essen, und es herrscht weniger Touristenrummel als im Hochsommer.

Reiseplanung Weitere gute Tavernen sind Triantafilo Tis Nostimias in der Lekka-Straße, nicht weit vom Paradosiako, und Steki tou Ilias an der Eptahalkou-Straße im Stadtteil Thission. Eine nette Nachbarschaftskneipe ist Kalamia nahe der Ecke Kypselis- und Skyrou-Straße im Norden von Athen.

Websites www.greecetravel.com, www.greecefoods.com, www.greece-athens.com

Kellerlokale

Athens Kellerrestaurants sind ein guter Grund, die Stadt außerhalb der Hauptsaison zu besuchen. Viele von ihnen sind im Sommer geschlossen, gehören aber sonst zu den gemütlichsten Plätzchen für ein leckeres Essen.

Die **Taverna Saita**, ein ehemaliges *bakaliaro* (Stockfischrestaurant) an der Kydatheneon-Straße, serviert Fisch, Grillfleisch und Ofengerichte. Und was könnte zum Mittagessen passender sein als das **Diopoto** (Zwei Türen) im Zentralmarkt an der Sokratous? Es gibt vielleicht drei Gerichte zur Auswahl: einen Fisch, einen Eintopf und einen Salat. Um zwei Uhr ist die Party im Diopoto voll in Schwung, und wenn der albanische Akkordeonspieler aufkreuzt, wird auch gesungen und getanzt. Halten Sie nicht erst nach einem Schild Ausschau, es gibt keins.

Traumhafte Panoramen, beruhigendes Wellenrauschen und appetitanregende
Salzluft verzaubern in diesen Lokalen am Meer alle Sinne.

❶ Wickaninnish Inn, Tofino, Kanada

Gerade im Winter zieht es viele Sturmbeobachter in dieses rustikale Refugium an der regengepeitschten Westküste von Vancouver Island. Das Pointe Restaurant beglückt mit hervorragender Westküstenküche und 240-Grad-Blick auf den Pazifik.

Reiseplanung Von der Küste von British Columbia und Washington State verkehren Fähren nach Vancouver Island. Der nächste Flughafen ist der Tofino Airport am Long Beach. www.wickinn.com

❷ Boathouse, Breach Inlet, Isle of Palms, USA

Delphine stehen nicht auf der Speisekarte, sondern nur auf dem Unterhaltungsprogramm des nautisch gestylten Restaurants an der „Bresche" zwischen Intracoastal Waterway und Atlantik. Die Terrasse und die Bar auf dem Dach versprechen herrliches Sonnenuntergangspanorama, serviert wird frisches Seafood wie Krabbenfrikadellen und rohe Austern.

Reiseplanung Das Boathouse befindet sich am 101 Palm Boulevard. www.boathouserestaurants.com

❸ Nepenthe, Big Sur, USA

Das Familienlokal hoch über Kaliforniens wilder Küste bezaubert mit Aussicht weit über den Pazifik. Manchmal lassen sich vorbeiziehende Grauwale blicken. Das Essen ist frisch, regional und köstlich, der kalifornische Wein göttlich.

Reiseplanung Für den besten Blick sollten Sie reservieren oder außerhalb der Hauptessenszeiten kommen. Zum Sonnenuntergang wird es oft sehr voll. www.nepenthebigsur.com

❹ The Baths, Sorrento, Australien

Die ehemaligen Badehütten am Strand von Sorrento bieten einen märchenhaften Blick über die Port Phillip Bay. Im Sommer drängen sich die Gäste auf der großen Terrasse, an kälteren Tagen am offenen Kamin. Dort schmausen sie modernes australisches Seafood in lockerer Aussie-Atmosphäre.

Reiseplanung Das Restaurant befindet sich an der 3278 Point Nepean Road, in der Nähe des Autofährterminals Queenscliff–Sorrento. Queenscliff liegt 32 Straßenkilometer südöstlich von Geelong. www.thebaths.com.au

❺ Apsley Gorge Vineyard Café, Bicheno, Australien

Hier spült man Austern oder Jakobsmuscheln mit gut gekühltem Chardonnay hinunter und schaut zu, wie die Tasmansee an die Ostküste brandet. Das Holzbesteck und die wackeligen Tische tragen zum Flair bei. Das Weingut produziert einige der besten australischen Pinot Noirs und Chardonnays.

Reiseplanung Das Café liegt gleich außerhalb der Ortschaft Bicheno. www.apsleygorgevineyard.com.au

❻ Unawatuna, Sri Lanka

Das Tropenparadies an der Südküste von Sri Lanka hat einige der besten Strandlokale der Insel. Die sri-lankische Küche ist dank ihrer holländischen, indischen, malaiischen, arabischen, britischen und portugiesischen Einflüsse noch würziger als die des übrigen indischen Subkontinents. Typisch sind Fischcurrys, die man im Kingfisher oder Lucky Tuna genießt.

Reiseplanung Unawatuna liegt direkt südlich von Galle und 122 Kilometer von Colombo entfernt. www.srilankatourism.org

❼ Club 55, Saint-Tropez, Frankreich

Seit Brigitte Bardot 1955 in diesem Fischerdorf an der Côte d'Azur „Und immer lockt das Weib" drehte, ist der Club 55 der Mittelpunkt der Strandszene, den die Hautevolee mit der Privatjacht ansteuert. Mittags gibt es den „Tagesfang", dazu den Rosé des Hauses.

Reiseplanung Nichtmitglieder müssen den Mittagstisch schon Wochen oder Monate im Voraus reservieren, vor allem fürs Wochenende. www.ot-saint-tropez.com

❽ Reial Club Marítim, Barcelona, Spanien

Zu Barcelonas Königlichem Jachtclub von 1881 haben nur Mitglieder Zutritt. Er betreibt aber ein Restaurant fürs allgemeine Publikum, das Spaniens Schickeria mit Hafenblick und erstklassiger Fischküche lockt. Highlight ist die Meeresfrüchtepaella.

Reiseplanung Der Club liegt am Moll d'Espanya. Nichtmitglieder betreten das Restaurant durch die Seitentür. www.barcelonaturisme.com

❾ Café del Mar, San Antonio, Ibiza, Spanien

Das Café del Mar, dessen Standort ausgewählt wurde, um den grandiosen Sonnenuntergangs über der Isla de Conejera zu beobachten, ist die Wiege der Chillout-Musik. Noch immer ist die Bar der beliebteste Treff der Insel zum abendlichen Warmup. Wenn die Sonne im Meer versinkt, herrscht andächtige Stille, dann wird applaudiert.

Reiseplanung Das nur im Sommer geöffnete Café ist zum Sonnenuntergang gerammelt voll. Später treten nebenan bei Mambo Fackeljongleure in Aktion. www.cafedelmarmusic.com

❿ Muisbosskerm, Westkap, Südafrika

In der Nähe von Lambert's Bay liegt dieses Strandrestaurant im besten Sinne: Hier hat man den Sand zwischen den Zehen. Die Tagesmenüs umfassen Seafood in allen Varianten, unter anderem aus dem Lehmofen. Trotz starker Konkurrenz bleibt Muisbosskerm eins der kulinarischen Highlights von Südafrika.

Reiseplanung Die Mahlzeiten dauern etwa drei Stunden. Falls im Angebot, unbedingt den *crayfish* (Languste) probieren. www.muisbosskerm.co.za

Rechts: Mit diesem Blick auf 80 Kilometer wildromantischer Küste ist das Nepenthe eines der malerischsten Lokale in Kalifornien.

In Neapel wird die Pizza mit einer gehörigen Portion Theatralik zubereitet und serviert.

ITALIEN

Pizza in Neapel

Saftige Tomaten und aromatisches Basilikum sind unentbehrliche Zutaten in der süditalienischen Heimatstadt der Pizza.

Irgendetwas brodelt immer in Neapel, und das ist nicht die Lava des nahen Vesuv, der am Horizont aufragt. Nein, es ist der *mozzarella di bufala* (Büffelmozzarella), der in der Vulkanhitze der holzbefeuerten Pizzaöfen der Stadt blubbert. Er ziert die Königin der Pizzen, die Pizza Margherita, die 1889 als kulinarische Huldigung an Königin Margherita, die Gemahlin von Umberto I., kreiert wurde. Die Margherita wird mit Mozzarella, würzigem Basilikum und den San-Marzano-Tomaten der Region belegt, in Weiß, Grün und Rot, den Farben der italienischen Flagge. Außerdem findet sich auf der Speisekarte jeder neapolitanischen Pizzeria die Pizza Marinara mit Tomatenmark und Oregano. Gelegentlich wird sie mit Knoblauch oder ein paar Basilikumblättern angereichert, aber bei allem, was darüber hinausgeht, sollte man höflich «Ciao» sagen und seiner Nase zum nächsten Lokal eine Ecke weiter folgen. Unabhängig von Lokal und Pizzavariante dürfte die Teigunterlage immer typisch neapolitanisch sein, mit saftigem Rand, knusprigem Boden, vereinzelten Luftblasen und ein paar schwarz angesengten Stellen. Die Pizza wird nur 90 Sekunden lang gebacken und oft genauso schnell verschlungen.

Beste Reisezeit Meiden Sie den Juli und August mit Temperaturen bis über 40 Grad. Der Winter ist mild; Frühjahr und Herbst sind ideal.

Reiseplanung Das absolute Heiligtum für wahre Pizzapilger ist Da Michele, wo Margheritas und Marinaras nur so aus den Öfen fliegen, um die hungrigen Horden zu sättigen. Kommen Sie mittags; stornieren Sie danach Ihre Abendessenpläne, um sich den Genuss ein zweites Mal zu gönnen. Von Da Michele ist es nicht weit zu R. M. Attanasio mit ofenwarmem *sfogliatelle*-Gebäck von früh bis spät.

Websites www.damichele.net, www.portanapoli.com

Sfogliatelle Napoletane

Außer Margherita und Marinara sollten Sie vor einer Reise nach Neapel unbedingt noch die Wörter *riccia* und *frolla* einstudieren. Sie bezeichnen die beiden unterschiedlichen Varianten der **sfogliatella** (Plural: *sfogliatelle*). Diese allgegenwärtige Köstlichkeit bekommt man in Cafés und Bäckereien der ganzen Stadt. Die Füllung der muschelförmigen Teigtaschen besteht aus gesüßtem Ricotta mit Vanille und kandierten Fruchtstücken.

Riccia bedeutet „lockig", was die knusprige Version aus geripptem Blätterteig bezeichnet. Es ist praktisch unmöglich, von ihr abzubeißen, ohne sich von oben bis unten zu bekrümeln. *Frolla*, die „zarte" Version besteht aus weicherem Mürbeteig.

Das richtige Timing ist ein wichtiger Faktor für den optimalen *sfogliatelle*-Genuss. Suchen Sie die Bäckerei Ihrer Wahl am besten vormittags auf, wenn die Leckerbissen gerade heiß aus dem Ofen kommen.

BOLOGNA

Italiens gastronomische Hauptstadt ist für ihre gehaltvolle Küche berühmt, daher Spitzname *La Grassa* (die Fette).

Die norditalienische Stadt Bologna ist bekannt für ihre roten Dächer, ihre mittelalterlichen Bogengänge, ihre altehrwürdige Universität und ihre Liebe zum Essen. Sie ist der Geburtsort der weltberühmten Bolognesesauce (die hier mit frischen Fettuccine verzehrt wird). Für Besucher empfiehlt sich ein Bummel durch das Gassengewirr östlich der Piazza Maggiore rund um die Via Clavature und Via Drapperie. In diesem Winkel der Altstadt befand sich der mittelalterliche Markt. Seine Nachfolge haben Dutzende von *botteghe* (kleinen Läden) angetreten: *fruttivendoli* (Obsthändler), *pescherie* (Fischhändler), *pastifici* (Nudelgeschäfte) und *latterie* (Käseläden), deren Waren aus den offenen Ladenlokalen überquellen und für Straßenmarktatmosphäre sorgen. Unwiderstehlich sind die *salumerie*, die Feinkostgeschäfte. Tamburini oder Bruno e Franco führen unzählige Käsesorten, frische Tortellini mit verschiedensten Füllungen, Trüffeln, Wildpilze und Olivenöl. Ganz wichtig sind die Rauchfleischspezialitäten wie Mortadella, ebenso *culatello, zampone* und Prosciutto. Was sich aus solchen Zutaten zaubern lässt, beweisen die vielen überragenden Restaurants der Stadt: In direkter Nähe liegen das Ristorante Diana und die preiswerteren Trattorien Da Gianni und Anna Maria. Zu den Favoriten zählen Lasagne (mit grünen Spinatnudelblättern), *bollito misto* (eine Suppe mit verschiedenen Fleischsorten) oder *cotoletta alla Bolognese*, Schweinekotelett mit Prosciutto und Käse.

Beste Reisezeit Die Sommer sind heiß, die Winter verregnet. Am schönsten ist Bologna im Frühjahr, der Zeit des jungen Gemüses, und im Herbst, wenn die Trüffeln und Wildpilze auf den Tisch kommen.

Reiseplanung Nehmen Sie sich drei Tage Zeit, um die Stadt zu erkunden, und besuchen Sie auch Bolognas kulinarisch berühmte Nachbarn: Parma, Wiege des legendären Schinkens und des Parmesan, und Modena, das durch Balsamico zu Weltruhm gelangte.

Schlemmertour durch Bologna

Die handgemachten, hauchdünn ausgerollten Eiernudeln namens *sfoglia* (Blatt) werden nicht aus Hartweizen, sondern aus weicherem Mehl zubereitet und zergehen praktisch auf der Zunge. Aus den Nudelblättern kann man Fettuccine schneiden oder Nudeltaschen wickeln. Mit Schweinefleisch oder Prosciutto, Gewürzen und Parmesan gefüllte Tortellini werden traditionell in klarer Brühe (*in brodo*) serviert. Die größeren Tortelloni mit Spinat-Ricotta-Füllung genießt man mit Butter und Salbei.

Probieren Sie auch die Brotsorten: **crescente,** ein mit Schweineschmalz gebackenes Brot mit Prosciutto oder Pancetta, **crescentine,** aufgeblähte Teigfladen, die warm zu Aufschnitt und Käse passen, und **piadina,** ein Fladenbrot, das als getoastetes Schinken-Käse-Sandwich gereicht wird.

Tanken Sie norditalienische Sonne auf der Piazza Maggiore vor der Kulisse der Basilika San Petronio, der fünftgrößten Kirche der Welt.

DÄNISCHES SMØRREBRØD

In Kopenhagen lädt eine endlose Vielfalt von Schnittchen
mit appetitlichen Garnierungen zum Schwelgen ein.

Dänemarks Hauptstadt beherbergt nicht nur freundliche, Englisch und oft auch Deutsch sprechende Bewohner, jahrhundertealte Baudenkmäler und schicke Hotels und Geschäfte in modernem dänischem Design, sondern auch erlesene Gaumenfreuden. Das berühmte *smørrebrød* (das ø wird als „ö" ausgesprochen) ist, wie der Name schon sagt, zunächst einmal ein „Butterbrot". Als Grundlage dient normalerweise *rugbrød*, dunkles dänisches Roggenbrot, mit etwas Butter. Darauf werden dann die verschiedensten Zutaten arrangiert, die aus dem Brot einen herzhaften Snack oder gar eine kleine Mahlzeit machen. Eine beliebte Version ist die mit Schweineleberpastete, knackigen Gürkchen, Speck und gebratenen Pilzen. Die Hafenstadt ist natürlich mit Fisch bestens versorgt: Ein Toptipp für Freunde fischiger Genüsse ist *smørrebrød* mit Räucherhering, Eigelb, Schnittlauch und geraspelten Radieschen. Leckere Alternativen sind Räucherlachs, dessen intensives Aroma gut zu Pilzen in sahniger Sauce passt, oder die dänischen Krabben, die ziemlich klein geraten, aber umso saftiger und schmackhafter sind. Das ganze Spektrum der Belagsvarianten, von Schollenfilet bis zu exzellentem dänischen Käse, gibt es im Restaurant Ida Davidsen zu kosten. Das Lokal auf der Store Kongensgade bietet mit rund 300 *smørrebrød*-Varianten die umfangreichste Sandwichkarte der Welt.

Beste Reisezeit Besonders angenehm sind Frühjahr und Herbst. Im Winter ist es feuchtkalt. Im Sommer ist das Wetter schön, aber die Touristen treten sich auf die Füße.

Reiseplanung Von den erstklassigen Restaurants überall in der Stadt abgesehen, bekommen Sie leckeres *smørrebrød* auch in vielen Imbisslokalen. In Restaurants ist ein Bedienungsgeld schon in der Rechnung enthalten; Sie können aber für besonders guten Service noch ein Trinkgeld drauflegen.

Websites www.idadavidsen.dk, www.visitcopenhagen.com

Smørrebrød-Insidertipps

■ Die Dänen legen Wert auf gute Tischmanieren. Sie essen ihr *smørrebrød* nicht aus der Hand, sondern mit Messer und Gabel.

■ Der Snack mit dem kurios klingenden Namen **Dyrlægens Natmad** (Nachtmahl des Tierarztes) ist ein Butterbrot mit Leberpastete, Pökelfleisch, Sülze und Zwiebeln.

■ Kopenhagens 1843 eröffneter **Tivoli** ist nicht nur einer der ältesten Vergnügungsparks der Welt, sondern wimmelt zudem von **Restaurants** und Cafés. Auch das fidele Hafenviertel **Nyhavn** bietet jede Menge Bars und Restaurants.

Die Bars der Hafenpromenade von Nyhavn sind ideal, um bei einem leckeren Snack zum dänischen Bier das Treiben auf dem Wasser und an Land zu beobachten.

Der Blick von The Tower auf Edinburgh Castle und den Turm des Festivalgebäudes The Hub in einer ehemaligen Kirche.

SCHOTTLAND

GAUMENSCHMAUS IN EDINBURGH

In der schottischen Hauptstadt veredelt eine neue Generation preisgekrönter Restaurants die delikaten Produkte des Landes.

Edinburgh gilt zu Recht als eine der schönsten Städte Europas und lockt Scharen von Besuchern mit Attraktionen wie seiner Burg, seiner eleganten, 200 Jahre alten „New Town" und seinen weltberühmten Kulturfestivals im August. Bis vor Kurzem wäre aber niemand auf die Idee gekommen, Edinburgh als „Gourmetstadt" zu bezeichnen. Doch erfreulicherweise hat sich hier einiges getan und Schottland weiß seine landeseigenen Erzeugnisse mittlerweile zu schätzen: den Fisch aus den kristallklaren, nördlichen Küstengewässern, das beste Rindfleisch Europas, das aromatische Fleisch der Lämmer von den Küstenwiesen oder den heidebewucherten Berghängen, Wildpilze, Wildfleisch und saftiges Obst. Durch ihren phantasievollen Umgang mit diesen reichhaltigen Zutaten haben Pioniere wie Andrew Radford, der Gründer des Atrium die Gastronomie von Edinburgh völlig umgekrempelt. Gleichzeitig ist durch die allmähliche Sanierung des alten Hafenbezirks Leith, eine kurze Taxifahrt vom Stadtzentrum entfernt, ein quirliges Restaurantviertel am Wasser entstanden. Hier betreiben unter anderem die Sterneköche Martin Wishart und Tom Kitchin ihre gleichnamigen Restaurants. In der malerischen Altstadt wiederum tischt The Tower im Obergeschoss des Museum of Scotland moderne schottische Küche der Extraklasse auf, zu genießen bei spektakulärer Aussicht.

Beste Reisezeit Am spannendsten und vollsten ist Edinburgh im August, wenn Publikum und Künstler des Edinburgh International Festival, Book Festival und Fringe die Bevölkerung vervielfachen.
Reiseplanung Bei den beliebteren Restaurants ist eine Tischreservierung nötig, besonders am Wochenende und während der Festivals im August.
Websites www.list.co.uk, www.atriumrestaurant.co.uk, www.thekitchin.com, www.martin-wishart.co.uk, www.tower-restaurant.com

Der Bauernmarkt

Nehmen Sie sich die Zeit, über den Castle Terrace Farmers' Market zu bummeln, der jeden Samstag von 9 bis 14 Uhr stattfindet. Hier können Sie sich mit süßen und herzhaften Kostproben gratis durchfuttern oder einen Brunch an den Tischen zwischen den Ständen einnehmen. Probieren Sie warmen *porridge* (Hafergrütze), den schottischen Frühstücksklassiker, mit frischem Obst, Marmelade oder Whisky und Sahne. Freunde fleischlicher Genüsse bevorzugen vielleicht ein Sandwich mit warmem **Schweinebraten,** Bratenfüllung, Apfelmus und knuspriger Schwarte. Eine schottische Fischspezialität ist **Arbroath Smokie,** zart-würzig geräucherter Schellfisch, der in einer mobilen Räucherei zubereitet, auf Bestellung entgrätet und verzehrfertig serviert wird.

ENGLAND

LONDONS RESTAURANTS

Einst galt die britische Hauptstadt als kulinarisches Ödland,
heute zaubern hier Weltklasseköche spannende Kreationen.

Eine Straßenecke vom Smithfield-Fleischmarkt entfernt, bildet das minimalistische Interieur des St. John Restaurants den passenden Rahmen für Fergus Hendersons tabulose Speisekarte, auf der je nach Saison gebackenes Knochenmark und *chitterlings* (Schweinsgekröse) neben Wildgeflügel wie Waldschnepfe und Pfeifente auftauchen. Das St. John ist typisch für eine neue Restaurantgeneration, die sich in den letzten 30 Jahren in London etabliert hat. Nicht zufällig scharen sich viele davon um die historischen Märkte der Stadt. Das ist die ideale Gelegenheit, einige der frischesten Zutaten der Insel zu probieren. Selbst in den feudalsten Winkeln des West End bemühen sich Chefköche wie Philip Howard von The Square oder Richard Corrigan im Corrigan's (beide in Mayfair), britische Saisonprodukte und Kochtraditionen groß herauszubringen. Fernsehkoch Gordon Ramsay wurde durch sein Auge fürs Detail berühmt. Seine Schüler, wie Angela Hartnett und Mark Sargeant, haben sich inzwischen selbst einen Namen gemacht: Sargeant ist Küchenchef im noblen Claridge's Hotel. Noch weiter westlich liegt das River Café, eins von Londons Heiligtümern der zeitlos guten Küche. Rose Gray und Ruth Rogers eröffneten das Lokal an der Themse 1987 und wachen bis heute über das jahreszeitlich wechselnde Speiseangebot. Gekocht wird italienisch, aber die meisten der frischen Zutaten stammen von den besten britischen Anbietern.

Beste Reisezeit London ist zu jeder Jahreszeit attraktiv. Am schönsten ist die Stadt im Sommer; dann herrscht aber auch maximaler Touristenrummel.

Reiseplanung Die Londoner Lebensmittelmärkte geben einen guten Einblick in das heimische Frischwarenangebot. Eine Liste gibt es auf der Website von Urbanpath. Fragen Sie an Ständen mit besonders interessanten Produkten, ob sie bestimmte Restaurants beliefern und welche Lokale sie empfehlen würden.

Websites www.urbanpath.com, www.stjohnrestaurant.co.uk, www.squarerestaurant.org, www.corrigansmayfair.com, www.gordonramsay.com, www.rivercafe.co.uk

St. John's Welsh Rarebit

Ideal als kleine Stärkung zwischendurch oder als Dessert mit einem Glas Portwein.

Für 6 Personen
1 Klacks Butter
1 Esslöffel Mehl
1 Teelöffel englisches Senfpulver
1/2 Teelöffel Cayennepfeffer
200 ml Guinness-Bier
1 großzügiger Spritzer Worcestersauce
450 g herzhafter Cheddarkäse, gerieben
4 Scheiben Toastbrot

Für den Käsetoast nach Waliser Art Butter in einem Topf zerlassen. Das Mehl unterrühren und kurz anschwitzen, aber nicht bräunen. Das Senfpulver und den Cayennepfeffer zugeben. Mit Guinness und Worcestersauce ablöschen. Den Käse zugeben und bei milder Hitze unter Rühren zu einer glatten Käsesauce einschmelzen lassen. Vom Herd nehmen, in eine flache Form gießen und fest werden lassen. Die Käsemasse einen Zentimeter dick auf den Toast streichen, diesen im vorgeheizten Backofen goldbraun überbacken und heiß servieren.

Gegenüber: Philip Howard in der Küche von The Square. Oben: Big Ben und die Houses of Parliament.

In Restaurants wie Le Miramar werden der gekochte Fisch und die Fischbrühe separat serviert.

FRANKREICH

DIE WAHRE BOUILLABAISSE

Die *bouillabaisse marseillaise*, einst ein einfaches Fischermahl, hat sich zu einem der delikatesten Fischrezepte der Welt gemausert.

In Frankreichs wichtigstem Mittelmeerhafen sollte man nicht irgendeine Bouillabaisse bestellen. Marseilles berühmte, kräuterduftende Fischsuppe verlangt nach einer ganz bestimmten Zutatenkombination. Früher sortierten die Fischer nach ihrer Rückkehr in den Hafen den besten Teil ihres Fangs zum Verkauf aus. Den unverkäuflichen Rest nahmen sie mit nach Hause, wo er gekocht wurde und mit Knoblauchbrot und würziger *rouille*-Mayonnaise auf den Tisch kam. Als Marseille im 19. Jahrhundert zu Wohlstand aufstieg, veredelte die bessere Gesellschaft der Stadt die Bouillabaisse zu der heute bekannten Kreation. Aber Vorsicht: Hochstapler versuchen, den Touristen ihre Euros für minderwertige Gerichte abzuknöpfen, die sie etwa als *soupe des pêcheurs* oder *bouillabaisse à notre façon* anpreisen. 1980 unterzeichnete eine Gruppe von Köchen eine Charta, die festlegte, welche Zutaten in eine Bouillabaisse gehören. Die besten Kreationen finden sich rund um den wunderbar restaurierten Vieux Port, etwa im Le Miramar. Nahebei kredenzen zwei weitere Restaurants voll Stolz die echte Bouillabaisse: Chez Michel in der Rue des Catalans und Chez Fonfon in der Rue Vallon des Auffes.

Beste Reisezeit In Marseille sind die Sommer heiß und die Winter mild. Im Juni und Juli steigt das Festival de Marseille mit einem vielfältigen Tanz-, Musik-, Theater- und Filmprogramm. Im August machen die Franzosen Urlaub und viele Restaurants haben geschlossen.

Reiseplanung Sehen Sie morgens am Quai des Belges zu, wie die Fischer ihren Fang anlanden. Traumhaften Blick auf die Stadt verspricht der Anstieg zur majestätischen, neobyzantinischen Basilika Notre-Dame de la Garde, die Mitte des 19. Jahrhunderts auf die höchste Erhebung der Stadt gepflanzt wurde.

Websites www.marseille-tourisme.com, www.bouillabaisse.com, www.chez-fonfon.com

Was gehört in den Topf?

Puristen bestehen darauf, dass die Bouillabaisse mindestens vier heimische Mittelmeerfischarten enthalten müsse. Meist sind dies **Drachenkopf** (*rascasse*), **Meeraal** (*congre*), **Roter Knurrhahn** (*galinette*) und **Heringskönig oder Petersfisch** (*St. Pierre*). Mit frischen Tomaten, Kartoffeln, einer guten Portion frischem Fenchel und vielleicht einem Schuss Pernod gekocht, bilden sie die Grundlage einer echten Bouillabaisse. Doch infolge der Überfischung des Mittelmeers sind die heimischen Arten immer schwerer aufzutreiben. Trotzdem kann eine Bouillabaisse mit Lachs niemals authentisch sein, und auch Versionen mit Schalen- und Krustentier sind umstritten.

Traditionell wird die Bouillabaisse in zwei Gängen gereicht. Zuerst gibt es Knoblauchcroûtons mit einer großzügigen Portion *rouille*, die mit der Brühe übergossen werden. Die Croûtons sollten nicht nachträglich in die Brühe gegeben werden (dann schwimmen sie obenauf), schon gar nicht mit geriebenem Käse. Dann folgt der Fisch, den der Kellner am Tisch filetiert. Der ideale Wein dazu ist ein trockener Weißwein aus Cassis oder ein Rosé aus Bandol, beide stammen aus der Nähe von Marseille.

FRANKREICH

BISTROS MODERNES IN PARIS

Eine neue Schule von Pariser Kochkünstlern zaubert geniale Bistroküche, die den Geldbeutel schont.

Der Trend zum *bistro moderne* begann als Gegenbewegung zu der überambitionierten Kochkunst, wie sie bis vor Kurzem in Paris praktiziert wurde. Die Köche griffen zu saisonaler Marktware, preiswerteren Fleischstücken und regionalen Erzeugnissen, um ihren Gästen hochwertiges Essen zu erschwinglichen Preisen anzubieten. Ein Vorreiter war Yves Camdeborde, der schon im Ritz, Maxim's und La Tour d'Argent gearbeitet hatte. 1992 eröffnete er sein erstes Restaurant, La Régalade, im Pariser Süden und servierte üppige Bistroküche in Gourmetqualität zu unverschämt günstigen Preisen. Bald übernahmen andere sein Erfolgsrezept. Inzwischen ist die Auswahl riesig. Am linken Seineufer sind Les Racines von Jean-François Debré in der Rue Monsieur Le Prince oder Le Pré Verre der Brüder Delacourcelle in der Rue Thénard ideal für ein Mittagessen nach Besichtigung des nahen Hôtel de Cluny. Im östlichen Paris locken L'Ébauchoir von Thomas Dufour in der Nähe der Bastille oder La Boulangerie der Brüder Nidhsain in Ménilmontant. Vorkocher Camdeborde, der den Stein ins Rollen brachte, hat La Régalade 2005 verkauft und führt jetzt das Minibistro Le Comptoir im Hotel St.-Germain am linken Seineufer. Das fünfgängige Tagesmenü ist eine der authentischsten und köstlichsten Mahlzeiten von Paris zum Spottpreis von 45 Euro.

Beste Reisezeit Romantiker mögen vom Pariser Frühling schwärmen, doch der Traum aller Feinschmecker ist Paris im Spätherbst. Das ist die Saison der Trüffeln, der *foie gras* und des reifen Käses aus butteriger Sommermilch.

Reiseplanung Bistrotipps bekommen Sie in guten Cafés, indem Sie ein Gespräch mit anderen Gästen anknüpfen. Die Pariser kennen sich mit ihrer Gastronomie aus und sind umgänglicher als ihr Ruf verspricht. Tischreservierung ist unbedingt ratsam.

Websites www.hotel-paris-relais-saint-germain.com, www.lebauchoir.com, www.lepreverre.com

Bistrogenüsse

■ Terrinen, Wurst, Rauchfleisch und exotischere Fleischstücke gehören zum Alltagsangebot der modernen Pariser Bistros. Freuen Sie sich auf *boudin noir* (Blutwurst), Platten mit *charcuterie* (Aufschnitt), *ris de veau* (Kalbsbries), *pieds de cochon* (Schweinsfüße) und die köstlich zarte Rinderbacke *joue de boeuf.*

■ Außerdem bekommen Sie in den modernen Bistros einige der besten französischen Käsesorten. Lassen Sie sich vom Kellner bei der Auswahl vom Käsewagen beraten, die in manchen Bistros mehr als ein Dutzend Sorten umfasst. Ein guter Kellner hilft Ihnen, genau das Richtige für Sie auszusuchen, samt dem passenden Wein dazu.

Die schwindelerregende Auswahl französischer Käsesorten, die vor dem Dessert gereicht wird, ist in einem Bistro Moderne ein Höhepunkt jeder Mahlzeit.

FRANKREICH

GEHEIMNISSE DES CASSOULET

In Südwestfrankreich konkurrieren drei Städte und ihre Regionen um das beste Cassoulet. Am besten testet man alle drei persönlich.

In Carcassonne schwören die Köche auf das Fleisch des Rothuhns als Geheimnis eines guten Cassoulet. In Toulouse reichern sie den herzhaften Auflauf aus Bohnen, Schweinefleisch, Zwiebeln und Möhren mit Wurst und *confit de canard* (eingemachtem Entenfleisch) an. Im zwischen diesen beiden Städten gelegenen Castelnaudary gelten Schweinerippchen und *confit d'oie* (eingemachtes Gänsefleisch) aus der umgebenden Lauragaisregion als unentbehrlich für den ultimativen Genuss. Das Cassoulet ist von jeher ein geselliges Mahl, ursprünglich erfunden, um mit den gerade verfügbaren Zutaten eine größere Runde zu sättigen, etwa bei der Ernte oder einem Familientreffen. Die Grundzutat sind weiße Bohnen, ob *haricots de Tarbes* oder *lingots de Castelnaudary*. Wichtig ist der lange Backvorgang bei niedriger Temperatur, damit sich eine Kruste bildet. Früher bereitete man das Cassoulet zu Hause vor und brachte es dann zum Dorfbäcker, der es nach dem Brotbacken in seinen Ofen stellte. Während des Garens wird die Kruste mehrfach untergerührt, um die Aromen zu intensivieren. Wer seinen Gaumen fordern möchte, kann bei L'Écu d'Or innerhalb der mittelalterlichen Stadtmauern von Carcassonne zwischen fünf Cassouletversionen wählen. Im Zentrum von Toulouse führt ein Bummel am Canal du Midi entlang zu Au Gascon, das hervorragendes Cassoulet zum zivilen Preis serviert. In Castelnaudary versammeln sich die wahren Fans im Hôtel de France zum mittäglichen Cassoulet; dort kann man den einen oder anderen Geheimtipp aufschnappen.

Beste Reisezeit Südwestfrankreich ist ganzjährig schön. Doch um Essen und Wein in der Heimat des Cassoulet richtig auszukosten, sollten Sie in den kühleren Monate reisen. Im Winter kommen schwarze Trüffeln auf die Speisekarten.

Reiseplanung Die Museen, Konzerte und das Nachtleben der Weltstadt Toulouse nehmen leicht ein ganzes Wochenende in Anspruch. Besuchen Sie die Ruine von Saissac nordwestlich von Carcassonne.

Websites www.carcassonneinfo.com, www.cassoulet.com, www.uk.toulouse-tourisme.com

Im Land des Cassoulet

■ Die in Carcassonne ansässige Académie Universelle du Cassoulet (Weltakademie des Cassoulet) hat eine **Route des Cassoulets** ausgearbeitet, auf der Sie verschiedene Versionen des Kultauflaufs probieren können. Die Fahrt an Weizen-, Bohnen- und Sonnenblumenfeldern und an Höfen voll schnatternder Enten und Gänse vorbei zeigt, wo das Gericht ursprünglich herstammt.

■ Der Hauptplatz von **Toulouse, die Place du Capitole,** verwandelt sich am Dienstag- und Samstagvormittag in einen Biobauernmarkt. In der Nähe bietet der überdachte **Marché Victor Hugo** täglich Frischprodukte an. Im Winter gibt es hier sogar Stände mit schwarzen Trüffeln.

■ Die Brüder Not in **Mas-Saintes-Puelles,** nordwestlich von Castelnaudary, gehören zu den wenigen Töpfern, die heute noch die leicht konischen Tontöpfe namens *cassoles* fertigen. Von diesen hat das Cassoulet seinen Namen – *caçolet* oder *lou cassoul* in der okzitanischen Sprache Südfrankreichs. Einige traditionelle *cassoles* sind im **Musée Présidial** ausgestellt, das über Castelnaudary thront.

■ Die körperreichen Languedoc-Weine der Region vertragen sich gut mit dem kräftigen, rustikalen Aroma des Cassoulet. Probieren Sie einen **Cabardès, Malepère** oder einen granatroten **Corbières.**

Gegenüber: Der Blick von Carcassonnes Cité auf die Heimat des Cassoulet. Oben: Cassoulet in einer traditionellen *cassole*.

Die Straßenbahn, die hier Elevador da Bica heißt, zuckelt vom Lissabonner Fischmarkt zum Bairro Alto hinauf.

FISCHSCHMAUS IN LISSABON

Die Metropole an der Atlantikküste, Hauptstadt eines Landes von Fischliebhabern, bietet unübertreffliche Fischgenüsse.

Portugal konsumiert mehr Fisch pro Einwohner als irgendein anderes Land in Europa. Einer der besten Orte, um diese Fischmanie zu erleben, ist Lissabons Bairro Alto, die quirlige „Oberstadt" mit ihren schmalen Gassen oberhalb der zentralen Baixa („Unterstadt") und der Tejomündung. Im Sommer werden hier überall Sardinen auf improvisierten Grills gebraten und die Speisekarten der Restaurants quellen über vor Oktopus, Kalmar, Krabben, Venusmuscheln, Garnelen, Jakobsmuscheln, Schwertfisch, Makrele, Seehecht und *bacalhau* (Stockfisch). Die portugiesische Küche ist vor allem eine Volksküche. Wie wäre es also mit einem Besuch bei Toma-Lá-dá-Cá, einem beliebten Familienrestaurant gleich südlich des Bairro Alto? Hier landen alle möglichen Fische auf dem Teller, aber *bacalhau* steht fast immer auf der Karte. In Portugal isst man ihn als Vorspeise in Form von *pastéis de bacalhau* (frittierten Fischfrikadellen), als *bacalhau à brás* (mit Zwiebeln, Kartoffeln und Ei), als *bacalhau com pimento e chouriço* (mit Paprika und Wurst) und als *bacalhau com molho de caril* (mit Currysauce). Wer ähnliche Speisen in feudalerem Ambiente genießen möchte, geht zu Pap'Açorda. Das Lokal blinkt vor Spiegeln, Gold und Kristalllüstern, obwohl es nach einer schlichten Brotsuppe mit Meeresfrüchten benannt ist.

Beste Reisezeit Ende April/Anfang Mai ist die schönste Zeit; dann ist die Luft frisch und die Straßen sind voller Blumen. In Lissabon ist immer etwas los, aber im Juli und August wird es über 32 Grad heiß.

Reiseplanung Bairro Alto ist auch das Zentrum des Nachtlebens und des *fado*-Gesangs. Die Portugiesen essen spät zu Abend und die Restaurants bleiben bis 2 Uhr morgens geöffnet. Pap'Açorda ist in der Rua da Atalaia 57, Toma-Lá-dá-Cá in der Travessa do Sequeiro 38 (keine Reservierungen).

Websites www.visitportugal.com, www.golisbon.com

 Peixe Assado no Sal

Das Garen im Salzmantel bringt das delikate Aroma und die zarte Konsistenz des Fischs noch besser zur Geltung, besonders bei Fischen mit zartem, weißem, magerem Fleisch. In Portugal wird dieses Rezept meist mit *robalo* (Wolfsbarsch) zubereitet. Der Fisch muss ganz frisch sein. Er wird nur ausgenommen und geputzt, bleibt aber ansonsten ganz.

Für 4–6 Personen
1 ganzer Wolfsbarsch (2,3 kg), ausgenommen und geputzt
3 kg grobes Meersalz
3 Eiweiß
1 Zitrone, in Scheiben
1 Handvoll frische Kräuter, wie Thymian, Petersilie oder wilde Fenchelzweige

Den Backofen auf 220 Grad vorheizen. Eine große Ofenform mit Backpapier oder Alufolie auslegen. Den Fisch innen und außen trockentupfen. Das Eiweiß schaumig schlagen und gut mit dem Salz vermengen – die Mischung sollte Ähnlichkeit mit leicht pappigem Schnee haben. Etwa ein Drittel der Salzmasse gleichmäßig in der Ofenform verteilen. Den Fisch darauflegen. Die Bauchöffnung mit Zitronenscheiben und Kräutern füllen. Die übrige Salzmasse auf den Fisch verteilen und mit den Händen leicht festdrücken. Den Fisch 40 bis 45 Minuten backen. Aus dem Ofen nehmen und 10 Minuten ruhen lassen. Vor dem Servieren die Salzkruste aufbrechen. Vorsichtig alles Salz und die Haut entfernen. Den Fisch auf eine saubere Platte geben, filetieren und mit Olivenöl und Zitrone servieren.

DIE BASKISCHE KÜCHE

Die nordspanische Gourmetstadt San Sebastián hat mehr
Michelinsterne pro Einwohner als jede andere Stadt der Welt.

Der elegante Strandort San Sebastián (Donostia auf Baskisch) ist berühmt für seine muschelförmige Bucht, seine imposante Belle-Époque-Architektur und ein geniales Triumvirat: Juan Mari Arzak, Martín Berasategui und Pedro Subijana, die absolute Avantgarde der baskischen Gastroszene, betreiben hier ihre Restaurants. Doch wer sich auf die Spitzenrestaurants beschränkt, verpasst darüber andere Genüsse. Von *asador*-Grillrestaurants bis zu Lokalen mit Spezialitäten wie *bacalao al pil-pil* (pikantem Stockfisch) wird hervorragendes Essen für jeden Geschmack und Geldbeutel geboten. In der *sidrería* gibt es Apfelwein (*sidra*) aus Eichenfässern zu den Mahlzeiten. Hafen- und Strandcafés servieren Fisch und Meeresfrüchte, die fast noch auf dem Teller zappeln. Das urechteste baskische Esserlebnis versprechen Bars wie La Cepa in den Gässchen des Parte Vieja (alten Viertels) mit den besten *pintxos* von San Sebastián, der baskischen Version der Tapas. Das sind umwerfend leckere Häppchen wie Tortilla (Kartoffelomelett), saftige Schinkenscheiben, frittierte grüne Paprika mit Meersalz, *chorizo*-Wurst und Kabeljaukroketten. Alle Leckerbissen werden auf einen Teller getürmt und mit *txakoli* genossen, dem prickelnden Weißwein der Region, der traditionell aus großer Höhe eingeschenkt wird, um ihn zu durchlüften. Wer einen Abend wie die Basken von Bar zu Bar zieht, befindet sich in erlauchter Gesellschaft: Angeblich lassen sich sogar Sterneköche hier inspirieren.

Beste Reisezeit Frühjahr und Sommer. Trotz der drei wunderbaren Strände von San Sebastián ist dieser Teil des Baskenlandes nicht touristisch überlaufen. Im Winter regnet es viel.

Reiseplanung Besuchen Sie unbedingt den unterirdischen Lebensmittelmarkt von La Bretxa in der Parte Vieja. Und nehmen Sie sich Zeit, um die herrliche baskische Küste zu erkunden. In den Hafencafés von Fischerorten wie Lekeitio können Sie sich am Tagesfang gütlich tun.

Websites www.basquetours.com, www.arzak.info, www.martinberasategui.com, www.akelarre.net

Eine kulinarische Revolution

Juan Mari Arzak, Inhaber des Dreisterne-Restaurants Arzak in San Sebastián, gilt als Vorreiter der neuen baskischen Küche. Angeblich ließ er sich von den Ausführungen des französischen Spitzenkochs Paul Bocuse über die *nouvelle cuisine* in den 1970er-Jahren inspirieren, die baskische Küche nach Bocuse' Ideen umzukrempeln. Er organisierte Zusammenkünfte mit Kollegen, bei denen er modernisierte Versionen baskischer Klassiker und neue Kreationen vorstellte. Seine Revolution wurde zur Grundlage der neuen spanischen Küche, **La Nueva Cocina.** Heute betreibt Arzak sein Restaurant mit seiner Tochter Elena und kreiert nach wie vor spannende innovative Küche auf der Basis baskischer Traditionsrezepte. Probieren Sie seinen Hummer in weißem Olivenöl oder Bratkartoffeln mit Garnelen in Safransauce.

Wegen seiner fast perfekten Muschelform heißt der berühmte Strand von San Sebastián Playa de la Concha (Muschelstrand).

SPANFERKEL IN SEGOVIA

Eine gute Autostunde nordwestlich von Madrid warten köstliche
Gaumenfreuden in einem Gasthaus aus dem 19. Jahrhundert.

Durch die Bleiglasscheiben des mehrstöckigen Mesón de Cándido sieht man die eleganten Bögen des 2000-jährigen römischen Aquädukts der alten Stadt Segovia im Licht der Nachmittagssonne. Kurz darauf bringt der Kellner das knusprig gebratene Spanferkel an den Tisch. Die deftige segovische Spezialität ist nichts für Zartbesaitete. Es handelt sich um ein sorgsam ausgewähltes, 21 Tage altes Ferkel, frisch von der Mutterzitze. Nach dem Schlachten wird es durch Absengen von den Borsten befreit und mit einer Mischung aus Knoblauch, Lorbeerblättern und Schmalz eingerieben. Anschließend röstet es im 150 Jahre alten Ziegelofen des Méson de Cándido zwei Stunden über glühender Eichenholzkohle. Es gehört zum Ritual, dass der Kellner es am Tisch mit der Tellerkante in Portionen zerlegt, um die perfekte Knusprigkeit der Haut und die saftige Zartheit des Fleischs zu demonstrieren. Als besonderer Knalleffekt wird der Teller zum Schluss auf dem Steinboden zerschlagen. Ein guter roter Ribera del Duero aus den Trauben des Duerotals nördlich von Segovia ist der passende Begleiter zu diesem traditionellen Winterschmaus. Das Schlemmermahl sollte man in aller Ruhe auskosten, während draußen die sinkende Sonne den mächtigen Aquädukt vergoldet.

Beste Reisezeit Spanferkel gibt es ganzjährig, aber die üppigen Bratengerichte der Region, neben Ferkel auch Lamm und Rebhuhn, passen besser zum Winterwetter als zur trockenen Hitze des kastilischen Sommers.

Reiseplanung Sie können Segovia als Tagesausflug von Madrid besuchen. Hauptattraktionen sind der römische Aquädukt, die spätgotische Kathedrale und auf einem Felssporn hoch über der Landschaft der Alcázar (Burg); dort residierten im Mittelalter die kastilischen Könige. Das Mesón de Cándido hat mehrere Konkurrenten in Segovia, aber keinen mit so toller Aussicht auf den Aquädukt.

Websites www.mesondecandido.es, www.turismodesegovia.com

Kastilische Gastfreundschaft

Das Mesón de Cándido ist ein Familienbetrieb und eine echte Institution. Seine große Zeit begann 1931, als **Cándido López Sanz** (1903–92) die Leitung von seiner Schwiegermutter übernahm. Er huldigte dem Motto: «Jeder, der dieses Haus mit seinem Besuch beehrt, verdient unabhängig von seiner Nationalität oder seinem Status den Respekt und die Aufmerksamkeit, wie sie die kastilische Gastfreundschaft vorschreibt.»

Don Cándido bewirtete Angehörige von Königshäusern, den legendären Torero El Cordobés, Ernest Hemingway, Orson Welles, Ursula Andress und unzählige andere Gäste. Seine Kinder und Enkel führen das Restaurant, das heute seinen Namen trägt, fort und eröffneten 2006 das noble Hotel Cándido am Stadtrand von Segovia.

Nichts für sensible Esser: Das gebratene Spanferkel kommt nicht als anonymes Stück Fleisch auf den Tisch.

An milden, sonnigen Wintertagen bereiten die Valencianer ihre Paella am liebsten auf offenem Feuer im Freien zu.

SPANIEN

PAELLA IN VALENCIA

Valencia an der spanischen Mittelmeerküste ist die unbestrittene Hauptstadt des spanischen Nationalgerichts.

Die Valencianer grenzen sich entschieden von Barcelona und Katalonien weiter nördlich ab, nennen ihre Sprache nicht Katalanisch, sondern Valencianisch, und pflegen ihre eigene Paellatradition. Die Paella entstand während der Maurenherrschaft als Arme-Leute-Essen maurischer Bauern: Sie garten Reis mit Olivenöl, Safran, Gemüse und was sonst gerade zur Hand war, meist Huhn, Kaninchen, Ente oder Schnecken. Reis ist heute noch die Grundzutat. Bei einer perfekten Paella sollte die obere Schicht weich und die untere als sogenannte *socarrat* knusprig angebacken sein; sie gilt als das Beste an der Paella. Es gibt zwei Grundrezepte: *paella valenciana* mit Fleisch und die Konkurrenzversion *paella marinera* mit Meeresfrüchten. Die Puristen in Valencia haben allerlei strikte Gebote für die Paellazubereitung: «Du sollst keine Wurst hinzufügen, keine Meeresfrüchte unter das Fleisch mischen, die Erbsen und Bohnen nicht weglassen!» Einige bekannte Paellarestaurants in Valencia sind Casa Roberto, El Forcat, La Pepica, La Marcelina und El Rall. Derweil erfinden die Sterneköche der Stadt in Restaurants wie Ca Sento and La Sucursal laufend kreative Abwandlungen der Paella.

Beste Reisezeit Paella kann man das ganze Jahr über schlemmen. Vom 15. bis 19. März verwandelt sich Valencia in ein Tollhaus und feiert Las Fallas, ein Fest, bei dem riesige *ninots* (Puppen) aus Pappmaschee und Gips in den Straßen zur Schau gestellt werden. Selbstredend gibt es dazu auch Paella.

Reiseplanung Besondere Sehenswürdigkeiten sind das Altstadtviertel Barrio del Carmen und die hypermoderne Ciutat de les Arts i les Ciències (Stadt der Künste und Wissenschaften) des valencianischen Architekten Santiago Calatrava. Bei Hungerattacken hilft der Mercado de Colón (Kolumbusmarkt).

Websites www.turisvalencia.es, www.gotovalencia.com, www.whatvalencia.com, www.lapepica.com

Pfannen und Variationen

■ Der Name „Paella" kommt vom lateinischen *patella* für „Pfanne" und bezieht sich auf die großen, flachen Stahlpfannen, in denen das Gericht zubereitet wird. Viele spanische Herde haben einen extragroßen Brenner für die Paellapfanne.

■ In Barcelona gibt es ein praktisch identisches Gericht unter dem Namen *arròs* (wörtlich: „Reis"). Zu seinen vielen Variationen gehören *arròs a banda* (mit ausgelösten Meeresfrüchten) und *arròs negre* („schwarzer Reis" mit Sepiatinte). Ein anderes Rezept, *fideuà*, wird mit Fadennudeln statt Reis zubereitet und ebenfalls in Sepiatinte gegart.

■ Die Puristen in Valencia geben nie Wurst an ihre Paella. Aber das Gericht ist ihrer Kontrolle ziemlich entglitten, und die unbeugsamen Bewohner vieler rebellischer Dörfer auf der Iberischen Halbinsel würden eine Paella ohne *chorizo*-Wurst nie anrühren.

■ Viele Touristenlokale bieten eine Fastfoodvariante der Paella namens **Paellador** an. Sie ist aber mit echter, am heimischen Herd oder im Restaurant zubereiteter Paella nicht zu vergleichen.

HISTORISCHE RESTAURANTS

Diese ehrwürdigen Institutionen locken mit ihrem Alter, ihrem noblen Ambiente oder ihrem historischen Speisenangebot immer neue Generationen von Gästen an.

❶ Union Oyster House, Boston, USA

Amerikas ältestes durchgehend bewirtschaftetes Restaurant in einem schönen georgianischen Bau von 1826 ist mit neuenglischen Spezialitäten wie Venusmuschelsuppe und Austernschmortopf ein beliebter Stopp am Freedom Trail, einer Sightseeing-Route durch Boston.

Reiseplanung Das Oyster House hat die Adresse 41 Union Street (U-Bahn: Government Center). An der Theke im Erdgeschoss können Sie beim Öffnen der Austern zusehen. www.unionoysterhouse.com

❷ Owariya, Kyoto, Japan

Die erlauchte Einrichtung in der Nähe des Kaiserpalasts perfektioniert die Nudelherstellung seit 1465. Ihre *soba*, dünne Buchweizennudeln, oder *udon*, dicke Weizennudeln, werden oft mit *dashi* gereicht. Richtig gut wird die Brühe den Betreibern zufolge nur mit dem Gebirgswasser von Kyoto, deshalb gibt es keine Filialen andernorts.

Reiseplanung Geöffnet täglich von 9 bis 19 Uhr. Die Adresse lautet 322 Kurumayacho-Nijyo. www.honke-owariya.co.jp

❸ Asitane, Istanbul, Türkei

Seit 1991 kocht das Restaurant in einer restaurierten Villa aus dem 19. Jahrhundert die osmanische Hofküche nach. Viele Gerichte basieren auf einem Festmahl, das 1539 für die Söhne von Süleiman dem Prächtigen gegeben wurde.

Reiseplanung Das Asitane befindet sich im Hotel Kariye. www.asitanerestaurant.com

❹ Yar, Moskau, Russland

Das Yar, das 1826 gegründet wurde und seit 1910 im Sovietsky Hotel residiert, ist ein Tummelplatz der Moskauer Hautevolee. Marmorsäulen, Fresken, Stuck und Gold lassen den Prunk des frühen 20. Jahrhunderts wiederaufleben. Neben Hummer und französischen Klassikern sollten Sie Leckereien wie Borschtsch, Piroggen und Veau Stroganoff nicht übersehen.

Reiseplanung Adresse: 32/2 Leningradsky Prospekt (Metro: Dynamo). www.sovietsky.ru

❺ Olde Hansa, Tallinn, Estland

Das Restaurant in einem mittelalterlichen Kaufmannshaus in der Altstadt erinnert an Tallinns Glanzzeit als Hansestadt. Wandgemälde und Gobelins zieren die Wände, Lautenspieler zupfen Balladen, Mägde bringen Teller und Krüge. Der zeitgemäße Speiseplan reicht von Elchfilet über Wildschweinkeule bis zu Bärenfleisch. Dazu fließt Starkbier mit Kräutern.

Reiseplanung Die Adresse des Olde Hansa ist Vana Turg 1. www.oldehansa.ee

❻ Wierzynek, Krakau, Polen

Polens berühmtestes Restaurant beruft sich auf eine Tradition, die 1364 mit einem Festmahl für gekrönte Häupter aus ganz Europa begann. In neuerer Zeit genossen hier König Juan Carlos und Kaiser Akihito gehobene polnische Küche, etwa eine Kreation aus Wachtel, Hirsch und Wildschwein.

Reiseplanung Reservieren Sie einen Tisch mit Blick auf den Altstadtplatz. www.wierzynek.com.pl

❼ Le Procope, Paris, Frankreich

Im ältesten Café von Paris, gegründet 1686, trafen sich während der Französischen Revolution französische und später auch amerikanische Republikaner wie Robespierre, Napoleon, Franklin, Jefferson und Schriftsteller wie Voltaire. Seit der Renovierung von 1989 erstrahlen die Salons und Speisesäle auf zwei Etagen wieder in der ganzen Pracht des 18. Jahrhunderts.

Reiseplanung Le Procope befindet sich in der 13 Rue de l'Ancienne Comédie, St.-Germain-des-Prés (Métro: Odéon). www.procope.com

❽ La Tour d'Argent, Paris, Frankreich

Es war ein Riesenskandal, als der Michelin das Aushängeschild der französischen Haute Cuisine von drei auf zwei Sterne (und später auf einen) herunterstufte. Doch die Reservierungen sind begehrt wie eh und je: Einst duellierten sich Adelige um die Tische mit herrlichem Blick auf die Seine und Notre-Dame. Spezialität des Hauses ist die Ente, innen blutig und außen karamellisiert.

Reiseplanung Die Adresse lautet 15–17 Quai de la Tournelle (Métro: St.-Michel). www.tourdargent.com

❾ Rules, London, England

Londons ältestes Restaurant eröffnete 1798. Das viktorianische Interieur stammt aus dem Jahr 1873. Auf der Karte stehen Klassiker wie Brown Windsor Soup (mit Fleisch, Gemüse und Madeira) und Spotted Dick (Pudding mit Rosinen) neben Wild wie Kaninchenpfeffer, Bekassine und Waldschnepfe.

Reiseplanung Rules ist in 35 Maiden Lane (U-Bahn: Leicester Square). www.rules.co.uk

❿ Botín, Madrid, Spanien

Das Restaurant, das 1725 in einem in die Stadtmauer eingebetteten Gebäude aus dem 16. Jahrhundert eröffnet wurde, war ein Lieblingslokal von Ernest Hemingway. Noch immer serviert es kompromisslos spanische Küche. Spezialitäten sind Spanferkel und Lamm aus dem Originalofen.

Reiseplanung Botín befindet sich in der Calle Cuchilleros 17 (U-Bahn: La Latina). www.botin.es

Rechts: Rules im Londoner Stadtteil Covent Garden ist berühmt für sein Wild vom hauseigenen Landgut in den Pennines.

Couscous steht im Mittelpunkt des farbenfrohen tunesischen Festmahls, zu dem frischer Minztee gereicht wird.

ZUM SCHLEMMEN NACH TUNIS

Hier mischen sich das Klirren der Messinghämmer und der Ruf des Muezzins mit dem Duft von Gewürzen und Grillfleisch.

Zum Auftakt einer kulinarischen Tour durch das nordafrikanische Tunis betritt man die Medina (Altstadt) durch das Bab el Bahr, eins der Tore, die in das mittelalterliche Herz der Stadt führen. Dort kann man sich im Gewirr der Gassen verlaufen, die aber allesamt zum *suk* (Basar) führen. Jeder Bereich des *suk* ist einer anderen Warengattung vorbehalten (Parfüm, Teppiche, Kleidung und vieles mehr), doch überall locken kleine Esslokale. Die Gäste sitzen drinnen oder an einem der winzigen Straßentische, um Snacks wie *merguez* oder *brik* zu Spottpreisen zu schnabulieren. Für ein größeres Mittagsmahl oder Abendessen empfiehlt sich La Galette, das Hafenviertel von Tunis. Wie alle Häfen scheint auch dieser bessere Zeiten erlebt zu haben, aber schon die Fischrestaurants des Viertels lohnen einen Besuch. An der Avenue Franklin Roosevelt reihen sich Lokale wie Le Café Vert und L'Avenir, die ihre einheimischen Fans mit fangfrischem Fisch beglücken. Zu jeder Tageszeit sieht man die Tunesier starken arabischen Kaffee mit Zucker und Kardamom oder frischen Minztee schlürfen. In Sidi Bou Said, wenige Kilometer nordöstlich von Tunis, inspirierte das Café des Nattes schon den Schweizer Maler Paul Klee. Einige Straßen weiter kann man vor dem Café Sidi Chaabane sitzen und zum Tee den märchenhaften Blick auf den glitzernden Golf von Tunis genießen.

Beste Reisezeit Frühling und Herbst sind bei Reisenden deutlich beliebter als die heißen Sommer und kühlen Winter. Dabei ist es an Sonnentagen selbst im Winter warm genug für ein Mittagessen im Freien.

Reiseplanung Zum Übernachten ist das nahe Sidi Bou Said netter als das hektische Tunis. Das Dorf mit seinen weißen Häusern, blauen Türen und lila Bougainvilleen liegt nur 20 Zugminuten von Tunis' Zentrum entfernt. Alleinreisende Frauen sind hier selten und sollten sich vorsichtig verhalten.

Websites www.darsaid.com.tn, www.tunesien.info

Die tunesische Küche

Das Nationalgericht **Couscous,** einen aromatischen Grießeintopf mit Fleisch und Gemüse, gibt es meist mittags; Touristenrestaurants servieren ihn aber auch abends. **Mloukia,** eine sämige Lamm- oder Rindfleischsuppe mit Lorbeerblättern, wird oft mit französischem Brot gereicht. **Merguez** sind dünne, würzige Lammfleischwürste vom Grill, die man mit Zitrone beträufelt. **Brik à l'oeuf,** als Vorspeise mit Zitrone serviert, ist eine Teigtasche mit einer Füllung aus verschiedenen Zutaten und einem aufgeschlagenen Ei. Sie wird knusprig frittiert, doch die Füllung bleibt weichflüssig: Vorsicht – Kleckergefahr! Die tunesische **tajine** ist eine Art kaltes Omelett und nicht mit dem marokkanischen Schmorgericht gleichen Namens zu verwechseln.

DINIEREN IN KAPSTADT

Kapstadt hat angeblich genug Restaurants, um jeden Abend des Jahres woanders zu speisen.

Französisches Gebäck zum Frühstück … frischer *snoek*-Fisch zum Mittagessen … englischer Nachmittagstee mit allen Schikanen … und dann beim Abendessen noch die Qual der Wahl zwischen französischer, äthiopischer oder kapmalaiischer Küche. Vor solche Luxusprobleme stellt Kapstadt seine Besucher. An der Küste reihen sich Restaurants mit Meerblick aneinander, vom Blues in Camps Bay und Salt auf den Felsen von Bantry Bay bis zum Mariner's Wharf in Hout Bay. Viel Abwechslung versprechen die internationalen Restaurants der City Bowl, von äthiopischem *injera*-Brot bei Addis über türkische *mezze* bei Anatoli bis zu innovativer afroeuropäischer Küche in historischem Ambiente bei Aubergine oder 95 Keerom. Das Mount Nelson Hotel prunkt mit Kolonialflair. Die Victoria and Albert (V&A) Waterfront bietet Essbares für jeden Geschmack und Geldbeutel. Im Weinland rund um Kapstadt wird vornehme französische Küche zelebriert, unter anderem bei La Colombe in Constantia oder Le Quartier Français in Franschhoek. Frisches Seafood steht immer auf dem Programm. Sehr probierenswert sind die würzige kapmalaiische Küche im Biesmiellah und authentisch afrikanische Gerichte wie *umnqushu* (Maisgrieß mit Bohnen). Keinesfalls verpassen sollten Sie innovative Kombinationen lokaltypischer Zutaten mit klassischen Rezepten, wie grünes Straußencurry nach Thai-Art, Springbock-Carpaccio oder Bayerische Creme mit *fynbos*-Honig.

Beste Reisezeit Um die Weihnachtszeit (hier Hochsommer) ist Kapstadt ungemütlich überlaufen. Das Wetter bleibt bis mindestens April wunderbar; kommen Sie am besten im Februar oder März.

Reiseplanung Kapstadts öffentlicher Nahverkehr ist miserabel; nehmen Sie besser einen Mietwagen. Tischreservierungen sind ratsam. Erkunden Sie die Stadt (mit Ausnahme der V&A Waterfront) nachts nicht zu Fuß, tragen Sie keine Wertsachen bei sich und hantieren Sie nicht auffällig mit Bargeld.

Websites www.dining-out.co.za, www.waterfront.co.za

Kürbisküchlein
Pampoenkoekies

Diese südafrikanische Leckerei ist leicht zuzubereiten.

125 g Mehl
1 gehäufter Teelöffel Backpulver
Zimt
1 Prise Salz
2 Eier
650 g gekochtes Kürbisfleisch, püriert und gut abgetropft
Sonnenblumenöl zum Ausbacken
3 Teelöffel Zucker

Mehl, Backpulver, 1 Teelöffel Zimt und das Salz vermischen. Die Eier gut verquirlen und zuerst mit dem Kürbispüree, dann mit der Mehlmischung vermengen. Eine großzügige Portion Öl in eine Pfanne gießen und erhitzen. Den Teig löffelweise ins heiße Öl geben und von beiden Seiten hellbraun ausbacken. Die Küchlein auf Küchenpapier entfetten und vor dem Servieren mit einer Mischung aus drei Teilen Zucker und einem Teil Zimt bestreuen.

Das Blues im schicken Vorort Camps Bay ist ein „Strandlokal" von unnachahmlich dezenter Eleganz.

LUXUS PUR

An diesen Orten erklimmen leidenschaftliche Gourmets den absoluten Gipfel der Genüsse. Doch für die Wallfahrt zu den Tempeln der Spitzengastronomie sollten Sie sich wappnen: mit Geduld und Beharrlichkeit. Bei einigen Restaurants dauert es Monate, wenn nicht Jahre, einen Tisch zu ergattern. Wer es bis in die heiligen Hallen geschafft hat, tut gut daran, die besondere Erfahrung, die man vielleicht nur einmal im Leben macht, entspannt auszukosten. Wenn die Rechnung kommt, sind starke Nerven (und ein gut gepolstertes Bankkonto) gefragt. Puren Luxus gibt es selten zum Schnäppchenpreis. Mal besteht er in einer seltenen Zutat wie dem japanischen Kobe-Rindfleisch, mal in der Genialität eines Meisterkochs wie Ferran Adrià, dessen multisensorische Experimente Feinschmecker aus aller Welt in die katalonische Provinz locken. Ein besonderes Ambiente gehört dazu, sei es auf dem Dach eines Wolkenkratzers in Bangkok, auf einer Restaurantterrasse an der Lagune von Venedig oder in einem Gasthaus in den Hochalpen.

Im Hotel Le Saint Géran auf der Insel Mauritius, bekannt als «Paradies im Paradies», tafeln Gäste Weltklasseküche in intimen Speisepavillons am Indischen Ozean.

Das Chrysler Building im Art-déco-Stil erhebt sich über Manhattans Grand Central Terminal.

NEW YORKER INSTITUTIONEN

Die gastronomische Elite der Stadt lässt sich von der Küche aller Erdteile inspirieren.

Die besten Adressen der Stadt liegen in Uptown und Downtown verteilt. Galeriebummler in Chelsea können sich bei Morimoto mit Sushi der Superlative stärken. Für Käsefanatiker auf dem Weg zum Lincoln Center lohnt ein Abstecher zum Luxuslokal Picholine (mit sagenhafter Käse-Reifekammer), um Terrance Brennans leichte Crêpe mit gebackener Birne auf Ricottabett und Zinfandelsirup mit Orangen- und Himbeerkonzentrat zu kosten, ein unübertreffliches Zusammenspiel von Konsistenzen, Farben und Aromen. Vergleichbares bietet nur Brennans Artisanal Fromagerie, Bistro & Wine Bar an der Park Avenue, die rund 250 Käsesorten aus aller Welt auf der Karte führt. In Greenwich Village verspricht das Blue Hill köstliche Biogenüsse direkt von der Farm, während die dynamische Lupa Osteria Romana ihre Gästescharen mit traditioneller italienischer Trattoriaküche verwöhnt. Wer die Eleganz eines Dreisterne-Restaurants schätzt, sollte bei Le Bernardin reservieren: New Yorks absolutes Spitzenrestaurant atmet Luxus pur, mit museumswürdigen Ölgemälden an den Wänden und reichlich Abstand zwischen den Tischen, damit sich die Gäste beim Essen ungestört unterhalten können. Das beliebteste New Yorker Toprestaurant ist das Union Square Cafe, das zu seiner hervorragenden amerikanischen Saisonküche oft kalifornische Weine kredenzt.

Beste Reisezeit Im Sommer kann es in New York drückend heiß werden.

Reiseplanung Bei New Yorks Luxusrestaurants ist Tischreservierung unerlässlich; sie sind mindestens zwei Wochen im Voraus ausgebucht. Wenn Sie keinen Tisch im Wunschlokal ergattern, können Sie an den Bars der oben genannten Restaurants das ganze Repertoire der Starköche ohne Reservierung genießen.

Websites www.picholinenyc.com, www.le-bernardin.com, www.unionsquarecafe.com, www.wd-50.com

Drei der Besten

■ Die Lower East Side beherbergt die kreativste und einfallsreichste Küche der Stadt. Im **wd-50** begeistert Küchenchef Wylie Dufresne mit ausgefallenen Kombinationen wie *foie gras* mit kandierten Oliven, grünen Erbsen und Rote-Bete-Saft. Oder vielleicht doch lieber Rinderzunge mit frittierter Mayonnaise und Tomatenmelasse?

■ Die große Leidenschaft des Starkochs Eric Ripert vom **Le Bernardin** in Midtown gilt den Früchten des Meeres. Er gliedert seine Fischkarte in drei Kategorien: fast roh, kaum berührt (pochiert) und leicht gegart. Probieren Sie die nach peruanischer Art marinierten Fechterschneckenscheibchen (*conch*) mit getrocknetem Mais.

■ Bei **Picholine** in der Upper East Side bereitet der Inhaber und Küchenchef Terrance Brennan ein göttliches Frikassee aus Maine-Austern mit Lauch, Kartoffeln und Speck in cremiger Wermutsauce mit jungen Petersilienzweigen.

ILLINOIS, USA

Chicagoer Lebensart

Progressive Köche haben die Stadt mit ihren raffinierten Kreationen zu einem beliebten Gourmetziel gemacht.

Nach ausgefeilten Aromen muss man in der Stadt der Winde nicht lange suchen. Eins der renommiertesten Kochtalente der Stadt ist Charlie Trotter. Der Inhaber von zehn Auszeichnungen der James Beard Foundation und Autor von 14 Kochbüchern begründete sein kulinarisches Imperium mit dem gleichnamigen Restaurant in einem Stadthaus in Lincoln Park. Seine achtgängigen Degustationsmenüs wiederholen sich nie. Feine Tropfen aus den drei Weinkellern des Restaurants machen das Esserlebnis vollends unvergesslich. Wer keinen Tisch bekommt, tröstet sich mit Gourmetkost vom Geschäft Trotter's To Go ein paar Blocks vom Hauptrestaurant. Bei Tru in Downtown schlemmt man mediterrane französische Küche und wähnt sich in einem Museum für moderne Kunst. Süß und herzhaft wetteifern in dem sechs- bis zehngängigen Degustationsmenü, das durch die Kreationen der Pâtissière Gale Gand abgerundet wird. Die Luxury Caviar Staircase beglückt alle Freunde des Stör-Rogens, und der Dessertwagen ist ein Schlaraffenland *en miniature*. Wer Molakularküche schätzt, reserviert am besten bei Alinea, wo die Techniken des spanischen Pionierkochs Ferran Adrià von elBulli weiterentwickelt wurden. Die Gourmettempel haben zugleich Unterhaltungswert, zumal man bei Charlie Trotter's und Tru auch den Küchentisch reservieren kann.

Beste Reisezeit Ganzjährig. Im Winter müssen Sie mit bitterer Kälte und kräftigem Wind rechnen. Im Sommer kann es schwül werden, aber am Seeufer weht meist eine erfrischende Brise.

Reiseplanung Charlie Trotter's ist sonntags und montags geschlossen, Tru nur sonntags. Alinea öffnet von Mittwoch bis Sonntag. Reservieren Sie so früh wie möglich; Charlie Trotter's nimmt Reservierungen bis zu vier Monate im Voraus an. Im Februar findet die Chicago Restaurant Week statt.

Websites www.charlietrotters.com, www.trurestaurant.com, www.alinea-restaurant.com, www.chicagofoodplanet.com

Lieblingslokale der Obamas

■ Der erste Restaurantbesuch der Obamas nach den Wahlen führte sie ins **Spiaggia,** das für seine raffinierten Interpretationen der italienischen Küche, seinen Seeblick und seine Käse-Reifekammer bekannt ist.

■ Starkoch Rick Bayless galt als ernsthafter Anwärter auf den Posten des Küchenchefs im Weißen Haus. Sein legerer **Frontera Grill** (von der James Beard Foundation 2007 als Outstanding Restaurant of the Year ausgezeichnet) und das vornehmere **Topolobampo** zelebrieren authentisch mexikanische Küchentraditionen.

■ Michelle Obama diniert häufig im **Sepia** neben dem Geschäft von Maria Pinto, einer ihrer bevorzugten Modedesignerinnen.

Palmherzdessert von Alinea: ausgehöhlte Palmherzhappen mit aromatischen Schaum- und Gelfüllungen.

NEVADA, USA

Las Vegas für Geniesser

Seit sich internationale Spitzenköche in Vegas niedergelassen haben, gehört die Gastronomie zu den Attraktionen der Stadt.

Vorbei die Zeit der Architekturexperimente mit Kasinos à la Disneyschloss und Zirkus: Heute setzt Sin City wieder auf Glanz und Glamour der alten Schule, mit samtverkleideten Spielsälen, Wellnesstempeln der Weltklasse und De-luxe-Hotelsuiten. Inzwischen hat Vegas auch einige international renommierte Spitzenköche angelockt. Ein Traum von einem Restaurant ist das Picasso im Bellagio, das Blick auf die berühmten Springbrunnen des Kasinos bietet und mit Skulpturen und Gemälden von Pablo Picasso angefüllt ist. Das exquisite Degustationsmenü von Küchenchef Julian Serrano gehört zu den besten der Stadt. Aber auch Guy Savoy vom Caesars Palace, Joël Robuchon bei MGM Grand und Alain Ducasse vom Mix (im THEhotel des Mandalay Bay) stehen für Vegas-Gastronomie in höchster Vollendung. Selbst Thomas Keller von The French Laundry in Kalifornien, oft als Amerikas bester Koch gerühmt, hat einen Außenposten im Bouchon des Venetian Resort Hotel, wo frappierend leckeres Frühstück serviert wird. Frühaufsteher dürfen sich an luftig leichtem French Toast, hausgemachtem Gebäck und perfekten Omeletts laben. Das Bartolotta im Wynn fliegt sogar frischen Fisch direkt vom Mittelmeer in die Wüste ein.

Beste Reisezeit Extrem günstige Zimmerpreise winken in der Nebensaison: Das sind der Monat vor Weihnachten, wenn die Stadt relativ leer ist und Reservierungen leichter zu bekommen sind, und der Hochsommer, wenn die Touristen wegen der sengenden Sonne und trockenen Hitze fernbleiben.

Reiseplanung Frühzeitige Reservierung ist ratsam, vor allem rund um Feiertage; dann wird es sehr voll in der Stadt. Die meisten Restaurants haben keine Kleiderordnung, bis auf einige der teureren; schauen Sie vorab auf der Restaurantwebsite nach. Verkehrschaos ist an der Tagesordnung; planen Sie genügend Zeit ein, wenn Sie mit dem Auto oder Taxi zum Essen fahren.

Websites www.bellagio.com, www.caesarspalace.com, www.venetian.com, www.lasvegasrestaurants.com

Die besten Büfetts der Stadt

Um die meisten der berühmten Büfetts von Vegas sollten anspruchsvolle Esser einen weiten Bogen machen. Zum Glück gibt es aber ein paar Ausnahmen:

■ Die Büfetts von **Wynn** und **Bellagio** sind eine Klasse besser als der Rest. Am Wochenende gibt es hier Champagnerbrunch.

■ **Bally's** lädt jeden Sonntag zum Sterlingbrunch. Das ist das teuerste Büfett der Stadt, aber Sie kriegen auch etwas geboten: Perrier-Jouët-Champagner und Hummer bis zum Abwinken, Austern, Wildpilze, auf Thujaplanken gegrillten Lachs und eine Auswahl hervorragend zubereiteter Fleisch- und Seafoodgerichte. Kaviar kann man an der Sushibar ordern, alles andere steht zur Selbstbedienung bereit.

Gegenüber: Sitznischen mit viel Privatsphäre im Bartolotta. Oben: Krabbensuppe mit Ente im Sensi des Bellagio Hotel.

HOCHGENUSS IN SAN FRANCISCO

Flower Power, kalifornischer Unternehmergeist und üppiger Erntesegen verschmelzen zu einem köstlichen Menü.

Colorado-Lammrippchen sind eine Spezialität des Campton Place.

Kalifornien ist bekannt für seine einzigartige Küche, die knackige Zutaten, fangfrisches Seafood und progressive Kochkunst vereint. Als Mutter der „California Cuisine" gilt Küchenchefin und Kochbuchautorin Alice Waters, die Anfang der 1970er Jahre das Chez Panisse in Berkeley eröffnete. Das Restaurant, das vorwiegend Biozutaten aus nachhaltiger Landwirtschaft verarbeitete, begründete einen neuen gastronomischen Trend, der perfekt zu Kaliforniens Alternativkultur passte. Die Küche von Chez Panisse brachte eine ganz neue Generation von Bay-Area-Köchen hervor, die dieser Philosophie folgten: Kochkünstler wie Jeremiah Tower, Mark Miller und Russell Moore eröffneten der amerikanischen Küche neue Horizonte. In San Francisco präsentierte Tower in seinem bahnbrechenden Restaurant Stars asiatische und kalifornische Zutaten in extravaganter Aufmachung. Miller und Moore besannen sich dagegen in gehobenen Restaurants wie dem Santa Fe Bar & Grill in Berkeley und dem Camino in Oakland auf Kaliforniens spanische Ära. Die Spezialitäten der Bay Area reichen von schlichten Rezepten wie Dungeness-Krabbe mit Spargel oder Lammrippe mit gebratenen Artischocken bis zu viel exotischeren Kreationen wie gebackener Scharbe mit *farro*, *rapini* und grünem Knoblauch. So oder so darf man sich auf ganz neue Geschmacksabenteuer freuen.

Beste Reisezeit Meiden Sie San Francisco im Sommer, wenn die Stadt voller Nebelschwaden und Touristenscharen ist. Im Winter kann es nasskalt sein. Die besten Zeiten sind Frühjahr und Herbst.

Reiseplanung Das Fall Fest, ein Gastronomie- und Weinfestival Anfang Oktober auf der Justin Herman Plaza, bietet Kostproben aus 50 Restaurants der Bay Area. Im Oktober ist auch „Eat Local Month" mit Probiermärkten, deren Gerichte nur mit Zutaten aus einem Umkreis von 400 Kilometern zubereitet sind.

Websites www.chezpanisse.com, www.caminorestaurant.com, www.camptonplacesf.com, www.cavallopoint.com, www.ubuntunapa.com, www.sffallfest.com, www.murraycircle.com

Drei Stars der California Cuisine

■ Am anderen Ufer der Bucht lockt das **Murray Circle** des Cavallo Point Resort mit einem der romantischsten Standorte Kaliforniens im Schatten der Golden Gate Bridge.

■ Jeremy Fox, von *Food & Wine* als einer der besten neuen Köche Amerikas gelobt, arbeitete mit Starköchen wie Gordon Ramsay, bevor er sein Restaurant **Ubuntu** eröffnete.

■ Küchenchef Srijith Gopinath und Sommelier Richard Dean warten im **Campton Place**, einem der elegantesten Restaurants von San Francisco, mit einem neungängigen Degustationsmenü auf.

Von Cavallo Point bietet sich ein märchenhafter Blick über die Bucht auf San Francisco.

Von seiner Anhöhe über Gustavia bietet das Carl Gustaf Hotel Aussicht auf eine malerische Karibikbucht.

KARIBIK

Exotik auf Saint-Barth

Die hügelige kleine Insel Saint-Barthélemy ist ein Lieblingsziel des Jetset und der Inbegriff stilvoller Sommerfrische.

Nach einer Spritztour mit dem Mietwagen über die kurvigen Straßen von Saint-Barth fährt man abends vor dem coolsten Restaurant der Insel vor und überlässt dem Parkservice die Autoschlüssel. Im Le Ti St.-Barth in Pointe Milou an der Nordwestküste der Insel verbreiten dunkelrote Wände und schummeriges Lüsterlicht sinnliche Atmosphäre. Zum Auftakt gibt es thailändischen Rindfleischsalat. Wer dann Lust auf mehr Fleisch bekommt, wählt „Le Lion Qui Rit" (der lachende Löwe), ein umwerfend schmackhaftes Rindfleischgericht. In diesem In-Treff sind häufig Models zu Gast, denn Le Ti St.-Barth ist eine der besten Inseladressen zum Sehen und Gesehenwerden. Ruhiger dinieren lässt es sich in The Wall House in der Inselhauptstadt Gustavia, das vor allem Seafood mit französischem Flair auf den Tisch bringt. Neben Hummergerichten und Mahi-Mahi-Filet ist auch die Entenbrust in Rotweinsauce nicht zu verachten. Den Cocktail zum Sonnenuntergang genehmigt man sich am Pool des Carl Gustaf Hotel hoch über der Bucht von Gustavia.

Beste Reisezeit In den angesagten Monaten Dezember und Januar ist zwar die Prominentenquote besonders hoch, dafür ist die nur 21 Quadratkilometer große Insel hoffnungslos überfüllt. Kommen Sie lieber ab dem späten Frühjahr; dann stehen auch die Chancen auf einen Tisch besser.

Reiseplanung Sie können über Wimco eine Privatvilla mieten oder in einem der kleinen Luxushotels wohnen. Das winzige Flugzeug von Saint-Martin nach Saint-Barth landet steil auf einer sehr kurzen Piste in Saint-Jean. Reservieren Sie im Voraus einen Mietwagen gleich ab dem Flugplatz: Auch wenn die Insel sehr klein ist, kommen Sie ohne Auto nicht herum.

Websites www.st-barths.com, www.wimco.com, www.hotelcarlgustaf.com

 **Creole Almond**

Dieses stimulierende Getränk zum Ausklang des Abendessens ist eine Kreation von Jacky Bertrand, dem Barchef des Carl Gustaf Hotels. Die Mischung aus Koffein und Alkohol macht Sie fit, um bis zum frühen Morgen durchzufeiern.

Für 2 Personen
60 ml Old Rhum
60 ml Amaretto di Saronno
120 ml gekühlter Kaffee
30 ml Mandelsirup
30 ml Vanillesirup
Gemahlener Zimt zum
  Bestäuben
2 frisch geröstete Kaffeebohnen
  als Garnierung

Alle Zutaten in einen eisgefüllten Cocktailshaker gießen. Gut durchschütteln und in zwei gekühlte Martinigläser abseihen. Mit Zimt bestäuben und mit je einer Kaffeebohne garnieren.

PEKING

Chinas Wirtschaftsboom hat viele Spitzenrestaurants mit heimischer und internationaler Küche hervorgebracht.

Vor nicht allzu langer Zeit zeichnete sich die gehobene Gastronomie in Peking einzig durch die Verwendung teurer Zutaten aus: Haifischflossen, Abalone und Vogelnestersuppe. Dabei ging es weniger um Geschmack als um das Zurschaustellen von Reichtum und Status. Die Bedienung war mürrisch, das Ambiente schäbig. Heute wird das Beste aus allen chinesischen Kochtraditionen stilsicher aufgetischt, und die einst hermetisch abgeriegelte Hauptstadt erlebt eine Invasion der Kochprominenz aus aller Welt. Pekings internationale Küche erschöpft sich nicht mehr im Angebot gesichtsloser Hotelrestaurants. Daniel Boulud aus New York hat sein Maison Boulud in der früheren amerikanischen Botschaft eröffnet. So kehren die Diplomaten in das ehrwürdige Interieur des klassizistischen Baus zurück, um amerikanisch-französische Küche mit chinesischen Zutaten zu schlemmen. Asiatische Spitzenküche gibt es gleich nebenan im schicken Glaskasten von Shiro Matsu, wo *fugu*-Meister Yakuwa Kazuaki die Zubereitung dieser Fischdelikatesse demonstriert. Köche aus dem Ausland modernisieren auch die heimische Küche. Jereme Leung aus Singapur serviert im Whampoa Club Neuinterpretationen hauptstädtischer Klassiker. Die Lobby wird von Lämpchen in Vogelkäfigen erhellt; der Speisesaal unter einem traditionellen Hofhaus bekommt von oben Licht durch einen Goldfischteich.

Beste Reisezeit September und Oktober, gefolgt von April und Anfang Mai.

Reiseplanung Reservieren Sie einen Tisch. Vielerorts ist es mittags deutlich preiswerter als abends. Echte Genießer probieren an einem Abend französische Haute Cuisine im eleganten Ambiente von Le Pré Lenôtre (Sofitel Wanda) und am nächsten die höchste Raffinesse der Kantonküche bei Horizon.

Websites www.chienmen23.com, www.sofitel.com

Ein Feuerwerk von Aromen

Chinarestaurants im Ausland servieren meist fade Versionen der Kantonküche. Betäubend Scharfes aus Sichuan, Feuriges aus Hunan, delikate Huaiyang-Gerichte aus Hangzhou, ölig-süße Spezialitäten aus Shanghai, Saures aus Guangxi, Essiggetränktes aus Shanxi und Fruchtiges aus Yunnan fehlen auf ihren Speisekarten. Doch zum Glück ist die heimische Küche bei den Hauptstädtern momentan groß in Mode, und Peking lockt die besten Kochtalente aus ganz China an. Probieren Sie *shuizhuyu*, Welsscheiben nach Sichuan-Art in höllisch scharfem Würzöl, *zhutong zhurou* des Dai-Volkes (gedämpftes Schweinefleisch mit Koriander im Bambusrohr) und *mizhi zhibao luyu*, in Papierhülle gebackenen Fisch nach Art des Kejia-Volks aus den südöstlichen Bergen.

In der Verbotenen Stadt im Herzen Pekings residierten fast fünf Jahrhunderte lang die Kaiser von China.

Blattgold verleiht diesen japanischen Dessertklößen besonderen Glanz.

JAPAN

JAPANISCHE RAFFINESSE

Tokios Restaurants haben insgesamt 191 Michelinsterne vorzuweisen, mehr als jede andere Stadt der Welt.

Tokios *ryotei*, die traditionellen Nobelrestaurants der Stadt, sind die besten Adressen, um das weltberühmte Wagyu-Rindfleisch zu kosten. Dieses zarte, hocharomatische Fleisch bestimmter Rinderrassen hat einen hohen Anteil an ungesättigten Fettsäuren, daher die typische Marmorierung. Mehrere Regionen des Landes sind berühmt für ihre Wagyu-Rinder, darunter Kobe in der Präfektur Hyogo. Damit das Fleisch die Bezeichnung „Kobe" tragen darf, müssen die Rinder in traditioneller Weise aufgezogen, mit Getreide und Bier gefüttert und obendrein regelmäßig gebürstet und massiert werden. Eine schmackhafte Zubereitungsmethode für Wagyu-Rindfleisch ist *sukiyaki* oder *shabu shabu*: Fein geschnittenes Rindfleisch und Gemüse werden bei Tisch in Brühe gegart und mit Dipsaucen verzehrt. Eine weitere japanische Spezialität, der Kugelfisch *fugu*, ist hochgiftig, wenn er nicht richtig zubereitet wird. Deshalb müssen *fugu*-Köche eine staatliche Lizenz haben. Das Fischfleisch wird entweder roh als Sashimi gereicht, mit Gemüse gegart oder an Salate gegeben. Als sei das noch nicht genug Luxus, verzieren einige Restaurants die Gerichte mit etwas Blattgold.

Beste Reisezeit Die Japaner sind stolz auf ihre saisonale Küche mit wechselnden Speisekarten für jede Jahreszeit. Für Wurzelgemüse und herzhafte warme Mahlzeiten kommen Sie am besten im Winter. Im Sommer gibt es leichtere Gerichte. Manche Restaurants schließen an Obon, dem Feiertag der japanischen Buddhisten zur Ehrung der Ahnen (Mitte August), und in der sogenannten Golden Week (Anfang Mai).

Reiseplanung Reservieren Sie bei beliebten Restaurants einige Tage im Voraus. Fugu gibt es in Spezialrestaurants; dort hängt oft eine Kugelfischlaterne über der Tür.

Websites www.bento.com, www.tsukiji-market.or.jp, www.kahala.in, www.fuchabon.co.jp

Tempelkost

Saisonale Zutaten sind das Geheimnis guter japanischer Küche. Eine der schönsten Gaumenfreuden mit dem zarten Aroma von reifem Gemüse ist **shojin ryori**. Das ist die traditionelle vegetarische Küche der buddhistischen Tempel, bei der allerlei aufwendige Gerichte aus Gemüse, Tofu, Bohnen und Früchten in mehreren Gängen gereicht werden. Der Verzicht auf Fleisch gehört zu den wichtigsten Grundsätzen des Buddhismus.

Shojin ryori ist nicht nur ein gastronomisches, sondern auch ein kulturelles Erlebnis: Die Mahlzeit wird in traditioneller Umgebung eingenommen, etwa in einem Tatami-Raum.

Wichtig ist nicht nur die Verwendung von Zutaten der Saison; die *shojin-ryori*-Köche legen auch großen Wert darauf, nichts zu verschwenden. Selbst das Grünzeug und die Schälreste von Gemüse, wie etwa Möhren, werden gedünstet oder an Suppen gegeben.

Shojin ryori wird in vielen Restaurants in der Nähe von Zen-Tempeln serviert. Oft können Sie die Spezialitäten auch in den Tempeln selbst probieren, sofern Sie vorher reservieren.

Fugu oder Kugelfisch ist eine japanische Delikatesse.

KAISEKI SCHLEMMEN

Kyoto gehört zu den besten Orten, um diese essbaren Gesamtkunstwerke zu probieren.

Der raffinierte japanische Gaumenkitzel *kaiseki*, der einst von japanischen Zen-Mönchen erfunden wurde, war außerhalb des Landes bis vor Kurzem kaum bekannt. Im Mittelalter aßen buddhistische Mönche die bescheidene Mahlzeit zur Teezeremonie. Doch im Laufe der Jahrhunderte entwickelte sich daraus ein 14-gängiges Festmenü mit jahreszeitlich wechselnden Gerichten. Bis heute ist dieser Genuss im Ausland kaum zu haben, da es die frischen Zutaten dafür nur auf den japanischen Inseln gibt. Die meisten Gänge bestehen aus Gemüse oder Fisch; einige fortschrittlichere Köche verwenden heute auch Fleisch. «Ich versuche, mit meinen Gerichten ein Kunstwerk zu erschaffen», sagt Yoshihiro Murata, einer der angesehensten *kaiseki*-Köche Japans. Eigentlich ist jedes Gericht ein kleines Kunstwerk für sich und fast zu schade zum Aufessen, doch den unglaublichen und oft ungewöhnlichen Aromen und Konsistenzen kann man nicht widerstehen. Spitzenrestaurants in ganz Japan bieten diese Spezialität an, aber die allerbesten *kaiseki*-Restaurants finden sich in Kyoto. Hier verwöhnen elegante Etablissements wie das Kikunoi von Yoshihiro Murata ihre Gäste mit erlesenen Esserlebnissen; die Bedienungen im Seidenkimono, die die exquisit arrangierten Gänge in Tatami-Speiseräumen servieren, erinnern an Geishas.

Beste Reisezeit Da die kaiseki-Zutaten je nach Jahreszeit wechseln, gibt es für diesen Gaumenschmaus keine bestimmte Saison. Am schönsten sind jedoch der Frühling (zur Kirschblüte) und der Herbst (mit Herbstlaubpracht). Japans Winter sind kalt, mit häufigen Schneefällen, und im Sommer ist es schwülheiß.

Reiseplanung Erschrecken Sie nicht bei der Rechnung: Die besten *kaiseki*-Restaurants verlangen um die 180 Euro für ein siebengängiges Mittagessen und bis zum Doppelten für ein komplettes 14-gängiges Abendessen. Bei Kikunoi und anderen *kaiseki*-Kultrestaurants müssen Sie unbedingt reservieren. Die meisten Restaurants haben sowohl Essbereiche im westlichen Stil als auch japanische Speiseräume, in denen man auf traditionellen Tatamimatten sitzt.

Websites www.jnto.go.jp, www.kikunoi.jp

Kaiseki im Kikunoi

Es gibt Hunderte verschiedener *kaiseki*-Speisefolgen. Sie bestehen aus diversen Appetithäppchen, Sashimi, gekochten, gegrillten und gedämpften Gerichten und anderem; das hängt ganz vom Koch ab. Hier ein paar klassische Beispiele aus dem Restaurant Kikunoi in Kyoto:

■ *Hassun* (Vorspeise, die das jahreszeitliche Thema der Mahlzeit ankündigt): Drei *houzuki* (Erdbeertomaten), gefüllt mit Seegurke, Bergpfirsich und einem kleinen Fisch namens *ayu* aus den Bächen der Japanischen Alpen.

■ *Mukozuke* (Sashimi, roh aufgeschnittener Fisch): Sashimi von *onaga* (Rotem Schnapper) und *hamo* (Meeraal), auf einem Lotosblatt mit *ume* (Sauerpflaumensauce) und *wasabi* gereicht.

■ *Noka-choko* (ein Gaumenreiniger): *Ichijiku* (gekochte Feige) in weißer Misosauce, kalt serviert.

■ *Shiizakana* (ein Sättigungsgang): Eintopf mit gekochtem Ei, gebratener Aubergine und Fisch, gewürzt mit *mitsuba* (japanischer Wildpetersilie) und *sansho* (Pfeffer).

■ *Tome-wan* (ein Gaumenreiniger): Gedämpfter Reis mit *hamo* (Aal) in Lotosblatthülle, Erbsensuppe mit Sesamgelee und eingelegte Gurke mit Aubergine.

■ *Mizumono* (Dessert): Grüntee-Eissplitter mit roten Bohnen und Reisgelee-Bällchen.

Gegenüber: Buntes Herbstlaub umrahmt den Kiyomizu-Tempel in Kyoto. Oben: Die Schälchen spiegeln Formen aus der Natur.

Eine Serviererin im historischen Kostüm deckt einen der festlichen Tische im Turandot, Moskaus nobelstem Restaurant.

RUSSLAND

MOSKAU

Mit Spitzenköchen, erlesensten Zutaten und glanzvollem Ambiente sorgen Moskaus Restaurants für edle Gaumenfreuden.

Kostproben des vorrevolutionären Russlands versprechen das Café Puschkin, dessen Speisesaal im Obergeschoss an eine große Bibliothek erinnert, Yar, seit seiner Gründung 1826 fast durchgehend ein Tummelplatz der Moskauer Elite, oder das ZDL im Zentralen Haus der Literaten, das Kochkunst in fürstlichem Prunk präsentiert. Gorki und Politica bieten Retroschick im Sowjetstil mit ganz und gar unkommunistischem Essen und Service. Auch die internationale Küche ist gut repräsentiert; besonders Sushi und asiatische Fusion-Küche sind derzeit groß in Mode. Im Opium im Barvikha Luxury Village kann man im Kreise der Oligarchen Froschschenkel nach vietnamesischer Art knabbern. Turandot serviert panasiatische Küche in einem Ambiente, das an Versailles erinnert. Die französische Kochkunst ist heute so beliebt wie zur Zarenzeit. Gute Adressen sind Mon Plaisir in einem klassischen Herrenhaus, das Restaurant Villa im Côte d'Azur-Stil mit mediterranen Gerichten und das Casual, das sich auf die provenzalische Küche spezialisiert hat. Für die schönste Aussicht der Stadt reserviert man im vornehmen Jeroboam des Ritz-Carlton einen Tisch mit Blick auf den Kreml und den Roten Platz oder im japanischen Restaurant Yoko, durch dessen Fenster man die Erlöserkathedrale sieht.

Beste Reisezeit Gegen arktische Wintertemperaturen helfen nur Pelze und Wodka. Der Sommer dauert vom Juni bis in den September; Juli und August sind am heißesten und schwülsten.

Reiseplanung Für die Einreise nach Russland braucht man ein Visum, das die russische Botschaft oder die russischen Konsulate ausstellen. Auch professionelle Visumdienste helfen bei den Formalitäten.

Websites www.barvikhahotel.com, www.cafepushkin.ee, www.turandotpalace.ru

Wodka

Die Plutokratie schlürft am liebsten edlen Champagner, aber Russlandbesucher müssen natürlich auch den Wodka probieren. Den klaren Schnaps mit 35 bis 50 Volumenprozent genießt man in Russland gut gekühlt, am besten mehrere Stunden im Gefrierschrank gelagert. Er wird zum Trinkspruch auf ex hinuntergestürzt; dazu gibt es *zakuski,* Appetithäppchen wie Schinken, Kaviar und Cracker. Die Russen trinken ihren Wodka oft im Wechsel mit alkoholfreien Erfrischungsgetränken. Es gilt als ungehörig, eine einmal geöffnete Wodkaflasche nicht zu leeren; manche Flaschenkappen lassen sich gar nicht wieder verschließen. Die Wodkagläser lautstark auf den Tisch zu knallen, ist nur bei Hochzeitsfeiern üblich.

Probieren Sie außer Klassikern wie Stolichnaya und Moskovskaya auch ausgefallenere Wodkasorten wie Pertsovka, Wodka mit rotem und schwarzem Pfeffer und weiteren Gewürzen. Limonnaya schmeckt nach Zitronen, Kerenski nach Schokolade, Sputnik nach Meerrettich und Stolichnaya Ohranj nach Orangen.

SCHWEIZ

KLOSTERS

Der schicke Wintersportort in den Alpen lockt mit Sonne, Schnee und exklusiver Küche.

Die schneeglitzernden Berggipfel bilden eine Traumkulisse für das michelin-besternte Hotel Walserhof im Schweizer Bergdorf Klosters. Hier tummeln sich im Winter gekrönte Häupter und die reichsten Bürgerlichen der Welt. In dem Haus im Almhüttenstil schaffen geschnitztes Holz, warmer Stein und ein Hauch von Kiefern-duft ein heimeliges und zugleich elegantes Ambiente. Kerzen in silbernen Leuchtern werfen goldenes Licht auf champagnerfarbene Wände. Delikate Düfte aus dem Bünd-ner Steinofen wecken Vorfreude auf die Kreationen des Küchenchefs Armin Amrein. Ein Weckruf für die Geschmacksknospen ist das schaumige Kartoffelsüppchen mit Serrano-Chip und weißer Alba-Trüffel. Makellos aufgeschnittenes Kalbscarpaccio harmoniert per-fekt mit Artischockenterrine und schwarzer Trüffel. Das Paradestück des Küchenchefs, der Wolfsbarsch in Salzkruste mit Olivenöl-Coulis, Rucola-Kartoffeln und frischem Markt-gemüse der Saison, wird in zwei Gängen serviert. Zum Schluss verzaubert ein warmes Valrhona-Schokoladen-Soufflé mit abgeflämmtem Champagnerparfait und exotischem Fruchtcocktail alle Sinne. Eine phantasievolle Alternative ist die Melange von geeistem Frischkäse mit Sesamkrokant, Trauben-Senf-Eis und Trauben-*mille-feuilles*.

Beste Reisezeit Das Wintersportparadies für Snowboarder, Skifahrer und Eisläufer wird im Sommer zum ruhigen Basislager für idyllische Wanderungen durch Bergblumenwiesen und kühle Wälder.

Reiseplanung Das Hotel Walserhof liegt fünf Gehminuten vom Bahnhof und den Bergbahnen. Klosters ist 2 1/2 Auto- oder Zugstunden von Zürich entfernt. Von Dezember bis April verkehrt ein Shuttlebus zwischen Davos-Klosters und dem Züricher Flughafen. Für das Restaurant ist Tischreservierung ratsam. Im Sommer bleibt es dienstags geschlossen. Weitere ausgezeichnete Hotelrestaurants sind Alpina und Alte Post, die auch externe Gäste bewirten.

Websites www.walserhof.ch, www.davosklosters.ch, www.myswitzerland.com

Nougatknödel mit süßen Beilagen im Hotel Walserhof in Klosters.

Bündnerfleisch

Einst diente diese Zubereitung im Alpenkanton Graubünden in der südöstlichen Schweiz nur der Haltbarmachung, doch heute gilt das **luftgetrocknete Rindfleisch** als Delikatesse. Mageres Fleisch aus dem Oberschenkel wird fünf Wochen mit Salz, Gewürzen und Alpenkräutern eingelegt und dann zehn bis 15 Wochen getrocknet

Zum Verzehr wird es dünn aufgeschnitten und mit etwas frisch gemahlenem schwarzem Pfeffer gereicht. Dazu passen knuspriges Brot und ein Glas Rotwein. Bündnerfleisch wird auch in Bündner Spezialitäten wie *pizokeln*, einer Art Spätzle, verarbeitet.

Das Lieblingsziel der Aristokraten und Jetsetter hat sich seinen dörflichen Charakter bewahrt und bezaubert winters wie sommers mit traumhafter Bergkulisse.

GASTRONOMISCHE HÖHENFLÜGE

Diese Restaurants versprechen schwindelerregende Aussichten auf Steilküsten, Schluchten und Skylines und buchstäblich neue kulinarische Höhepunkte.

❶ 360, Toronto, Kanada

Das als CN Tower bekannte „Raumschiff" wurde von der Eisenbahngesellschaft Canadian National erbaut. Mit 553 Metern war es das höchste frei stehende Bauwerk der Welt, bis es 2008 vom Burj Khalifa überflügelt wurde. Sein Drehrestaurant 360 bietet schwindelerregende Ausblicke, kanadisch inspirierte Küche und den höchstgelegenen Weinkeller der Welt.

Reiseplanung Eine vollständige Umdrehung dauert 72 Minuten. www.cntower.ca

❷ The Rainbow Room, New York, USA

Das GE Building des Rockefeller Center ist ein prächtiger Art-déco-Wolkenkratzer aus dem Jahr 1933. Sein Rainbow Room im 65. Stock war von jeher ein beliebter Treffpunkt der New Yorker Elite. Auf der drehbaren Tanzfläche mit Blick über die Stadt fühlt man sich in glamourösere Zeiten zurückversetzt.

Reiseplanung Jacketts sind obligatorisch, Jeans, Turnschuhe und T-Shirts nicht zugelassen. www.rainbowroom.com

❸ Top of the World, Las Vegas, USA

In der Stadt des „Overstatement" überflügelt das 350 Meter hohe Kasino-Hotel alle anderen Exzesse mit seinem Stratosphere Tower – Amerikas höchstem Aussichtsturm – und nervenaufreibenden Fahrgeschäften obendrauf. Sein Restaurant dreht sich in 80 Minuten einmal um sich selbst.

Reiseplanung Stratosphere steht am Nordende des Strip. Die Kleiderordnung zum Dinner lautet „business casual" (lässig elegant). www.topoftheworldlv.com

❹ El Tovar Dining Room, Grand Canyon, USA

Die 1905 erbaute Lodge wirkt wie eine Mischung aus Schweizer Chalet und norwegischer Villa. Von einigen Plätzen des rustikalen Restaurants, das Bison-Carpaccio und andere würzige Südwestküche anbietet, öffnet sich eine atemberaubende Aussicht auf den nur sechs Meter entfernten Grand Canyon.

Reiseplanung Hotelgäste können den Dinnertisch sechs Monate im Voraus reservieren; alle übrigen erst 30 Tage vorher. www.grandcanyonlodges.com

❺ Bella Vista, La Paz, Bolivien

In der höchstgelegenen Großstadt der Welt, La Paz, befindet sich auch das weltweit höchste Fünfsterne-Hotel. Das Restaurant im obersten Stock gewährt Blick auf die San-Francisco-Kirche und die Anden. Neben dem allgegenwärtigen Grillfleisch ist auch die Forelle superb.

Reiseplanung Das Hotel steht mitten im Zentrum von La Paz. Hüten Sie sich vor der Höhenkrankheit, denn La Paz liegt 3658 Meter über dem Meeresspiegel. www.hotelpresidente-bo.com

❻ XEX, Taipeh, China/Taiwan

Der Titel des höchsten Wolkenkratzers der Welt ist heiß umkämpft. Ein Anwärter ist der 508 Meter hohe Taipei 101. Das XEX im 86. Stock soll mit italienischer und japanischer Spitzenküche zum „besten Restaurant der Welt im höchsten Gebäude der Welt" werden.

Reiseplanung Das XEX soll demnächst eröffnen. www.taipei-101.com.tw

❼ Sirocco, Bangkok, Thailand

Bei schwülem Wetter wählt man in The Dome auf dem 247 Meter hohen State Tower am besten dieses Freiluftrestaurant samt Livejazz. Geboten wird asiatisch angehauchte Mittelmeerküche, aber die meisten Gäste wollen vor allem den Höhenrausch auf der höchsten Terrasse der Stadt genießen.

Reiseplanung Achten Sie auf den Wetterbericht: Bei gutem Wetter speist es sich hier am schönsten. The Dome hat auch mehrere überdachte Restaurants und Bars. www.lebua.com/bangkok/dining

❽ Drehrestaurant Allalin, Saas Fee, Schweiz

Das höchstgelegene Drehrestaurant der Welt (3500 Meter) thront über dem Dorf Saas Fee auf dem Mittelallalin. Skifahrer können sich mit schweizerischer und italienischer Kost stärken, aber die Hauptattraktion ist der Rundumblick auf 13 Gipfel, an klaren Tagen bis nach Mailand.

Reiseplanung Nehmen Sie von Saas Fee den AlpinExpress (Gondelbahn) und dann die Metro Alpin (Tunnel-Standseilbahn) auf den Mittelallalin. www.drehrestaurant-allalin.ch

❾ Belgium Taste in the Sky, Brüssel, Belgien

Wie der Pariser Eiffelturm sollte das Atomium in Brüssel eigentlich nur vorübergehend stehen – während der Expo '58. Die gigantische Verkörperung einer Eisenkristallstruktur besteht aus neun durch Rohre verbundenen Kugeln. In der obersten befindet sich eine Brasserie mit belgischen Köstlichkeiten wie *terrine d'anguille au vert* (Aalpastete mit Kräutern).

Reiseplanung Abends wird das Selbstbedienungslokal zur *brasserie gastronomique*. Gleich nebenan liegt die Metrostation Heysel/Heizel am nordwestlichen Stadtrand. www.belgiumtaste.be

❿ Jules Verne, Paris, Frankreich

Nach seinem Bau 1889 war der Eiffelturm der Pariser Hautevolee so verhasst, dass der Schriftsteller Guy de Maupassant täglich dort speiste, nur um ihn nicht sehen zu müssen. Heute ködert das Jules Verne unter Leitung von Alain Ducasse Feinschmecker mit grandiosem Panorama und einem Michelinstern.

Reiseplanung Das Restaurant hat einen eigenen Aufzug. www.lejulesverne-paris.com

---

Rechts: Im Freiluftrestaurant Sirocco im Dome hoch über den Dächern von Bangkok haben schwindelfreie Esser einen sagenhaften Rundumblick.

Trompe-l'œil-Gemälde: Paul Bocuse schaut aus dem Fenster seines Restaurants in Collonges-au-Mont-d'Or bei Lyon.

FRANKREICH

SPITZENKÜCHE IN LYON

Die Stadt im kulinarischen Herzen Frankreichs ist ein Schmelztiegel von Esskulturen und Zutaten aus allen Himmelsrichtungen.

Lyon liegt an der Mündung der Saône in die Rhône, die sich hier von Osten nach Süden wendet. Die Stadt kombiniert die buttrige nordfranzösische Kochtradition mit der olivenölgetränkten Mittelmeerküche. Rindfleisch aus dem Massif Central im Westen, Butter aus der Normandie, Käse aus den Alpen, Gemüse, Meeresfrüchte und Olivenöl aus dem Süden sorgen für ein unerschöpfliches Füllhorn köstlicher Zutaten. Außerdem beherbergt die Hauptstadt der Region Rhône-Alpes auch die klassische Haute Cuisine und die leichtere Nouvelle Cuisine, die Paul Bocuse und seine Kollegen vor einem halben Jahrhundert entwickelt haben. Die *mères* und *grand-mères* der traditionellen *bouchons* (Arbeiterlokale) begründeten einst Lyons Rang als kulinarische Hauptstadt Frankreichs, doch in den Töpfen von Bocuse und jüngeren Köchen wie Nicolas le Bec, Christian Têtedoie und Mathieu Viannay entstand die Zukunft der Stadt. Und mit rund 60 Michelinsternen in der Region Rhône-Alpes (davon 19 in Lyon) sorgt eine stetig wachsende Zahl von Küchenchefs wie Jean-Christophe Ansanay-Alex, Philippe Gauvreau, Fabien Blanc, Guy Lassausaie, Davy Tissot und Manuel Viron dafür, dass Lyon seine kulinarische Führungsposition noch eine ganze Weile behalten wird.

Beste Reisezeit Geradezu märchenhaft ist die Stadt während der Fête des Lumières Anfang Dezember, wenn kreative Illuminationen ihre Plätze und Architekturschätze in farbenprächtiges Licht tauchen.

Reiseplanung Drei bis fünf Tage genügen für einen Eindruck von Lyon, aber um das Gastronomie-, Musik- und Kulturangebot der lebendigen Metropole auszukosten, brauchen Sie schon eine Woche. Trüffelsuppenfans pilgern regelmäßig zu Paul Bocuse in Collonges-au-Mont-d'Or gleich nördlich der Stadt.

Websites www.lyon.fr, www.lyonguide.com, www.bocuse.fr

Bouchons

Die *bouchons* von Lyon sind seit Langem berühmt für ihre herzhafte Küche, die ursprünglich Busfahrer und Textilarbeiter verköstigte. Der Name kommt von dem Bund Stroh, das Gastwirte an ihre Türen hängten, um anzuzeigen, dass sich hier nicht nur Kutscher, sondern auch deren Pferde stärken konnten. Es waren sozusagen die Fernfahrerlokale früherer Zeiten.

Ihre Gründerinnen, wie **Mère Brazier, Mère Fillioux** und Dutzende weitere Köchinnen, lehrten Paul Bocuse und viele seiner Kollegen ihr Handwerk; bis heute werden sie dafür von ihren Schülern verehrt. Zu den Klassikern der *bouchons* gehören *andouillettes* (Wurst aus Kalbs- und Schweinsinnereien), *bugnes* (Schmalzkrapfen), *pot-au-feu* (Schmortopf mit Fleisch und Gemüse), *quenelles* (Hechtklößchen) und *sabodet* (Schweinskopfwurst).

Bouchons gibt es überall in der Stadt; die besten liegen auf der Presqu'île zwischen Place Bellecour und Place des Terreaux: **Café des Fédérations, Chez Hugon, Garet** und **Au Petit Bouchon „Chez Georges"**.

FRANKREICH

Pariser Haute Cuisine

Eine Tour durch die Dreisterne-Restaurants der unangefochtenen Hochburg der Haute Cuisine.

Auch wenn Tokio mehr Sterne hat und New York und London größere Vielfalt bieten, bleibt Paris das Epizentrum der Spitzengastronomie. 2008 gab es in der Hauptstadt ganze neun Etablissements, die sich drei Michelinsterne erkocht haben. Das zwangloseste unter ihnen ist L'Astrance, dessen Küchenchef Pascal Barbot die Speisekarte je nach Marktangebot täglich neu gestaltet. Le Meurice unweit des Louvre hat einen wunderschönen Belle-Époque-Speisesaal; Ledoyen ganz in der Nähe der Champs-Élysées und Pré Catelan im Bois de Boulogne locken mit lauschig grüner Lage. Die Speisekarte von Alain Passard, Küchenchef bei L'Arpège, punktet mit Gemüse vom eigenen Biobauernhof südwestlich von Paris. Starkoch Pierre Gagnaire zaubert in seinem gleichnamigen Restaurant phantasievolle Variationen einzelner Zutaten. Altmeister der feinen französischen Küche wie Alain Ducasse und Guy Savoy streben nach technischer Perfektion. Am traditionellsten wirkt L'Ambroisie an der schönen Place des Vosges; hier entlockt der Küchenchef seinen Zutaten hingebungsvoll ihr optimales Aroma. In jedem dieser Restaurants dürfen die Gäste mit sehr persönlichem Service, den allerbesten Produkten Frankreichs und äußerster Sorgfalt und Detailversessenheit bei der Zubereitung rechnen. Das ist Poesie auf Tellern in der romantischsten Stadt der Welt.

Beste Reisezeit Paris ist jederzeit einen Besuch wert; allerdings sind die meisten Pariser Dreisterne-Restaurants am Wochenende und den ganzen August geschlossen.

Reiseplanung Die Spitzenrestaurants sind selbst zum Mittagessen weit im Voraus ausgebucht; planen Sie entsprechend. Falls Sie in einem guten Hotel wohnen, sollte der Concierge Ihnen helfen können, wenn Sie rechtzeitig entscheiden, wo Sie essen wollen. Die meisten Dreisterne-Restaurants sind sehr vornehm; erkundigen Sie sich vorab nach der Kleiderordnung.

Websites www.eatinparis.com, www.bestrestaurantsparis.com

Dreisterne-Menü

Hier ein kurzer Vorgeschmack auf das Gebotene am Beispiel des **Ledoyen.** Ein guter Auftakt sind delikate *langoustines* (Kaisergranate) aus der Bretagne, auf den Punkt gegart und im Panzer mit schaumigem Zitronenöl serviert, das genau den richtigen Hauch Säure beisteuert. Als Beilage gibt es Kaisergranatfleisch im perfekt frittierten Knusperteig. Wie wäre es danach mit einer Palisade aus **würzigen Parmesannudeln** rund um eine ebenso aromatische wie saftige Schinken-Morchel-Füllung? Die Auswahl von fünf exquisiten Desserts umfasst unter anderem ein bemerkenswertes **Pampelmusen-Confit,** belegt mit Pampelmusen-Sorbet-Röllchen und einem knusprigem Krokantblatt – ein erfrischender Abschluss.

Die vom Salon de la Paix in Versailles inspirierte Originalausstattung des Restaurants Le Meurice wurde von Stardesigner Philippe Starck neu interpretiert.

SÜNDHAFT TEURE COCKTAILBARS

Hier mixen Barkeeper mit Gold, Diamanten, erlesenem Champagner
und alten Likören die dekadentesten und kostspieligsten Drinks der Welt.

❶ Blue Bar, Algonquin Hotel, New York, USA

Die Blue Bar ist heute noch so elegant wie in den 1930er-Jahren,
als das Algonquin der Mittelpunkt der New Yorker Literatur-
welt war. Spezialitäten sind der Hot Chili Raspberry Cosmo-
politan, die Matilda und der Martini on the Rock mit einem
„Diamanten Ihrer Wahl". Der Zirkapreis von 10 000 Dollar
variiert je nach Größe des Steins.

Reiseplanung Die Blue Bar ist täglich von 11.30 bis 1.30 Uhr geöffnet.
www.algonquinhotel.com

❷ Tryst, Wynn Hotel, Las Vegas, USA

Ein Ménage à Trois kostet im Tryst stolze 3000 Dollar. Dafür
sollte man den Mix aus Hennessy-Ellipse-Cognac, Cristal-
Rosé-Champagner und Grand Marnier mit 23-Karat-Gold-
sprenkeln und diamantenbesetztem Trinkhalm so langsam
wie möglich schlürfen.

Reiseplanung Donnerstag bis Samstag, 22 bis 4 Uhr. Hier gilt eine
strikte Kleiderordnung, also keine ausgebeulten Jeans, Sportkluft oder
Baseballkappen. www.wynnlasvegas.com

❸ Bar Nineteen 12, Beverly Hills Hotel, Los Angeles, USA

Die Bar Nineteen 12 des Beverly Hills Hotel mixt innovative
Hauscocktails wie Prickly Pear Margarita (mit Kaktuspü-
ree) sowie Mojito Jelly Shots und Martini-Eis am Stiel. Die
Flaschenpreise reichen vom Gran-Patron-Platinum-Tequila
(750 Dollar) bis zum 140-jährigen Hardy-Perfection-Cognac
für 23 000 Dollar.

Reiseplanung Täglich 17 bis 2 Uhr geöffnet. www.barnineteen12.com

❹ Jambu's Bar, Raffles Resort, Canouan, St. Vincent und die Grenadinen

Die Barkeeper der Strandbar Jambu's haben den Bushido Martini kreiert, mit Wodka, trockenem Wermut, Cactaur-Wurzel
und einem Mini-Samuraischwert aus 14-karätigem Gold als
Olivenpiekser, für bescheidene 220 Euro pro Glas.

Reiseplanung Bringen Sie Badezeug mit, um an den drei herrlichen
Stränden des Resorts ins Wasser zu hüpfen. www.canouan.raffles.com

❺ Astral Bar, Darling Harbour, Sydney, Australien

17 Stockwerke über dem Star City Casino bietet die Astral Bar
atemberaubenden Blick auf Sydneys Zentrum und die Harbour Bridge. Hier sorgen Cocktails wie Vanilla Cherry Negroni
und Pear & Ginger (Birne & Ingwer) Collins für Entzücken.

Reiseplanung Dienstag bis Samstag von 17.30 Uhr bis spätnachts
geöffnet. www.astralrestaurant.com.au

❻ Skyview Bar, Burj Al Arab, Dubai

Die Skyview Bar klebt am obersten Geschoss des Burj Al Arab,
200 Meter über dem Persischen Golf; ihre Panoramafens-
ter geben den Blick frei auf die Skyline von Dubai und den
Sonnenuntergang über Katar. „Mixologen" ziehen mit einer
mobilen Bar von Tisch zu Tisch, die exotische Ingredienzen wie
Kamelmilch, Safran und feinsten Highland-Scotch birgt.

Reiseplanung Täglich von 12 bis 2 Uhr geöffnet. www.burj-al-arab.com

❼ GQ Bar, Moskau, Russland

Die nach dem amerikanischen Männermagazin benannte Bar
ist *der* Ort zum Sehen und Gesehenwerden in der russischen
Hauptstadt. Hinter der zaristischen Fassade verbirgt sich eine
ultramoderne Bar aus Chrom, Glas, Holz und Leder. Die
Getränkekarte listet exotische Martinis, aber nach dem teuren
Beluga-Edelwodka muss man den Barkeeper fragen.

Reiseplanung Die Bar ist sieben Tage die Woche rund um die Uhr
geöffnet. bar.gq.ru

❽ Le Bar Hemingway, Hotel Ritz, Paris, Frankreich

Laut *Guinness-Buch der Rekorde* ist der Side Car der Hemingway-
Bar der teuerste Hauscocktail der Welt. Für den Mix aus Cointreau, frisch gepresstem Zitronensaft und 1830 Ritz Reserve
Cognac muss man rund 400 Euro hinblättern. Die Bar besticht
mit Ledersesseln, Holztäfelung und von Ernest persönlich
geschossenen Schwarz-Weiß-Fotos.

Reiseplanung Täglich von 10.30 bis 2 Uhr geöffnet. Für Autofahrer
gibt es einen Parkservice. www.ritzparis.com

❾ Donovan Bar, Brown's Hotel, London, England

Donovan ist die Art Bar, in der James Bond seinen Martini
«geschüttelt, nicht gerührt» bestellen könnte. Die elegante
Lokalität in Mayfair kombiniert britische Tradition mit inter-
nationalem Flair. Spezialität ist der Space Race Cocktail aus
Wodka, Cointreau, Litschilikör, Cranberry- und Guavensaft.

Reiseplanung Montag bis Samstag von 11 bis 1 Uhr, Sonntag von 12 bis
24 Uhr geöffnet. www.brownshotel.com

❿ The Bar, Merchant Hotel, Belfast, Nordirland

Im viktorianischen Ambiente mit antiken Kristalllüstern
und Wandbespannung aus Seidendamast lockt eine 35-seitige
Getränkekarte. Der Barkeeper mixt auch gern einen Daiquiri
oder Mojito mit 1920er Bacardi für 250 Euro oder einen Whisky
Sour mit Old Trimbrook Bourbon von 1937 für 185 Euro.

Rechts: Die Bloody Mary wurde angeblich in der Hemingway-Bar des Hotel Ritz in Paris kreiert und nach Ernest Hemingways vierter Frau benannt.

Cafés, Galerien und Boutiquen säumen die gepflasterten Gassen des mittelalterlichen Städtchens Saint-Paul-de-Vence.

PROVENCE

Die reichen Gaben des Landes und des Meeres machen die provenzalische Küche so aromatisch und unverwechselbar.

Die Schlemmertour durch die Provence beginnt in den Stadtmauern von Avignon. Hier quellen die Marktstände über vor Saisonprodukten wie duftenden Cavaillon-Melonen und sonnenverwöhnten Tomaten. Wenn auch der Bedarf an handgerührten Seifen und Olivenholzutensilien gedeckt ist, geht es zum Tomatenmenü in einem geschichtsträchtigen Gemäuer neben dem Papstpalast aus dem 14. Jahrhundert: Das Sternerestaurant Christian Etienne bietet dazu erlesene Tropfen aus dem nahen Châteauneuf-du-Pape. Östlich von Avignon liegen die reizvolle Landschaft des Luberon, die beliebte Marktstadt Apt und Lourmarin mit Gourmetadressen wie La Bastide de Capelongue von Edouard Loubet und der Auberge La Fenière mit der phantasievollen Küche von Reine Sammut. Die Autobahn E80/A8 La Provençale führt durch herrliche Landschaft bis nach Cannes. Hier zweigt die Straße nach Grasse ab, das seit der Renaissance für seine Parfüms berühmt ist. Weiter östlich kann man in Vence bei La Colombe d'Or inmitten zeitgenössischer Kunst dinieren: Vence und Saint-Paul-de-Vence ziehen seit über einem Jahrhundert Künstler, Kunstsammler und Gastronomen an. Allein der atemberaubende Panoramablick von Saint-Pauls Stadtmauer bis zum Meer ist ein guter Grund für einen Zwischenstopp, bevor die Straße nach Nizza an der Côte d'Azur führt.

Beste Reisezeit Im Hochsommer ist es heiß und voll. Im Frühjahr oder Herbst ist es ruhiger und Reservierungen sind leichter zu bekommen. In höheren Lagen kann es abends kühl werden.

Reiseplanung Einen Eindruck von der Camargue verspricht die Zugfahrt von Avignon nach Arles zur Fête du riz (Reisfest) im September. Oder Sie mieten ein Cabrio, um zu den Weingütern von Châteauneuf-du-Pape zu fahren. Der TGV die Côte d'Azur entlang nach Nizza bietet Ausblick auf Berge und Meer.

Websites www.provence-netz.de, www.lesaintpaul.com

Nicht verpassen

■ Die mit provenzalischen Antiquitäten eingerichtete Luxusherberge **Le Saint Paul** aus dem 16. Jahrhundert auf der Stadtmauer von Saint-Paul-de-Vence ist ideal für die Flitterwochen oder andere festliche Anlässe. Im Restaurant des Hauses garantiert die raffinierte Kochkunst von Olivier Borloo ein unvergessliches Diner.

■ In der Altstadt von Nizza serviert das Restaurant **Chantecler** des feudalen Hôtel Negresco unwiderstehliche Kreationen des Küchenchefs Jean-Denis Rieubland.

■ Halten Sie in Avignon bei den vornehmen *épiceries* oder in den Markthallen Ausschau nach den ausgefallenen *papalines* (Schokokonfekt mit Oreganolikör).

MAILAND

Die Hochburg des Stils, der Raffinesse und Kreativität ist Italiens modernste Stadt und doch eine Bastion traditioneller Küche.

Schon beim ersten Bissen versteht man, warum Mailand das italienische Ideal der *bella figura*, also des gepflegten und guten Eindrucks, so perfekt verkörpert. Der Begriff geht weit über die schicke Mode und das elegante Schuhwerk der Stadt hinaus. Er steht für Schönheit, Qualität und Geschmack, die auch die mailändische Küche prägen. Ein besonders glanzvoller Vertreter ist das Restaurant Cracco des innovativen Küchenchefs Carlo Cracco, nur wenige Schritte vom Mailänder Dom. Hier zerplatzt die warme Schokoladenkrokette als flüssige Bombe auf der Zunge, während das Häufchen kühler, salziger Fischeier daneben eine pikante Geschmacksnote beisteuert. Wenn Schokolade für Genuss und Kaviar für Extravaganz steht, ist ein Dessert, das beide vereint, wohl der Inbegriff des Luxus. Etwas weiter die Straße hinunter verkauft das Feinkostgeschäft Peck seit 1883 opulente Genüsse. Seine Schinken werden mit Gold aufgewogen und in seinem Keller liegen Weinflaschen, die älter sind als mancher Staat. Doch zum Glück gibt es einige Köstlichkeiten schon für wenige Euro: Ein delikates Honig-*gelato* können sich auch weniger betuchte Genießer leisten.

Beste Reisezeit Frühjahr, Frühsommer oder bei schönem Herbstwetter. In den Sommermonaten Juli und August ist es manchmal zu heiß zum Einkaufen und Sightseeing.

Reiseplanung In Italien haben viele Läden und die meisten Restaurants sonntags zu. Cracco ist auch samstag- und montagmittags geschlossen. Fragen Sie nach dem *table d'hôte* im Küchenvorraum, von dem Sie die ganze Küche durch eine automatische Glasschiebetür im Blick haben. Der Küchenchef bespricht persönlich mit Ihnen, was Sie essen möchten, und serviert vielleicht sogar den einen oder anderen Gang. Peck hat Sonntag und Montag vormittags zu. Am Samstagnachmittag deckt sich ganz Mailand mit Zutaten fürs sonntägliche Familienessen ein; besuchen Sie den Laden besser unter der Woche.

Websites www.ristorantecracco.it, www.peck.it

Spezialitäten

Mailands Küche ist rustikal und raffiniert, klassisch und modern zugleich. Cracco und Peck spiegeln das auf verschiedene Weise. Ein cremiger **Risotto alla milanese** bekommt seinen goldenen Farbton durch Safranfäden und seine Üppigkeit durch Knochenmark. Sie können sich bei Peck eine Portion mitnehmen oder ihn bei Cracco am Tisch verzehren.

   Vitello alla milanese (Kalb nach Mailänder Art) ist Italiens Antwort auf das Wiener Schnitzel. An der Frischtheke von Peck bekommen Sie die klassische Version: dünne, panierte Fleischscheiben, in Olivenöl gebraten und mit einer Zitronenspalte gereicht. Cracco serviert bauklotzgroße Würfel von krossem *carne* je nach Jahreszeit und Tageslaune des Küchenchefs mit Beilagen von Tomaten und Zucchini bis zu Wirsing und Kürbis.

Den Hauptplatz der Stadt beherrscht eine der größten Kirchen der Welt: der imposante gotische Dom mit 135 Fialen.

HOTEL CIPRIANI, VENEDIG

Das berühmte Hotel auf der Insel Giudecca verzaubert
mit romantischem Luxus abseits des Touristenrummels.

Im Fortuny-Restaurant des Hotels baumeln exquisite Murano-Lüster von den Deckenbögen, die an die Kuppel des Markusdoms erinnern. Halbrunde Polsterbänke und sanftes Kerzenlicht verleihen den leinengedeckten Tischen eine Aura von Gemütlichkeit. Hohe Fenster blicken auf die prachtvolle Gartenanlage und über die Lagune Richtung Canal Grande und Markusplatz. Die Qual der Wahl zwischen den venezianischen Spezialitäten auf der Karte versüßen Cocktails wie der Rossini (mit Erdbeeren und Prosecco) oder Bellini (frisch gepresster Pfirsichsaft mit Prosecco). Klare und doch ausgefeilte Aromen sind das Grundprinzip der traditionellen venezianischen Küche von Küchenchef Renato Piccolotto. Pasta und Gebäck werden täglich frisch zubereitet, und der Fisch wird im Morgengrauen eine kurze Bootsfahrt entfernt auf dem Rialto-Fischmarkt eingekauft: Steinbutt, Seeteufel, Wolfsbarsch, je nach Tagesfang. Wenn der Herr der Küche Kräuter oder Gemüse braucht, kann er sie gleich vor der Tür im Hotelgarten ernten. Der Casanova-Salso-Wein kommt vom hauseigenen Weingut. Als Vorspeise locken hausgemachte Ravioli mit einer Füllung aus Wolfsbarsch und wildem Fenchel in etwas *guazzetto* (Brühe). Spezialität des Hauses sind die *taglierini verdi*, frisch gemachte dünne, grüne Bandnudeln, mit Schinken gratiniert. Und der Geschmack der delikaten Zartbitter-Schokoladeneiscreme bleibt noch lange auf der Zunge.

Beste Reisezeit Das Frühjahr und der frühe Herbst sind die beste Zeit für einen Venedigbesuch. Im Sommer ist es heiß und überfüllt. Von Mitte November bis Mitte März schließt das Hotel.

Reiseplanung Das Hotel Cipriani hat eine eigene Bootsverbindung zum Markusplatz. Guidecca ist auch per Wassertaxi und mit mehreren *vaporetto*-Linien (Wasserbussen) zu erreichen. Das Fortuny-Restaurant legt Wert auf gepflegte Kleidung, also für Männer Jackett und Krawatte. Der Cip's Club des Hotels ist ein kleineres, zwangloseres Restaurant an der Lagune, gegenüber dem Markusplatz.

Websites www.hotelcipriani.com, www.orient-express.com, www.veneto.to, www.enit-italia.de

Carpaccio

Giuseppe Cipriani, der Harry's Bar und das Hotel Cipriani begründete, soll das **Carpaccio** um 1950 erfunden haben. Für eine Contessa, die nur rohes Fleisch zu sich nehmen durfte, kreierte er das Gericht aus dünn geschnittenem rohen Rindfleisch mit Senfsauce. Er taufte es „Carpaccio" nach Vittore Carpaccio, einem venezianischen Maler des späten 15. und frühen 16. Jahrhunderts, in dessen Werk ebenfalls Rot- und Gelbtöne dominierten.

Es gibt zahlreiche Variationen des Rezepts. Heutzutage werden normalerweise hauchdünne Scheiben hochwertiges, fettarmes Rindfleisch auf arugula (Rucola), Brunnenkresse oder Chicorée arrangiert und mit einer Vinaigrette aus Olivenöl und Zitrone beträufelt. Das Ganze kann mit einem Hauch Parmesan und ein paar Kapern oder Zwiebeln garniert werden.

Das **klassische Carpaccio** des Hotels Cipriani wird mit einem Dressing aus Zitronensaft, Worcestersauce, Brühe, Mayonnaise, Senf und ein paar Tropfen Tabasco gereicht. Garniert ist es mit Artischockenscheibchen, fein gehobeltem Parmesan und Petersilienzweigen.

Gegenüber: Die Ausblicke vom Hotel gehören zu den schönsten in Venedig. Oben: Das hauseigene Boot für Gäste.

Guiseppe Silvestri, Chefkoch des Kaufhauses Harrods, mit den ersten Moorhühnern der Saison.

DER GLORREICHE ZWÖLFTE

Im Hochsommer feiern britische Feinschmecker den Beginn der Moorhuhnsaison.

Der 12. August ist der wichtigste Tag des britischen Federwildkalenders. Im Jagdgesetz von 1773 wurde er als Startdatum der Jagdsaison für Moor- und Alpenschneehühner festgelegt, was ihm den Beinamen „Glorious Twelfth" (glorreicher Zwölfter) einbrachte. Das gedrungene, mittelgroße Schottische Moorschneehuhn kommt nur in Großbritannien und Irland vor. Hier brütet es auf Heidemooren, vor allem in Schottland und im nördlichen England. Im Frühjahr lässt man die Vögel zunächst ihre Küken aufziehen, die Anfang August ausgewachsen sind. Zum Auftakt des Jagdtags gibt es ein deftiges englisches Frühstück. Die Jäger postieren sich in *butts* (steinernen Schießständen) auf dem Moor. Dann beginnen die Treiber, die Moorhühner aus dem Heidekraut auf die Jäger zuzutreiben. Die schnell und tief fliegenden Moorhühner sind keine einfachen Ziele. Jagdhunde apportieren die getroffenen Vögel. Die großen Landgüter liefern die meisten Moorhühner an exklusive Restaurants und Fleischer im ganzen Land. Traditionell landen sie gebraten auf dem Tisch, damit ihr Wildgeschmack optimal zur Geltung kommt. Dazu gehören *game chips* (hauchdünne, knusprig frittierte Kartoffelscheiben), Wildsauce mit rotem Johannisbeergelee und Portwein, Brotsauce und Brotkrumen oder -scheiben, die getoastet und dann im ausgelassenen Fett der Vögel angebraten werden.

Beste Reisezeit Die Moorhuhnsaison dauert vom 12. August bis zum 10. Dezember.

Reiseplanung Sie müssen ein Moorhuhn nicht selbst erlegen, um es zu genießen. Aber gegen Geld darf jeder mit einer Jagdgesellschaft losziehen. Üben Sie davor an Tontauben. In Edinburgh können Sie in der zweiten Augusthälfte das Kulturfestival der Stadt mit einem Moorhuhnschmaus verbinden, zum Beispiel in einem Sternerestaurant wie The Kitchin im alten Hafenviertel Leith.

Websites www.hunting-scotland.com, www.shootingparties.co.uk, www.rules.co.uk, www.thekitchin.com

Alles über Moorhühner

■ Die Vögel werden in *braces* (Paaren) verkauft. Da sich Moorhühner nicht in Gefangenschaft züchten lassen, ist ihr fettarmes Fleisch frei von künstlichen Zusätzen. Die Vögel fressen vor allem junges Heidekraut, bis zu 50 Gramm am Tag.

■ Traditionell ließ man die Moorhühner abhängen, bevor man sie rupfte und zubereitete. Dazu wurden sie mindestens fünf Tage am Hals an einem kühlen Ort aufgehängt, damit sich ihr Wildgeschmack richtig entfaltete. Heute reduziert man das Abhängen oft auf drei Tage, und manche bereiten die Vögel lieber möglichst frisch direkt vom Moor zu.

■ Londons ältestes Restaurant, das **Rules** in Covent Garden, hat sein eigenes Jagdrevier in Teesdale und bringt alljährlich ab Saisonstart Moorhuhn auf den Tisch.

LEBEN WIE DIE LORDS

Die englischen Landhaushotels versetzen ihre Gäste zurück in hochherrschaftliche Zeiten.

Le Manoir aux Quat'Saisons von Raymond Blanc duckt sich seit normannischer Zeit zwischen den sanften Hügeln von Oxfordshire. Mit seinem alten, von einer Mauer geschützten Garten, seinen Obstgärten, dem Teich aus dem 17. Jahrhundert und den weitläufigen Kräuter- und Biobeeten verkörpert es perfekt das luxuriöse englische Landleben. Hier fühlen sich die Gäste wie in einem altmodischen Adelsroman. In jedem der elegant und individuell eingerichteten Gästezimmer des Manoir steht eine Karaffe mit feinstem Madeira als Schlummertrunk. Außer luxuriösem Ambiente gibt es hier natürlich auch hervorragendes Essen. Vom Aufwachen bis zum Schlafengehen schwebt man im siebten Feinschmeckerhimmel und wird mit traditionellem englischen Frühstück, Cream Tea in der Lounge, Drinks in der Champagnerbar und obendrein von einem der besten Restaurants Englands verwöhnt. Die mit zwei Michelinsternen geadelte Küche von Raymond Blanc ist individuell, üppig und elegant. Die Gäste dürfen sich auf seinen raffinierten Umgang mit edlen Zutaten und erntefrischen Produkten aus der wunderbar gepflegten Gartenanlage von Le Manoir freuen. In dieser können sie außerdem nach Herzenslust umherwandern und 70 verschiedene Kräutersorten bestaunen. Nach ein paar Übernachtungen fühlt man sich beinahe selbst wie ein echter Blaublüter.

Beste Reisezeit Am schönsten ist der Besuch eines dieser Herrenhäuser mit ihren gepflegten Gärten im späten Frühjahr oder im Frühsommer, wenn Küchengärten und Kräuterbeete üppig sprießen.

Reiseplanung Englische Herrenhäuser sind vornehme Herbergen mit entsprechender Kleiderordnung. Viele erwarten zum Abendessen von den Herren Jackett und Krawatte und von den Damen entsprechende Garderobe. Buchen Sie die Mahlzeiten bei der Zimmerreservierung auf jeden Fall gleich mit.

Websites www.manoir.com, www.lewtrenchard.co.uk, www.georgehotelofstamford.com

Lieblingslandhäuser

Landhaushotels mit eigenem Restaurant sind eine wunderbare Möglichkeit, den Lebensstil der englischen High Society einmal selbst auszuprobieren.

■ In Devon können Sie im **Lewtrenchard Manor** aus dem frühen 17. Jahrhundert im Bett von Henrietta Maria, der Gemahlin Charles' I., nächtigen. Auch die Kreationen des hervorragenden Restaurants genügen königlichen Ansprüchen.

■ Am Standort des **George Hotel** in Stamford, Lincolnshire, gibt es schon über 900 Jahre eine Herberge. Heute laden zwei Gourmetrestaurants, eine alte von Mauern umgebene Gartenanlage, gemütliche Kaminecken und Himmelbetten zu einem luxuriösen Abstecher in die britische Geschichte ein.

Raymond Blancs englisches Landhaus, Le Manoir aux Quat'Saisons, bietet ländliches Luxusleben par excellence.

elBulli

In einem bescheidenen Küstenort an der Costa Brava werkelt einer der innovativsten Köche der Welt.

Ferran Adriàs elBulli, vom Magazin *Restaurant* mehrfach zum besten Restaurant der Welt gekürt, ist weltweit einzigartig. Nach der Philosophie von elBulli ist die Kochkunst «eine Sprache, die Harmonie, Kreativität, Glück, Schönheit, Poesie, Komplexität, Magie, Humor, Provokation und Kultur ausdrücken kann». Ob man sich für Kaninchenhirn mit Austern oder Begonienblütensuppe mit Cashew-Krokant, Amaranth und Australischen Fingerlimetten erwärmen kann oder nicht, Adriàs Phantasiegebilde halten die Essensgäste in atemloser Spannung, und das bei fünf- bis sechsstündigen Diners mit rund drei Dutzend exquisiter Miniaturkreationen und einem halben Dutzend passender Weine. Bis zur nächsten Saison entwickelt Adriàs „Labor" dann wieder neue Aromen, Texturen, Temperaturen und Techniken, von kulinarischen Schäumen bis zu „Karottenluft" oder gefriergegarten Eiern. Das bescheidene Lokal aus den frühen 1960er Jahren, das der ursprüngliche Inhaber nach seiner Bulldogge taufte, ist heute ein Kultrestaurant, das jährlich bis zu einer Million Reservierungsanfragen erhält und als «phantasiereichste Produktionsstätte der Haute Cuisine auf diesem Planeten» charakterisiert wurde.

Beste Reisezeit elBulli ist für 2010 bereits ausgebucht; Reservierungen für 2011 werden erst nach Ende der Saison 2010 angenommen. Die Saison des Restaurants läuft jeweils von Mitte Juni bis Mitte Dezember.

Reiseplanung Das Restaurant befindet sich in Cala Montjoi, einige Kilometer vom Städtchen Roses und 90 Autominuten nördlich von Barcelona. Da das Diner bis weit nach Mitternacht dauert, ist die Übernachtung im nahen Almadraba Park Hotel praktisch ein Muss. Zur Cala Montjoi kommen Sie nur mit dem Auto oder per Boot von Cadaqués. Seit neuestem erstreckt sich die elBulli-Saison bis in den Winter, so kann Ferran Adrià jetzt auch mit Wild und verschiedenen Saisonprodukten arbeiten. Außer zum Abendessen öffnet elBulli an manchen Sommertagen und den meisten Herbstsamstagen auch mittags.

Websites www.elbulli.com, www.almadrabapark.com

Ferran Adrià

Ferran Adrià stammt aus Barcelonas Arbeiterviertel L'Hospitalet de Llobregat. Er fing als Tellerwäscher in einem französischen Restaurant an und kochte während seines Wehrdienstes bei der spanischen Marine für einen Admiral. Damals lernte er Fermí Puig kennen, heute Küchenchef im Drolma in Barcelona.

1983 überredete Puig Adrià, in den Sommerferien als Hilfskoch bei elBulli zu arbeiten. Im Jahr darauf wurde Adriá mit 22 Jahren Chef de Partie bei elBulli. 18 Monate später war er Küchenchef.

Ende der 1980er Jahre begann Adrià seine Experimente mit der Molekularküche. 1990 verlieh der *Guide Michelin* elBulli zwei Sterne, 1997 dann den dritten Stern.

Die Präsentation gehört bei elBulli ebenso zum Erlebnis wie die Speisen selbst, wie bei dieser geeisten Trüffel von Karotte und Passionsfrucht.

Ein Holzsteg schlängelt sich durch die Mangroven bis zum schwimmenden Tropenparadies des Restaurants Le Barachois.

MAURITIUS

TROPISCHE GOURMETFREUDEN

Eine der schönsten Inseln der Welt lädt zu luxuriösen Menüs aus den Esskulturen dreier Kontinente.

Wenn der französische Starkoch Alain Ducasse irgendwo eins seiner Restaurants eröffnet, muss es dort schon eine lebendige Genießerszene geben. So wie auf der Vulkaninsel Mauritius im Indischen Ozean. Der bewährte Tummelplatz der Schickeria mausert sich zusehends zum Feinschmeckerziel. Ducasse' Restaurant Spoon des Iles im Resort Le Saint Géran an der Nordostküste erfreut Auge und Gaumen zugleich. Die offene Küche prunkt mit schwarzem Granit aus Simbabwe; die Bodenplatten stammen aus einer französischen Kirche des 17. Jahrhunderts. Hier werden heimische Zutaten mit französischer Stilsicherheit zubereitet, wie Goldmakrele in Bananenblatthülle und cremige Guacamole-Limetten-Suppe. Das Resort Le Touessrok an der Ostküste konterte mit dem Restaurant Safran unter Leitung des Londoner Spitzenkochs Vineet Bhatia, der Garnelen mit Krebsfleisch-Risotto oder eine rigoros modernisierte Version des Masala-Hühnchens auftischt. Spoon und Safran waren nicht die ersten Feinschmeckeroasen hier. Das 1848 eröffnete La Flore Mauricienne in der Inselhauptstadt Port Louis gilt als ältestes Restaurant im Indischen Ozean. Seine täglich wechselnde Speisekarte reicht von indischen Spezialitäten wie *roti* und Curry bis zu französischen Klassikern wie Lammbraten.

Beste Reisezeit Auf Mauritius herrscht typisches Tropenklima, doch dank der stetigen Seebrise wird es selten schwül und man kann fast immer draußen speisen.

Reiseplanung Zu den besonderen Reizen auf Mauritius gehört die umwerfende Lage vieler Restaurants. Le Barachois schwimmt auf hölzernen Pontons in einer Flussmündung, und das schicke Restaurant des Oberoi an der Turtle Bay beeindruckt mit einem riesigen Palmwedeldach.

Websites www.mauritius.net, www.spoon.tm.fr, www.letouessrokresort.com, www.oberoi-mauritius.com

Die mauritische Küche

Mauritius war bis ins 16. Jahrhundert unbewohnt. Heute beherbergt es eine vielsprachige Bevölkerung aus Indern und Chinesen, Briten und Franzosen, Afrikanern und Arabern und eine entsprechend multikulturelle Inselküche. Die Zuwanderer bewahrten ihre eigenen Kochtraditionen, schauten sich aber auch so manches bei den anderen ab. So entwickelten sich ganz eigene kreolische Gerichte wie **Mango-*kutcha*** (Mango-Tunke mit Ingwer, Knoblauch und Chilis), ***farata*-Pfannkuchen** (zum Aufstippen von Currys), ***camarons au palmiste*** (gegrillte Garnelen mit Palmherzen) und ***vindaye*** (marinierter Fisch oder Oktopus, mit Zwiebeln, Chilis, Gewürznelken und Kurkuma gebraten).

WEIN, BIER & CO.

Ohne die Erkundung jener alkoholischen Quellen, die den Durst der Menschen löschen und ihren Geist erfrischen, wäre unsere kulinarische Weltreise nicht komplett.

Auf den folgenden Seiten ist für jeden Geschmack etwas dabei. Weinfreunde oder solche, die es werden wollen, können auf Rundreisen durch die berühmtesten Weinbauregionen die Weinberge und -keller der französischen Champagne, des kalifornischen Sonoma County, der argentinischen Provinz Mendoza und des südafrikanischen Westkaps besichtigen. Whiskykenner können zur nebelverhangenen schottischen Insel Islay und den wildromantisch gelegenen Brennereien der legendären Single Malts pilgern. Rumliebhaber wird es auf die tropischen Karibikinseln ziehen. Und wer sein Lieblingsgetränk gern mit einer Prise Tradition und Lokalkolorit genießt, kann sich aufmachen zu den urigen Pubs der irischen Provinz, ins malerische mittelalterliche Brügge, das 300 belgische Biersorten ausschenkt, oder gar ins ferne Grönland, wo man das Bier mit reinstem Gletscherwasser braut.

In den Pubs schlägt das Herz Irlands. Hier treffen sich Einheimische und Besucher zu guten Gesprächen, Musik und Essen und vor allem zu einem perfektem Pint.

BOURBON

Die traumhafte Landschaft des „Bluegrass State" bildet die malerische Kulisse für die berühmten Brennereien.

Kentuckys nordöstlicher Winkel, der grob durch die Städte Louisville, Bardstown, Lexington und Frankfort begrenzt wird, ist die Heimat nahezu aller großen Bourbonbrennereien. Die Fahrt von der riesigen Jim-Beam-Anlage und der urigen Brennerei von Maker's Mark bis zur kürzlich umgetauften Buffalo Trace Distillery führt vorbei an wogenden Weizenfeldern, edlen Gestüten, schroffen Kalksteinformationen und den Ausläufern der Appalachen. Das Bourbonangebot ist genauso abwechslungsreich wie die Landschaft: „Straight Bourbon" ist ein Whiskey aus mindestens 51 Prozent Mais, mit höchstens 80 Volumenprozent destilliert und mindestens vier Jahre gereift, und zwar in neuen Eichenfässern mit angekohlter Innenseite, die ihm Farbe und Geschmack verleihen. Die Lieblingsspirituose des „Bluegrass State" kann von mild über würzig bis zu beißenden 60 Volumenprozent variieren, mit Duft- und Geschmacksnoten von Vanille, Kirsche, Süßmais und Leder. Dass jede bernsteinfarbene Flasche ihre ureigene Persönlichkeit entwickelt, lässt man sich am besten bei Führungen durch die Brennereien erläutern. Da meistens auch eine Verkostung inklusive ist, erscheint Kentuckys Bourbonlandschaft im Laufe des Tages in immer verklärterem Licht.

Beste Reisezeit Von April bis Ende Oktober ist das Wetter am besten und die meisten Attraktionen sind geöffnet. Ende September steigt in Bardstown das Kentucky Bourbon Festival.

Reiseplanung Der offizielle „Kentucky Bourbon Trail" verbindet die acht größten Brennereien und lässt sich in ein bis zwei Tagen absolvieren. Planen Sie für Kentucky mindestens vier bis fünf Tage ein. Louisville ist ein guter Ausgangspunkt mit kosmopolitischer Kultur- und Gastronomieszene sowie regem Nachtleben. Überall im nordöstlichen Kentucky gibt es Boutiquehotels und B&Bs. Dazu gehören oft Restaurants, die innovative, mit Bourbon zubereitete Gerichte servieren oder zumindest den passenden Bourbon dazu kredenzen.

Websites www.kentuckytourism.com, www.kybourbontrail.com, www.heaven-hill.com

Bourboncocktails

Das purste Geschmackserlebnis bietet Bourbon „straight", ohne alles. Sie können ihn aber auch mit Wasser, Eis oder beidem bestellen oder einen Cocktail mit Bourbon probieren.

■ Ein **Old-Fashioned** besteht aus Wasser, Bourbon, Bitterlikör und Zucker auf Eis, mit einer Orangenscheibe und einer Maraschinokirsche garniert.

■ Ein erfrischender Sommerdrink ist der **Mint Julep**: Bourbon mit Zucker, zerstoßenem Eis und frischen Minzezweigen. Beim Kentucky Derby Anfang Mai werden traditionell Juleps serviert.

■ Der **Manhattan** wird aus Bourbon, süßem Wermut und (nach Belieben) Bitterlikör zubereitet.

Ein Angestellter der 1934 gegründeten Heaven Hill Distilleries in Bardstown leert Bourbonfässer.

Das stille Sonoma Valley eignet sich hervorragend für idyllische Weintouren.

KALIFORNIEN, USA

WEINE AUS SONOMA

Die Heimat des kalifornischen Weinbaus lockt mit Weltklasseweinen, schöner Landschaft und exzellenter Küche.

Das Napa Valley kurbelte nach dem Ende der Prohibition den kalifornischen Weinboom an, doch Kenner schätzen auch das benachbarte Sonoma County: Es verspricht nicht nur wunderbare Weine, sondern zugleich rustikalen Charme und eine persönliche Atmosphäre, wie sie im Napa Valley kaum noch zu finden sind. Spanische Priester brachten die Trauben und die Weinherstellung nach Sonoma, als sie 1823 die Mission San Francisco Solano gründeten. In den 1850er Jahren baute der ungarische Graf Agoston Haraszthy die erste moderne Weinkellerei des Staates (Buena Vista Carneros) und führte viele der berühmten Rebsorten der Region ein, darunter den Zinfandel. Heute erinnert Sonoma, rund 65 Kilometer nördlich von San Francisco, an ein viel älteres, romantischeres Kalifornien. In diesem Mosaik aus Weinbergen, Obstgärten und ruhigen Städtchen kann man gut per Fahrrad oder zu Fuß auf Weintour gehen. Den perfekten Tagesausklang bildet ein Bad unterm Sternenhimmel in einer hölzernen Wanne mit einem Sonoma-Chardonnay in der Hand und fernem Kojotengeheul im Ohr.

Beste Reisezeit Besonders reizvoll ist Sonoma County im Herbst, wenn die Bäume im bunten Laubkleid leuchten. Im Frühling blüht es hier üppig, kann aber etwas regnerisch sein. Im Sommer sind die Unterkünfte oft ausgebucht, also weit im Voraus reservieren.

Reiseplanung Außer dem historischen Sonoma Mission Inn & Spa gibt es im Sonoma Valley keine Großhotels. Dafür locken hier viele B&B-Herbergen aus viktorianischer Zeit, wie das schicke Gaige House Inn in Glen Ellen mit asiatisch-pazifischem Styling und frühabendlichem Weinempfang. An den Wochenenden von Dezember bis Ende Februar feiert Sonoma das Olive Festival mit Oliven- und Weinverkostungen.

Websites www.sonoma.com, www.sonomavalley.com/OliveFestival, www.buenavistacarneros.com, www.kenwoodvineyards.com, www.sebastiani.com, www.valleyofthemoonwinery.com

Sonomas Weinkellereien

■ In Graf Haraszthys historischer Weinkellerei **Buena Vista Carneros** gibt es tägliche Führungen und einen Verkostungsraum. Der Originalkeller von 1862 wurde von chinesischen Kulis ausgehoben.

■ **Kenwood Vineyards,** einer der renommiertesten Weinerzeuger des Tals, produziert unter anderem preisgekrönte Cabernets, Merlots und Sauvignon Blancs.

■ Das **Sebastiani Vineyards Wine Hospitality Center** im Städtchen Sonoma wartet mit hervorragendem Pinot Noir und Chardonnay auf.

■ Zu den früheren Besitzern der **Valley of the Moon Winery** gehörten der Orientalist Eli Sheppard und der Bergbaumagnat George Hearst.

WEINBAU IN WASHINGTON

Washington State, eines der besten Weinbaugebiete der Welt, ist stolz auf seine aromaintensiven Spitzenweine.

Kraftvolle Noten von Gewürzen, Wildbret, Blaubeeren und gerösteten Nüssen gepaart mit Intensität, Eleganz und Finesse: Der Syrah aus dem Bundesstaat Washington hat einen besonderen Charakter. Die kostbare Rebe aus dem nördlichen Rhônetal hat hier eine neue Heimat gefunden; sie heimst weltweit Auszeichnungen ein und lockt Besucher zu einigen der entlegensten Weinberge des Landes. Doch auch die üppig konzentrierten Cuvées nach Bordeaux-Vorbild, etwa aus Cabernet Sauvignon und Merlot, sind unter Kennern beliebt: Sie können mit den besten Franzosen im Stile von Pomerol und Saint-Émilion mithalten. Dabei brauchen sich Weinfreunde nicht durch den Nebel und Regen von Seattle zu kämpfen, denn die Weingüter liegen auf der Ostseite der Cascade Range. Dort herrscht ein anderes Klima. Die warmen, wüstenähnlichen Regionen des weiten Columbia Valley mit den Weinbaugebieten Yakima Valley, Red Mountain und Walla Walla bieten malerische Panoramen aus Obstplantagen, Farmen und Weinbergen. Hier im Norden bekommen die Trauben bis zu zwei Stunden mehr Sonnenschein pro Tag als in Kalifornien, ohne unter übermäßiger Hitze zu leiden.

Beste Reisezeit Für Naturfreunde ist Washington State ganzjährig interessant, für Weinliebhaber vor allem im Sommer und Frühjahr.

Reiseplanung Wer Seattle als Stützpunkt gewählt hat, packt am besten einen Picknickkorb und fährt die zweieinhalb Stunden über das Kaskadengebirge zu den Weinbergen auf der anderen Seite. Bei Ihrer Reiseplanung sollten Sie beachten, dass die Fahrt von den Weinbaugebieten des Puget Sound an der Pazifikküste zur Walla-Walla-Region im Südosten des Staates fünf bis sechs Stunden dauert.

Websites www.washingtonwine.org, www.wallawalla.com, www.wineyakimavalley.org, www.adamsbench.com, www.abeja.net

Weinorte

■ Keine Stunde nordöstlich von Seattle liegt **Woodinville** im Sammamish River Valley. Das freundliche Weinstädtchen hat über 40 Kellereien, darunter das schöne Anwesen des historischen Chateau Ste. Michelle und das viktorianische Herrenhaus der Columbia Winery.

■ Das **Yakima Valley** drei Stunden östlich von Seattle ist ein Zentrum des Apfel- und Hopfenanbaus und des Weinbaus. Die Weingüter liegen weit auseinander, sind den Weg aber wert, vor allem Hedges Cellars und Hogue Cellars.

■ Im Zentrum von **Walla Walla** drängen sich Weinprobierstuben, Straßencafés, Feinkostgeschäfte und hochgelobte Restaurants. Beim Onion Festival im Juli genießt man die besonders süßen Walla-Walla-Zwiebeln mit Weinen der Region.

Die reifen, dunkelblauen Trauben des Columbia Valley in Washington liefern den Cabernet Sauvignon der Region.

Die berühmte „Mikrobrauerei" Widmer Brothers in Oregon braut Bier nach bayerischem Vorbild.

OREGON, USA

OREGONS MIKROBRAUEREIEN

Seit über 30 Jahren sind die Kleinstbrauereien von Oregon Pioniere ihrer Branche.

Während die Kalifornier an ihrem Chardonnay herumtüfteln, perfektionieren etwas weiter nördlich die Bewohner von Oregon ihr Bier. Das feuchtkühle Klima ist ideal für den Anbau von Hopfen und Gerste, das Wasser ist so rein wie kaum sonstwo in Nordamerika, und viele Oregonier bevorzugen Produkte aus eigenem Anbau und Hausgemachtes. 1852 brachte der 26-jährige deutsche Einwanderer Henry Weinhard seinen kupfernen Braukessel und ein Händchen fürs Bierbrauen mit. Als Weinhards Unternehmen Anfang der 1970er Jahre unter der Konkurrenz der Großbrauereien litt, brachte es ein neues Bier namens „Private Reserve" nach Weinhards Originalrezept auf den Markt. Dieses erste handwerklich gebraute „Gourmetbier" der Region inspirierte viele andere Oregonier, ihren eigenen bernsteinfarbenen Nektar zusammenzubrauen. Heute hat Portland mehr Kleinbrauereien als jede andere Stadt der USA. Viele ihrer Kreationen haben mittlerweile Kultstatus unter Bierkennern, wie das Widmer Hefeweizen, das Adam von Hair of the Dog und das Raging Rhino Red aus der Steelhead Brewery.

Beste Reisezeit Oregon hält Hausgebrautes für jede Jahreszeit bereit. Lager und helle Biere gehen in den warmen Monaten besser, während Stouts und Dunkelbiere bei kaltem Wetter gefragt sind.

Reiseplanung Eine Gourmetbiersafari lässt sich im Winter kombinieren mit den Skigebieten von Hoodoo oder Mt. Bachelor, im Sommer mit Wildwasser-Rafting auf dem Rogue River, Wandern im Crater Lake National Park oder mit einer Raddampferfahrt durch die Columbia Gorge.

Websites www.traveloregon.com, www.widmer.com, www.steelheadbrewery.com, www.raclodge.com, www.mcmenamins.com, www.rogue.com, www.brewersunion.com

Der Oregon Beer Trail

In Portland gibt es über 70 Brauhäuser, mehr als irgendwo sonst im Land. Das macht die Stadt zum idealen Start- und Zielpunkt für eine Rundreise auf dem Oregon Beer Trail. Das **Widmer Brothers Gasthaus** in der North Russell Street zapft die beliebten Widmer-Biere in einem viktorianischen Hotel aus den 1890er Jahren gleich neben der Brauerei. Auch sehr stimmungsvoll ist der **Raccoon Lodge & Brewpub** im Wildweststil am Beaverton-Hillsdale Highway, der außerdem noch leckeres Essen serviert.

Gleich nördlich von Lincoln City thront der **McMenamins Lighthouse Brewpub** auf dem schroffen Cascade Head über dem Pazifik. Von hier können Sie über den traumhaften Highway 101 südwärts nach Newport fahren. Dort wartet die **Rogue Brewery**, ein zweigeschossiges Brauhaus mit 50 Zapfhähnen und Panoramablick auf den Fischereihafen.

Über das Küstengebirge geht es südostwärts ins üppig grüne Willamette Valley mit der **Steelhead Brewery** in Eugene und dem britisch gestylten Pub **Brewers Union Local 180** in Oakridge (an einer der landschaftlich schönen Strecken zum Crater Lake). Von Eugene oder Oakridge können Sie über den Interstate 5 zurück nach Portland im Norden fahren.

Eine einsame Agave hoch über der spektakulären Landschaft des mexikanischen Bundesstaats Oaxaca.

Mescalsorten

■ **Minero,** doppelt gebrannt und weniger als zwei Monate gereift, wird auch *silverado* oder *blanco* genannt.

■ **Reposado** mit einer Reifezeit zwischen zwei Monaten und einem Jahr hat ein feineres Aroma als Minero.

■ **Pechuga** wird mit einer Hühnerbrust destilliert, deren Fettanteil ihm mehr Aroma und Körper verleiht.

■ **Añejo,** der «Cognac unter den Mescals», reift zwischen einem und zwölf Jahren. Diesen vollmundigsten und teuersten Mescal sollten Sie sehr bewusst genießen.

■ **Cremas** sind milchige, alkoholärmere Varianten mit Aromazusätzen von Passionsfrucht bis zu Cappuccino.

MEXIKO

AUF DER MESCAL-ROUTE

Mit seinem runden, rauchigen Aroma hat der zuerst von den Spaniern hergestellte Mescal eine weltweite Fangemeinde erobert.

Der Mescal wird aus der Agave gebrannt, die man auch *maguey* oder Jahrhundertpflanze nennt. Produziert wird er in trockenen Regionen Mexikos wie dem südlichen Bundesstaat Oaxaca. Im Zentrum der Stadt Oaxaca bieten zwischen zahlreichen Schokoladenläden spezielle Spirituosengeschäfte Kostproben lokaler Mescalsorten an, die nirgends sonst zu bekommen sind. Um bei der Herstellung zuzusehen und noch weitere Sorten zu probieren, folgt man am besten der Verkostungsroute von Oaxaca zum Dorf Santiago Matatlán, der „Mescalhauptstadt", aus der der Schnaps ursprünglich stammt. Diverse *palenques* oder Brennereien säumen die Straße zum Dorf. Die meisten bieten Führungen an. Die Agavenherzen oder *piñas* werden in einer mit heißen Steinen ausgelegten Grube gebacken und dann zu Maische zermahlen. Vielerorts geschieht das maschinell, aber einige Erzeuger setzen immer noch Esel ein, die einen steinernen Mühlstein drehen. Der Agavenbrei wird dann in hölzernen Bottichen vergoren. In den Brennereien kann man verschiedene Mescals kosten; zurück in der Stadt, eignet sich die persönliche Lieblingssorte hervorragend als Aperitif.

Vor dem Brennen werden die Agavenherzen in Gruben gebacken, die mit heißen Steinen ausgekleidet sind.

Beste Reisezeit Viele Mescalsorten gibt es bei der Feria Internacional del Mezcal im Rahmen des Kulturfests Guelaguetza im Juli zu probieren. (Erfragen Sie das genaue Datum bei mezcal@oaxaca.gob.mx).

Reiseplanung Santiago Matatlán liegt 56 Kilometer südöstlich von Oaxaca. Planen Sie Zeit ein für einen Halt beim zapotekischen Teppichweberdorf Teotitlán del Valle oder auf dem riesigen sonntäglichen Regionalmarkt in Tlacolula. Unversiegelte Plastikflaschen dürfen nicht mit ins Flugzeug; kaufen Sie als Souvenir nur Markenware in Flaschen mit behördlichem Siegel.

Websites www.go-oaxaca.com, www.planeta.com/oaxaca.html

KARIBIK

RUMTOUR DURCH DIE KARIBIK

Der seit dem 17. Jahrhundert weltweit begehrte Melassen-
schnaps erfreut sich bis heute ungebrochener Beliebtheit.

Rum ist wie Reggae, Rastafari und Piraten ein zeitloses Symbol der Karibik. Entsprechend hat er Geschichte, Kultur und Wirtschaft der Region entscheidend geprägt. Obwohl Zuckerrohrsaft in der Alten Welt schon vor über 1000 Jahren destilliert wurde, kam der Stein erst im 17. Jahrhundert richtig ins Rollen. Damals entdeckten Sklaven auf den Westindischen Inseln, dass sich Melasse zu einem wohlschmeckenden alkoholischen Getränk vergären ließ. Die Nachfrage nach Rum in Europa und den nordamerikanischen Kolonien bescherte der Karibik einen Zuckerrohrboom, der seinerseits den Bedarf an Sklaven explodieren ließ. So entstand der „Dreieckshandel", der jahrhundertelang den Warenverkehr über den Nordatlantik bestimmte. Rum wurde Teil der Inselkultur und diente zeitweise als Währung. Der Brauch der britischen Kriegsmarine, ihren Besatzungen eine tägliche Rumration auszugeben, begann auf den Karibikschiffen, verbreitete sich um die ganze Welt und wurde erst 1970 abgeschafft. Wie in dem Seemannslied von den „15 Mann auf des toten Manns Kiste" war die „Buddel voll Rum" das Gesöff der Piraten, Briganten und Spitzbuben. Kenner trinken ihn pur oder auf Eis; er ist aber auch Grundzutat unzähliger Cocktails vom Cuba Libre bis zum Long Island Iced Tea.

Beste Reisezeit In der Karibik herrscht Tropenklima. Im Sommer ist es besonders heiß und feucht; die Hurrikansaison dauert normalerweise von August bis November.

Reiseplanung Das St. Lucia Food and Rum Festival im Januar ist eins der wichtigsten Feste rund um den Zuckerrohrschnaps. Dann bieten Rumbrennereien aus der ganzen Karibik Verkostungen und andere Veranstaltungen an, und die besten Barkeeper und „Mixologen" aus aller Welt zaubern ihre Rumcocktails.

Websites www.foodandrumfestival.com, www.appletonrum.com, www.casabacardi.org

Rumtouren

■ **Appleton Estate** auf Jamaika produziert seit 1749 den besten Rum der Insel. Der Appleton 21 Years gilt als einer der edelsten Rums der Karibik.

■ **Bacardi,** heute in Puerto Rico ansässig, wurde 1862 in Kuba gegründet. Die Brennerei in Cataño bietet Führungen, ein interaktives Museum und einen Verkostungsraum.

■ Die Brennerei **Mount Gay** auf Barbados bezeichnet sich dank ihrer 300-jährigen Geschichte als ältesten Rumproduzenten der Welt.

■ **St. James** auf Martinique brennt Rum nicht aus Melasse, sondern direkt aus Zuckerrohrsaft, wodurch er ein vollmundigeres Aroma erhält. Zur Brennerei gehören ein Verkostungsraum und ein Museum.

Neben ihrem Rum wird die Karibik vor allem für ihre idyllischen Sandstrände geschätzt, wie hier Soufrière auf Saint-Lucia.

LITERATURKNEIPEN

Für viele Schriftsteller waren Bars, Kneipen oder Cafés ihr liebstes Arbeitszimmer.
Manche sind immer noch Literatentreffs, andere zehren bis heute vom Ruhm der Vergangenheit.

❶ The Round Table, Algonquin Hotel, New York, USA

Schon lange frequentieren Größen der Bühne, Leinwand und Literatur die Lokalität im Algonquin. Berühmt wurde sie als Treffpunkt des Round Table, eines Zirkels von Intellektuellen, die hier von 1919 bis 1929 täglich zu Mittag aßen. Dazu gehörten der Komödiant Harpo Marx, die Autorin Dorothy Parker sowie Harold Ross, Gründer der Zeitschrift *New Yorker*.

Reiseplanung Das Algonquin ist in der Club Row, 44th Street, zwischen Fifth und Sixth Avenue. www.algonquinhotel.com

❷ White Horse Tavern, New York, USA

Ein Raum des White Horse ist dem Dichter Dylan Thomas geweiht, der hier 1953 angeblich 18 Gläser Whisky kippte, bevor er dann im Hotel Chelsea tot umfiel. Der Pub war auch bei anderen Größen wie Jack Kerouac, Norman Mailer, James Baldwin und Bob Dylan beliebt.

Reiseplanung Ecke Hudson und 11th St. Probieren Sie den White Horse Whiskey oder die ausgezeichneten Biersorten. www.iloveny.com

❸ Floridita, Havanna, Kuba

Das 1817 eröffnete Bar-Restaurant im Regency-Stil ist eine Gedenkstätte für Ernest Hemingway und die 1930er Jahre. Hemingway recherchierte damals für „Wem die Stunde schlägt". Zu den Huldigungen gehört das Gericht „Papa & Mary", das zu Ehren Hemingways und seiner vierten Frau kreiert wurde.

Reiseplanung Andere Restaurants sind preiswerter. Gönnen Sie sich hier einen Daiquiri. www.floridita-cuba.com

❹ Literaturnoe Kafe, Sankt Petersburg, Russland

Für Freunde der russischen Literatur und des Dichters Puschkin wird ein Besuch in Sankt Petersburg zur Wallfahrt. In diesem Café aß Puschkin 1837 seine letzte Mahlzeit vor dem tödlichen Duell mit dem angeblichen Liebhaber seiner Frau. Im Eingangsbereich sitzt eine Puschkin-Puppe am Tisch. Auch Dostojewski war Stammgast.

Reiseplanung Das Café liegt am Newski Prospekt. Es gibt noch weitere Puschkin-Pilgerstätten in der Stadt. www.petersburger.info

❺ Brasserie Balzar, Paris, Frankreich

In diesem altbewährten Treff der Intellektuellen, Künstler und Schriftsteller am linken Seineufer speist man zwischen Professoren und Studenten der Sorbonne und Schriftstellern, die mit ihren Verlegern verhandeln.

Reiseplanung Freuen Sie sich auf französische Klassiker wie die schmackhafte Zwiebelsuppe. www.brasseriebalzar.com

❻ Gran Café de Gijón, Chueca, Madrid, Spanien

Journalisten, Schriftsteller, Künstler und Schauspieler wie Federico García Lorca und Rubén Darío versetzten dieses Belle-Époque-Café seit seiner Eröffnung 1888 in kreative Schwingung. Hier kann man zum Kaffee die Passanten durch die großen Fenster beobachten oder auf der Terrasse Sonne tanken.

Reiseplanung Auf der fleischlastigen Karte stehen spanische und internationale Gerichte. www.turismomadrid.es

❼ Edinburgh Literary Pub Tour, Schottland

Selten war es so lehrreich, um die Häuser zu ziehen, wie mit dieser hochgelobten Führung. Profischauspieler geben im Ambiente verschiedener Kneipen Einblick in die schottische Literaturgeschichte von R. L. Stevenson bis J. K. Rowling.

Reiseplanung Die zweistündige Führung beginnt um 19.30 Uhr, von Mai bis September täglich, sonst seltener. Im Sommer gibt es außerdem eine kürzere Busrundfahrt. www.edinburghliterarypubtour.co.uk

❽ Cheshire Cheese, London, England

Dieser Pub liegt in der Fleet Street, lange das Zentrum der britischen Presse, deren beste Köpfe hier ausgiebig und alkoholselig Mittagspause machten. Doch seine Geschichte reicht noch weiter zurück: Er wurde nach dem großen Brand von London (1666) erbaut und bewirtete unter anderem Charles Dickens, Voltaire, Mark Twain und Dr. Samuel Johnson.

Reiseplanung Probieren Sie das Sam-Smith-Bier und Spezialitäten wie *fish and chips* und *steak and ale pie*. www.visitlondon.com

❾ Dylan's Bar, Black Lion Hotel, New Quay, Wales

Die Lieblingskneipe von Dylan Thomas sieht heute wie eine Gedenkstätte für Wales' berühmtesten Dichter aus, vollgestopft mit Fotos, Erinnerungsstücken und Büchern. New Quay diente vielleicht als Vorbild für den fiktiven Ort Llareggub in Thomas' Bühnenstück „Unter dem Milchwald".

Reiseplanung Das Tourist Office von New Quay gibt Auskunft über den Dylan Thomas Trail. www.blacklionnewquay.co.uk

❿ Winding Stair Bookshop & Café, Dublin, Irland

In einem der ungewöhnlichsten Buchläden Dublins, seit den 1970er Jahren eine Lieblingsadresse irischer Schriftsteller und Künstler, führt eine abgewetzte Holztreppe hinauf in ein Café, wo man in Ruhe schmökern oder über Ha'penny Bridge und den River Liffey blicken kann.

Reiseplanung Leckere irische Klassiker wie Fischsuppe und *bacon collar* (gepökelter Schweinenacken). www.winding-stair.com

Rechts: Die White Horse Tavern in Greenwich Village, New York, ist berühmt für ihre illustre Literatenklientel.

Die Oase Huacachina lockt Touristen und Einwohner des nahen Ica mit ihrer malerischen Lage und ihrem ruhigen See.

PERU

PISCO: PERUS FLASCHENGEIST

Der klare Branntwein, aus dem der berühmte Pisco Sour gemixt wird, ist der ganze Stolz des Landes.

Kaum zu glauben, dass ein Branntwein zwei Nationen an den Rand eines Krieges bringen kann, doch um den Pisco tobt seit Jahrhunderten ein erbitterter Streit zwischen Peru und Chile. Mit einer Inbrunst, wie sie sonst nur Fußballspielen und Grenzstreitigkeiten vorbehalten ist, beanspruchen beide den Pisco als ihr Nationalgetränk. Einig ist man sich jedoch über den Ursprung des Pisco: Spanische Siedler brannten ihn erstmals im 16. Jahrhundert in den Küstentälern von Südperu und tauften ihn entweder nach der Hafenstadt Pisco, von der er verschifft wurde, oder nach den Keramikgefäßen namens *pisco*, in denen er alterte. Heute ist die Oasenstadt Ica das Zentrum der peruanischen Pisco-Brennerei. 80 *bodegas* produzieren Millionen Flaschen pro Jahr. „Purer" Pisco mit 38 bis 46 Volumenprozent wird sortenrein aus einer Traubenart gebrannt, bevorzugt aus den dunklen Quebranta-Trauben, die die Spanier mitbrachten. Es gibt aber auch „aromatische" Piscos aus Muskateller oder anderen grünen Trauben und *acholados* („Mischlinge") aus mehreren Traubensorten. Die Trauben werden im Februar und März geerntet. Nach der Destillation muss der Schnaps mindestens drei Monate lagern. Traditionalisten kippen ihn pur, ohne Eis; der beliebte Pisco Sour (mit Zitrone oder Limette, Eiklar und Bitterlikör) beleidigt in ihren Augen den guten Namen des Pisco.

Beste Reisezeit In Ica ist es immer heiß und trocken, wobei der Winter (hier Juni bis September) etwas milder ist. Im März wird die Fiesta de la Vendima (Weinlese) gefeiert.

Reiseplanung Ica liegt rund 320 Kilometer südlich von Lima an der Carreta Panamericana. Die familienbetriebene Bodega El Catador bietet Gratisführungen über ihr Weingut und durch die Pisco-Brennerei. Auch Vista Alegre, eine der großindustriellen Brennereien von Ica, veranstaltet täglich Führungen.

Websites www.peru.info, www.vistaalegre.com.pe

Peruanischer *ceviche*

Peruaner und Chilenen wetteifern auch um den besten *ceviche*, ein leckeres Fischrezept, das zu Südamerikas Kultgerichten zählt. Es gibt viele Varianten. In der ursprünglichsten Form besteht peruanischer *ceviche* aus roher **corvina** (Umberfisch), die etwa drei Stunden in einer Mischung aus Zitrone, Limette, Zwiebeln und *aji*-Chilis mariniert wird. Das verleiht ihr ein pikant-säuerliches Aroma. Dazu reicht man meist **cancha** (geröstete Maiskörner) und eine Portion Marinade in einem Schnapsglas.

Heutzutage gibt es viele Abwandlungen: *ceviche* mit Hai, Oktopus, Tintenfisch, Garnelen, Jakobsmuscheln, Krabbenfleisch, Muscheln, Meeresschnecken und allen Arten von Weißfisch. Das ideale Getränk zum Nachspülen ist natürlich ein Pisco Sour.

CACHAÇA IN BRASILIEN

Der hochprozentige Schnaps ist nicht nur Grundlage des Nationalcocktails, sondern schmeckt auch pur.

Brasiliens Kultgetränk, die Cachaça, ist heute in jeder Bar von São Paulo zu finden. Der Zuckerrohr-Branntwein hat sich aus ärmlichen Verhältnissen emporgearbeitet. Seine Geschichte begann im 16. Jahrhundert bei São Vicente, in der Nähe von São Paulo. Die Sklaven, die das Zuckerrohr ernteten, durften übrig gebliebenen Saft zu Alkohol vergären. Schon bald kamen sie auf die Idee, aus dem Saft ein sehr viel kraftvolleres Feuerwasser zu destillieren. Das war die Geburtsstunde der Cachaça. Am Herstellungsverfahren hat sich seither nicht viel verändert: Nach Auspressen des Zuckerrohrs lässt man den Saft 24 Stunden gären und brennt ihn dann in Kupferkesseln. Anschließend wird er gleich in Flaschen abgefüllt oder zuerst in Holzfässern gelagert, damit er ein volleres, runderes Aroma bekommt. Das frühere Armeleutegetränk genießt inzwischen internationalen Status als wichtige Zutat für *batidos* (Fruchtmixgetränke) und Cocktails. Der berühmteste davon ist Brasiliens Nationalgetränk, die Caipirinha. Der köstliche Mix aus Cachaça, Limettensaft und Zucker ist heute weltweit populär. Cachaça wird hauptsächlich in den Bundesstaaten São Paulo, Minas Gerais und Rio de Janeiro hergestellt. *Cachaçarias*, Bars mit zahlreichen Cachaça-Sorten, gibt es aber überall in Brasilien. Brasilianer, die den Schnaps *pura* trinken, verschütten oft einige Tropfen „für die Heiligen", bevor sie das Glas ansetzen. So oder so ist der Stoff mit einigem Respekt zu genießen.

Beste Reisezeit Besuchen Sie São Paulo im brasilianischen Frühling (September bis November) oder Winter (Mai bis Oktober). Meiden Sie die extrem heißen und schwülen Sommermonate (Dezember bis März).

Reiseplanung Es gibt Hunderte von Cachaça-Sorten. Pirassununga ist die wichtigste Produktionsstätte für eine der berühmtesten Sorten, die Caninha 51. Auch das Anwesen Cachaça Rochinha in einem Bergtal im Bundesstaat Rio de Janeiro lohnt die dreistündige Anfahrt von São Paulo.

Websites www.braziltour.com, www.planetware.com

Caipirinha

Es gibt viele Versionen des klassischen Cocktails, der in jeder Region etwas anders zubereitet wird. Je nach Geschmack können Sie weitere Zutaten wie Fruchtsaft oder Limonade zugeben.

Für 1 Person
50 ml Cachaça
1 Limette, in acht Spalten geschnitten
2 Teelöffel Zucker
Eiswürfel oder zerstoßenes Eis

Die Limettenstücke mit dem Zucker in einem Glas zerstampfen. Das Glas mit Eis auffüllen. Die Cachaça darübergießen und gründlich unterrühren, damit sich der Zucker gut verteilt.

Flaschen mit dem brasilianischen Zuckerrohrschnaps Cachaça, teils mit Kräutern als Aromazusatz, drängen sich an der Wand einer Bar.

Der Keller von Salentein im Valle del Uco ist wie ein rundes Theater mit stufig ansteigenden Lagernischen angelegt.

ARGENTINIEN

Die Weingüter von Mendoza

In der idyllischen Landschaft der zentralargentinischen Provinz Mendoza reift eine Vielzahl prachtvoller Weine.

Im Schatten der schneebedeckten Anden liegt Argentiniens Hauptweingebiet, die Provinz Mendoza. Hier entstehen drei Viertel der gesamten Weinproduktion des Landes. Die Hauptrolle spielt dabei der Malbec, ein kräftiger, fruchtiger Wein mit Duftnoten von schwarzen Johannisbeeren und Pflaumen. Er passt ideal zu einem Steak. Doch während die inzwischen fünftgrößte Weinnation der Welt in der globalen Weinszene an Bekanntheit gewinnt, holen auch andere Sorten wie Cabernet Sauvignon und Merlot rasch auf. Die malerischen, gewundenen Weinsträßchen der Region führen durch kleine Alleen, gewähren immer wieder Ausblick auf schneegekrönte Gipfel und passieren viele der über 650 *bodegas* (Kellereien). Altmodische Weingüter wechseln sich ab mit architektonisch hochmodernen Kellereien. Am besten fängt man mit der für ihren Malbec berühmten Zona Alta (Hohen Zone) an, die nur etwa eine Stunde von der Provinzhauptstadt Mendoza entfernt liegt. Aber auch das Valle del Uco ist die zweistündige Anfahrt wert. Sehenswerte Bodegas sind Luigi Bosca in Luján de Cuyo, dessen Vorfahren ihre Reben 1890 aus Spanien mitbrachten, die ultramodernen Bodegas Salentein in Tunuyán vor Andenkulisse und die Bodega Catena Zapata mit ihrer futuristischen Pyramide.

Beste Reisezeit März und April sind die Zeit der Weinlese. Die Fiesta de la Vendimia (Weinlese) Anfang März ist ein ausgelassenes Trinkgelage.

Reiseplanung Touren über die Weingüter müssen reserviert werden. Besorgen Sie sich die Kartensammlung „Caminos de Las Bodegas", die es in Hotels und den Weingeschäften von Mendoza gibt.

Websites www.descubramendoza.com, www.bodegassalentein.com, www.catenawines.com, www.thegrapevine-argentina.com,

Weitere argentinische Weinregionen

Mendoza mag sich als Kapitale des Sonnenscheins und der edlen Weine anpreisen, doch entlang der Westgrenze des Landes erstrecken sich auf über 1900 Kilometern weitere Weinbaugebiete. **Cafayate** in der Provinz Salta produziert hochwertigen Cabernet und fruchtige Torrontés. Hier liegt Argentiniens höchstes und ältestes Weingut, die 1831 gegründete **Bodega Colomé,** auf 3000 Meter Höhe über dem Meeresspiegel.

Auch die Provinz **La Rioja** erzeugt hochwertige Weine, insbesondere in der Chilecito-Region. Weiter südlich gedeihen im kühleren Klima des **Valle del Río Negro Valley** hoch gerühmte Sorten wie Sauvignon Blanc und Pinot Noir ebenso wie Schaumweine. Kein Wunder, dass Argentinien der fünftgrößte Weinproduzent der Welt ist und von Tag zu Tag größer und besser wird.

JAPAN

SINGLE MALT IN SAPPORO

Weltklasse und bald auch weltberühmt: Japans Whisky probiert man am besten an seinem Ursprungsort.

Im Laufe der Jahre haben die Japaner einen anspruchsvollen Gaumen für Single-Malt-Whisky entwickelt: Ihre Brennereien erzeugen heute Sorten für jeden Geschmack. Die Nikka-Brennerei in Yoichi, Hokkaido, 50 Kilometer westlich von Sapporo, produziert perfekt ausgebaute, maskuline Malts. Ihr Taketsuru Pure Malt gewann 2008 in Großbritannien die Goldmedaille der International Spirits Challenge. Ihr Nikka Whisky Yoichi von 1987 wurde bei den World Whiskies Awards 2008 im schottischen Glasgow als Best Single Malt Whisky in the World ausgezeichnet. An eine Flasche des Single Malt in „limitierter Auflage" von nur 2000 Flaschen ist kaum heranzukommen; dafür kann man sich bei einer Brennereiführung ansehen, wo das preisgekrönte Getränk kreiert wurde. Masataka Taketsuru, Yoichis Gründer und einer der Väter des japanischen Whiskys, studierte die Whiskyherstellung zwei Jahre in Glasgow, bevor er 1934 in Hokkaido seine Brennerei aufmachte und sich der Vervollkommnung dieses Getränks widmete. Seine Perfektion ist im Yoichi-Whisky, ob Single Cask, Single Malt oder Pure Malt, bis heute unverkennbar.

Beste Reisezeit Kommen Sie am besten zum einwöchigen Sapporo-Schneefestival Anfang Februar. Dann wimmelt die Stadt von Touristen, die die bis zu 15 Meter hohen und 24 Meter breiten Schneeskulpturen bestaunen. Selbst wenn Sie nur die Whiskybars im Vergnügungsviertel Susukino besuchen, können Sie dort einen ganzen Festplatz mit rund 100 Eisskulpturen bewundern.

Reiseplanung Der Zug von Sapporo nach Yoichi braucht knapp zwei Stunden. Japanischsprachige Gratisführungen durch die Brennerei finden täglich von 9 bis 17 Uhr alle 30 Minuten statt (mit Ausnahme der Woche vom 27. Dezember bis 3. Januar). Oder Sie lassen sich einen Lageplan und eine Broschüre geben, um Produktionsbereich, Laden und Restaurant auf eigene Faust zu erkunden.

Websites www.nikka.com, www.suntory.com, www.japan-guide.com/e/e5311.html, www.welcome.city.sapporo.jp, www.sta.or.jp, www.hyperdia.com

Whisky ohne Grenzen

■ Halten Sie Ausschau nach der Bar **The Nikka** (nach dem Nikka Whisky getauft) in der Nähe des Susukino-Bahnhofs in Sapporos betriebsamem Vergnügungsviertel.

■ Besuchen Sie eine der Suntory-Bars, wie **Suntory Stylish,** ebenfalls in Susukino. Aus der Brennerei Suntory stammt der hoch gelobte japanische Single Malt Yamazaki.

■ Magenknurren? Vergessen Sie den Wein zum Abendessen und genehmigen Sie sich stattdessen einen steifen japanischen Whisky, der angeblich die Aromen japanischer Spezialitäten wie Sushi besonders gut zur Geltung bringt. Auch andere Fischgerichte und Käse vertragen sich gut mit Single Malt.

Nicht nur die Whisky-Brennereien, sondern auch die riesigen Eisskulpturen des alljährlichen Schneefestivals locken Besucher aus aller Welt nach Sapporo.

JAPAN

Zu den Quellen des Sake

Nicht Wein, nicht Bier: Japans berühmtes Nationalgetränk ist buchstäblich eine Klasse für sich.

Seit Jahrtausenden perfektionieren, verfeinern und genießen die Japaner ihren Sake. Inzwischen hat auch der Rest der Welt diese einzigartige Reisspirituose entdeckt. In den über 1600 Sakebrauereien des Landes können Touristen die verschiedenen Sorten verkosten und erfahren, wie Wasser und Reis in Japans Lieblingsgetränk verwandelt werden. Für einen guten Sake ist der verwendete Reis entscheidend. Die Brauereien verarbeiten speziellen Sakereis mit hohem Stärkeanteil. Zunächst werden die Reiskörner bis auf den Kern poliert. Die Reiskerne werden gewaschen, eingeweicht und gedämpft. Dann kommen *koji*-Schimmel und Hefe hinzu. Schließlich muss der Sake noch etwa sechs Monate reifen. Von Tokio oder Osaka kann man Tagesausflüge zu den Brauereien unternehmen. Die 1881 gegründete Ishikawa-Brauerei in Fussa, im Westen der Präfektur Tokio, verströmt den traditionellen Charme japanischer Tempelanlagen. Ihre beiden 400-jährigen Zelkoven-Bäume beherbergen Daikokuten, den Gott des Reichtums und des Glücks, und Benzaiten, die Wassergöttin, beide sind für die Sakeherstellung von entscheidender Bedeutung. In Kobe, bei Osaka, liegt die Hakutsuru-Brauerei, die auf das Jahr 1743 zurückgeht.

Beste Reisezeit Die meisten Brauereien sind ganzjährig geöffnet, außer während der Neujahrsferien (etwa vom 27. Dezember bis zum 3. Januar).

Reiseplanung Nicht alle japanischen Brauereien sind auf ausländische Touristen eingestellt. Erkundigen Sie sich nach englischsprachigen Führungen und buchen Sie im Voraus. Das Museum der Hakutsuru-Brauerei bietet englischsprachige Informationen über die Herstellung und Geschichte von Sake und veranstaltet Verkostungen.

Websites www.hakutsuru-sake.com/content/08.html, www.tamajiman.com, www.jal.com/en/sake/visit/index.html, www.sake-world.com

Tipps zum Sakegenuss

Heute serviert man Sake gern gekühlt. Traditionell wurde er dagegen warm getrunken, weil sich das Aroma dann besser entfaltete. Die Wärme intensivierte sowohl den Geschmack als auch die berauschende Wirkung des Sake.

Im Gegensatz zu Wein wird Sake mit dem Alter nicht veredelt. Kaufen Sie Flaschen innerhalb eines Jahres ab Herstellungsdatum und brauchen Sie sie dann innerhalb von sechs bis zwölf Monaten auf.

Praktischerweise passt Sake gut zu einem weiteren Lieblingsgenuss der Japaner, nämlich zu Fisch und Meeresfrüchten. Wie beim Wein wählt man passend zum jeweiligen Gericht unterschiedliche Sakesorten.

Gegenüber: Sakefässer als Erntedankopfer. Oben: Brauereiangestellte bereiten den Reis zur Sakeherstellung vor.

Wannen mit Barossa-Wein werden während des Gärvorgangs umgepumpt, um den Trester mit dem Saft zu vermischen.

Wein aus dem Barossa Valley

Mit seinen idyllischen Routen von Weingut zu Weingut ist das südaustralische Barossa Valley ein Topziel für Weintouristen.

Rund 65 Kilometer nordöstlich von Adelaide schlängeln sich von Eukalyptusbäumen gesäumte Landstraßen durch die Weinberge des ältesten australischen Weinbaugebiets, das vor allem für ausdrucksstarke, alkoholreiche Rotweine berühmt ist. Zwischen weltbekannten Weinerzeugern wie Wolf Blass und Penfolds operieren viele kleinere Familienbetriebe, die ihre Weine größtenteils vor Ort verkaufen und Gratisverkostungen anbieten. Bei Whistler Wines erzeugt die Familie Pfeiffer pro Jahr nur etwa 9000 Kisten Wein aus eigenen Trauben. Besonders beliebt sind die Wochenendkonzerte, aber auch sonst bietet das traditionelle Anwesen gemütliche Sofas oder Tische und Stühle unter Sonnenschirmen auf dem Rasen, um ein Gläschen Reserve Shiraz oder Audrey May Sémillon zu genießen. Die Kellerei Rockford Wines residiert in alten Farmgebäuden von 1857. Robert O'Callaghan keltert hier Wein aus den Trauben von 30 Winzern der Region, die noch traditionelle Handarbeit leisten, passend zu den Korbkeltern und hundertjährigen Geräten der Kellerei. Neben einem der besten australischen Shiraz produziert er auch Wein aus der selteneren Alicante-Bouschet-Traube, deren rotes Fruchtfleisch ohne Schalen einen spritzigen Rosé ergibt. Ein perfektes Sommergetränk für alle Glücklichen, die persönlich vorbeischauen, denn dieser Tropfen ist nirgends sonst zu bekommen.

Beste Reisezeit Die Kellereien sind ganzjährig geöffnet, aber im März oder April stehen die Chancen am besten, beim Keltern zuschauen zu können. Dann sind die Tage hell und warm, die Abende etwas frischer.

Reiseplanung Über die Hälfte der Weingüter von Barossa können Sie ohne Voranmeldung besuchen. Viele Kellereien öffnen erst ab 11 Uhr, sodass Zeit für ein geruhsames Frühstück und eine Rundfahrt durch die idyllische Hügellandschaft bleibt. An den Wochenenden finden mehrere Veranstaltungen statt.

Websites www.barossa.com, www.whistlerwines.com

In den Weinbergen

■ Die Fahrt zum und durch das **Barossa Valley** ist ein Erlebnis: Holzhäuser mit Veranden und Wellblechdächern stehen zwischen stattlichen Dattelpalmen, Sträßchen winden sich über Hänge voller Olivenbäume und ordentlich aufgereihter Rebstöcke.

■ Bei traditionelleren Kellereien können Sie verfolgen, wie Korbkeltern den Traubensaft zwischen ihren Latten ausspeien und Seen von Traubensaft und Maische in uralten Schieferwannen gären.

■ Die Weingüter sind großzügig mit Gratiskostproben. Außerdem kann man ihren Wein oft glasweise mit Käseplatten und anderen Stärkungen ordern. Vorsicht Autofahrer: Der Alkoholgehalt liegt oft um 15 Prozent.

Nebbiolo-Rebstöcke gedeihen an den Gebirgshängen bei Carema im Piemont, nahe des Aostatals.

ITALIEN

DER NOBLE NEBBIOLO

Die ganz besondere Rebe, deren eigenwilliger Charakter sich in außergewöhnlichen Weinen ausdrückt, gedeiht nur im Piemont.

Wer den Nebbiolo probiert, versteht, warum Kenner dieser Sinfonie aus Brombeer-, Rosenblüten- und Teernoten voller Ehrfurcht begegnen. Dies ist die sagenumwobene Rebsorte des robusten Barolo und des subtileren Barbaresco – Weine, die so langlebig scheinen wie die piemontesischen Städtchen und die majestätischen schneebedeckten Alpen hinter den Weinbergen. Nebbiolo ist keine einfache Rebe. Sie gedeiht nirgends sonst auf der Welt. Richtig wohl fühlt sie sich nur im Piemont, einer Gegend Nordwestitaliens mit wogenden Hügeln und sorgsam gepflegten Weinbergen. Hier umfängt zur Zeit der Weinlese im Spätherbst der frühmorgendliche Nebel oder *nebbia* die dunkelblauen, weiß bereiften Traubenbüschel. Die Weine haben ihre Namen von den beiden malerischen Dörfern, die wenige Kilometer voneinander entfernt beiderseits der Stadt Alba liegen. Sie ist ein Paradies für Gourmets und Weinliebhaber. Die Küche der Region ist herzhaft: in kräftigem Rotwein geschmortes Rindfleisch, deftige Pastagerichte, gebratene Fasanen und Tauben, traditionell hergestellter Käse und weiße Trüffel. Barolo und Barbaresco sind immer großartig, aber sie entfalten geradezu magische Kräfte, wenn man sie vor Ort in guter Gesellschaft am knisternden Feuer genießt.

Beste Reisezeit Kommen Sie im Herbst, wenn die Weinberge in Purpurrot leuchten und die Trüffelsammler die begehrten weißen Trüffel aus den Eichenwäldern der Umgebung mitbringen.

Reiseplanung Planen Sie einen Stopp in Asti ein, nordöstlich von Alba, um den prickelnden Moscato d'Asti zu probieren. Das Städtchen Gavi ist die Heimat des fruchtigen Weißweins aus der Cortese-Rebe, Gavi di Gavi.

Websites www.langheroero.it, www.piemonteinfo.com, www.italianmade.com/regions/region2.cfm

Rindfleisch in Barolo

Für 6–8 Personen
1,3 kg Hüftbraten
Salz und schwarzer Pfeffer
1 Flasche kräftiger Rotwein
1 Lorbeerblatt
2 frische Thymianzweige
3 EL Olivenöl
1 große Zwiebel, gewürfelt
3 Karotten, gewürfelt
2 Selleriestangen, gewürfelt

Das Fleisch mit Salz und Pfeffer würzen und mindestens vier Stunden oder besser über Nacht mit Lorbeer und Thymian in dem Wein marinieren.

Das Fleisch aus der Marinade nehmen; diese aufheben. Den Backofen auf 170 Grad vorheizen. Zwei Esslöffel Öl in einer großen Pfanne erhitzen. Die Zwiebel-, Karotten- und Selleriewürfel darin bei schwacher Hitze etwa zehn Minuten goldbraun anbraten.

Das Gemüse auf dem Boden einer großen Bratform verteilen. Die Pfanne sauberwischen. Das übrige Öl erhitzen und das Fleisch bei starker Hitze rasch rundum anbräunen. Das Fleisch auf das Gemüse legen. Die Marinade darübergießen, die Form zudecken und den Braten auf der mittleren Ofenschiene drei Stunden garen.

Das Fleisch herausnehmen und warmstellen. Die Kräuter herausnehmen. Die Marinadesauce mit dem Gemüse pürieren. Den Braten in Scheiben schneiden und mit der Sauce servieren.

Sie können den kostspieligen Barolo durch einen anderen kräftigen Rotwein ersetzen.

Die Weinberge des Chianti bieten die perfekte Kulisse, um die Weine der Region zu genießen.

ITALIEN

EDELREBEN IN DER TOSKANA

Erdiges Aroma mit Preiselbeer- und Kirschnoten: In der Sangiovese-Traube liegt die Quintessenz toskanischer Sonne.

Es ist lange her, dass man bei toskanischem Wein nur an bauchige Flaschen im Strohmantel mit säuerlichem Chianti dachte. Heute bietet die Toskana eine grandiose Weinauswahl, vom Chianti Classico bis zum subtilen Brunello di Montalcino. Der Chianti alten Stils war Opfer der italienischen Vorschriften zur Ursprungsbezeichnung (Denominazione di Origine Controllata – DOC), nach denen ihm außer Sangiovese auch Weißweintrauben beigemischt werden mussten. In den 1980er und 1990er Jahren trat eine neue Generation toskanischer Winzer auf den Plan, die Sangiovese mit Reben wie Cabernet Sauvignon und Merlot verschnitten und die Weinausbautechniken verbesserten. Da die neuen Cuvées, üppige, purpurfarbene Aromabomben, nicht der DOC-Klassifikation entsprachen, wurden sie als bescheidene *vini da tavola* (Tafelweine) eingestuft. Bald erhielten sie jedoch ihre eigene Klassifikation: als „Supertoskaner". Mittlerweile wurden die DOC-Bestimmungen gelockert: Chianti darf heute zu 100 Prozent aus Sangiovese bestehen. So kann die Rebe voll zur Geltung kommen, als Grundlage von Weinen, die durch Raffinesse und Komplexität glänzen.

Beste Reisezeit Frühling und Sommer sind die Zeit der *sagre*. Bei diesen Volksfesten steht ein Wochenende lang meist ein Lebensmittel oder Gericht im Mittelpunkt; sie enden oft mit einem Gemeinschaftsschmaus. Zur Weinlese im August und September gibt es weitere *sagre*.

Reiseplanung Sehenswerte Kellereien in Montalcino sind etwa Castello Banfi und Franco Biondi Santi. Gute Adressen für Chianti sind Rocca Delle Macie, Castello di Brolio und Badia a Coltibuono.

Websites www.castellobanfi.com, www.biondisanti.it, www.roccadellemacie.com, www.ricasoli.it, www.coltibuono.com, www.chianticlassico.com

Classico, Brunello, und Rosso

Das Chianti-DOC-Gebiet umfasst eine große Region, hauptsächlich in den Provinzen Florenz und Siena. Für Spitzenqualität bürgt das Logo *gallo nero* (schwarzer Hahn) des Konsortiums für **Chianti Classico,** dem viele der besten Chianti-Winzer angehören. Es veröffentlicht auch eine gute Weintourenkarte mit den wichtigsten Weingütern und Kellereien.

Die Weine des Dorfs **Montalcino,** das auf einer Hügelkuppe thront, sind für ihre Eleganz und Nuanciertheit bekannt. Es hat weniger Weinberge als Chianti im Norden, und seine Weine wurden von jeher sortenrein aus Sangiovese-Trauben gekeltert. Der berühmteste ist der **Brunello di Montalcino,** ein äußerst langlebiger und entsprechend teurer Tropfen.

Ein einfacherer Wein der Region ist der **Rosso di Montalcino,** ebenfalls aus puren Sangiovese-Trauben, in dem das große Potenzial der Rebe schon anklingt. Er muss vor dem Verkauf nur ein Jahr (statt mindestens vier) altern und kostet nur etwa ein Drittel dessen, was Sie für einen Brunello hinblättern müssen.

ENOTHEKEN IN PARMA

Die zwanglose Atmosphäre einer *enoteca* im norditalienischen
Parma ist ideal, um Wein und Essen der Region zu probieren.

Ob ländlich-rustikal oder großstädtisch-modern, die *enoteca* (Weinhandlung und
-stube) bietet außer Wein stets auch Speisen der Region an. Sie sind meist auf einer
Tafel hinter der Theke angeschrieben. In Parma promenieren auf der Via Farini
unablässig todschicke Städter und eine Handvoll eingeweihte Touristen. Zudem finden
sich dort zwei ganz unterschiedliche Weinstuben: die Enoteca Fontana und Il Tabarro.
Erstere ist ein Lokal der alten Schule, in dem sich mittags Studenten und Arbeiter an langen Holztischen einträchtig am Tagesgericht laben. Fontana kredenzt zahlreiche Weine
der Region und ein paar aus anderen Gegenden Italiens. Der Prosecco fließt ebenso reichlich wie Lambrusco in seiner Urform: perlend, aber nicht klebrig süß. Ausgezeichnet ist
der rosafarbene Pinot Grigio, wie ihn die kleineren Erzeuger hier keltern. Abends nippt
man zu Antipasti wie Prosciutto und Käse passende Weine. Ein Stück weiter, in der Nähe
der Piazza Garibaldi, lockt Il Tabarro ein jüngeres Publikum an. Die häufig wechselnden
Weine, von denen viele auch zum Mitnehmen verkauft werden, sind über der Vitrine mit
Aufschnitt und Käse auf einer Tafel aufgelistet. Hier kann man sich mit ausgewählten
Spezialitäten die Feinheiten der parmaischen Küche kennenlernen, etwa den Unterschied
zwischen einem 12 Monate und einem 36 Monate gealterten Parmigiano Reggiano.

Beste Reisezeit Im September und Oktober stehen gleich drei Festivitäten an: das Festival del
Prosciutto di Parma (Schinkenfest), der Palio (ein Wochenende mit Rennen und anderen Wettkämpfen in
mittelalterlichen Kostümen) und das Verdi-Festival zu Ehren des berühmtesten Sohns der Provinz.

Reiseplanung Die Enoteca Fontana hat auch Tische draußen. Wer abends im Freien sitzen will, sollte
frühzeitig da sein, denn die Via Farini ist Parmas beliebteste Flaniermeile. Diego, der Inhaber von Il Tabarro,
kennt sich mit den Weinen und Speisen der Region bestens aus.

Websites www.parmaitaly.it, www.parmaincoming.it

Fundgruben für Weinfreunde

Ursprünglich dienten die
Enotheken vor allem den
regionalen Weinerzeugern
dazu, ihre Produkte einem
größeren Publikum nahe-
zubringen und sich arbeits-
intensive Probierstuben in der
eigenen Kellerei zu sparen.
Der Begriff bedeutet wörtlich
„Weinlager", eine Kombination
aus dem griechischen *oinos*
(Wein) und *theke* (Behältnis).

Die vorwiegend in histo-
rischen Stadtzentren gele-
genen Enotheken ziehen mehr
Gäste an, als die kleinen,
traditionellen Winzer zu ihren
Standorten locken könnten.
Das eröffnet den Weinen
einen größeren Kundenkreis.
Mit zunehmendem Tourismus
und der Globalisierung der
Weinszene bieten die größeren
Enotheken inzwischen mehr
Vielfalt und vereinzelt sogar
französische Weine.

Die *enoteca* bietet eine gute Gelegenheit, regionale Weine preisgünstig zu kosten.

Die Grachten rund um die Altstadt von Brügge bescherten der Stadt den Beinamen „Venedig des Nordens".

BELGIEN

Bier in Brügge

In den stimmungsvollen „Bierhäusern" des mittelalterlichen Brügge werden über 300 belgische Biersorten ausgeschenkt.

Kauflustige und Touristen drängen sich in den gepflasterten Gassen der Stadt Brügge im Westen Belgiens. Sie erfreuen sich an den Kirchtürmen, den verschlafenen Grachten und dem Glockenspiel, das im mittelalterlichen Glockenturm die Stunden schlägt. In der stillen Kemelstraat, nicht weit von der Kathedrale, betritt man durch die Tür unter dem Schild von 't Brugs Beertje eine andere Welt. An hölzernen Tischen halten Genießer ihre schäumenden Kelche mit Kennermiene gegen das Licht. Das Thekenpersonal hilft gern dabei, die richtige Medizin gegen quälenden Durst zu finden. Vielleicht das Brugge Tripel, ein delikat ausbalanciertes Blondes, oder ein Steen Brugge mit dem Bild des heiligen Arnold? Der Schutzheilige der Brauer gründete im 11. Jahrhundert die Abtei Oudenburg, westlich von Brügge, und propagierte Bier als Mittel gegen die Pest und andere Krankheiten. Das war nicht ganz falsch, da das Wasser beim Bierbrauen erhitzt wird, was schädliche Bakterien abtötet. Eine echte Spezialität der Stadt ist das obergärige Brugse Zot (verrückter Brüggener) von De Halve Maan (Halbmond), der letzten Brauerei im Zentrum. Die 1856 gegründete Brauerei bietet Führungen an. Für wahre Bierfans hat sich das elegante Restaurant Den Dyver auf feine Bier-Cuisine spezialisiert. Zu jedem Gericht werden sorgfältig abgestimmte Biersorten gereicht.

Beste Reisezeit In Brügge gibt es das ganze Jahr über viel zu entdecken und zu unternehmen, wie Grachtenrundfahrten und herrliche Kunstmuseen. Im Dezember lockt der Weihnachtsmarkt.

Reiseplanung Die Stadt hat Hotels für jeden Geldbeutel, darunter wunderbare Boutiquehotels in Grachtenhäusern aus dem 17. Jahrhundert. 't Brugs Beertje, Kemelstraat 5, ist donnerstags bis montags ab 16 Uhr geöffnet. Den Dyver, Dijver 5, hat mittwochs zu; donnerstags gibt es nur Abendessen.

Websites www.brugsbeertje.be, www.dyver.be, www.halvemaan.be, www.brugge.be

Stark und vielseitig

Die meisten belgische Biere haben kraftvolle fünf bis zwölf Volumenprozent Alkohol. Das Spektrum reicht von Dunkelbieren über Blonde bis zu „weißen" Weizenbieren. Dabei handelt es sich um obergärige Sorten, bei denen die oben schwimmende Hefe eine Kruste bildet, die das Aroma bewahrt. Außerdem gibt es auch untergärige Lager- oder Pilsener Biere. Als Würze dient meist Hopfen, beim **Steenbrugge** dagegen eine mittelalterliche Gewürz- und Kräutermischung namens *gruut*.

Die Markennamen gehen oft auf Klöster zurück. Die „Abteibiere" gelten als besonders hochwertig. Manche Abteien lassen ihr Bier von kommerziellen Brauereien in Lizenz brauen. Die Trappistenbiere, wie **Chimay** und **Orval,** werden hingegen von den Abteien selbst gebraut.

SCHIEDAMER GENEVER

Das niederländische Original bietet ein pures Geschmackserlebnis.

Fünf traditionelle Windmühlen, die zu den höchsten der Welt zählen, säumen einen Kanal der Stadt Schiedam in Südholland. Ihre Flügel drehen sich hoch über der „Skyline" mit ihren hübschen Ansammlungen malerischer Altbauten. Ihre Geschichte ist eng verbunden mit Schiedams berühmtestem Erzeugnis, dem Genever, der Urform des Gins. Der strohfarbene Branntwein ist nach dem Wacholder benannt, der auf Niederländisch *jenever* heißt. Ein Arzt soll ihn um 1650 kreiert haben, indem er Branntwein mit Wacholderbeeren anreicherte. Bis zum 19. Jahrhundert entwickelten sich zahlreiche Varianten, die nicht mehr als Heil-, sondern als Genussmittel dienten. Inzwischen war Schiedam zur Welthauptstadt des Gins aufgestiegen. 20 Windmühlen mahlten Gerste, Roggen und Mais, aus denen der Schnaps gebrannt wurde. 400 Brennereien verschickten ihn in die ganze Welt. Das Jenever Museum mit *proeflokaal* (Probierstube) gibt Einblick in die Geschichte des Getränks. Hier erfährt man alles über die traditionelle Herstellungsweise, die verwendeten Würzmittel und die Abfüllung in Tonkrüge. Früher hatte fast jede Brennerei ein eigenes *proeflokaal*, in dem Kunden die Produkte vor dem Kauf probieren konnten. Viele davon sind erhalten geblieben, nicht nur in Schiedam. Wer auf den Geschmack gekommen ist, kann im Café-Jeneverie 't Spul in Schiedam zwischen über 400 Geneversorten wählen. *Proost!*

Beste Reisezeit Wenn es bei winterlichem Nord- oder Ostwind in den Niederlanden bitterkalt wird, wärmt der Genever besonders wohlig. Das Jenever Museum ist montags geschlossen.

Reiseplanung Schiedam liegt zehn Zugminuten nordwestlich von Rotterdam. Die Windmühle De Nieuwe Palmboom (Der neue Palmbaum) beherbergt ein Müllereimuseum. Das Jenever Museum liegt am Lange Haven 74-76, das Café-Jeneverie 't Spul in der Hoogstraat 92.

Websites www.schiedam.nl, www.schiedamsemolens.nl

Pur und aromatisiert

Es gibt zwei Grundtypen von Genever: *oude* (alten) und *jonge* (jungen). Die Bezeichnung bezieht sich aber nicht auf das Alter, sondern auf das Destillationsverfahren. Die um 1900 eingeführten „jungen" Sorten haben ein leichteres, weniger malziges Aroma.

Außerdem existieren verschiedenste aromatisierte Geneversorten, unter anderem mit Orangen-, Zitronen-, Apfel-, Schokoladen-, Haselnuss- und Vanillegeschmack.

Genever gilt als hochwertige Spirituose, die man nicht an Mixgetränke verschwenden sollte. Er wird in kleinen Gläsern serviert und als Aperitif, als Digestif oder als „Kurzer" – auf Niederländisch *kopstoot* (Kopfstoß) genannt – zum Pils genossen.

Ein Mitarbeiter einer Geneverbrennerei schaufelt Kohle in die Feuerung, mit der die Brennblasen beheizt werden.

FRANKREICH

Kleine Champagnerhäuser

Neben den berühmten Marken gibt es in der Champagne noch viele Tropfen kleinerer Erzeuger zu kosten.

Ein Mosaik rustikaler Dörfer überzieht das Tal der Marne in Nordfrankreich. Weinberge bedecken Hänge und Plateaus, auf denen stellenweise der nackte Kreideboden aus der Erde lugt. Hier und nur hier wird der Champagner, der Nektar der Monarchen, produziert. Im Dorf Hautviller, der „Perle der Champagne", residiert Champagne G. Tribaut. Die Kellerei in Familienbesitz zieht auf zwölf Hektar sonnigen Hängen und kreidigen Böden Premier-Cru-Gewächse und verwandelt sie in drei Champagnersorten. Der Kellermeister befreit eine silbern etikettierte Grand Cuvée Spéciale von Folie und Drahtbügel (*muselet*), packt routiniert den Korken mit einer Hand und dreht mit der anderen die Flasche. Heraus sprudelt die Seele der Cuvée Spéciale: ein komplexer Schaumwein mit Anklängen exotischer Gewürze. Einige Kilometer südlich produziert Pierre Gimonnet et Fils im Weiler Cuis, Côte des Blancs, Champagner aus Chardonnay-Trauben. Eine schlanke Flöte voll Gimonnet Gastronome Blanc de Blancs überzeugt mit zarter Farbe und wunderbarem Bukett. Auf der Zunge entzücken Noten von Honig, Karamell, Mineralien und Röstaroma und ein frischer, nussiger Abgang. In Merfy, nördlich von Reims, wird die Kellerei Chartogne Taillet von einer Familie betrieben, die schon seit dem 16. Jahrhundert Wein herstellt. Alte Reben intensivieren ihre Verschnitte, insbesondere die Cuvée Sainte-Anne Brut. Das feinperlige Nass umschmeichelt den Gaumen mit Aromen von Äpfeln, Birnen, Mandeln und einem Hauch warmem Karamell, gefolgt von einem leicht mineralischen Finale.

Beste Reisezeit Die Zeit von Mai bis Ende September ist die beste Zeit für einen Besuch. Im September wird am letzten Tag der Weinlese Le Cochelet gefeiert. Dann schmausen Winzer und Lesehelfer *potée champenoise*, eine regionale Spezialität aus Fleisch, Kohl und anderem Gemüse.

Reiseplanung Die meisten Kellereien bieten im Sommer regelmäßige Führungen. Am besten mieten Sie einen Wagen und besorgen sich in Épernay oder Reims eine Karte der Route du Champagne.

Websites www.champagne.g.tribaut.com, chartogne-taillet.typepad.fr

Gegenüber: Weinstöcke am Hang oberhalb von Cuis. Oben: Einer der verwinkelten Weinkeller der Region.

Käsespezialitäten

Verschiedene Käsesorten der Champagne, wie Chaource und Langres, harmonieren gut mit Schaumwein, ob als Appetithappen oder zum Abendessen.

■ **Chaource** wird seit dem frühen 14. Jahrhundert hergestellt. Der Rohmilchkäse hat Ähnlichkeit mit Camembert, ist aber cremiger in der Konsistenz. Er verströmt einen üppigen, fruchtigen Duft mit einem leichten Pilzaroma. Mit zunehmender Reife entwickelt er sich von weich zu cremig. Voll ausgereifter Chaource schmeckt nussig und leicht salzig.

■ Der schon im 18. Jahrhundert erwähnte **Langres** stammt von einer Hochebene über der Marne. Der Käse reift bis zu fünf Wochen in einem feuchten Steinkeller und wird in dieser Zeit regelmäßig mit einem natürlichen orangefarbenen Pigment gewaschen. So entsteht ein dichter, leicht bröckeliger Käse mit orangefarbener Rinde und sehr würzigem Duft. Die Mulde in seiner Mitte, die sogenannte *cuvette* oder *fontaine*, füllen Genießer vor dem Verzehr gern mit etwas Champagner.

WEINTOUREN IN FRANKREICH

Von den Weinbergen des Elsass im Nordosten bis zu den schroffen Hängen der Corbières im Südosten bietet die vielfältige französische Landschaft Weine für jeden Geschmack.

❶ Oberrheintal, Elsass

Die Elsässer Weinstraße schlängelt sich von Marlenheim, das für seinen Rosé bekannt ist, nach Süden. Über Obernai und Barr geht es ins mittelalterliche Eguisheim, um den edlen Grand Cru Pfersigberg aus Gewürztraminer zu probieren und durch die kuriosen konzentrischen Gassen zu schlendern.

Reiseplanung Zur Weinlesezeit von August bis Ende Oktober sind die Weinfeste der Dörfer ideal, um Weine und Speisen der Region zu probieren. www.alsace-route-des-vins.com

❷ Arbois, Franche-Comté

Das malerische mittelalterliche Bergdorf im Jura ist bekannt für seinen *vin jaune* (gelben Wein), der an Fino-Sherry erinnert, und seinen süßen *vin de paille* (Strohwein), für den die Trauben auf Strohmatten getrocknet werden.

Reiseplanung Anfang Februar werden bei der Percée du Vin Jaune die *vins jaunes* verkostet, die die vorgeschriebenen sechs Jahre und drei Monate in Fässern verbracht haben. www.jura-vins.com

❸ Val de Loire, Centre/Pays de la Loire

In der Touraine, dem Garten Frankreichs, drängen sich die Weinberge rund um historische Schlösser. Ein guter Startpunkt ist Vouvray, dessen Chenin-Blanc-Trauben seinen Schaumweinen eine frische Note geben. Chinon lockt mit Rosés, St.-Nicolas-de-Bourgueil mit Roten aus Cabernet Franc. Weiter westlich gibt es in Anger zehn Jahre alten Savennières zu kosten.

Reiseplanung In Vouvray lohnt der Anstieg zur Dorfkirche, deren Portal mit Weinleseszenen verziert ist. www.loirevalleywine.com

❹ Von Gien nach Sancerre, Loire

In Gien an der Loire schmeckt ein junger Côteaux du Giennois zum Mittagessen nach einem Besuch des roten Ziegelsteinbaus Château de Gien. Weiter südlich gedeihen Pouilly-Fumés mit Feuersteinaromen und trockene Quincys. In Chavignol und Buie bei Sancerre sind die frisch-würzigen Weißen aus Sauvignon Blanc zu empfehlen.

Reiseplanung Ideal zur Wurst aus der Region, zu Salatplatten und Picknicks sind die *vins de soif* (durstlöschenden Weine) aus dem weiter südlich gelegenen Saint-Pourçain. www.vins-centre-loire.com

❺ Côte de Nuits, Burgund

Südlich der Senfstadt Dijon liegt eine der berühmtesten Weinregionen der Welt. Die Tour beginnt in Gevrey-Chambertin, am Nordzipfel der Côte de Nuits. Hier gibt es neun Grand-Cru- und 27 Premier-Cru-Lagen. Die Winzer in Gevrey erzeugen auch erschwingliche Tropfen, die gut zur lokalen Kost passen.

Reiseplanung Probieren Sie *pauchouse* (Flussfischragout) zu einem Chardonnay der Hautes Côtes de Nuits. www.burgundy-wines.fr

❻ Côtes du Rhône Villages, Provence

Südlich von Bollène nehmen die Weine des Rhônetals den kraftvollen, pflaumigen Charakter des Grenache an. Man probiert sie am besten auf dem Dorfplatz von Gigondas mit Blick auf die Weinberge und die Bergzacken der Dentelles de Montmirail. Weiter südlich komponiert Châteauneuf-du-Pape seine Weine aus 13 Rebsorten.

Reiseplanung Nehmen Sie sich eine Woche Zeit. Im Juli feiert die Stadt Vacqueyras ihre Fête des Vins. www.vins-rhone.com

❼ Corbières, Languedoc-Roussillon

Seit die Römer Weinreben um Narbonne pflanzten, ist Wein ein zentraler Lebens- und Handelsfaktor im Languedoc. Von Durban-Corbières geht es nach Tuchan, zu den herzhaften Fitous und Corbières der Winzergenossenschaft Mont Tauch. Weiter südlich liefert Maury Süßweine zum Schokoladendessert.

Reiseplanung April oder Mai sind angenehmer als die glühende Sommerhitze. Stellen Sie sich auf heftige Tramontane-Winde ein. www.mont-tauch.com

❽ Madiran, Hautes-Pyrénées

Die Pyrenäen dominieren den Horizont hinter den Weinbergen von Béarn rund um Pau. Die Madiran-Weine aus Tannat-, Cabernet- und Fer-Trauben werden nach zehn Jahren im Eichenfass milder. Im Herbst passt ein Madiran oder ein fruchtiger Tursan zu Federwild, Kalbsragout und Pilzen.

Reiseplanung Mitte August steigt in Madiran ein viertägiges Weinfest. www.vins-du-sud-ouest.com

❾ Bordeaux, Gironde

Bei dem Winzer Bernard Magrez können Weinfreunde seit einiger Zeit in einem von vier Luxus-Châteaux logieren und hinter die Kulissen der Weinherstellung blicken. Auf dem Programm stehen Besuche bei Weingütern, Kellereien, Verkostungen und einem Küfer (Weinfasshersteller).

Reiseplanung Der Transport erfolgt auf Wunsch per Rolls-Royce, Helikopter oder Privatjet. www.luxurywinetourism.fr

❿ Saint-Émilion, Gironde

Schon die Troubadoure priesen die (damals weißen) Saint-Émilion-Weine. Von der größten Felsenkirche Europas geht es hinauf in die Weinberge von Saint-Georges, Montagne, Lussac und Puisseguin. Dort kostet man erdige Weine mit viel Merlot.

Reiseplanung Am dritten Sonntag im Juni zieht eine rot gewandete Prozession der Jurade de St.-Émilion durch den Ort. Das mittelalterliche Gremium treibt heute Werbung für die Weine von Saint-Émilion. www.saint-emilion-tourisme.com

Rechts: Hochkonzentrierte Traubensortierer am Förderband in Puligny-Montrachet, einem für seine Grand-Cru-Weißweine berühmten Dorf in Burgund.

SÜSSWEIN AUS FRANKREICH

Die magische Aura des tiefgoldenen *vin liquoreux* (Süßwein) aus Südwestfrankreich verzaubert die Sinne.

D er Zauber beginnt im Herbst, wenn Bodennebel die Hänge um das Flüsschen Ciron in der hügeligen Sauternes-Region südlich von Bordeaux einhüllen. Hier erntet man später von Hand in mehreren Durchgängen die reifsten, vom Schimmelpilz *Botrytis cinerea* überzogenen Sémillontrauben. Diese Edelfäule verleiht den Likörweinen ihre charakteristische Süße. Nachdem die Trauben gekeltert und mit dem Saft von Sauvignon- und Muscadelletrauben vermischt wurden, beginnt die Lagerung von zehn oder mehr Jahren. In dieser Zeit verwandelt sich der Wein in einen komplexen „Nektar" mit der üppigen Aromafülle kandierter Früchte. Die Sauternes-Weine sind die berühmtesten Süßweine Südwestfrankreichs und an vornehmen Tafeln seit der Mitte des 19. Jahrhunderts hochgeschätzt. Nach einer Tour durch die Weinberge von Sauternes und Barsac warten jenseits der Garonne, die man bei Langon überquert, noch mehr süße Genüsse. Im alten, von Mauern umschlossenen Dorf Sainte-Croix-du-Mont munden die Süßweine von Loupiac und Sainte-Croix-du-Mont, deren Trauben auf Südhängen gegenüber von Sauternes gedeihen. Dann geht es durch die bezaubernde Weinregion Entredeux-Mers und an der Dordogne entlang nach Bergerac und Monbazillac. Bei Sonnenuntergang genießt man vom Château de Monbazillac einen märchenhaften Blick über die Weinberge und eine letzte Kostprobe der edlen Süße, die traditionell als Aperitif gereicht

Beste Reisezeit Anfang April wehen Pflaumenblüten über die Hänge; die sonnige, wenn auch etwas kühle Jahreszeit ist ideal für Rundfahrten mit Verkostung regionaler Spezialitäten. Zur Weinlese von Oktober bis Anfang November locken farbenfrohe Bauernmärkte, etwa in Langon.

Reiseplanung Planen Sie für die Tour südlich und östlich von Bordeaux eine Woche ein. Begehrte Souvenirs sind „halbe Flaschen" (375 Milliliter) mit Süßwein, die es in den meisten Weinläden gibt.

Websites www.bergerac-tourisme.com, www.chateau-monbazillac.com, www.sauternes-barsac.com

Durch offene Türen zu süßen Wonnen

■ Probieren Sie als leckere Vorspeise die samtige *foie gras* der Region mit einem Gläschen Monbazillac. Oder beenden Sie das Mahl mit einer knusprigen **tourtière** (Blätterteiggebäck) zum Sauternes. Süßweine vertragen sich auch gut mit Blauschimmelkäse wie **Roquefort** oder **Bleu d'Auvergne** und mit Walnüssen und Mandeln.

■ Das zweite Novemberwochenende ist ein Wochenende der *portes ouvertes* (offenen Türen) bei den Winzern von Sauternes. Vor dem Besuch der Kellereien ist eine 14-Kilometer-Wanderung durch die Weinberge und ein opulentes Mittagessen vor Ort eine schöne Unternehmung.

■ In Monbazillac können Sie die alten Keltergeräte im Keller des Châteaus besichtigen. Im Eintrittspreis ist eine Weinverkostung im Besucherzentrum enthalten.

Rebstöcke vor dem Château de Malle, einem der bekanntesten Weingüter von Sauternes.

Sevillas Plaza de España, 1929 im maurischen Stil erbaut, ist ein nettes Plätzchen für eine Rast oder ein Mittagspicknick.

SPANIEN

SHERRY UND TAPAS IN SEVILLA

Genießer kommen bei kräftigem Sherry und verführerischen Tapas im südspanischen Sevilla voll auf ihre Kosten.

Andalusien, die Wiege der spanischen Tapastradition, zeigt sich in Sevilla von seiner besten kosmopolitischen Seite. Zwei Sherrysorten passen am besten zu den Tapas: der trockene *fino* und der *manzanilla*. Um den Gaumen zu spülen, die Sommerhitze zu mildern und den Tapasgenuss zu steigern, ist ein klarer, kalter, trockener *fino* nahezu unschlagbar, ob aus Jerez de la Frontera, Puerto de Santa Maria oder Sanlúcar de Barrameda. Der *manzanilla* verdankt seinen Namen den aromatischen Anklängen an Kamille (die auf Spanisch *manzanilla* heißt). Er wird in Sanlúcar de Barrameda an der Mündung des Guadalquivir hergestellt und hat eine feine Meersalznote. In Sevilla und anderen spanischen Städten beschränkt sich ein guter *tapeo* (Tapastour) auf einen begrenzten Bereich, den man zu Fuß abwandern kann. In Sevilla gibt es vier Hauptzonen. Die erste umfasst Centro und El Arenal, mit der Bar Casablanca und Enrique Becerra als Topadressen. Eine weitere ist der Barrio de Santa Cruz mit La Giralda, dem wohl besten Tapaslokal der Stadt. Ein Veteran in Barrio de la Macarena und San Lorenzo ist Sevillas älteste Bar, El Rinconcillo. Am anderen Ufer des Guadalquivir, im traditionellen Matrosen-, Stierkämpfer- und Flamencoviertel Triana, bietet sich La Albariza am Puente de Triana als Startpunkt an.

Beste Reisezeit Sevillas Feria de Abril, zehn Tage nach der Semana Santa (Karwoche), ist ein riesiges Volksfest mit Pferden, Stieren und andalusischer Flamencotracht.

Reiseplanung Drei bis sieben Tage reichen für Sevilla. Mit Abstechern in die ländliche Umgebung können Sie aber bis zu zwei Wochen hier verbringen. Jerez de la Frontera und weitere Sherrystädte liegen südlich der Stadt; die Fahrt nach Jerez dauert etwa eineinviertel Stunden.

Websites www.andalucia.com, www.turismosevilla.org

Verführerische Vielfalt

■ Da am Entstehungsort des *manzanilla* die Luft kühler und feuchter ist, bildet sich während der Gärung eine dickere Schicht des an Vitamin-B-reichen *flor* (Hefe). Das verleiht dem Wein ein frischeres, zarteres Aroma und macht ihn angeblich zum wirksamen Anti-Kater-Mittel.

■ Meeresfrüchte aus der Mündung des Guadalquivir, Ibérico-Schinken aus Huelva, Wildpilze und Käse aus der Sierra Norte und frische Agrarprodukte aus La Campiña bereichern den hiesigen Speisezettel. Deshalb kommen hier weniger Tapas mit Brot, Pasten, Cremes und Saucen auf die Theke; vielmehr dominieren in Sevillas Miniaturgastronomie pure Zutaten wie Frischfisch, Schinken, Käse, Paprika und anderes Gemüse.

■ Wenn Sie Hunger auf mehr als Tapas verspüren: Die *cazuelitas* (kleine Schmortöpfe) gehören zu den besten Kostproben der sevillanischen Küche. Drei der leckersten sind die *cazuela Tío Pepe* (Shitakepilze, Garnelen, Schinken und Fisch) bei **La Giralda**, die *fabas con pringá* (geschmorten Saubohnen) der **Bar Estrella** und die *caldereta de venado* (Hirschragout) von **El Rinconcillo**.

DIE WEINE VON LA RIOJA

In Spaniens berühmtestem Weinbaugebiet verschmelzen
Tradition und Innovation zu höchster Qualität.

Aus La Rioja kommen seit Langem die besten spanischen Weine. Valdepeñas in Zentralspanien produziert von jeher mehr Tafelwein, kann sich aber mit der Qualität der in Eichenfässern gealterten, nach Vanille duftenden Kraftprotze aus der nördlichen Provinz La Rioja nicht messen. Die guten traditionellen Riojas, die zweifellos zu den großen Weinen der Welt gehören, werden in drei Kategorien eingeteilt: *crianza* (mindestens zwei Jahre in der Kellerei gealtert, davon mindestens ein Jahr im Eichenfass), *reserva* (drei Jahre gealtert, ein Jahr im Eichenfass) und *gran reserva* (fünf Jahre gealtert, zwei Jahre im Eichenfass). Rauchige Kontrapunkte von Eiche und Frucht prägen das charakteristische Aroma, das bestens zu gebratenem Fleisch und üppigen Saucen passt. In den letzten Jahren sind viele kleinere Kellereien aus dem traditionellen Klassifikationssystem ausgeschert: Sie lagern ihre Weine nicht so lange in Eiche. Dadurch entfaltet sich im Idealfall das reiche Fruchtaroma des Tempranillo, Graciano und der anderen roten Rioja-Trauben optimal, gepaart mit würzigen Untertönen. La Rioja verwöhnt den Gaumen auch mit guter Küche. Guter Ausgangspunkt für eine Rioja-Tour ist Haro. Das Städtchen ist bekannt für seine Rotweine und Restaurants mit Hausmannskost, etwa Terete und Cueva La Recala.

Beste Reisezeit Die herbstliche Weinlese ist eine fast magische Zeit in La Rioja. Wenn die Statue der Virgen de Valvanera von der Sierra de la Demanda in die Provinzhauptstadt Logroño hinuntergebracht wird, um die Trauben zu segnen, bekommt man einen Eindruck von der Bedeutung des Weins in der Region.

Reiseplanung In Ezcaray, in der Sierra de la Demanda, glänzt das Hotel Restaurante Echaurren mit einem Michelinstern. Wild gibt es bei La Venta de Goyo im Valle del Najerilla. In Laguardia servieren das Marixa und die Posada Mayor de Migueloa gehobene Küche. Die beiden Restaurants des Hotels Marqués de Riscal im nahen Elciego leitet Francis Paniego vom Echaurren. Westlich von Laguardia liegt die Casa Toni.

Websites www.haro.org, www.marquesderiscal.com

Tapastour in Logroño

Wenige Kneipentouren können es mit Logroños *sendero de los elefantes* (Elefantenpfad) in der Calle und Travesía del Laurel aufnehmen. Hier zelebrieren zwei Dutzend Bars ihre jeweiligen Spezialitäten. Der Spitzname kommt vom spanischen *trompa* (Rüssel), das umgangssprachlich auch „Rausch" bedeutet. Leckere *champis* (knoblauchgefüllte Pilze mit Garnelen) gibt es in der **Bar Soriano**. **Blanco y Negro** ist auf *sepia* (Tintenfisch) spezialisiert, **Casa Lucio** auf *migas de pastor* (Brotkrumen mit Knoblauch und Chorizo), **La Travesía** auf *tortilla de patatas* (Kartoffelomelett). Die **Bar Alegría** serviert ihr *cojonudo* (Wachteleispießchen mit Chorizo und scharfer grüner Paprika), und **El Donosti** bereitet *embuchados* (frittiertes Lammgekröse). Fragen Sie nach einem *crianza Rioja* zum Essen.

Zu den traditionellen Sommerfestlichkeiten von La Rioja gehört die *batalla del vino* (Weinschlacht) am 29. Juni in Riscos de Bilibio bei Haro.

Jacques Faro da Silva, Chef der Madeira Wine Company und damit der Blandy's Wine Lodge, verkostet einen 1860er Sercial.

PORTUGAL

DIE WEINE VON MADEIRA

Die Weine der portugiesischen Atlantikinsel
Madeira sind Geschichte in Flaschen.

Der Verkostungsraum der Old Blandy's Wine Lodge ist eine wohltuende Oase. In den Holzfässern und -tanks der Lodges altern einige der besten Weine Madeiras. Nach einigen Stunden in den betriebsamen Straßen der Inselhauptstadt Funchal wirken ihre kühlen Innenräume wunderbar erfrischend. Die Atmosphäre ist zwanglos, aber respektvoll gedämpft, wie es den Weinen gebührt, die zu den besten und langlebigsten der Welt gehören. Wie der Portwein vom Festland werden die Madeiraweine mit Weinbrand „aufgespritet", um die Gärung zu stoppen und den Fruchtzucker zu bewahren. Im Unterschied zu Portwein werden die Weine bei etwa 45 Grad gelagert, ein Verfahren, das zufällig entdeckt wurde, als europäische Segelschiffe mit Madeira an Bord den Äquator überquerten. Durch dieses Verfahren verdirbt der Wein selbst nach Öffnen der Flasche nicht. So können die diversen sehenswerten Lodges, wie Pereira d'Oliveira und Artur de Barros e Sousa, einige altehrwürdige Jahrgänge glasweise anbieten. Bei Blandy's ist der jüngste Wein ein 1977er Verdelho zu etwa 6,70 Euro pro Glas. Der 1908er Bual der Lodge ist mit 75 Euro pro Glas nicht gerade billig, aber das wäre zu viel verlangt von einem Wein aus dem Jahr, in dem in Deutschland der erste Motorflug stattfand.

Beste Reisezeit Ganzjähriger Sonnenschein machte Madeira schon in den 1920er Jahren zum beliebten Winterreiseziel, aber seine Meerbrise hält die Temperaturen auch im Sommer erträglich.

Reiseplanung Funchal ist eine überschaubare Stadt, und die meisten Lodges sind vom Zentrum zu Fuß erreichbar. Das Inselinnere ist ein grünes Mosaik; jeder Quadratmeter, der flach genug ist, wird kultiviert. Mieten Sie einen Wagen oder besuchen Sie die Weinberge per Bustour.

Websites www.madeira-web.com, www.madeirawinecompany.com

Welcher Madeira wozu?

■ **Malvasia** ist die süßeste der vier Madeirasorten, die alle nach den verwendeten Reben benannt sind. Er passt ideal zu sahnigen Desserts. Sie können ihn aber auch anstelle von Sauternes zur Gänseleberpastete probieren.

■ **Bual** ist weniger süß als Malvasia und passt gut zu Gebäck und Kuchen, wie dem inseltypischen *bolo de miel* (Honigkuchen), aber auch mit Hart- und Blauschimmelkäse.

■ Der halbtrockene **Verdelho** ist köstlich als Aperitif mit gesalzenen Mandeln oder Cashewkernen, luftgetrocknetem Schinken und Dörrobst.

■ **Sercial,** der trockenste Madeira, harmoniert wunderbar mit Sushi und Sashimi sowie mit Räucherlachs, Austern und anderen Meeresfrüchten.

PORTWEIN IN PORTO

Portugals zweitgrößte Stadt lockt mit historischem Flair und einem der feinsten Exportartikel des Landes.

P orto im Norden des Landes, an der Mündung des Douro, gab einem der beliebtesten Dessertweine der Welt seinen Namen. Kenner preisen bis heute das Jahr 1689, als man hier durch Zufall den „aufgespriteten" Wein kreierte, der später als Portwein bekannt wurde. Wegen des Kriegs gegen Frankreich suchten die Briten Alternativen zum französischen Wein. So kamen sie nach Portugal, zu den Weinbergen des Dourotals. Weinfässer wurden in Segelbooten, den *barcos rabelas*, stromabwärts verschifft und in Porto zum Export umgeladen. Die Händler stellten fest, dass mit Weinbrand angereicherter Wein haltbarer war und die Reise ohne Geschmackseinbußen überstand. Diese Entdeckung bestimmt bis heute das besondere Aroma des Weins. Nach der Weinlese werden die Trauben von über 40 verschiedene Rebsorten zu den *quintas* oder Weingütern gebracht. Hier werden sie gekeltert und vergoren. Dann wird der Gärvorgang durch Zugabe von Weinbrand unterbrochen, wodurch der Wein seine typische Süße behält. Später lässt man die Weine entweder im Fass (Tawny) oder in Flaschen (Ruby und Vintage) ausreifen. Man kann die exzellenten Tropfen in jeder Bar der Stadt probieren, am besten bei traditioneller *fado*-Musik. Zu einem Besuch in Porto gehört ein Abstecher nach Vila Nova de Gaia, wo die Weine in einer Reihe von „Lodges" altern. Der britische Einfluss ist in den Namen von Lodges wie Sandeman's und Taylor's noch sehr präsent.

Beste Reisezeit Portos Klima ist selbst im Winter mild. Von April bis Ende Mai und von Oktober bis Ende November sind weniger Touristen da.

Reiseplanung Nehmen Sie sich ein paar Tage Zeit, um die Atmosphäre auf sich wirken zu lassen. Geruhsame Stadtbummel sind ideal, um Portos Barockarchitektur zu würdigen, wie die herrlichen Kirchen São Francisco und Santa Clara. Echte Portweinfans sollten unbedingt den Solar do Vinho do Porto besuchen, die Zentrale des Portweininstituts. Sie bietet Verkostungen an.

Websites www.portoturismo.pt, www.vintour-weinreisen.de

Profitipps

Portwein muss aus einer von drei definierten Regionen des Dourotals kommen: dem Baixo Corgo („Unterer Corgo", nach dem Corgo, einem Nebenfluss des Douro), dem Cima Corgo („Oberer Corgo") oder dem Douro Superiore.

Es gibt viele Portweinsorten; die Haupttypen sind **Ruby** (fruchtige tiefrote Portweine als Verschnitt mehrerer Jahrgänge), **Tawny** (bernsteinfarbene, ebenfalls verschnittene, weniger süße Portweine) und die hochwertigsten von allen: **Vintage**-Portweine aus Trauben eines einzigen Jahrgangs von herausragender Qualität.

Servieren Sie Ruby- und Tawny-Portweine zimmerwarm oder etwas kühler. Nur Vintage-Portweine, die über acht Jahre in der Flasche gereift sind, müssen dekantiert werden. Lassen Sie die Flasche 24 Stunden aufrecht stehen, entkorken Sie sie einige Stunden vor Genuss und gießen Sie sie in einen Dekanter um. Stoppen Sie das Umfüllen, wenn der Bodensatz im Flaschenhals sichtbar wird. Das Aroma des Portweins entfaltet sich am besten in einem kleinen, nur etwa halb gefüllten Weinglas.

In Frankreich trinkt man Portwein oft als Aperitif, in Großbritannien dagegen meist nach dem Abendessen als ideale Begleitung zum Käse. Traditionell wird er im Uhrzeigersinn um den Tisch gereicht, wobei sich jeder Gast selbst bedient.

Gegenüber: Traditionelle *barcos rabelas* liegen im Douro vertäut. Oben: Fässer mit Tawny-Portwein in Vila Nova de Gaia.

Die Spirituose wird in kupfernen Brennblasen erhitzt und verdampft, um den Alkoholgehalt zu erhöhen.

SCHOTTLAND

WHISKYBRENNEREIEN AUF ISLAY

Entlang den Zugrouten der Wildgänse und Steinadler zu den legendären Brennereien der westschottischen Insel Islay.

Schottische Connaisseurs erfanden den Spitznamen „Wein des Landes" für den berühmtesten Exportartikel ihrer Heimat: Single-Malt-Whiskys in unvergleichlicher Vielfalt. Wie die erlesenen Weine der Welt hat jeder von ihnen einen unverwechselbaren Charakter, je nach Ursprungsort und Herstellungsweise. Für Whiskykenner ist ein Besuch auf Islay so faszinierend wie für Weinliebhaber eine Wallfahrt nach Bordeaux. Jeder Islay-Whisky hat seine eigene Persönlichkeit; eine gewisse „Torfigkeit" bildet die gemeinsame Basis. Manche sind wie der Laphroaig hocharomatisch, rauchig und extrovertiert. Andere, wie Caol Ila oder Bunnahabhain, sind subtiler, mit zarten Blumen- und Fruchtnoten. Eine Rundfahrt über die Insel mit ihren Torfmooren, ihrer Salzluft und dem weichen Wasser von ihren Hügeln offenbart, warum ihre Whiskys so sind, wie sie sind. Abgerundet wird das Bild durch die Brennereien in wildromantischer Küstenlage. Sie alle pflegen ihre Eigentümlichkeiten, etwa die Form und Größe ihrer Brennblasen, ihre Wasserquellen oder die Herkunft ihres Gerstenmalzes.

Beste Reisezeit Die Brennereien sind ganzjährig in Betrieb. Die beste Aussicht auf gutes Wetter und die größte Auswahl an Unterkünften haben Sie von Ostern bis Mitte September.

Reiseplanung Die Unterkünfte auf Islay sind vor allem in der Touristensaison heiß begehrt; reservieren Sie rechtzeitig. Manche Brennereien haben Besucherzentren mit Führungen und Verkostungen, zum Beispiel Bowmore und Bruichladdich im Norden sowie Ardbeg, Laphroaig und Lagavulin im Süden. Andere empfangen Besucher nach vorheriger Anmeldung. Weil die schottischen Promillegrenzen für Autofahrer strikt kontrolliert werden, sollten Sie immer einen Fahrer in der Gruppe haben, der auf Kostproben verzichtet.

Websites www.islayinfo.com, www.calmac.co.uk

Essen und Trinken auf Islay

■ Die Einheimischen glauben, dass die Brennereiabwässer die Austern der Insel so wunderbar saftig und aromatisch machen. Sie stehen häufig auf der Speisekarte des **Port Charlotte Hotels** im gleichnamigen Dorf und des **Harbour Inn** in Bowmore.

■ Die Whiskyakademie der Brennerei **Bruichladdich** bietet mehrtägige Praxiskurse für Whiskyfreunde, die sich selbst in der Kunst der Whiskybrennerei versuchen wollen.

■ Bei **Ardbeg,** oberhalb einer kleinen Bucht in der Nähe von Islays Südzipfel, können Sie sich im Old Kiln Shop mit Whisky eindecken und im Old Kiln Café ausgezeichnete Hausmannskost probieren.

■ Einen kurzen Fährtrip östlich von Islay liegt die wilde **Isle of Jura.** Sie hat ihre eigene Brennerei, die einen preisgekrönten Whisky mit dem schönen Namen Superstition (Aberglaube) anbietet.

PUBS IN DINGLE TOWN

Das Küstenstädtchen im Westen Irlands hat angeblich für jede Woche des Jahres einen Pub.

Dem eigenwilligen Charme von Dingle kann kaum ein Besucher widerstehen. Sein Geheimnis liegt nicht zuletzt in der Vielfalt seiner schrulligen Kneipen. Sie sind praktisch überall. Versteckt sich hinter dieser Fassade ein Haushaltswarenladen oder ein Ledergeschäft? Es kann genauso gut ein Pub sein. Ein besonders reizvoller Vertreter ist Dick Mack's in der Green Street. Das anheimelnde Lokal gegenüber der Kirche trägt den Spitznamen „Last Pew" (Letzte Kirchenbank), weil weniger Fromme den sonntäglichen Kirchgang hier absolvieren. Früher war es tatsächlich auch ein Lederwarengeschäft; seit Kurzem muss es sich aber, aus gesundheitsrechtlichen Gründen, auf das Schankgeschäft beschränken. Die Schuhe und Lederwaren sind immer noch da, als Andenken an alte Zeiten. Auf dem Bürgersteig vor der Tür sind die Namen berühmter Gäste nach Hollywoodmanier in Sternen verewigt, darunter Paul Simon und Robert Mitchum. Drinnen genießt man sein Guinness unter einem Porträt von Charlie Haughey, Irlands berüchtigtem ehemaligem Taoiseach (Premierminister) und Dingles Lokalhelden. Wer kein Guinness mag, findet auch eine gute Auswahl irischer Whiskeys. Am besten macht man es sich zwischen all dem dekorativen Krimskrams gemütlich und genießt den *craic*: das Geplauder und die fröhliche Geselligkeit der Inhaber und ihrer Stammgäste.

Beste Reisezeit Dingle und die Dingle-Halbinsel sind im Sommer am schönsten. Das Wetter ist unberechenbar, aber der *craic* ist allgegenwärtig. Kommen Sie zur Dingle Regatta im August oder zum Dingle Peninsula Food and Wine Festival im Oktober, beides feuchtfröhliche Festivitäten.

Reiseplanung Leihen Sie ein Rad und radeln Sie zum Slea Head am Südwestzipfel der Dingle-Halbinsel. Mit Glück erwischen Sie einen sonnigen Tag mit traumhafter Aussicht. Oder Sie nehmen die Fähre zu den geschützten Blasket Islands, um Papageientaucher, Basstölpel und Dreizehenmöwen zu sehen. Dingles berühmtester Bewohner ist der Delphin Fungi, der die Dingle Bay zu seiner Heimat erkoren hat.

Websites www.dingle-peninsula.ie, www.dingle-insight.com

Irisches Sodabrot

Ergibt 1 Brotlaib
400 g Mehl
2 TL Backnatron
1/2 TL Salz
50 g Butter, gewürfelt
300 ml Buttermilch
1 EL Milch

Den Backofen auf 180 Grad vorheizen. Ein Backblech leicht einfetten. Mehl und Backnatron in einer Schüssel vermengen, dann die Butter zugeben und mit den Fingerspitzen einarbeiten. Die Buttermilch zugießen und alles zu einem weichen Teig verrühren. Den Teig etwa eine Minute sanft durchkneten, dann zu einer Kugel formen und auf das Backblech legen. Den Laib leicht flachdrücken, dann von oben kreuzweise fast bis auf das Blech einschneiden. Die Oberseite mit Milch bestreichen und mit etwas Mehl bestäuben. Das Brot 40 Minuten backen, bis es goldbraun und gut aufgegangen ist. Herausnehmen und auf einem Gitter abkühlen lassen.

Die Fassade des beliebten Pubs Dan Foley's in Annascaul, östlich von Dingle, ist so bunt wie die Gästeschar.

Zwei Erzeugnisse des Icefiord Bryghus: mit heimischen Krähenbeeren gebraut (links) und ein helles Bier mit Engelwurz.

GRÖNLANDS GLETSCHERBIER

Aus dem klarsten Wasser der Welt brauen
die Grönländer Biere von Weltniveau.

D as Geheimnis der aufblühenden grönländischen Bierbranche ist das Wasser. «Brauereien in aller Welt investieren viel Geld in die Wasseraufbereitung», sagt Bierbrauer Salik Hard. «Das haben wir hier nicht nötig, weil wir sowieso schon das reinste Wasser der Welt haben – in unseren Gletschern und unserem Eisschild.» Hard und andere Brauer schicken Fischerboote in die Fjorde, um Bruchstücke von Eisbergen aus dem Wasser zu fischen. Aus deren Schmelzwasser braut Hard mit bayerischem Malz und Biogerste aus Kanada, Deutschland oder Neuseeland seine Biere. Sie werden in Grönlands Spitzenrestaurants kredenzt, einem weiteren Geheimtipp der Insel. Eins davon ist das Napparsivik am Altstadtplatz in Qaqortoq, in Grönlands Süden. Vielleicht ist es doch nicht so verwunderlich, dass Hard und seine Kollegen so gutes Bier brauen. Schließlich gehört Grönland seit über 200 Jahren zum Königreich Dänemark, der Heimat von Carlsberg und Tuborg. Hards Greenland Brewhouse in Narsaq ist nur eins von mehreren Brauhäusern an der Westküste. In der Hauptstadt Nuuk braut das Godthaab Bryghus vier Biersorten. In Ilulissat aromatisiert das Hotel Icefiord Bryghus seine Biere mit heimischen Zutaten wie Engelwurz. Auf der Hotelterrasse genießt man mit Blick auf die Eisberge in der Diskobucht auch Leckereien wie geräucherten Heilbutt, marinierte Jakobsmuscheln und Moschusochsenbuletten aus dem benachbarten Restaurant.

Beste Reisezeit Der Sommer dauert von Ende Mai bis Anfang September. Das Klima ist recht trocken und sonnig, aber selbst im Sommer wird es selten über zehn bis elf Grad warm.

Reiseplanung Selbst im hohen Norden, wie in Ilulissat, ist die Sommersonne sehr intensiv. Vorsicht auch bei den Preisen: Das beste Gebräu des Godthaab Bryghus kostet etwa 13 Euro pro Halbliter-Glas.

Websites www.greenland.com, www.bryggeriet.dk, www.hotelicefiord.gl

Polarküche

Grönlands Bier passt gut zu den anderen Gaumenfreuden der Insel. In Grönlands Süden wird dank wärmerer Temperaturen und grüner Wiesen erstklassiges Lammfleisch produziert. Im Norden, wo das Klima viel kühler und der Sommer kürzer ist, isst man Robbenfleischgerichte, wie einen herzhaften Eintopf namens *suaasat.* Auch Wild ist beliebt, vor allem Rentier und Moschusochsensteak.

Das Meer liefert Räucherlachs und Heilbutt, Stockfisch (getrockneten Kabeljau), frische Jakobsmuscheln und heringsähnlichen *ammassat.* Da die Internationale Walfangkommission Grönland eine jährliche Fangquote zuteilt, steht auch Walfleisch auf den Speisekarten. Für die Grönländer ist *mattak* (Zwergwalspeck) eine Delikatesse; Ausländer empfinden ihn eher als zäh.

WEIN AUS FRANSCHHOEK

Das Franschhoek Valley in der südafrikanischen Westkap-Provinz berauscht mit köstlichen Weinen und dramatischer Landschaft.

Ein Gefängnis ist vielleicht ein ungewohnter Ausgangspunkt für eine Weintour, in diesem Fall aber sehr passend. Inmitten der Weinberge des Franschhoek Valley liegt das Groot Drakenstein Prison, in das Nelson Mandela im Dezember 1988 verlegt wurde, 14 Monate vor seiner endgültigen Freilassung. Hier ging er seinen „kurzen Weg zur Freiheit", der das Ende der Apartheid ankündigte. Der Weinbranche seines Landes brachte die neue Ära Zugang zu den Weltmärkten, ausländisches Kapital und einen Innovationsschub für die Winzer. Von Mandelas Bronzestatue geht es zum Dorf Franschhoek im Herzen eines der besten *wine wards* von Südafrika, was in etwa einer französischen Appellation entspricht. Weinstöcke bedecken die Talhänge, auf denen schneeweiße kapholländische Bauernhäuser verstreut liegen. Die meisten Weingüter bieten täglich Verkostungen an. Beim Cabrière Estate ist die herausragende weiße Cuvée aus Chardonnay und Pinot Noir sehr zu empfehlen, ebenso der üppige rote Pinot Noir und der prickelnde Brut Sauvage. Weiter oben an den Hängen der Franschhoek Mountains kreiert das kleinere Weingut Boekenhoutskloof die phantastische Cuvée The Chocolate Box aus fünf Rebsorten, darunter Syrah, Grenache Noir und Cabernet Sauvignon. Im Westen baut eins der berühmtesten Weingüter des Tals, das 1685 gegründete Boschendal, alles an, von Chardonnay und Sauvignon Blanc bis zu Cabernet Sauvignon und Merlot.

Beste Reisezeit Ganzjährig. Zur Weinlese sind Sie im Februar und März (Herbst) richtig.

Reiseplanung Die Weingüter Dieu Donné und La Petite Ferme bieten außer exzellenten Weinen auch einen herrlichen Blick übers Tal. Eine Fülle guter Restaurants wartet sowohl im Dorf Franschhoek als auch auf den Weingütern, wie etwa Mon Plaisir auf dem Anwesen von Chamonix, ebenfalls mit schöner Aussicht. Ausgiebig stöbern können Sie in den Kunst-, Handwerks- und Antikläden von Franschhoek.

Websites www.franschhoek.org.za, www.wine.co.za, www.kapstadt.de

Französische Traditionen

■ An dem Wochenende, das dem 14. Juli am nächsten liegt, scheint Frankreich in Franschhoek plötzlich ganz nah. Das Tal wurde im späten 17. Jahrhundert von französischen Hugenotten besiedelt – Franschhoek heißt auf Afrikaans „französischer Winkel". Es pflegt sein Erbe mit einem jährlichen **Bastille Festival,** bei dem Sie Wein und Speisen der Region probieren können.

■ Die edlen Cap-Classique-Schaumweine werden nach der Champagnermethode mit Flaschengärung hergestellt. Der Graham Beck Brut NV, der zum Teil aus Trauben des Franschhoek Valley erzeugt wird, wurde 2009 beim Antrittsdinner des US-Präsidenten Barack Obama serviert. Am ersten Dezemberwochenende findet in Franschhoek ein **Cap Classique and Champagne Festival** statt.

Auf dem Cabrière Estate können Sie die Weine mit traumhaftem Blick auf Rosenbeete und die nahen Berge genießen.

SÜSSE
LECKERBISSEN

Kleine Sünden, so sagen die Philosophen, sind
gut für die Seele. Trotz aller Risiken für Zähne
und Taille macht kaum etwas so glücklich wie
ein verführerisches Dessert. Diese Lust auf Süßes steckt
tief in uns und weltweit legen sich geniale Konditoren ins
Zeug, um sie zu stillen. Auf Reisen, vor reizvoller Kulisse,
ist der Genuss ungleich größer. Erst recht, wenn die süßen
Kreationen die besonderen Aromen der Region in sich tragen. Die Key Lime Pie aus Florida verdankt zum Beispiel
ihren besonderen Pep dem Saft von Limetten. Köstliches
Nougat aus Montélimar wird mit dem Lavendelhonig der
Provence aromatisiert. Wer neben Süßem auch Architektur liebt, pilgert nach Wien oder Budapest und lässt sich
in einem Kaffeehaus im Jugendstil von Kunstwerken aus
Schokolade, Früchten und Sahne betören. In Istanbul wartet die türkische Köstlichkeit *lokum*, noch weiter östlich ver-
lockt die indische Version einer Mangoeiscreme namens
kulfi am Chowpatty Beach von Mumbai.

Kirschen, Äpfel, Mais, Knoblauch, alles liebevoll aus Marzipan geformt und mit
Gemüseextrakten gefärbt. Diese kleinen Kunstwerke kommen aus Catania auf
Sizilien, wo die *frutta martorana* eine jahrhundertealte Tradition hat.

SÜSSE ZEITEN IN NEW YORK

**Von *cookies* über *cheesecakes* und *cupcakes* bis zu *cannoli*:
Im Big Apple besteht keine Gefahr der Unterzuckerung.**

Nirgendwo können Schleckermäuler ihrem Laster so ungehemmt zu jeder Tages- und Nachtzeit frönen wie in New York City. Stärkung für den Stadtbummel durch Manhattan bieten beispielsweise die *cannelés bordelais* des Petrossian Café, kleine Törtchen mit karamellisierter Kruste und weichem Inneren. Die Levain Bakery verführt mit hamburgergroßen Chocolate Chip Walnut Cookies und die Momofuku Milk Bar nicht weit vom Union Square bäckt aus den unwahrscheinlichsten Zutaten wunderbare, salzig-süße Compost Cookies. Nach diesen ofenwarmen Delikatessen leckt sich jeder die Finger! Und wer gerade im Momofuku ist, sollte auch noch ein Stück Candy Bar Pie mitnehmen, der aus Snickers-Riegeln, Karamell, Erdnusscreme, gehackten Erdnüssen, Schokoglasur und *pretzels* (salziges Knabbergebäck) besteht und bestimmt nicht länger als bis zur nächsten Straßenecke hält! Wunderbare *cheesecakes* verkauft die Lady M Cake Boutique, darunter den luftig-leichten *gâteau nuage* (Wolkenkuchen) aus Frischkäse, Sauerrahm und einem Boden aus Kekskrümeln, der seinem Namen alle Ehre macht. Wer die wohltuende Ruhe dort genießen will und sich für ein Päuschen niederlässt, sollte *mille crêpes* bestellen – der Kuchen besteht zwar nicht aus tausend, sondern nur aus zwanzig Crêpes. Aber die werden mit einer lockeren Vanillecreme geschichtet und die oberste, mit Zucker bestreute Crêpe bekommt durch Abflämmen eine Karamellkruste wie eine Crème brûlée.

Beste Reisezeit Den Hochsommer meiden; da wird es in der U-Bahn so heiß wie in den Backöfen der Konditoren. Viel angenehmer ist es in New York im Herbst, wenn die Luft schon etwas abkühlt.

Reiseplanung Die Levain Bakery ist ideal für eine Pause vor dem Besuch des Central Park oder des American Museum of Natural History. Das Petrossian Café und Lady M liegen in der Nähe der Fifth Avenue.

Websites www.petrossian.com, www.levainbakery.com, www.momofuku.com, www.ladymconfections.com, www.roccospastry.com, nymag.com

Cannoli: Ein Hauch von Sizilien in New York

Die Enklave Little Italy mitten in Manhattan schrumpft zwar seit Jahren, aber trotzdem gibt es in New York immer noch die **sahnigsten, knusprigsten *cannoli*** außerhalb Siziliens. Die goldbraun frittierten Teigrollen haben eine leckere, süße Ricottafüllung, die manche Konditoren noch mit gehackten Pistazien, Schokosplittern oder kandierten Zitrusfrüchten veredeln. Am wichtigsten ist, dass die Rollen erst in letzter Minute gefüllt und dann sofort gegessen werden. In Greenwich Village ist **Rocco's Pastry Shop & Espresso Café** die ideale Anlaufstelle für köstliche *cannoli*. Noch italienischer als in Little Italy geht es in der Bronx zu, wo die **Madonia Brothers Bakery** in der Arthur Avenue die krossen Röllchen in Sekundenschnelle füllt, bevor sie ebenso schnell verputzt werden.

Franco Amati von der Ferrara Bakery and Café in Little Italy (Manhattan) füllt *cannoli*-Röllchen mit Ricotta.

Spaß beiseite: Kermit Carpenter vom Key West Lime Shoppe macht eine der besten Key Lime Pies der Stadt.

FLORIDA, USA

Key Lime Pie

Sanft mit einem Spritzer Saures: die Key Lime Pie verkörpert das Wesen von Key West an Floridas Südzipfel.

Immer, wenn eine kleine Touristenbahn vorbeizuckelt, schießt Kermit Carpenter auf die Straße. Er trägt eine dunkelgrüne Kochmütze und hält eine Torte mit dicker Baiserschicht in der Hand, als wolle er die verblüfften Passagiere damit bewerfen. Dann erleichtertes Gelächter … die Torte ist nicht echt. Das Original wartet in Carpenters Laden: Die Key Lime Pie gilt als Symbol für die südlichste Stadt der USA, wo die Seelen von Ernest Hemingway und Tennessee Williams auf jene von Bohemiens, Piraten, Seefahrern und Schatzsuchern treffen. Die gleichnamigen Limetten von den Florida Keys sind kleiner und saurer als ihre Supermarktschwestern, ihr Saft ist eher gelb als grün. Für die Torte wird er mit Eigelb verquirlt; dazu kommt gesüßte Kondensmilch, die in der Zeit, bevor es Kühlschränke gab, viel verbreiteter war als Frischmilch. Die Mischung wird auf einen Kuchenboden aus zerkrümelten Keksen gegeben und mit einer Baiser-masse aus Eischnee gekrönt. Früher wurde die Füllung langsam von selbst fest, heute kommt die Torte für zehn bis 15 Minuten in den Backofen. Manchmal ersetzt Schlagsahne die Baiserschicht und wird mit Limetten dekoriert. Am besten schmeckt die Key Lime Pie eiskalt; sie mit Lebensmittelfarbe grün zu färben wäre ein Sakrileg!

Beste Reisezeit Key West verwöhnt das ganze Jahr über mit warmer Sonne. Im Januar und Februar findet das Festival A Taste of Wine and Music statt, im März der Conch Shell Blowing Contest (Tritonshornblaswettbewerb), im April das Festival Taste of Key West und im August das Key West Lobsterfest. In Marathon auf den Middle Keys wird im März das Original Seafood Festival gefeiert.

Reiseplanung Key West liegt drei Autostunden von Miami entfernt. Der Overseas Highway mit seinen 43 Brücken verbindet die gesamte Inselkette. Vom Key West International Airport aus gibt es spärliche Flugverbindungen nach Miami, Orlando, Tampa, Atlanta (Georgia) und Charlotte (North Carolina).

Websites www.fla-keys.com, www.keylimeshop.com, www.visitflorida.com

Die Conch Republic

Erst Anfang des 19. Jahrhunderts, nachdem Einwanderer von den **Bahamas** es ihnen vormachten, begannen die Bewohner der Keys das Fleisch des Tritonshorns zu essen. Die widerstandsfähige Schneckenart beeindruckte sie so stark, dass sie ihren Namen, Conch, auch für sich selbst übernahmen und Key West zur Conch Republic wurde.

An den Küsten der USA dürfen mittlerweile aufgrund des Artenschutzes keine lebenden Tritonshornschnecken mehr gesammelt werden.

KAFFEEGENUSS

Bei Kaffee und Kuchen Leute beobachten, anregende Gespräche führen und den Nachmittag verbummeln, dafür gibt es Cafés. Hier eine Liste der besten.

❶ Quebec, Kanada

Dass der französische Einfluss in der Provinz Quebec am stärksten ist, zeigt sich in ihrer Hauptstadt. Angebot und Atmosphäre im Café de la Paix und im Café St.-Malo, beide in Alt-Quebec, sowie im Café du Monde am St.-Lorenz-Strom im Stadtteil Vieux-Port Quebec erinnern an die typischen Pariser Bistros.

Reiseplanung An Wochenenden und Feiertagen gibt es im Café du Monde Frühstück. www.bonjourquebec.com, www.lecafedumonde.com

❷ Manhattan, New York, USA

Manhattan überwältigt nicht nur mit Wolkenkratzern, sondern auch mit Cappuccino, Sachertorte und Crème brûlée. Das Café Sabarsky bietet Wiener Kaffeehausatmosphäre, das Café Gitane gibt sich französisch und im Buchladen Kinokuniya wartet ein japanisches Café. Zwei authentisch amerikanische Cafés im Theater District sind das Pink Pony und das West Bank Café.

Reiseplanung Das Caffè Vivaldi bietet abends kostenlose Livemusik. Im Pink Pony finden oft Lesungen statt. www.iloveny.com

❸ Seattle, USA

Hier eröffnete 1971 das erste Starbucks. Aber die Konkurrenz schläft nicht, allen voran die Kette Caffè Ladro (*ladro* ist italienisch und bedeutet „Dieb"), die ihre Filialen absichtlich in der Nähe der Starbucks platzierte. Ein weiteres Café, Top Pot, ist ein Laden für Doughnuts mit eigener Kaffeerösterei.

Reiseplanung Ladro hat Filialen in ganz Seattle, davon zwei im Zentrum. www.visitseattle.org

❹ Hanoi, Vietnam

Seit die Franzosen Vietnams erste Kaffeeplantagen anlegten, spielt sich Hanois gesellschaftliches Leben in Cafés ab. Die meisten sind Familienbetriebe und ziemlich schummrig, also ideal, um der stechenden Sonne zu entgehen. Einheimische und Rucksacktouristen tummeln sich im Café Nhan in der Altstadt, trendiger ist das Highlands am Hoan-Kiem-See.

Reiseplanung Ultrasüßer Espresso ist in Hanoi besonders beliebt, gerne auch auf Eis. www.tourism.hochiminhcity.gov.vn

❺ Chennai, Indien

Bei Indien denkt man an Tee, aber im Bundesstaat Tamil Nadu ist Kaffee längst ebenso populär. In Chennai sind die marokkanisch dekorierten Cafés der Kette Mocha echte In-Treffs. Das Amethyst im Kolonialstil und das Casa Piccola auf der Dachterrasse nebenan sind etwas schicker.

Reiseplanung In Südindien wird Filterkaffe meist mit Milch aufgekocht, aber viele Cafés richten sich auch nach internationalen Gepflogenheiten. www.tamilnadutourism.org

❻ Prag, Tschechische Republik

Ob Jugendstilpalast oder Hinterhofkämmerchen, während des Kommunismus waren die Prager Cafés Keimzellen des Widerstands. So auch das Café Slavia mit Art-Déco-Einrichtung und Blick auf die Burg. Interessant sind auch das Café Orient, eines der ersten kubistischen Häuser weltweit, und das Café Louvre in der Národní-Straße, wo schon Kafka und Einstein verkehrten.

Reiseplanung Nicht so touristisch und trotzdem zentral ist das Café Kaaba in der Vinohrady-Straße. www.pragueexperience.com

❼ Berlin, Deutschland

Die hippe Jugend zieht es ins Anna Blume, um lecker zu frühstücken. Die größte Kuchenauswahl Berlins bietet das Opernpalais. Zum Sehen und Gesehenwerden eignen sich das Café Einstein in der Villa, in der einst der Stummfilmstar Henny Porten wohnte, und das Café Unter den Linden.

Reiseplanung Die typische Berliner Kaffeehausatmosphäre stellt sich vor allem samstagnachmittags und sonntagvormittags ein. www.berlin-tourist-information.de

❽ Rom, Italien

Ein Tässchen Espresso in einem Caffè, wo die Gäste auf der Vespa vorfahren, gehört zum *dolce vita* einfach dazu! Das 1760 gegründete Antico Caffè Greco ist Roms ältestes Café, das Caffè Rosati bietet *sogni romani* an, ein Mixgetränk in den Farben Roms aus Orangensaft, gelbem und rotem Likör. Im Caffè Sant'Eustachio gibt es Kaffeebohnen mit Schokoladeüberzug.

Reiseplanung Die Römer trinken ihren Kaffee meist im Stehen an der Theke. Am Tisch serviert ist er erheblich teurer. www.turismoroma.it

❾ Paris, Frankreich

Obwohl die Pariser Cafés längst nicht mehr von Dichtern und Denkern, sondern von Touristen bevölkert werden, haben sie ihr Flair bewahrt. Das Les Deux Magots ist ein Stück Kulturgeschichte, das schon Rimbaud, Verlaine, Picasso und Jean-Paul Sartre inspirierte. Berühmt sind die Einrichtung und die Makronen des Ladurée auf den Champs-Élysées.

Reiseplanung Die meisten Pariser Cafés haben von 7 oder 8 Uhr bis Mitternacht oder noch länger geöffnet. www.parisinfo.com

❿ Madrid, Spanien

Die Politik- oder Literaturzirkel der *madrileños* treffen sich traditionell im Café, zum Beispiel im Café Commercial, das seit den 1880er Jahren Künstler und Intellektuelle anzieht. Die besten Kuchen bäckt das Café La Mallorquina.

Reiseplanung Am beliebtesten sind Milchkaffee, *café con leche,* und *cortado,* Espresso mit einem Schuss Milch. www.esmadrid.com

---

Rechts: Das Prager Café hat mit dem Altstädter Ring samt prachtvoller Teynkirche eine Traumkulisse.

Kulfi am Chowpatty Beach

Abends an Mumbais populärstem Strand macht die beschwingte Atmosphäre Lust auf süßes, eiskaltes *kulfi*.

Tagsüber ist es relativ ruhig am Chowpatty Beach, einem Sandstreifen zwischen dem Arabischen Meer und dem belebten Marine Drive, der in Mumbais überfülltes Zentrum führt. Nur ein paar Grüppchen aalen sich im Sand oder suchen unter den Palmen Schutz vor der Sonne. Aber wenn es dunkel wird, erwacht der Strand zum Leben. Sobald an den mobilen Straßenständen die Lichter angehen, drängen schon Kunden nach heißen Snacks wie *bhelpuri* (Reis und Kartoffeln in Tamarindensauce) oder süßem *kulfi*. Die unglaublich cremige indische Version von Eis am Stiel besteht aus eingekochter Milch und gesüßter Kondensmilch, die mit Kardamom, Safran, Pistazien, Zimtapfel, Vanille, Rosen, Schokolade, Bananen oder Mangos aromatisiert werden. Traditionell wird *kulfi* in einem mit Salz und Eis gefüllten Tontopf namens *matka* gerührt. Der poröse Ton unterstützt das Gefrieren der Milch. Heute übernimmt das meist eine Eismaschine. Auf der Landseite des Marine Drive bilden sich Schlangen vor dem New Kulfi Centre, das trotz des Namens schon seit fast 50 Jahren das beste *kulfi* von Mumbai produziert. Wer die Qual der Wahl unter den vielen Sorten hinter sich hat, genießt am Strand und wirft einen Blick zurück auf den Marine Drive, der auch Queen's Necklace (Halskette der Königin) heißt, weil die Straßenlampen wie Juwelen funkeln.

Beste Reisezeit Von Juni bis September herrscht Monsun, deshalb ist es für Reisende von Oktober bis Februar am angenehmsten.

Reiseplanung Die Parsi Dairy Farm auf der Südseite des Chowpatty Beach verkauft *kulfi*, Jogurt und *lassi*, ein süßes oder salziges, kaltes Jogurtgetränk. Vorsicht beim Einkauf an Straßenständen: Die Hygiene lässt oft zu wünschen übrig. Für den beliebten frischen Zuckerrohrsaft am besten den eigenen Becher mitbringen.

Websites www.mumbaihub.com, www.mumbai.org.uk

Paan regt an

Auf der anderen Seite der Straße am Chowpatty Beach reihen sich vor einem unauffälligen Stand Sportwagen und Luxuslimousinen mit Chauffeur aneinander: Dort kauft man *paan*, die essbaren **Blätter des Betelpfeffers.** Sie werden ähnlich wie *samosas* zu dreieckigen Päckchen gefaltet und gefüllt. Der Stand hat keinen Namen und braucht auch keinen, denn seine Fangemeinde von reichen Managern, Produzenten und glamourösen Bollywood-Sternchen ist schon groß genug.

Traditionell wurde *paan* gekaut, um den Gaumen zu reinigen oder den Mund zu erfrischen. Es hat verschiedene Füllungen aus Betelnuss, Kardamom, Limettenpaste, Datteln, aber auch Kautabak oder sogar kleinen Silber- und Goldpartikeln. Ein guter *paan*-Macher, ein **paanwala,** gilt als Künstler.

Sobald die untergehende Sonne den Chowpatty Beach in goldenes Licht taucht, strömen alle herbei, um den Abend mit *kulfi* und anderen Snacks zu genießen.

CHINA

NACHMITTAGSTEE IN HONGKONG

Im altehrwürdigen Peninsula Hotel wird noch wie zu Kolonialzeiten der traditionelle Afternoon Tea serviert.

In vielen fernen Gebieten, die sich längst von der britischen Kolonialherrschaft befreit haben, hat ein Relikt aus dieser Zeit überlebt: der Nachmittagstee. Vor allem die Exilbriten hängen an diesem Ritual, das mit Zuckerzange, Tortenplatten, Spitzendeckchen, Teesieb, Sandwiches, Scones und feinem Gebäck zelebriert wird. Das führte in Hongkong, trotz dessen Übergabe 1997 an China, zu einem überraschenden Geschäft: Die Briten verkaufen Tee nach China! Das aus Kolonialzeiten stammende Peninsula Hotel auf Kowloon hält seit 1928 an der Teezeremonie fest: In der prächtigen, klassizistisch in Beige und Gold eingerichteten Lobby mischen sich Gesprächsfetzen mit den Klängen des Streichquartetts auf der Empore und dem Klirren der Teelöffel auf den feinen Tassen aus chinesischem Porzellan. Sonnenstrahlen lassen den gemusterten Marmorboden glänzen und spiegeln sich in den kupfernen Übertöpfen der Palmen. Wenn jetzt Miss Marple hereinkäme auf der Suche nach einem Gurkensandwich und einer Tasse Orange Pekoe, würden ihr die Kellner in schneeweißen Livreen sofort dienstfertig Platten mit süßem und pikantem Gebäck anbieten und ihre Teetasse füllen, ohne auch nur mit der Wimper zu zucken.

Beste Reisezeit Von November bis Januar ist das Wetter warm und trocken. Die Sommer sind heiß und sehr feucht. Klimaanlagen sorgen in Hotels, Einkaufszentren und den unter- und überirdischen Passagen in den belebtesten Teilen von Hong Kong Island und Kowloon für erträgliche Temperaturen.

Reiseplanung Der Nachmittagstee im Peninsula Hotel ist so beliebt, dass er täglich von 14 bis 19 Uhr serviert wird. Trotzdem bilden sich ab 15.30 Uhr bis zum frühen Abend lange Schlangen. Am besten das Mittagessen ausfallen lassen und früh kommen oder gleich im Peninsula einchecken, denn die Gäste des renommierten Hotels müssen nicht anstehen. Wer in Flip-Flops oder Ähnlichem kommt, erntet ein Stirnrunzeln, nach 19 Uhr sind lange Hosen und langärmlige Hemden für Männer Pflicht.

Websites www.peninsula.com, www.discoverhongkong.com

Eine gute Tasse Tee

Queen Victorias Freundin Anna, Duchess of Bedford, soll den Afternoon Tea erfunden haben. Tee als Getränk war den Engländern schon seit der Mitte des 18. Jahrhunderts heilig, aber sie machte daraus eine **kleine Mahlzeit,** die die Lücke zwischen dem Mittagessen und dem damals beliebten späten Dinner füllte. Bei der Teezubereitung setzte sie sehr hohe Standards, die bis heute gelten.

Teebeutel sind verpönt, der Tee wird aus **losen Blättern** aufgegossen. Dafür die Teekanne mit kochendem Wasser vorwärmen, Wasser ausgießen und die Teeblätter – einen Teelöffel pro Tasse plus einen für die Kanne – hineingeben. Mit frischem, kochendem Wasser auffüllen und je nach Teesorte drei bis vier Minuten ziehen lassen. In **Porzellantassen** servieren, denn daraus schmeckt Tee besonders gut. Nach Geschmack Zucker und Milch oder etwas Zitrone zugeben.

Scones mit dicker Sahne und Marmelade: Was im ländlichen England schmeckte, erlebt im feinen Peninsula Hotel ein Revival.

Reinh van Hauen ist eine der berühmtesten Bäckereien Kopenhagens und hat mehrere Filialen in der Stadt.

DÄNEMARK

KOPENHAGENER & CO.

Süße Teilchen, die auf der Zunge zergehen, ziehen Leckermäuler in der dänischen Hauptstadt magnetisch an.

Auf einem Morgenspaziergang durch Kopenhagens enge, kurvige Straßen riecht man es sofort: Aus vielen kleinen Bäckereien dringt der köstliche Duft frisch gebackenen Brotes und Gebäcks. Dort werden die Kunden nicht nur mit einem freundlichen Lächeln, sondern auch mit einer schwindelerregenden Auswahl begrüßt. Die Ursprünge der Plunderstücke namens Kopenhagener gehen auf einen Streik der dänischen Bäcker Mitte des 19. Jahrhunderts zurück. An ihrer Stelle wurden Bäcker aus Wien engagiert, die ihre Rezepte mitbrachten. Nach Streikende backten auch die Dänen Gebäck aus dem luftigen, buttrigen Teig ihrer Kollegen und hoben damit die Kopenhagener aus der Taufe, die in Dänemark *Wienerbrød* heißen. Das Sortiment der heutigen Konditoreien beinhaltet viele weitere leckere Kreationen, oft mit Creme oder Schokolade. Besonders lecker sind *chokoladebolle* aus Blätterteig mit Creme und Schokoguss, *kanelsnegle*, intensiv duftende Zimtschnecken, oder *Napoleonshatte*, deren Form an den Dreispitz des berühmten Namensgebers erinnert. Ein Biss offenbart die aromatische Marzipanfüllung. *Spandauer* heißen so, weil die Konfitüre- oder Cremefüllung im Teig „eingesperrt" ist.

Beste Reisezeit In Dänemark mit seinem milden Klima sind Frühling und Herbst die besten Reisezeiten, allerdings ist mit häufigen Schauern zu rechnen.

Reiseplanung Planen Sie mindestens eine Woche ein, denn neben der quirligen Hauptstadt sollten Sie auch die vielen dänischen Inseln erkunden. Zu den bekanntesten Bäckereien Kopenhagens gehören Reinh van Hauen und Lagkagehuset in der Torvegade 45. Die Konditori La Glace in der Skoubogade 3 besteht schon seit 1870 und ist im ganzen Land berühmt für ihre traumhaften Kuchen und Torten.

Websites www.visitdenmark.de, www.laglace.dk

Ein traditioneller *kransekage* oder Kranzkuchen.

Nach einer ausgiebigen Besichtigungstour kann man im Kaffeehaus Gerbeaud gepflegt entspannen.

UNGARN

Köstliches Budapest

Die einst vernachlässigten Cafés erstrahlen in neuem Glanz und laden zu Kaffee und Kuchen ein.

Das 150 Jahre alte Gerbeaud auf dem Vörösmarty-Platz ist der König unter den *kávéházak,* den Kaffeehäusern der ungarischen Hauptstadt. Hier mischen sich einheimische Stammgäste und Touristen, um sich an Kuchen und Gebäck wie Gerbeaud-*torta,* einem mit Obstbrand getränkten Schokoladenkuchen, Dobos-*torta* mit Schokolade und Karamell oder der Schichttorte Gerbeaud-*szelet* mit Aprikosenkonfitüre, gemahlenen Walnüssen und Schokoguss gütlich zu tun. Weiter nördlich verströmt das Centrál Kávéház Bohème-Atmosphäre wie einst und verwöhnt mit *somlói galuska,* einem Biskuittraum mit Walnusskeksen, Schokosauce und Vanillecreme, oder einer Walnusstorte mit Grand Marnier. Nur 20 Gehminuten davon entfernt wartet unter Deckengemälden, Säulen, Lüstern, Gold und Marmor das New York Kávéház. Wer glaubt, die ungarische Küche sei schwer und ungesund, wird im eleganten Lukács Cukrászda eines Besseren belehrt. Hochwertige Zutaten sind Trumpf, die Limonade wird aus frisch gepressten Zitronen und Bio-Honig gemacht. Den schönsten Blick auf Budapest und die Donau sowie feinste internationale Küche bietet das Restaurant Icon im Hotel Hilton im Burgviertel. Bei den kleinen Kunstwerken, die der Patissier dort schafft, gehen einem förmlich die Augen über.

Beste Reisezeit Im Mai und September, wenn die Caféterrassen voller Leben sind, ist es am schönsten. Das Frühlingsfestival in den letzten zwei Märzwochen zeigt einen Querschnitt durch das ungarische Kulturleben. Das sehr populäre Rockfestival auf der Insel Sziget findet im August statt.

Reiseplanung Das verträumte Burgviertel Budavári hat mehrere historische Cafés. Viele Lokale schließen früh, vor allem außerhalb der Saison. Im Winter bieten Hotels oft vier Nächte zum Preis von dreien.

Websites www.gerbeaud.hu, www.centralkavehaz.hu, www.boscolohotels.com, www.gundel.hu

Restaurants in Budapest

■ Das prächtige Jugendstil-Restaurant **Gundel** existiert seit 1894 und floriert bis heute. Das Brunchbuffet am Sonntag ist optimal, um sich durch die köstlichen Desserts zu probieren. Besonders lecker sind die Palatschinken mit Rum, Rosinen, Walnüssen, Zitronenschale und Schokosauce.

■ Das elegante **Onyx,** ursprünglich der Laden des Gerbeaud, beweist eindrucksvoll, dass sich seit den 90er Jahren in Ungarns Küchen und Weinkellern einiges getan hat. Nicht ohne Grund heißt das Fünf-Gänge-Menü „Ungarische Evolution".

Ein Stück *szelet im* Gerbeaud.

TÜRKEI

Süsse Verführer in Istanbul

Das leckere Konfekt, das in Läden, Teehäusern und Cafés im Stadtteil Kadıköy angeboten wird, ist eine Sünde wert.

Auf der asiatischen Seite des Bosporus, gegenüber so berühmten Sehenswürdigkeiten wie dem Topkapı-Palast und dem Goldenen Horn, liegt Kadıköy. Hier ist die Atmosphäre spürbar anders als in den europäischen Teilen Istanbuls. Seit Jahrhunderten passieren Waren und Reisende aus Nord, Süd und West im Hafen von Kadıköy die Grenze nach Anatolien. Das Ufer ist gesäumt von modernen Bauten und Coffee Shops verschiedener Ketten, aber nur einen Block landeinwärts beginnt der bunte Trubel des Basars. Hier warten die berühmten Konditoreien und Süßwarenläden von Kadıköy mit ihrem betörenden Angebot an Bonbons, Konfekt und Gebäck, das in seiner Vielfalt dem Basar alle Ehre macht. Zwischen Morgengrauen und acht Uhr stärken sich Verkäufer wie Kunden erst einmal mit Kaffee, çay (Tee), Kuchen, Keksen und den türkischen Geleewürfeln *lokum* von Baylan, Beyaz Fırın, Hacı Bekir und Şekerci Cafer Erol. Schon seit Generationen stillen diese alteingesessenen Geschäfte die Lust auf Süßes. Nach diesem Auftakt stürzen sich dann alle voller Elan ins Getümmel: Fischverkäufer preisen ihre frische Ware an, Tische quellen über vor knackigem Saisongemüse, dazwischen drängen sich Stände mit Oliven, Käse, Trockenfrüchten, Kräutern und Nüssen.

Beste Reisezeit Ganzjährig. Im Frühjahr und Herbst ist das Wetter am angenehmsten. Auf dem dreitägigen Festival Seker Bayramı wird alles gefeiert, was süß ist. Am Eröffnungstag haben viele Museen und Sehenswürdigkeiten geschlossen, an den zwei folgenden Tagen läuft alles wieder normal. Das „Zuckerfestival" findet immer kurz nach dem Ramadan statt, hat aber keinen festen Termin.

Reiseplanung Von Eminönü, Karaköy und Beşiktaş auf der europäischen Seite fahren regelmäßig Fähren nach Kadıköy, seltener auch von Kabataş. Die Überfahrt dauert 20 bis 25 Minuten. Zwei bis drei Stunden reichen für einen Bummel durch die Konditoreien, Cafés, den Basar und das elegante Wohnviertel Moda südlich des Hafens.

Websites www.ido.com.tr, www.hacibekir.com.tr, www.baylanpastanesi.com/basin.html

Highlights in Kadıköy

■ Tee und Gebäck verkauft das 1934 von Griechen gegründete **Baylan,** wohin viele Schauspieler, Dichter und Schriftsteller Istanbuls in den 1960er und 1970er Jahren pilgerten. Stammgäste erzählen gerne bei einem çay von diesen goldenen Zeiten und vernaschen dabei einen **Cup Griye** aus Eiscreme, Sahne, Karamellsauce, Pistazien und Mandeln.

■ George Stoyanof, ein Bäcker aus dem damals zum Osmanischen Reich gehörenden Mazedonien, eröffnete vor über 170 Jahren das **Beyaz Fırın,** was so viel wie „Weißer Ofen" bedeutet. Zu den Spezialitäten, die seine Nachfahren dort verkaufen, gehören köstliche, schwere Brote, Marzipan, unglaublich leckere Kuchen und Makronen.

■ Auf der Theke von **Şekerci Cafer Erol** stehen große Bonbongläser, die mit zuckersüßen *akide şekeri* (Bonbons) gefüllt sind. Daneben stapeln sich handgeschöpfte Schokolade, *baklava, halwa* und mit Sirup getränktes Gebäck.

Gegenüber: Die Ortaköy-Moschee auf der europäischen Seite des Bosporus. Oben: Das süße Angebot von Hacı Bekir.

WIENER KAFFEEHÄUSER

Nirgends lässt es sich so gemütlich bei Kaffee und Kuchen verweilen wie in der Welthauptstadt der Kaffeehauskultur.

Seit Jahrhunderten spielt sich das Wiener Kulturleben im *Kaffeehaus* ab, wo sich Menschen jeglicher Herkunft treffen, plaudern, diskutieren, Schach spielen, Zeitung lesen und natürlich Kaffee trinken. Viele dieser traditionellen Kaffeehäuser stammen aus dem ausgehenden 19. Jahrhundert, und wer sie betritt, fühlt sich in die gute alte Zeit zurückversetzt: Meist sind sie opulent ausgestattet, mit hohen Decken, Parkettböden, Thonet-Stühlen, Sitzbänken mit Samtpolstern und Marmortischen, zwischen denen charmante, zuweilen auch mürrische Ober im Frack herumwieseln. Das leise Klappern der Löffel auf den Metalltabletts verleiht der Atmosphäre etwas Zeitloses, und auch auf der Speisekarte stehen lauter Klassiker: Apfelstrudel, die berühmte Sachertorte und Kaffeespezialitäten wie Einspänner und Melange. Neben den allgegenwärtigen Zeitungen sorgen oft Billardtische, Lesungen, Musikveranstaltungen oder sogar politische Debatten im Hinterzimmer für Zerstreuung. Die bekanntesten Kaffeehäuser wie Griensteidl, Central, Landtmann, Diglas, Prückel, Sperl oder Imperial liegen in der Altstadt im 1. Bezirk, vor allem in der Ringstraße. Liebhaber feiner Kuchen und Torten gehen zu Sacher oder Demel, besonders urig geht es im Hawelka zu. Eines ist jedoch allen gemeinsam: die typische Wiener Gemütlichkeit, die Stress und Hektik vergessen lässt.

Beste Reisezeit Im Sommer sind Temperaturen bis zu 35 Grad in Wien keine Seltenheit, aber nur wenige Kaffeehäuser haben eine Klimaanlage.

Reiseplanung Kaffeehäuser sind ganzjährig geöffnet, meist von früh morgens bis spät in die Nacht. Dem Trend folgend haben einige mittlerweile auch Sitzplätze im Freien.

Websites www.wien.info/de, www.wiener-kaffeehaus.at

Kleine Wiener Kaffeekunde

■ Die **Melange** besteht je zur Hälfte aus Kaffee und aufgeschäumter Milch, wird manchmal von einem Klacks Schlagobers gekrönt und zählt zu den Favoriten. **Einspänner** heißt ein großer Mokka mit Sahne.

■ **Eiskaffee** wird in Wien aus starkem, kaltem Mokka gemacht, der mit einer Kugel Vanilleeis und Schlagsahne serviert wird. Für **Gerührten Eiskaffee** werden Vanilleeis und Mokka gemixt.

■ Ein **Obermayer** ist ein Espresso, auf den über den Löffelrücken flüssige Sahne läuft, für **Überstürzten Neumann** wird die Tasse mit Schlagobers gefüllt, über den man einen Espresso gießt.

■ Für den Extrakick sorgen ein **Fiaker,** ein Espresso mit heißem Rum, oder **Maria Theresia,** für die ein doppelter Espresso mit Orangenlikör aufgepeppt und von Sahne gekrönt wird.

Die riesige, verführerische Torten- und Gebäckauswahl im Schaufenster lockt die Gäste ins Wiener Café Demel.

Die Spanische Treppe in Rom, hinter der die Kirche Trinitá dei Monti aufragt, ist stets von Besuchern belagert.

ITALIEN

EIS IN ROM

Gibt es eine bessere Erfrischung in der Ewigen Stadt als eine Portion kühles, sahniges Eis?

Die Römer sind stolz auf ihr *gelato*, ihr Eis, das nur dann ein perfekter Genuss ist, wenn außer der Qualität auch folgende drei Faktoren stimmen: Das Waffelhörnchen muss knusprig sein, das Sahnehäubchen nur leicht süß und nicht zu steif, und der *gelataio* muss sein Geschäft verstehen und die Eiscreme mit dem Spatel aufrühren, bevor er sie als weichen Berg auf die Waffel türmt. Die beiden besten Eisdielen befinden sich in der Altstadt: San Crispino in der Nähe der Fontana di Trevi ist ein Purist, der keinen Schnickschnack wie Schokosauce und auch keine Waffelhörnchen anbietet. Bei ihm gibt ausschließlich Eis pur im Pappbecher, und Pistazieneis schmeckt einfach nur nach Pistazie. Ganz im Gegensatz dazu die Gelateria Giolitti nicht weit vom Pantheon, wo es neben einer riesigen Sortenauswahl auch die ganze Palette von Extras gibt. Echte Eisfans pilgern außerdem zu Lanzallotto im Stadtteil Parioli, der mit Geschmacksrichtungen wie *marron glacé* (Esskastanie) und *nocciola* (Haselnuss) sowie mit *sorbetti* aus frischen Früchten lockt. Al Settimo Gelo im eleganten Viertel Prati nicht weit vom Vatikan ist berühmt für seine abenteuerlichen Kreationen mit Schokolade und Chili, Honig oder Myrte.

Beste Reisezeit Die Eisdielen haben ganzjährig geöffnet, aber am größten ist das Eisvergnügen in Rom von April bis Mitte Oktober. Von Mai bis September haben die halbgefrorenen *granita* und *grattachecca* Hochsaison.

Reiseplanung Meist verkaufen die Eisdielen von 10 Uhr bis 20 Uhr, oft aber auch bis Mitternacht. Eis schmeckt zu jeder Tageszeit, als Kaffee-*granita* mit einer Brioche sogar zum Frühstück.

Websites www.romeguide.it, www.roma-online.de, www.ilgelatodisancrispino.it, www.giolitti.it

Granita und *grattachecca*

Die klassische **granita** ähnelt einem Sorbet, ist aber nicht so cremig. Sie entstand im Mittelalter, als die Sizilianer Zitronensaft mit Schnee vom Ätna vermischten. Heute besteht sie aus Zucker und aromatisiertem Wasser. Die Mischung wird gerührt und gefroren, bis sie eine halbfeste Konsistenz hat.

An heißen Nachmittagen ist eine *granita* mit Sahnehäubchen die perfekte Erfrischung, egal ob sie klassisch nach Kaffee, Erdbeeren oder Mandeln oder aber etwas exotischer nach Erdnüssen oder Maulbeeren schmeckt. Viele trendige Café-Bars wie **Sant'Eustachio** verkaufen hervorragende *granitas*, aber auch sizilianische Eisdielen wie **Gelarmony** und Konditoreien wie die **Pasticceria Mizzica**.

Roms Antwort auf die *granita* ist etwas grobkristalliger und heißt **grattachecca**. Sie wird von Eisblöcken geschabt, die Flocken werden dann mit Fruchtsirup vermengt. Im Sommer belagern hitzegeplagte Römer die *grattacheca*-Stände bis spät in die Nacht. Besonders beliebt ist **Sora Maria** im Stadtteil Prati, deren beeindruckende *grattachecca mista* neben Kirschen und Tamarindensirup auch Kokos- und Zitronenstückchen enthält.

ITALIEN

Sizilianisches Marzipan

Ob an der Küste oder im kargen Hinterland, in den *pasticcerie* der Insel spielen Marzipankreationen stets die Hauptrolle.

In den Schaufenstern der Konditoreien locken Berge von Aprikosen und Kaktusfeigen neben Körben mit prallen Erdbeeren und Pfirsichen. Alle Früchte sehen absolut echt aus. Aber sie sind aus süßem Marzipan, das hier *pasta reale* heißt. Die Mandelmasse soll arabische Ursprünge haben; jedenfalls gehört sie zu dem reichen kulinarischen Erbe, das der zweihundertjährige arabische Einfluss auf der Insel hinterlassen hat. Alle sizilianischen Festtage werden mit einer Marzipanspezialität gefeiert: An Ostern gibt es das *agnello pasquale*, das Osterlamm, an Geburtstagen und anderen Feiertagen *frutta martorana*, die besagten Marzipanfrüchte. Darüber freuen sich auch die Kinder an Allerheiligen, wenn sie sie in ihren Schuhen finden – angeblich von den Geistern ihrer Vorfahren dort versteckt. Die Marzipanfrüchte wurden erstmals im Kloster Martorana in Palermo hergestellt. Anlässlich eines Besuchs des Erzbischofs formten die Nonnen Früchte aus Marzipan, wahrscheinlich Zitronen und Orangen, und dekorierten damit die bereits abgeernteten Bäume. Heute fabrizieren die Konditoreien Alba und Caflish in Palermo die schönste *frutta martorana*, in Taormina ist die Pasticceria Etna sehr populär. Eingeschworene Marzipanfans besuchen die Barockstadt Noto in den Hügeln südlich von Siracusa, um sich bei Carlo und Corrado Assenza im Caffè Sicilia einzudecken.

Beste Reisezeit Im Winter kann es kalt und feucht werden, der sizilianische Frühling ist eher wechselhaft. Anfang März blühen die Mandelbäume auf den Hängen rund um Noto.

Reiseplanung Wer sich dem entspannten sizilianischen Lebensrhythmus anpassen will, nimmt sich mindestens eine Woche Zeit für die Insel. Zu den größeren Städten gibt es gute Bus- und Bahnverbindungen, aber für das Hinterland ist ein Mietwagen ideal. Der Zug von Catania zum Ätna hält in Adrano und Bronte. Achtung: Die Uhren auf den Bahnsteigen stimmen nicht unbedingt mit der Zeit auf der eigenen Armbanduhr überein!

Websites www.weather-in-sicily.com, www.discover-sicily.eu, wwww.emmeti.it/Cucina/Sicilia

Kulinarische Rundreise

■ Zur *passeggiata*, dem Abendspaziergang mit Familie und Freunden, gehören auf der Via Etna in **Catania** ein Gläschen Castelmonte Frizzante und ein paar *arancini* (gefüllte frittierte Reisbällchen) in einem der Straßencafés.

■ Nördlich von Adrano, am Westhang des Ätna, liegt **Bronte**, die *Città del Pistacchio*. Auf dem rund 50 Quadratkilometer großen, terrassierten Gebiet rundherum wachsen Pistazienbäume. Ernte ist alle zwei Jahre im September, sie wird mit einem großen Fest gefeiert. Für Fans von Pistazieneis, Keksen und Kuchen mit der leckeren Pistaziencreme *fior di pistacchi* ist diese Stadt ein Muss. Neben Gebäck und Konfekt werden dort aus Pistazien auch *torrone* (eine Art türkischer Honig) und sogar Pesto gemacht.

■ An Siziliens Westküste sollten Leckermäuler in **Erice** Halt machen. Die mittelalterliche Stadt auf einem Hügel nicht weit von Palermo bietet herrliche Ausblicke aufs Meer, und das Ristorante Monte San Giuliano serviert mit Meeresfrüchten gefüllte Auberginen-*involtini*.

■ In **Marsala,** südlich von Erice, warten Dutzende von Weinen darauf, probiert zu werden. Viele Kleinbetriebe bieten süße wie auch trockene Varianten an, die aus der heimischen Zibibbo-Traube gekeltert wurden. Ein Q-Siegel auf dem Etikett steht für Qualität. Der süße, fünf bis sieben Jahre gelagerte Marsala Vergine passt besonders gut zu üppigen Desserts.

Gegenüber: Die Normannen erbauten die Burg auf den Klippen von Aci Castello. Oben: Bunte Marzipanfrüchte in Erice.

SCHOKOLADE AUS BRÜSSEL

Die belgische Hauptstadt ist mit Hunderten von Top-Chocolatiers gesegnet. Sie verkaufen die reinste, edelste Schokolade der Welt.

Ultimativen, puren Genuss verspricht Pierre Marcolinis elegantes Geschäft auf dem hübschen Place du Grand Sablon. Die appetitlichen Pralinen wirken in den Vitrinen wie kostbare Juwelen. Pierre Marcolini gehört zu den renommiertesten Chocolatiers Belgiens, seine luxuriösen Kreationen vermarktet er mittlerweile weltweit. Aber auch die Konkurrenz ist nicht zu verachten: Wittamer auf der gegenüberliegenden Seite des Platzes ist ein seit 1910 tätiger Familienbetrieb, der ebenfalls zur Brüsseler Schokoladenelite gehört und in seinem eleganten Tearoom einen traumhaft leichten Schokoladenkuchen sowie erstklassige Tee- und Kaffeespezialitäten anbietet. Das bezaubernde kleine Lädchen von Mary in der Rue Royale beliefert auch das belgische Königshaus. Dazu kommt das hochklassige Sortiment einiger Firmen, die mit ihren vielen Filialen in Brüssel und anderswo fast schon als Kette gelten können: Leonidas (mit 30 Geschäften allein in Brüssel), Corné Port-Royal, Godiva und natürlich Neuhaus, dessen Gründer Jean Neuhaus 1912 die Praline erfand. Überall füllt weiß behandschuhtes Personal die *ballotins* genannten Schachteln mit Hausspezialitäten, von denen Trüffel, weiße Pralinen mit Sahne-Canache, Likörpralinen, Mandelmarzipan und in dunkle Schokolade getauchte, kandierte Orangenstäbchen nur eine kleine Auswahl sind.

Beste Reisezeit Brüssel ist das ganze Jahr über interessant und hat von Januar bis Dezember ein volles Veranstaltungsprogramm. Die teuren Hotels haben oft gute Nebensaison- und Wochenendangebote.

Reiseplanung Vom Brüsseler Flughafen Zaventem nordöstlich der Stadt gibt es gute Verbindungen ins Zentrum. Auch die internationalen Bahnhöfe liegen zentral. In der Nähe der Grand-Place lädt das Musée du Cacao et du Chocolat zum Besuch ein.

Websites www.corne-port-royal.be, www.leonidas.be, www.neuhaus.be, www.godiva.be, www.marcolini.be, www.wittamer.com, www.marychoc.com, www.mucc.be, www.brusselsinternational.be

Pots au chocolat

Die Schokotörtchen werden in ofenfesten Förmchen serviert.

Für 6 Personen
150 ml Vollmilch
300 ml Crème double
300 g dunkle Schokolade
  (70 % Kakaobestandteile) in
  Stücken
4 Eigelb
50 g Zucker

Backofen auf 135 Grad vorheizen. Milch und Crème double in einem Topf langsam erwärmen. Schokolade zugeben und rühren, bis sie sich aufgelöst hat.
  Eigelb und Zucker zu einer hellen Creme aufschlagen, die Schokolademischung unterheben. Masse auf sechs ofenfeste Förmchen verteilen. Förmchen in die Saftpfanne des Backofens stellen, kochendes Wasser zugießen, bis sie bis zur halben Höhe im Wasser stehen. 30 Minuten lang backen. Förmchen herausnehmen, abkühlen lassen und bis zum Servieren kühl stellen.

Belgische Schokoladenkreationen enthalten oft frische Sahne und sind bei kühler Lagerung rund vier Wochen haltbar.

Die Glaspyramide am Louvre ist nicht nur eine beliebte Attraktion, sondern auch ein ideales Plätzchen für ein süßes Picknick.

FRANKREICH

SÜSSER STREIFZUG DURCH PARIS

Eine Pilgertour durch die Konditoreien der Pariser *quartiers*
wird mit den köstlichsten Naschereien der Welt belohnt.

Wer Süßes liebt, findet die wahren Schätze in der französischen Hauptstadt nicht im Louvre oder auf den Champs-Élysées, sondern in den *pâtisseries*, mit denen alle 20 Pariser Arrondissements reich gesegnet sind. Viele werden schon seit Generationen von derselben Familie geführt und bedienen ihre Stammkunden täglich mit Kuchen und Gebäck, deren Namen einem den Mund wässrig machen: *tarte tatin, charlotte aux framboises, Richelieu, mille-feuilles, St.-Honoré* oder *madeleines* sind nur einige davon. Oft schmücken bezaubernde Glasmalereien aus dem 19. Jahrhundert die Schaufenster solcher traditionellen Konditoreien, Kronleuchter, wunderschöne Fliesen und Deckenornamente verleihen den prächtigen Innenräumen zeitlose Eleganz. Hier warten Köstlichkeiten wie *charlenoit*, ein Baiserboden mit Haselnüssen und Mandeln, der mit seidiger Schokoladencreme und einer dicken Schicht Nougatcreme gefüllt und von einer Haselnuss gekrönt wird, oder *tarte princesse aux poires* aus Blätterteig, pochierten Birnen und einer cremigen, mit Karamellrosetten verzierten Baiserschicht, oder auch *opéra*, die aus dünnen Mandelböden im Wechsel mit Mokka- und Trüffelcreme besteht.

Beste Reisezeit Die meisten Patisserien schließen nur im August, wenn die Besitzer sich ihren Jahresurlaub genehmigen. Gewöhnlich haben sie täglich außer Montag geöffnet.

Reiseplanung Drei höchst empfehlenswerte Patisserien sind Le Triomphe (12. Arrondissement, Sonntag und Montag geschlossen), die Patisserie-Sainte Anne (13. Arrondissement, montags geöffnet, mittwochs und donnerstags geschlossen) und Vaudron (17. Arrondissement, Montag Ruhetag).

Websites www.meetingthefrench.com, www.parisculinaire.com

Kleiner Kaffee-Knigge

Unter Kaffee versteht ein Franzose einen **Espresso,** den er im Lokal als *café, café express* oder *café noir* bestellt. Mit heißem Wasser verlängert wird daraus ein *café allongé*. Kaffee mit Milch heißt *petit* oder *grand café crème*, wird aber nicht mit Kaffeesahne, sondern mit aufgeschäumter Milch gemacht.

Der *café* wird stets solo getrunken. Wer morgens ein *pain aux raisins* bestellt, sollte die goldgelbe Hefeschnecke mit Rosinen und Vanillecreme pur genießen und sich erst hinterher einen kleinen schwarzen Koffeinschock genehmigen.

Im Café kostet ein Kaffee im Stehen an der Bar nur halb so viel wie am Tisch serviert und nur ein Drittel dessen, was dafür am Tisch draußen auf der Terrasse berechnet wird.

SCHOKOLADENPARADIESE

Ein Führer für alle Schokoladesüchtigen, vom Schokobüfett in Vancouver bis zum beliebtesten nächtlichen Muntermacher in Madrid.

1 Chocoholic Buffet, Vancouver, Kanada

Im gediegenen Ambiente des Fleuri im Sutton Place Hotel bedient man sich am Schokoladenbüfett: Torten, Kuchen, Gebäck, Konfekt und mehr, alles hausgemacht. Sogar Cocktails und Liköre sind schokoladig.

Reiseplanung Das Hotel-Restaurant mitten in Vancouver bietet das Schokoladenbuffet jeden Donnerstag, Freitag und Samstag in zwei abendlichen Schichten an. www.vancouver.suttonplace.com, www.tourismvancouver.com

2 Magnolia Bakery, New York City, USA

Berühmt wurde die kleine Bäckerei im 50er-Jahre-Stil durch die TV-Serie „Sex and the City". Neben bunten *cupcakes, banana pudding, cookies, cherry cheesecake* und *brownies* ist der German Chocolate Cake (Schokotorte mit einer Cremefüllung aus Kokos und Pekannüssen) ein besonderer Renner.

Reiseplanung Magnolia hat vier Filialen; berühmt durch „Sex and the City" ist die in der Bleecker Street. www.magnoliabakery.com

3 Max Brenner, New York City, USA

Seine heiße Schokolade serviert dieser Laden mit Restaurant in extra dafür entworfenen Tassen, den *hug mugs*, die so schön die Hände wärmen. Außerdem gibt es dort eine unglaubliche Vielfalt an Schokoladenprodukten, vom Chocolate Truffle Martini über Schokoladenfondue bis zum Young's Chocolate Stout-Bier.

Reiseplanung Max Brenner ist am Broadway Nr. 841 und in der Second Avenue Nr. 141. www.maxbrenner.com, www.nycgo.com

4 Die Schokolade der Mayas, Tabasco, Mexiko

Wahrscheinlich steht hier die Wiege der Schokolade, die die Mayas *xocoatl* nannten. Sie machten daraus ein schaumiges, bittersüßes und mit Chili gewürztes Getränk. Die Spanier liebten es milder und bereiteten es mit Zucker, Zimt, geriebenen Mandeln und Milch zu. In Tabasco steht beides zur Wahl.

Reiseplanung Die Agentur Maya Tabasco bietet Schokoladentouren an. In Comalcalco in der Provinz Tabasco gibt es Kakaoplantagen und ein Kakaomuseum. www.mayatabasco.com, www.visitmexico.com

5 Sachertorte, Wien, Österreich

Ein Schoko-Mandel-Rührkuchen wird mit Aprikosenkonfitüre bestrichen und mit dunkler Kuvertüre glasiert: So entsteht die *Sachertorte*, die Franz Sacher 1832 für Klemens Wenzel Fürst von Metternich kreierte. 1876 eröffnete sein Sohn Eduard das Hotel Sacher, dessen prachtvolles Café einen Besuch wert ist.

Reiseplanung Zu Sachertorte passen ungesüßter Schlagrahm und Kaffee oder Champagner. Neben dem Hotel gibt es in Wien auch vier Sacher-Shops. www.sacher.com, www.wien.info

6 Heiße Schokolade, Turin, Italien

Den Winterblues vertreibt in Italiens Schokoladenhauptstadt ein dickflüssiger, heißer, angenehm herber *cioccolato caldo* mit Sahnehaube. Nur dort gibt es auch *bicerin*, für den Espresso und Kakao schichtweise in ein Glas gegossen wird. *Giandujotti* sind die in Stanniol verpackten Haselnussnougathappen.

Reiseplanung Im Februar findet die Schokoladenmesse Cioccola-Tò statt. www.turismotorino.org

7 Valrhona-Schokolade, Tain l'Hermitage, Frankreich

Mitten im Weinzentrum, am linken Rhône-Ufer, ist die Heimat der Valrhona-Schokolade. Auf sie schwören Patissiers weltweit: Sie enthält nur echte Kakaobutter und keines der sonst üblichen anderen Pflanzenfette. Schokofans freuen sich über den Fabrikverkauf, Profis belegen Kurse an Valrhonas Kochschule.

Reiseplanung Der Fabrikverkauf hat sonntags geschlossen. Die mittelalterliche Stadt Tournon am gegenüberliegenden Ufer ist ebenfalls einen Ausflug wert. www.valrhona.com

8 Chocolate con churros, Madrid, Spanien

Dass Madrid nie schläft, beweisen seine beliebten *chocolaterías*, auch *churrerías* genannt. Hier treffen sich Nachtschwärmer ab vier Uhr morgens für *churros*, lange, knusprig frittierte Teigstangen, die in fast puddingdicke, heiße Schokolade getunkt werden. Besonders stilecht geht es in der Chocolatería San Ginés von 1894 zu: grelles Neonlicht und liebenswert schroffe Kellner.

Reiseplanung Die Chocolatería San Ginés am zentralen Pasadizo de San Ginés hat von 9 Uhr bis 7 Uhr geöffnet. www.turismomadrid.es, www.insidemadrid.de

9 Nemesis, River Café, London, England

Chocolate Nemesis Cake heißt das Paradedessert eines der besten Restaurants Londons, in dem sich schon viele Spitzenköche, wie Jamie Oliver, ihre Sporen verdienten. Den Schmelz verdankt diese Leckerei einer unglaublichen Menge an Schokolade.

Reiseplanung Schokoladenfans können die Chocolate Ecstasy Tour buchen. www.rivercafe.co.uk, www.chocolateecstasytours.com

10 Chocolate Hotel, Bournemouth, England

Wer Schokolade essen und ihren Duft bis in seine Träume genießen will, ist in diesem Hotel goldrichtig. Die Schokoladenverkostungen und Pralinenkurse machen jeden Schokoholic glücklich.

Reiseplanung Das Hotel liegt auf dem West Cliff, nicht weit vom Strand und vom Stadtzentrum entfernt. www.thechocolateboutiquehotel.co.uk, www.bournemouth.co.uk

Rechts: Bis heute spielt Schokolade in Mexiko auch bei religiösen Ritualen eine wichtige Rolle, in dieser „schauerlichen" Form an Allerheiligen in Oaxaca.

OSTEREIER IN PARIS

Kunstvolle Arrangements von Eiern und Skulpturen aus Schokolade kündigen in Frankreichs Hauptstadt das Osterfest an.

Den Kunden der schicken, kleinen Boutiquen schallt ein fröhliches *«Joyeux Pâques!»* (Frohe Ostern) entgegen, während sie bemalte Eier umkurven, die wie exquisite Fabergé-Kreationen von den Deckenbalken baumeln. Jedes *oeuf de Pâques* ist eine moderne Hommage an eine jahrhundertealte Sitte: Französische Adelige dekorierten die in der Fastenzeit verbotenen Eier aufwändig und verschenkten sie an Ostern. Seit es im 18. Jahrhundert Mode wurde, die ausgeblasenen Eierschalen mit geschmolzener Schokolade zu füllen, perfektionieren die Pariser Chocolatiers diese Ostersüßigkeit stetig weiter. Davon zeugen die Schaufenster mit ihren originellen Osterkreationen: Bei Gérard Mulot ist es ein Riesenei aus Makronen, Ladurée überrascht mit pastellfarbenen Eiern und *cloches de Paques* (Osterglocken) mit Canache-Füllung, der Blickfänger bei Pierre Marcolini ist ein mit Blattgold überzogenes Riesenei, bei Jean-Paul Hévin sind es Schokoladenhühner, in deren Bauch sich die traditionellen Schokoladenfischchen verbergen. Das ultimative Ostervergnügen für Kinder ist die jährliche Ostereiersuche in den prachtvollen Art-Déco-Gebäuden der Galeries Lafayette am Boulevard Haussmann, während sich die Erwachsenen unter der wunderschönen Glaskuppel eine Tasse Kaffee und ein Stück *gâteau de Pâques* genehmigen, einen gehaltvollen Schokoladekuchen, der oft mit kleinen Zuckereiern oder Kirschen verziert ist.

Beste Reisezeit Wenn Ostern schon in den März fällt, müssen Wintersachen ins Reisegepäck; Ende April ist es schon milder, allerdings oft regnerisch.

Reiseplanung Am Ostersonntag haben viele Geschäfte und Restaurants geschlossen, manche auch am Ostermontag. Die einstündige Ostereiersuche in den Galeries Lafayette kostet nichts, aber die Plätze müssen bis spätestens 31. März über die Website des Kaufhauses reserviert werden.

Websites en.parisinfo.com, www.eurostar.com, www.galerieslafayette.com

Crêpes und Galettes

Crêpes gab es traditionell am Fastnachtsdienstag, wenn verderbliche Lebensmittel vor Beginn der 40-tägigen Fastenzeit noch verbraucht wurden. Besonders lecker sind die **Crêpes mit Salzbutter und Karamell** im Breizh Café und die Galettes aus Buchweizenmehl in der Crêperie Bretonne.

Galettes heißen auch Kekse und breite, flache Kuchen. Seit dem Mittelalter wird der Dreikönigstag am 6. Januar mit der **Galette des rois**, dem Königskuchen, gefeiert. Seine moderne Version wird mit einer Papierkrone verkauft und besteht aus Blätterteig mit einer Marzipanfüllung, in die ein Figürchen eingebacken ist. Wer es in seinem Stück findet, wird zum König oder zur Königin des Tages gekrönt.

An Ostern sind die Schaufenster der Pariser Konditoreien mit *oeufs de Pâques* in allen möglichen Formen und Farben dekoriert.

Handwerklich hergestelltes Nougat ist mit den Nougatfüllungen industriell produzierter Schokoriegel nicht zu vergleichen.

FRANKREICH

NOUGAT AUS MONTÉLIMAR

Ein Stück frisch hergestelltes Nougat, das einst als Speise der Götter galt, ist auch heute noch ein himmlisches Vergnügen.

Das Zirpen der Zikaden und der intensive Duft von Lavendel, der in dieser Ecke der Provence wild wuchert, empfangen Besucher in Montélimar, der Welthauptstadt des Nougat südlich von Valence. An der Hauptstraße drängen sich die Läden und Werkstätten von *nougatiers* wie Pierre Bonnieu, die eine jahrhundertealte Tradition aufrechterhalten und Eiweiß, Zucker, Honig, Mandeln und Pistazien in *Nougat de Montélimar* verwandeln. Um die Bezeichnung tragen zu dürfen, muss das Produkt 28 Prozent heimischen Lavendelhonig, 30 Prozent Mandeln und zwei Prozent sizilianische Pistazien enthalten. Die Römer der Antike opferten ihren Göttern einst eine Art Nusskuchen namens *nux gatum*, und bis heute ist Nougat ein Geschenk für besondere Anlässe. Zu den *treize (13) desserts*, die in Südfrankreich stets an Heiligabend gegessen werden und deren Anzahl Jesus und die zwölf Apostel symbolisiert, gehören weißes wie dunkles Nougat, für das der Zucker karamellisiert wird. An heißen Sommernachmittagen kühlt eine cremige *glace au nougat*, ein Eis, das dank Honig und Nüssen so richtig nach Provence schmeckt.

Beste Reisezeit Wer sich eine Woche Zeit nimmt für die Heimat des Nougat, reist am besten zwischen April und Juni oder September und Oktober. Meiden Sie die Hitze und der Besucherandrang im August.

Reiseplanung Der Schnellzug TGV fährt in weniger als drei Stunden von Paris nach Valence, Montélimar oder Avignon. In vielen Werkstätten dürfen Besucher bei der Nougatherstellung zuschauen, entsprechende Termine verrät die Touristeninformation in Montélimar. Von Avignon aus bietet sich ein Tagesausflug zum *maître nougatier* André Boyer in Sault und anderen Nougatfabrikanten im Hügelland der Provence an.

Websites www.montelimar-tourisme.com, www.decouverte-paca.fr

Süße Provence

■ **Calissons** sind eine Spezialität aus **Aix-en-Provence** und wurden 1454 anlässlich einer Königshochzeit kreiert. Jeder *calissonier* hat sein Geheimrezept für die rautenförmigen Plätzchen aus Marzipan und kandierten Früchten, häufig Melonen aus dem provenzalischen Städtchen Cavaillon. Eine dünne Oblate hält das Ganze zusammen. Immer am 1. September feiert Aix-en-Provence mit einer speziellen Messe das Ende der Pest von 1630. Zu diesem Anlass werden die Hostien für die Heilige Kommunion durch Calissons ersetzt. Besonders lecker sind die Calissons von Parli in Aix.

■ Im März, wenn sich die Hügel der Umgebung in ein Meer von Kirschblüten verwandeln, bietet sich ein Besuch in **Apt** an. Die Stadt ist eine Hochburg der **kandierten Früchte** und zahllose Läden und Konditoreien bieten die zuckerreichen Kirschen, Birnen, Melonen und Zitrusfrüchte an. Frisches Obst und feinste Konfitüren gibt es auf dem berühmten Samstagsmarkt von Apt, der seit 900 Jahren stattfindet.

■ Ihrer Bootsform verdanken die traditionellen Plätzchen **Navettes** ihren Namen. Oft werden sie mit Orangenblütenwasser aromatisiert. In **Marseilles,** wo sie seit 1781 gebacken werden, gibt es sie zu Mariä Lichtmess am 2. Februar. Viele provenzalische Marktstände haben sie im Angebot und verkaufen sie im Zwölferpack, für jeden Monat des Jahres einen Keks.

Bettys verwöhnt mit feinsten Tees, Kaffee, Kuchen, Broten und mit der traditionellen Gastfreundschaft in Yorkshire.

ENGLAND

TEE BEI BETTYS

Mit seinem unvergleichlichen, traditionellen Nachmittagstee ist dieser Familienbetrieb ein Juwel in der Krone Yorkshires.

Früher pilgerten die Besucher wegen der schwefelhaltigen Quellen nach Harrogate, heute lockt der Badeort in North Yorkshire auch mit Gaumenfreuden. Ein kunstvolles, schmiedeeisernes Vordach mit Hängepflanzen führt in eine Teestube, in der sich seit der Eröffnung 1919 nichts verändert zu haben scheint. Sie geht zurück auf den Schweizer Konditor Frederick Belmont, der später noch einige Filialen in Yorkshire eröffnete und neben traditionellen Kuchen und Teegebäck auch Raclette und Rösti auf die Speisekarte setzte. Viele Gäste bestellen bei der Bedienung in gestärkter weißer Schürze ein Teegedeck mit einer halben Flasche Champagner und genießen dann das nostalgische Flair, probieren kleine Sandwiches mit Räucherlachs oder Yorkshire-Schinken und die exquisite Gebäckauswahl auf der Etagère. Ebenfalls vom Feinsten sind die rustikalen *fat rascals*, wie hier die Scones mit Mandeln, Zitronenschale und Kirschen heißen, die warmen, kleinen Pfannkuchen namens *pikelet*, der herrlich saftige Kuchen mit eingelegtem Ingwer und natürlich der Früchtekuchen, zu dem Yorkshires berühmtester Käse, der Wensleydale, serviert wird. Wer Betty war? Das hat Frederick Belmont außer seiner Familie niemandem verraten, und die hütet das Geheimnis bis heute.

Beste Reisezeit Die wilden Hochmoore von Yorkshire sind das ganze Jahr über spektakulär, aber im August und September am schönsten, wenn das Heidekraut blüht.

Reiseplanung Weitere Bettys gibt es im Garten der Royal Horticultural Society von Harlow Carr in Harrogate sowie in York, Northallerton und Ilkley. In allen empfiehlt es sich zu reservieren. Die gut sortierten Antiquitätenläden von Harrogate sind ergiebige Jagdgründe für Sammler.

Website www.bettys.co.uk

 **Scones**

Jede Hausfrau in Yorkshire hat ihr eigenes Scones-Rezept. Oft wird es von Mutter zu Tochter weitergegeben. Wer lieber fruchtige Scones mag, gibt mit dem Zucker noch 50 Gramm goldgelbe Rosinen dazu.

Für 9 Stück
225 g Mehl, gesiebt und mit
 1,5 TL Backpulver vermischt
50 g weiche Butter
25 g feine Zuckerraffinade
150 ml Vollmilch plus
 etwas Milch zum Bepinseln

Backofen auf 220 Grad vorheizen.
 Mehl in eine Schüssel geben, die Butter unterkneten. Dann Zucker und so viel Milch unterrühren, bis ein weicher Teig entstanden ist. Teig auf der leicht bemehlten Arbeitsfläche zwei Zentimeter dick ausrollen, Kreise von fünf Zentimeter Durchmesser ausstechen. Backblech mit Backpapier auslegen, Teigkreise darauf setzen, Oberfläche mit Milch bepinseln. Auf der mittleren Einschubleiste 10 bis 12 Minuten backen. Die Scones sollen schön aufgegangen und goldbraun sein.
 Warm mit reichlich Butter und Marmelade servieren.

ENGLAND

DEVONSHIRE CREAM TEA

Das West Country ist die Heimat einer der beliebtesten nachmittäglichen Schlemmereien der Engländer.

In den Bauernhöfen der Grafschaften Devon und Cornwall werden Schüsseln mit frisch gemolkener Milch erwärmt und so lange auf dem Feuer gelassen, bis an der Oberfläche eine dicke Rahmschicht schwimmt. Die Tradition geht bis ins 10. Jahrhundert zurück, als die Benediktinermönche von Tavistock in Devon den Rahm an Pilger verteilten, die beim Wiederaufbau ihrer Abtei mithalfen. Die Köstlichkeit hat fast die Konsistenz von Butter, heißt in England *clotted cream* und darf bei keinem Devon Cream Tea fehlen. Ebenfalls unentbehrlich sind pro Person zwei frisch gebackene Scones, deren Teig Butter und manchmal auch Trockenfrüchte enthält. Die dritte elementare Zutat ist hausgemachte Erdbeermarmelade. Kenner schneiden die Scones auf, bestreichen sie großzügig mit *clotted cream* und Marmelade und genießen sie zu einer Tasse gutem, starkem Tee. Er wird schwarz getrunken oder auch mit Milch, meist ohne Zucker. Die Kombination von Aromen und Konsistenzen ist einfach unschlagbar: Der cremige Rahm balanciert die Süße der Marmelade aus, die Scones – nicht so weich wie Kuchen, nicht so hart wie ein Keks – bilden einen bissfesten Kontrast. Früher servierte ihn die Bäuerin den hungrigen Knechten als stärkenden Nachmittagsimbiss, heute gehört der Cream Tea, egal ob auf dem Bauernhof, in der Teestube oder im Pub, zu einem gemütlichen Tag auf dem Land.

Beste Reisezeit Für *clotted cream* wie auch für Devon ist der Sommer ideal, wenn die Milch am fettesten und das Wetter am schönsten ist. Manche Bauernhöfen öffnen ihre Pforten für Besucher nur in den Sommermonaten.

Reiseplanung Viele Bauernhöfe werben nicht für ihren Cream Tea. Am besten ist es, die Einheimischen zu fragen, denn jeder hat dafür seine Lieblingsadresse.

Websites www.visitdevon.co.uk, www.devonsfinest.co.uk, www.davidgregory.org/primrose_cottage.htm, www.beautiful-devon.co.uk

Clotted Cream

Wer nicht in Devon den echten Cream Tea probieren kann, kann versuchen, zu Hause *clotted cream* herzustellen. Voraussetzung dafür ist ganz frische, fettreiche Milch. Davon 8 Liter noch kuhwarm in einen weiten Topf gießen und an einem kühlen Ort über Nacht stehen lassen, damit sich der Rahm oben absetzt.

Am nächsten Tag die Milch erwärmen; sie soll nur leise simmern. Nach ungefähr einer Stunde steigt allmählich eine dicke, wellige Schicht gelben Rahms an die Oberfläche. Die Milch vom Herd nehmen und abkühlen lassen, dann die *clotted cream* abschöpfen. Wenn keine Scones zur Hand sind, schmeckt die *clotted cream* auch auf frisch gebackenem Brot.

Die Kühe auf den saftigen Weiden Devons geben eine sehr fettreiche Milch, aus der *clotted cream* gemacht wird.

Register

In 400 Traumreisen um die ganze Welt

Von den 7000 Meter hohen Bergen Kasachstans über die zentralasiatischen Steppen bis zum Baikalsee; von den Hochanden bis in den brasilianischen Regenwald; mit Eisbrechern in die Antarktis, mit Schlittenhunden durch Alaska oder per Luxuszug durch Australien. Dieser Bildband nimmt den Leser mit auf eine unterhaltsame Reise: zu Fuß, per Schiff, mit dem Auto, auf zwei Rädern oder Vierbeinern und in der Luft. Informative Texte, Top-Ten-Listen, Fotos und Karten machen es leicht, sein persönliches Traumziel zu finden.

400 Reise, die Sie nie vergessen werden – Vom Amazonas bis ins Zululand
Bildband, 2. Auflage
300 Seiten, 270 Fotos, 400 Karten
Format: 22,5 x 29,8 cm
39,95 €
ISBN 978-3-86690-118-6

Weitere Bände in Vorbereitung

„Der Bildband ist die Fahrkarte zu ganz besonderen Zielen (…) für Kulturliebhaber und Globetrotter." *Tagesspiegel*

AUTOREN

Jane Adams
Aaron Arizpe
Jaqueline Attwood-Dupont
Matt Barrett
Derek Barton
Katie Cancila
Marolyn Charpentier
Karen Coates
Cathy Danh
Silvija Davidson
Robyn Eckhardt
Alice Feiring
Kay Fernandez
Jacob Field
Ellen Galford
Julie Glenn
Darra Goldstein
Diana Greenwald
Peter Grogan
Ed Habershon
Lisa Halvorsen
Solange Hando
Andy Hayler
Petra Hildebrandt
Paula Hinkel
Jeanne Horak
Sarah Howard
Karen Hursh Graber
Ben Jacobson
Laura Kearney
Andrew Kerr-Jarrett
Diane Kochilas
Diana Kuan
Craig Laban
Tom Le Bas
Ben Ling
Miren Lopategui
Meryanne Loum-Martin
Henrietta Lovell
Margaret McPhee
Glen Martin
Antony Mason
Karryn Miller
Peter Neville-Hadley
Barbara A. Noe
Rose O'Dell King
Katie Parla
John Ralph
Tyler Ralston
Ira de Reuver
Sathya Saran
George Semler
Niamh Shields
Joyce Slayton Mitchell
Barbara Somogyiova
David St Vincent
Barry Stone
Linda Tagliaferro
Adrian Tierney-Jones
Liz Upton
Natalie van der Meer
Johanna-Maria Wagner
Roger Williams
Daven Wu
Joe Yogerst

AUTOREN-REZEPTE

Nick Armitage at The Picture House Restaurant, Bristol, England
Jaqueline Bellefontaine
Katherine Greenwald
Fergus Henderson, St. John Restaurant, London, Großbritannien
Guido Santi, Convivio Rome, Italien

Toucan Books dankt:

Barry & Birgit Blitz
Karin Jones, Hungarian National Tourist Office, London
Doris Lamoso, Compañía de Turismo de Puerto Rico, San Juan
Bernard Magrez, Château Pape Clément, Bordeaux
Arne Muncke
Cenk Sonmezsoy
Bethan Wallace, Clementine Communications, London

BILDNACHWEIS

O = Oben; U = Unten

1 Von links nach rechts: Bruno Morandi/Hemis/Corbis; Hong Kong Tourism Board; Peter Beck/CORBIS; Rawdon Wyatt/Fresh Food Images/Photolibrary; Emilio Suetone/Hemis/Photolibrary; Bob Krist.

2-3 Harald Sund/Getty Images. **4** © Österreich Werbung/Bartl/Austrian National Tourist Office. **5** Tessa Traeger (1); SIME/ Reinhard Schmid /4Corners Images (2); SGM/www.photolibrary.com (3); Caillaut/Photocuisine/www.photolibray.com (4); iCEO/Shutterstock (5); Atlandtide SN.C./age footstock/www.photolibrary.com (6); One&Only Resorts (7); Cuido Cozzi/Atlantide Phototravel/Corbis (8); SIME/Matteo Carassale/4Corners Images (9). **6** Hotel Cipriani, Venice by Orient-Express. **8-9** Tessa Traeger. **10** V.J. Matthew/Shutterstock, O; Ronald Sumners/Shutterstock, U. **11** Brittany Courville/Shutterstock. **13** LOOK Die Bildagentur der Fotografen GmbH/Alamy. **14** Catherine Karnow/National Geographic/Getty Images. **15** Thomas Sztanek/Shutterstock, O; Luca Trovato/Foodpix/www.photolibrary.com, U. **17** Fran Gealer/Foodpix/www.photolibrary.com. **18** Peter Gordon/Shutterstock. **19** ©Japan National Tourist Organization. **20** John Noonan, Rare Tea Company. **21** Andy Stewart/Fresh Food Images/www.photolibrary.com. **22** Martin Brigdale/Fresh Food Images/www.photolibrary.com. **23** luri/Shutterstock. **24** Stefano Scata/Tips Italia/www.photolibrary.com. **25** Ben Ling, O; newsphotoservice/Shutterstock, U. **26** Roberto Marinello/Shutterstock, **27** ollirg/Shutterstock. **29** Boath House Hotel. **28** SGM /www.photolibrary.com. **31** Charles Bowman/Robert Harding Travel/www.photolibrary.com. **32** Turespaña. **33** Philip Lange/Shutterstock. **34** Frederic Courbet/Gallo Images/Getty Images. **35** Olivier Cirendini/Lonely Planet Images. **36-37** SIME/ Reinhard Schmid /4Corners Images. **38** Juan Lopez/©Zabar's & Co, Inc. **39** T.W./Shutterstock, O; Michael Halberstadt, U. **41** Corbis/Franz-Marc Frei. **42** Stephen Saks/Lonely Planet Images. **43** World Pictures/Photoshot, O; Harris Shiffman/Shutterstock, U. **44** Suzanne Wheatley. **45** David Hagerman. **46** Amy Nichole Harris/Shutterstock, O; Juriah Mosin/Shutterstock, U. **47** Teh Eng Koon/AP/Press Association Images. **48** Richard I'Anson/Lonely Planet Images. **49** Martin Roemers/Panos. **51** Jeff Speed/First Light/Getty Images. **52** James Braund/Lonely Planet Images. **53** Alistair Laming/Alamy. **54** Tobik/Shutterstock, O; Japan Travel Bureau Photo/www.photolibrary.com, U. **55** SIME/ Guido Baviera /4Corners Images. **57** Eye Ubiquitous/Robert Harding. **58** Jonathan Smith/Lonely Planet Images. **59** Tibor Bognar/Corbis. **60-61** Ian Armitage. **62** Fortnum and Mason. **63** Andrew McConnell/Robert Harding. **64-65** SGM/www.photolibrary.com. **66** Larry St.Pierre/Shutterstock. **67** A.Paterson/Shutterstock, O; Paul A.Souders/Corbis, U. **68** ChinaFoto Press/Photocome/Press Association Images. **69** Paul Beinssen/Lonely Planet Images. **70** Franco Figari/Finnish Tourist Board. **71** Gerhard Zwerger-Schoner/imagebroker.net/www.photolibrary.com. **73** Philippe Giraud/Goodlook/Corbis. **74** CuboImages/Robert Harding. **75** Gianluca Figliola Fantini/Shutterstock. **76** Hans Rossel. **77** Alamy/Nicholas Pitt, O; Monkey Business Images Ltd/Stockbroker/www.photolibrary.com, U. **79** Christine Osborne/Photos12.com. **80** Philippe Renault/Hemis/www.photolibrary.com. **81** Owen Franken/Stone/Getty Images. **82** Sami Sarkis/Photodisc/www.photolibrary.com. **83** godrick/Shutterstock. **84-85** Caillaut/Photocuisine/www.photolibray.com. **86** Melissa Brandes/Shutterstock, O; Eric Swanson, U. **87** Hemis.fr/SuperStock, O; rgbspace/Shutterstock, U. **89** Caroline Penn/Panos. **90** Gorm Shakelford/Arcangel Images/www.photolibrary.com, O; Adalberto Rios Lanz/age footstock/www.photolibrary.com, U. **91** Mark Ralston/AFP/Getty. **92** ml-foto/F1 Online/www.photolibrary.com **93** Aaron Arizpe, BL; Four Seasons Hotel, Bangkok, BR. **94** Jean Cazals/Stock Food UK, O; Robert Francis/Robert Harding Travel/www.photolibrary.com, U. **95** Jae Frew. **96-97** Anders Blomqvist/Lonely Planet Images. **98** Ritterbach/F1 Online/www.photolibrary.com. **99** Benjamin F Fink Jr./Foodpix/www.photolibrary.com, O; Greek National Tourism Organization, U. **100** Tenuta di Capezzana. **101** javarman/Shutterstock. **103** Sébastien Boisse/Photononstop/www.photolibrary.com. **104** Barbara Somogyiova, O; Lonely Planet Images/Martin Moos, U. **105** Copyright Le Cordon Bleu International. **107** Neil Phillips/Cephas Picture Library/www.photolibrary.com. **108** Charlotte Hindle/Lonely Planet Images. **109** Vishal Shah/Shutterstock. **110** aniad/Shutterstock, O; JD.Dallet/age footstock/www.photolibrary.com U. **111** Padstow Seafood School. **112** Jean-Pierre Lescourret/Corbis. **113** Hoberman Collection UK/Alamy. **114-115** iCEO/Shutterstock. **116** Bruce Yuan-Yue Bi/ Pictures Colour Library, O; Andrew McDonough/Shutterstock, U. **117** Craig La Ban. **118** Debra Cohn-Orbach/Index Stock Imagery/www.photolibrary.com. **119** Gustavo Andrade/Stock Food UK. **120** age footstock/SuperStock. **121** Alan Campbell/Stock Food UK. **122** Jean Chung/OnAsia. **123** Tourism Authority of Thailand, O; Ray Laskowitz/Tips Italia/www.photolibrary.com, U. **124** Avril O'Reilly/Alamy. **125** Felix Hug/Lonely Planet. **127** Toru Yamanaka/AFP/Getty Images. **128** Christine Osborne Pictures/Alamy. **129** iCEO/Shutterstock. **130** Julio Etchart/Alamy. **131** Orien Harvey/Lonely Planet Images. **132** Karl Kummels/Superstock/www.photolibrary.com. **133** Annie Griffiths Belt/Corbis, O; State of Israel Ministry of Tourism, U. **134** Ivan Zupic/Alamy. **135** Chris Howes/Wild Places Photography/Alamy. **136** Peter Horree/Alamy. **137** Jackson Vereen/Foodpix/www.photolibrary.com. **138** Bob Krist/Corbis. **139** Isabelle Rozenbaum/Stock Food UK. **140-141** Atlandtide SN.C./age footstock/www.photolibrary.com. **142** Stephen L Saks/Pictures Colour Library. **143** Middleton Place. **144** Rosario's Café & Cantina. **145** Philip Gould/Corbis. O; netbritish/Shutterstock, U. **146** Richard I'Anson/Lonely Planet Images. **147** Mexico Tourism Board/www.visitmexico.com, O; Danny Lehman/Corbis, U. **148** SIME/Bruno Cossa/4Corners Images. **149** Nico Tondini/Robert Harding Travel/www.photolibrary.com. **150** Krzysztof Dydynski/Lonely Planet Images. **151** Greg Elms/Lonely Planet Images. **153** Conrad Maldives Rangali Island. **154** Gerhard Jörén/OnAsia. **155** Natalie Behring/OnAsia, O; Hong Kong Tourism Board, U. **156** Best View Stock/www.photolibrary.com. **157** Japan Travel Bureau/www.photolibrary.com. **158** Peter Charlesworth/OnAsia. **159** Pier Restaurant, Sydney. **161** Jean Du Boisberranger/www.photolibrary.com. **162** Andrea Pistolesi/Getty Images. **163** Rosemary Behan/Alamy. **164** Aroon Thaewchatturat/OnAsia. **165** Michael Palis/Shutterstock. **167** Ann Cecil/Lonely Planet Images. **168** CuboImages/Robert Harding, O; Aaron Arizpe, U. **169** Atlantide SN.C./age footstock/www.photolibrary.com. **170** CJPhoto/Shutterstock. **171** The Tower Restaurant, Edinburgh. **172** The Square, London. **173** Horia Bogdan/Shutterstock. **174** Corbis/Morton Beebe. **175** Gregory Wrona/Pictures Colour Library. **176** Ivars Linards Zolnerovics/Shutterstock. **177** Bernhard Winkelmann/StockFood UK. **178** javarman/Shutterstock. **179** Javier Larrea/age footstock/www.photolibrary.com. **180** John Sims/Fresh Food Images/www.photolibrary.com. **181** Michael Jenner/Robert Harding, O; Turespaña, U. **183** Eric Nathan/Pictures Colour Library. **184** SIME/Reinhard Schmid/4Corners Images. **185** Blues Restaurant and Bar, Cape Town. **186-187** One&Only Resorts **188** Emin Kuliyev/Shutterstock. **189** Photography by Lara Kastner, Courtesy of Alineabook.com. **190** Wynn Las Vegas. **191** Courtesy of MGM MIRAGE. **192** Taj Hotels Resorts and Palaces/Campton Place San Francisco, O; Photograph by Kodiak Greenwood, U. **193** Hotel Carl Gustaf. **194** sunxuejun/Shutterstock. **195** ©Japan National Tourism Organization, O; John Lander/OnAsia, U. **196** Japan Travel Bureau/www.photolibrary.com. **197** ©Japan National Tourism Organization. **198** Robert Wallis/Panos. **199** Hotel Walserhof Klosters, O; Tim Graham Photo Library/Getty Images, U. **201** Lebua Hotels and Resorts. **202** SGM/www.photolibrary.com. **203** Restaurant le Meurice. **205** Ritz Paris. **206** Doug Pearson/Jon Arnold Travel/www.photolibrary.com. **207** Brian Lawrence/Imagestate/www.photolibrary.com. **208** avatra images/Alamy. **209** Hotel Cipriani, Venice by Orient-Express. **210** Jane Mingay/AP/PA Photos. **211** Le Manoir aux Quat'Saisons. **212** Francescu Guillmet/El Bulli. **213** Constance Le Prince Maurice. **214** Cuido Cozzi/Atlantide Phototravel/Corbis. **216** Heaven Hill Distilleries, Inc. **217** Ron Kacmarcik/Shutterstock. **218** Gary Holscher/Getty Images. **219** Widmer Brothers Brewing. **220** Scorpion Mezcal. **221** Yadid Levy/Robert Harding. **223** Bill Wassman/Lonely Planet Images. **224** Andrew Watson/John Warburton-Lee Photography/www.photolibrary.com. **225** Jeff Dunn/Index Stock Imagery/www.photolibrary.com. **226** Andy Christodolo/Cephas Picture Library/www.photolibrary.com, O; Eduardo Longoni/Corbis; U. **227** ©Japan National Tourist Organization/Hokkaido Tourism Association. **228** John Lander/OnAsia. **229** Everett Kennedy Brown/epa/Corbis. **230** South Australia Wine Industry Association Inc. **231** Mick Rock/Cephas Picture Library/www.photolibrary.com. **232** Eye Ubiquitous/Photoshot. **233** Holger Leue/Lonely Planet Images. **234** Ian Armitage. **235** photography Zomertijd. **236** Travel Library/Robert Harding. **237** Yvon Monet/Collection CIVC. **239** Ian Shaw/Cephas Picture Library/www.photolibrary.com. **240** Getty Images/Tim Graham Photo Library. **241** Kordcom/age footstock/www.photolibrary.com, O; Natasha Kahn, U. **242** Neil Phillips/Cephas Picture Library/www.photolibrary.com. **243** Fabrizio Bensch/Reuters/Corbis. **244** Tiago Jorge da Silva Estima/Shutterstock. **245** Copyright by Real Companhia Velha. **246** Nigel Blythe/Cephas Picture Library/www.photolibrary.com, O; Igor Terekhov/Shutterstock, U. **247** Richard Cummins/Lonely Planet Images. **249** Cabrière. **250** SIME/Matteo Carassale/4Corners Images. **252** Mary Altaffer/AP/PA Photos. **253** Danita Delimont/Alamy, O; Richard T.Nowitz/Corbis, U. **255** Martin Child/Robert Harding. **256** Hemis.fr/SuperStock. **257** Tim Graham/Getty Images. **258** Christer Fredriksson/Lonely Planet Images, O; Conditori La Glace, U. **259** Jean-Luc Bohin/age footstock/www.photolibrary.com, O; Holger Leue/Lonely Planet Images, U. **260** cenap refik ongan/Shutterstock. **261** Steve Outram/Alamy. **262** Stephen Saks/Lonely Planet Images. **263** SIME Giovanni Simeone/4Corners Images. **264** SIME/Alessandro Saffo/4Corners Images. **265** Paul Harris/John Warburton-Lee Photography/www.photolibrary.com. **266** Regien Paassen/Shutterstock. **267** SIME/Günter Gräfenhain/4Corners Images. **269** Adalberto Rios/age footstock/www.photolibrary.com. **270** Giancarlo Gorassini/ABACA/Press Association Images, O; Joel Saget/AFP/Getty Images, U. **271** J-Charles Gérard/Photononstop/www.photolibrary.com. **272** Harrogate International Centre. **273** Anthony Blake/Fresh Food Images/www.photolibrary.com, O; Stephen Bond/Alamy, U.

Foto Tim Mälzer: © Dreysse für tibool Media

UMSCHLAG
Vorderseite:
Hintergrundbild: Peter Walton/Index Stock Imagery/Photolibrary.
Bildreihe, von links nach rechts: Bruno Morandi/Hemis/Corbis; Hong Kong Tourism Board; Peter Beck/CORBIS; Rawdon Wyatt/Fresh Food Images/Photolibrary; Emilio Suetone/Hemis/Photolibrary; Bob Krist.

Rückseite:
Hintergrundbild: Peter Walton/Index Stock Imagery/Photolibrary.
Bildreihe, von links nach rechts: Aaron Arizpe; Richard T. Nowitz/CORBIS; Floris Sloof/Shutterstock; Catherine Karnow/CORBIS; Gil Giuglio/Hemis/CORBIS; John Warburton-Lee/Photolibrary.

Rücken: Nik Wheeler/CORBIS.

IMPRESSUM

Deutsche Ausgabe veröffentlicht von NATIONAL GEOGRAPHIC
 DEUTSCHLAND (G+J/RBA GmbH & Co KG), Hamburg 2010

Copyright © Toucan Books Ltd., 2009

Titel der englischen Originalausgabe (ungekürzt):
Food Journeys of a Lifetime – 500 Extraordinary Places to Eat
 Around the Globe

PRODUKTION DER DEUTSCHEN AUSGABE
Bintang Buchservice GmbH, www.bintang-berlin.de
Dagmar Klotz, Inga-Brita Thiele, Übersetzung
Dorit Aurich, Dr. Dagmar Braun, Lektorat

DRUCK: Firmengruppe APPL, aprinta druck, Wemding

Printed in Germany
ISBN 978-3-86690-197-1

VERÖFFENTLICHT VON DER NATIONAL GEOGRAPHIC SOCIETY
John M. Fahey, Jr., Präsident und Hauptgeschäftsführer
Gilbert M. Grosvenor, Vorsitzender des Kuratoriums
Tim T. Kelly, Vorsitzender der Global Media Group
John Q. Griffin, geschäftsführender Vizepräsident;
Vorsitzender des Publishing
Nina D. Hoffman, geschäftsführende Vizepräsidentin;
Vorsitzende der Book Publishing Group

KONZIPIERT VON DER BUCHABTEILUNG
Barbara Brownell Grogan, Vizepräsidentin und Chefredakteurin
Marianne R. Koszorus, Leitung Grafik
Barbara A. Noe, Stellvertretende Redaktionsleitung
Carl Mehler, Leitung Kartographie
Lawrence M. Porges, Projektmanagement
Carol Farrar Norton, Beratung Grafik
Bridget A. English, Mary Stephanos, Einzelbeiträge
R. Gary Colbert, Produktionsleitung
Jennifer A. Thornton, Redaktionelle Koordination
Meredith C. Wilcox, Verwaltungsdirektorin Illustration

HERSTELLUNG UND QUALITÄTSKONTROLLE
Christopher A. Liedel, Leitung Finanzen
Phillip L. Schlosser, Vizepräsident
Chris Brown, Technische Leitung
Nicole Elliott, Koordination
Rachel Faulise, Koordination

PRODUZIERT VON TOUCAN BOOKS LTD
Ellen Dupont, Redaktionsleitung
Helen Douglas-Cooper, Stellvertretende Redaktionsleitung
Jo Bourne, Jane Chapman, Andrew Kerr-Jarrett,
 Anna Southgate, Lektorat
Abigail Keen, Redaktionsassistenz
Leah Germann, Layout
Christine Vincent, Bildredaktion
Sharon Southren, Mia Stewart-Wilson, Bildrecherche
Marion Dent, Korrektorat
Michael Dent, Registererstellung

Die National Geographic Society, eine der größten gemein-
nützigen wissenschaftlichen Vereinigungen der Welt, wurde
1888 gegründet, um «die geographischen Kenntnisse zu
mehren und zu verbreiten». Sie unterstützt die Erforschung
und Erhaltung von Lebensräumen sowie Forschungs-
und Bildungsprogramme. Ihre weltweit mehr als neun
Millionen Mitglieder erhalten monatlich das NATIONAL
GEOGRAPHIC-Magazin, in dem die besten Fotografen ihre
Bilder veröffentlichen sowie renommierte Autoren aus
nahezu allen Wissensgebieten der Welt berichten. Ihr Ziel:
inspiring people to care about the planet, Menschen zu inspirieren,
sich für ihren Planeten einzusetzen.
Die NGS informiert nicht nur durch das Magazin sondern
auch durch Bücher, Fernsehprogramme und DVDs.
Falls Sie mehr über NATIONAL GEOGRAPHIC wissen wollen, besuchen Sie unsere Website unter www.nationalgeographic.de.

Alle Angaben in diesem Buch wurden zum Zeitpunkt
der Erarbeitung sorgfältig geprüft. Dennoch können sich
Details ändern. Der Verlag kann für solche Änderungen,
eventuelle Fehler oder Auslassungen keine Verantwortung
oder Haftung übernehmen. Bewertungen von
Sehenswürdigkeiten etc. geben die Sicht der Autoren wieder.
Unter www.auswaertiges-amt.de finden Sie aktuelle
Reiseinformationen sowie Hinweise zur Sicherheitslage in
einzelnen Staaten.